Kreative Medien für Coaching und Supervision in der Schule

Herausgegeben von Astrid Schreyögg

Bibliografische Information der Deutschen Nationalbibliothek
Die Deutsche Nationalbibliothek verzeichnet diese Publikation in der Deutschen Nationalbibliografie; detaillierte bibliografische Daten sind im Internet über **http://dnb.d-nb.de** abrufbar.

ISBN 978-3-942761-29-1

Verlag: Deutscher Psychologen Verlag GmbH, Berlin

Covergestaltung und Satz: Tanja Bregulla, Aachen

Titelbild: © contrastwerkstatt – Fotolia.com

Druck: digimediprint GmbH, Köln

Besuchen Sie uns im Internet: **www.psychologenverlag.de**

ISBN 978-3-942761-29-1

Kreative Medien für Coaching und Supervision in der Schule

Herausgegeben von Astrid Schreyögg

dpv Deutscher Psychologen Verlag GmbH

Berlin 2014

Inhalt

1 Kreative Materialmedien in Supervision und Coaching

Astrid Schreyögg

Kreative Materialmedien können wie „Kinderkram" wirken, eignen sich jedoch besonders gut für Supervision und Coaching in schulischen Milieus. Lehrkräfte sind nämlich aufgrund ihrer tagtäglichen Aktivitäten vor allem mit kleinen Kindern gut für den Umgang mit solchen Materialien, wie z. B. Malstifte, Puppen oder Knete (Schreyögg, 2010, 2012), zu „erwärmen".

Im folgenden Beitrag werden zunächst einige Begriffe erläutert, anschließend wird eine Typologie von kreativen Medien sowie die Art ihrer Ausdeutung vorgestellt und schließlich auf die speziellen Gruppen von Materialmedien eingegangen.

1.1 Bedeutung und Typologie von kreativen Medien

Zunächst will ich die Begriffe „Medien" sowie „kreative Medien" erläutern und eine Typologie kreativer Medien vorstellen.

Als Medien bezeichnet man im Allgemeinen die Gesamtheit aller Kommunikationsmittel. Je nach dem Bereich, in dem der Begriff „Medium" zur Anwendung kommt, wird seine funktionale oder seine anthropologische Bedeutung akzentuiert. Der Begriff entstand im 19. Jahrhundert im Bereich der Nachrichtentechnik. Dort bezeichnete er Medien als „Informationsträger". So begriffen auch frühere Sozialpsychologen wie Hartley und Hartley (1955) Medien als zentrale Elemente jeder Kommunikation. Dafür lädt eine Person A als Sender beispielsweise ein Blatt Papier (das Medium) mit Buchstaben auf. Der Empfänger, eine andere Person B, entnimmt dem Medium die Information auf dem Blatt Papier und entschlüsselt die Botschaft.

Somit sind Medien Träger von Informationen. Sie dienen der Verständigung. Dabei kann allerdings die Codierung neben willentlich gesandten Informationen auch nicht willentliche enthalten. Aus tiefenpsychologischer Perspektive kann man davon auszugehen, dass ein Medium von einem Sender auch mit nicht rationalen Botschaften aufgeladen werden kann. Der Empfänger hat dann beim Dekodieren eine Deutungsleistung zu erbringen. So muss er im Rahmen eines Dialoges mit dem Sender über Ausdeutungen der Botschaft reflektieren. Solche Prozesse wurden bereits in den 1970er Jahren in der analytischen Kreativitätstherapie genutzt (Franzke, 1977).

Medien werden aber nicht nur zum Zweck der Informationsübermittlung von rationalen und nicht rationalen Botschaften genutzt. Sie dienen auch, worauf vor allem George Herbert Mead (1973) aufmerksam machte, der „Befreiung von einer Emotion". Dieser Aspekt wurde von der Humanistischen Psychologie, etwa im Konzept der Selbstaktualisierung von Maslow (1973), weiter ausgearbeitet. Damit wird „Selbstausdruck" als elementares Bedürfnis von Menschen begriffen.

Medien stehen also nicht nur im Dienste der Informationsübermittlung rationaler wie nicht rationaler Inhalte, sondern ermöglichen es dem Menschen außerdem, sich bislang unbekannte Wahrnehmungs-, Denk- und Handlungsbereiche zu erschließen. Damit fördern sie neuartige Formen des menschlichen Selbstausdrucks – und diese beiden Aspekte stehen mit der Entwicklung von Kreativität in Beziehung (z. B. Holm-Hadulla, 2007). So lassen sich Medien, durch die Menschen solche neuartigen Erfahrungen gewinnen, als „kreative Medien" bezeichnen (Schreyögg, 2010).

Medien zur Förderung von Kreativität kann man im Sinne einer heuristischen Typisierung in „personale Medien", „Handlungsmedien" und „Sachmedien" differenzieren (Petzold, 1977).

- Ein „personales Medium" ist z. B. ein Lehrer, der seinen Schülern Lehrstoff übermittelt und ihnen dann rückmeldet, wie gut sie diesen Lehrstoff im Rahmen von schriftlichen oder mündlichen Prüfungen wiedergeben können. Ein „kreatives Medium" wäre er im vorliegenden Verständnis, wenn er bei den Schülern Erfahrungen evoziert, die das rein Informative überschreiten und neuartige Gedanken und Gefühle evozieren. So lässt sich auch ein Supervisor oder Coach als „kreatives Personalmedium" bezeichnen, wenn er seinen Klienten durch Dialoge hilft, neue Erfahrungsräume zu erschließen.

- „Handlungsmedien" sind demgegenüber alle Medien wie Sprache, Gestik, Mimik, aber auch so komplexe Medien wie Trainingsmethoden oder Lernspiele, durch die auf der Handlungsebene Informationen übermittelt werden. Durch solche Medien versuchen Lehrer, z. B. mathematische oder sonstige Kompetenzen bei den Schülern zu entwickeln. Ein „kreatives Handlungsmedium" wäre eines, bei dem der Lehrer die Schüler animiert, sich bislang unbekannte Erfahrungen oder Kompetenzen zu erschließen. In Supervision/Coaching sind das z. B. Imaginationsübungen oder Rollenspiele, die dem Supervisanden/Klienten neuartiges Wahrnehmen oder neuartiges Handeln erlauben.
- „Sachmedien" sind Informationsträger, die aus Materialien bestehen. Hier lassen sich wieder technische Medien und „Materialmedien" unterscheiden. Technische Medien sind Audio- oder Videobänder, Filme usw. „Materialmedien" sind demgegenüber Buntstifte, Fingerfarben, Papier, Ton, Wachsmalkreiden usw. Zu „kreativen Medien" werden sie dann, wenn sie dazu dienen, Menschen zu animieren, Neuartiges zu erfahren. So lässt sich z. B. eine Videokamera zur Herstellung von neuartigen Tanzfilmen verwenden. Und Malutensilien können genutzt werden, um bislang nicht thematisierte Erlebnisse aufs Papier zu bringen. In der Supervision kann z. B. die Videotechnik dazu dienen, mit neuen Handlungsstrategien zu experimentieren, und Buntstifte oder Handpuppen lassen sich verwenden, um eine Fragestellung in einem neuen Licht wahrzunehmen.

1.2 Kriterien für eine differenzierte Nutzung von kreativen Medien

Medien müssen aber überlegt appliziert werden. Hierzu sind vorrangig zwei Kriterien von Belang: Zum einen verfügen kreative Materialmedien wie alle

Medien über eine ihnen eigene „Ladung“ für ihre Anwender. Diese macht sie für die genannten Anwendungsmöglichkeiten bei unterschiedlichen Personen, Themen und Situationen mehr oder weniger gut geeignet. Zum anderen erlauben kreative Materialmedien durch ihre je eigene Art eine unterschiedliche Ladungsform für den Anwender, die sie für bestimmte Personen, Themen oder Situationen ebenfalls als mehr oder weniger gut geeignet erscheinen lässt.

1.2.1 Die „eigene Ladung“ von Medien

McLuhan (1964) hatte schon darauf aufmerksam gemacht, dass Medien, bevor sie überhaupt appliziert werden, eine ihnen eigene Ladung enthalten. Mit seinem Slogan „Das Medium ist die Botschaft“ meinte er, dass ein Medium bereits eine spezifische Botschaft in sich selbst transportiert. Diese Botschaft kann als generelles oder als situations- und personenspezifisches Phänomen begriffen werden. Aus phänomenologischer Perspektive unterliegen nämlich alle Phänomene gegenständlicher wie personeller Art einer Deutung (Schmitz, 1978). In diesem Sinn werden auch kreative Medien gedeutet. Dabei lassen sich kollektive und personenspezifische Typisierungen unterscheiden. So wird z. B. ein Stück Ton kollektiv als „erdig“ und eine Kasperfigur als „Kinderspiel“ typisiert. Solche Bestimmungen bezeichnen die natürliche Ladung eines Mediums. Diese natürliche Ladung als kollektive Typisierung eines Mediums hat immer einen mehr oder weniger regressiven Charakter: Der Tonklumpen löst bei den meisten Menschen kleinkindhafte Erfahrungen im Zusammenhang mit „Matschen“ aus, die Kasperfigur aktualisiert spätere Erfahrungen des Vorschulkindes, und ein Füllfederhalter wird sicher erst mit Erlebnissen aus der Schulzeit assoziiert.

So kann ein Medium der jeweiligen Zielsetzung, die in Supervision und Coaching damit verfolgt wird, mehr oder weniger gut dienen, je nachdem, wie regressionsfördernd seine natürliche Ladung ist. Sachliche Informationsfunktionen wird es am besten dann erfüllen, wenn auch seine Ladung „sachlich“ wirkt. Unbewusste Strebungen lassen sich dagegen eher über Medien mit regressiven Anmutungsqualitäten zu Tage fördern. Durch solche Medien lassen sich die Denk- und Wahrnehmungsmuster von Supervisanden/Klienten oft auch stärker erweitern.

Entsprechend diesen Bedeutungsgehalten von Medien werden sie in bestimmten Situationen und zu bestimmten Themen als mehr oder weniger angemessen erlebt, d.h. für Supervision und Coaching förderlich sein und auch von den Supervisanden/Klienten angenommen oder auch nicht. So korrespondiert der regressive Charakter eines Tonklumpens sicher nicht mit der Atmosphäre, die beim ersten Gruppencoaching mit Schulleitern herrscht (auch wenn es sicher aufschlussreich wäre, ihr Grundgefühl als Tonplastik modellieren zu lassen). In dieser Situation besteht aber die Gefahr, dass das Medium offen oder indirekt nur als „Dreck" abgelehnt wird. Dies wird insbesondere dann geschehen, wenn die Schulleiter dem Coach rationale Phänomene zu vermitteln suchen. Für solche Fälle müssen Materialmedien herangezogen werden, die durch ihre natürliche Ladung die rationale Stimmung bei den Klienten einfangen. So eignen sich zur Auseinandersetzung mit der formalen Struktur einer Schule Tafeln, Stifte, bunte Plättchen, wie es z.B. mit den Materialien von „Metaplan" möglich ist. Im Gegensatz dazu besteht in einer eher vertrauensvollen Atmosphäre eines Teamcoachings, bei dem unterschwellige emotionale Bezüge geklärt werden sollen, die Möglichkeit, eine kleine Szene mit dem Material des Szeno-Tests, eines projektiven Testverfahrens für Kinder, aufbauen zu lassen. Das regressionsfördernde Material fängt dann vielleicht eine „spielerisch aggressive" Atmosphäre ein, in der sich alle gerne auf dieses Medium einlassen und entsprechende Muster zu Tage fördern.

So passen Materialmedien durch ihre natürliche Ladung zu bestimmten Themen und zu bestimmten Situationen mehr oder weniger gut und werden auch von den Supervisanden oder Klienten als mehr oder weniger passend erlebt. Ein Medium hat aber auch wieder für einzelne Menschen unterschiedliche Bedeutungen. So löst das „erdige" Tonstück bei dem einen Assoziationen im Zusammenhang mit „Sonne, Strand, Matschen" aus, beim anderen „Kot, Angst, Strafe" usw. Und auch die Kasperfigur ist für den einen „das lustige Kasperle", für den anderen „der listige Wurstel". Also auch diese personenspezifischen Assoziationen können ein Medium für einen Klienten oder eine Klientengruppe als mehr oder weniger geeignet erscheinen lassen. Selbst wenn aus der Sicht des Coachs/Supervisors der Einsatz sinnvoll wäre, um ein bestimmtes Thema besser zu rekonstruieren, kann es dann nicht eingesetzt werden. So muss also auch der spezifischen Regressionsbereitschaft und -fähigkeit von Supervisanden/Klienten Rechnung getragen werden. Dies kann sich als generelle Ablehnung bestimmter Medien äußern, es kann aber auch bedeuten, dass der Supervisand/Klient an die Nutzung bestimmter Medien erst gewöhnt werden muss.

1.2.2 Die „Ladungsform" von Medien

Materialmedien weisen allerdings bei ihrer aktiven Nutzung bzw. ihrer neuerlichen Ladung ebenfalls spezifische Charakteristika auf, die sie für bestimmte Anwendungsfälle mehr oder weniger gut verwendbar machen.

Bei der Nutzung von Medien werden sehr unterschiedliche Sinne angesprochen. Steht bei Musikinstrumenten der akustische Reiz im Vordergrund, ist es beim Tonen die kinästhetische, beim Malen die optische usw. Je nach Person, Thema und Situation sind dann unterschiedliche Medien mit ihrer je spezifischen Sinnesreizung zu bevorzugen. So bevorzugen viele Supervisanden/Klienten Medien mit optischem Charakter. Dies gilt aber keineswegs für alle. So konnte ein Musikpädagoge globale Eindrücke aus seinen Arbeitsvollzügen überzeugender mit Hilfe einer Gitarre demonstrieren als durch Malstifte oder Ton.

Ein Medium muss auch zum Thema passen. Wenn die Übermittlung von Informationen im Vordergrund steht, eignen sich für die Erstdiagnostik meistens Medien mit optischem Charakter, die einen raschen „Überblick" für die Kommunikationspartner erlauben. Medien, die das kinästhetische oder akustische Sensorium ansprechen, lassen sich dagegen gut zur Auseinandersetzung mit nicht rationalen Phänomenen verwenden. Expression auf diesen Sinneskanälen ist für die meisten Supervisanden/Klienten allerdings eher ungewöhnlich und erhält dadurch einen sehr persönlichen Charakter.

Diese Aspekte bestimmen auch die situativen Möglichkeiten von Medien. In Situationen mit geringem Vertrautheitsgrad wird es von Supervisanden oder Klienten meistens als unangemessen erlebt, wenn sie sich über akustisch oder kinästhetisch orientierte Medien artikulieren sollen.

Materialmedien erlauben aber auch verschiedene Ladungsmöglichkeiten. Ein Tonbrocken lässt dem Verwender vielfältigere Ladungsmöglichkeiten als etwa eine Kasperfigur. Der Kasper als stark „vorgeladenes" Medium ist in seiner Verwendungsweise schon stark festgelegt, der „ungeladene" Tonbrocken dagegen noch nicht. Für die Nutzung eines konkreten Mediums ist vor allem relevant, welches spezifische Thema im Vordergrund steht. Soll bei der ersten Begegnung eine Sichtung des Problemfeldes erfolgen, wird es sinnvoll sein, ein relativ ungeladenes Medium wie Farbstifte oder Bausteine zu verwenden. Geht es um die Rolle eines Supervisanden/Klienten in seinem Arbeitsfeld, die er als „Kasperrolle" definiert, bietet es sich an, die Problematik mit Hilfe von Kasperfiguren zu erhellen.

Die nachfolgenden Beiträge zeigen eine Vielzahl von Fallbeispielen, wie kreative Materialmedien eingesetzt werden können.

1.3 Die Ausdeutung der Arbeit mit Materialmedien

Eine zentrale Fragestellung im Zusammenhang mit der Anwendung von Materialmedien in Supervision und Coaching betrifft die Deutungshaltung von Supervisor/Coach. In Fällen, in denen Supervisanden oder Klienten ihre Arbeitssituation sehr prägnant und rational bestimmt, etwa in Form einer Grafik, darstellen, sind sie meistens sofort selbst in der Lage, ihr Werk auszudeuten. In vielen anderen Fällen aber, wo es um die Vermittlung von nicht rationalen Mustern anhand eines gemalten Bildes oder anhand einer Tonplastik geht, springen die Botschaften des Bildes oder der Tonplastik weder dem Klienten/Supervisanden noch dem Supervisor/Coach sofort ins Auge. Die Entschlüsselung solcher Produktion bedarf dann einer komplexen Deutungsleistung. Wie ist diese Entschlüsselung zu leisten, und mit welcher Haltung sollte der Coach den Entschlüsselungsprozess begleiten?

Hierfür scheint es sinnvoll, sich an psychotherapeutischen Verfahren zu orientieren, wie z. B. an der gestalttherapeutischen Traumdeutung (Perls, 1969), die auch für die psychotherapeutische Medienarbeit adaptiert wurde (Petzold & Orth, 2007). Sie beinhaltet nämlich eine Form der Ausdeutung, bei der die Autonomie von Klienten in besonderer Weise gefördert wird bzw. erhalten bleibt (Schreyögg, 2012).

1.3.1 Jede Produktion ist ein Teil des Kreators

Jede Produktion, sei es ein Traum oder ein gemaltes Bild, wird als Teil des Menschen betrachtet, der den Traum oder das Bild produziert hat. Auch bei Elementen eines Bildes oder einer Tonplastik geht die Gestalttherapie davon aus, dass sie personale Anteile dieses einen Menschen repräsentieren. Perls (1969) postulierte, dass in Träumen oder in anderen Produktionen Botschaften für den Schöpfer des Bildes oder der Tonplastik enthalten sind, die nur er selbst erschließen kann. Ähnliche Positionen finden wir schon in der klassischen Psychoanalyse, wonach alle gegenständlichen und nicht gegenständlichen Manifestationen persönlichen Ausdrucks als „Projektionen" ihres Kreators begriffen werden; und damit gelten sie ebenfalls als Teile von ihm selbst.

1.3.2 Fremddeutungen sind nicht akzeptabel

Im Gegensatz aber zur psychoanalytischen Traumdeutung besteht eine grundlegende Prämisse der gestalttherapeutischen Traumdeutung darin, Fremddeutungen, also Deutungen durch den Supervisor/Coach oder durch Gruppen- sowie Teammitglieder, nicht zu akzeptieren. Anders auch als in der Psychoanalyse, wo im Stile der freudschen Traumdeutung bestimmten Symbolen oder Farben bestimmte Deutungen zugeordnet werden, muss in diesem Ansatz jede Botschaft vom Supervisanden/Klienten selbst ermittelt werden.

1.3.3 Der Coach fungiert bei Deutungen als „Hebamme“

Bei der Ausdeutung von Produktionen übernimmt der Supervisor/Coach eine strukturierende, nicht eine deutende Funktion. Es ist vielmehr seine Aufgabe, den Supervisanden/Klienten bei eigenen Ausdeutungen zu unterstützen. Seine strukturierende Funktion erfolgt idealerweise stufenweise:

- In einem ersten Schritt bittet der Supervisor/Coach den Supervisanden/Klienten, seine Produktion noch einmal als Ganzes anzusehen und zu assoziieren, was ihm dazu einfällt (Assoziationstechnik).
- In einem zweiten Schritt kann der Klient gebeten werden, sich mit einem Element der Produktion oder mit der Produktion als Gesamtheit im imaginativen Rollentausch zu identifizieren und aus dieser Identifikation eine Botschaft zu verkünden (Identifikationstechnik).
- Daran anschließend kann der Supervisor/Coach den Klienten bitten, mit seinem Produkt in einen imaginativen Dialog einzutreten (Dialogtechnik).
- Der Supervisor/Coach kann den Klienten aber auch bitten, dass er mehrere Elemente seiner Produktion auswählt und diese in einen imaginativen Dialog miteinander eintreten lässt. Auch dies geschieht wieder durch imaginativen Rollentausch.

Im Verlauf eines solchen Auswertungsprozesses bringt der Supervisor/Coach auch seine Eindrücke ins Gespräch ein. Seine Statements sind aber keine distanzierten Deutungen, sondern gefühlshafte Assoziationen, die primär aus der Identifikation mit dem Supervisanden/Klienten resultieren. Der Supervisor/Coach fungiert also eher als „Hebamme“ für die Selbstdeutungen des Klienten. Diese Funktion kann er allerdings nur dann wahrnehmen, wenn sein Interaktionsstil eine flexible Balance zwischen Direktivität und Nondirektivität sowie zwischen professioneller Zurückhaltung und Echtheit aufweist.

1.3.4 Deutungen sollten auf persönliches Erleben bezogen sein

Die Selbstdeutungen von Supervisanden/Klienten sollten vom Supervisor/Coach sorgsam begleitet werden. Sie dürfen nie von der Erfahrung losgelöste Abstraktionen enthalten, sondern sollen mit dem Erleben der Supervisanden/Klienten in Verbindung stehen. Das Erleben aus der Assoziation, aus der Identifikation oder aus Dialogen teilen Supervisanden/Klienten dem Supervisor/Coach mit. Dieser versucht, die Mitteilungen zu strukturieren und weitere Interventionen im Sinne von z. B. Nachfragen zu entwickeln. Der Dialog zwischen Coach und Klient dauert so lange, bis der Klient „seine“ je spezifische Botschaft aus seinem „Werk“ gefunden zu haben meint.

1.4 Einzelne Materialien und ihre Anwendung in Supervision und Coaching

Nachfolgend stelle ich einzelne Materialmedien vor, die für Supervision/Coaching zu nutzen sind, und erläutere ihre Anwendung. Die Reihung der Materialien ist nicht zufällig. Sie erfolgt nach dem Kriterium „Üblichkeit“ versus „Unüblichkeit“ bzw. nach der subjektiven Validität zur Arbeit von Lehrern oder Schulleitern. Von den meisten Supervisanden/Klienten werden Zeichnungen auf einem Blatt Papier spontan durchaus als zur Supervision oder zum Coaching passend erlebt. Medien wie Musikinstrumente oder gar solche zum Maskenbau wirken für viele Supervisanden/Klienten aber nicht passend oder sind „gewöhnungsbedürftig“. Die „Gewöhnungsbedürftigkeit“ bestimmt sich allerdings danach, wie viel Selbstoffenbarungs- und Regressionsbereitschaft die Ladung eines Mediums und/oder seine Anwendung erfordert. Da die Ladung von Materialmedien jeweils unterschiedlich viel Zeit in Anspruch nimmt, berücksichtige ich bei der Darstellung der einzelnen Medien auch diesen Aspekt.

1.4.1 Zeichen- und Malutensilien

Für die meisten Supervisanden/Klienten ist es keineswegs erstaunlich, wenn sie gebeten werden, mit einem Bleistift auf Papier z. B. die formale Struktur ihrer Organisation aufzuzeichnen. Vielfach äußern Supervisanden/Klienten nur ein diffuses Unbehagen über ihren Arbeitsplatz. Dann ist es sinnvoll, sie zu bitten, ein „phänomenologisches Organigramm" (Massarik, 1983) anzufertigen. Dabei malen sie so, wie es ihnen gefühlsmäßig zugänglich ist, zum Thema „Ich in meiner Organisation". Verwendet werden dabei große Bögen von Papier und bunte Filzstifte, Wachsmalkreiden oder Fingerfarben. Am Ende der Malaktion deuten die Klienten das Bild im Dialog mit dem Supervisor/Coach. Solche Medienanwendung setzt bereits eine höhere Bereitschaft zur Regression voraus. Die meisten Menschen verbinden nämlich mit bunten Farbstiften und besonders mit Wasser-, Plaka- oder Fingerfarben „Kinderschmierereien" oder „Kunstunterricht" in der Schule.

Für die Arbeit mit feuchten Farben ist im Allgemeinen auch ein höheres Maß an Muße notwendig, das nur bei ganztägigen Veranstaltungen gegeben ist. Beim Einsatz dieser Medien haben auch viele Supervisanden/Klienten die Befürchtung, ihre Kleidung zu beschmutzen. Deshalb empfiehlt es sich, die Supervisanden/Klienten auf die Verwendung solcher Medien eigens vorzubereiten.

Malutensilien lassen sich in Supervision/Coaching zur Auseinandersetzung mit Ist-Zuständen von einzelnen Menschen und von Kontexten nutzen. Sie werden aber auch häufig angewandt, um prozessuale Phänomene darzustellen. In diese Kategorie fallen alle „Panoramen". Bei Panoramen werden bislang erlebte Stadien auf einem Stück Tapetenrolle oder einem großen Blatt Papier mit Symbolen in ihrem Verlauf kenntlich gemacht. So lässt sich ein „Arbeitspanorama" (Heinl et al., 1983), ein „Leistungspanorama", ein „Panorama der Organisationsgeschichte" usw. (Schreyögg, 2009) anfertigen. Ein Panorama kann dann die je individuell erlebten Entwicklungsprozesse der eigenen Leistungsgeschichte, der Berufsgeschichte, eines Konfliktprozesses usw. wiedergeben.

1.4.2 Bausteine, Magnetsteine

Bei bunten Bausteinen handelt es sich nun wieder um ein „sauberes Material“. Aber gerade Bausteine werden von Supervisanden/Klienten oft mit „Kinderkram“ assoziiert. Ihr Einsatz ruft am Anfang oftmals Staunen hervor. Sie eignen sich aber ganz ausgezeichnet dazu, den strukturellen Ist-Zustand von Organisationen zu verdeutlichen.

Bausteine sind immer die Medien der Wahl, um schnell eine Übersicht über formale Strukturen zu erlangen. Gerade strukturell nur schwer fassbare Systeme können mit Bausteinen als „flexible Organigramme“ (Schreyögg, 2007) besonders gut dargestellt werden, denn Bausteine lassen sich ja während des Beratungsdialogs ständig verschieben. Häufig ist es auch relevant, die formale mit der informellen bzw. „latenten“ Struktur (Selvini Palazzoli et al., 1988) in Beziehung zu setzen. In solchen Fällen kann für die formale Struktur eine Farbe, z. B. Blau, und für die informelle eine andere, z. B. Rot, verwendet werden. In vielen Fällen müssen auch innerorganisatorische Interessengegensätze bei Positionsinhabern ermittelt werden. Diese lassen sich ebenfalls mit Bausteinen farblich kenntlich machen. Sehr bewährt hat sich in diesem Zusammenhang der „Inszenario-Kasten“ von Gunther König. Es handelt sich dabei um einen sorgfältig gefertigten Holzkasten, der Schemafiguren von Männern und Frauen in drei verschiedenen Größen und vielen Farben enthält. Er wird von einer Behindertenwerkstatt in Schwäbisch Hall produziert und eignet sich ganz ausgezeichnet für flexible Organigramme. Ein ähnliches Medium ist die „Coaching Disc“, eine kreisrunde Magnetplatte, auf der bunte Farbplättchen anzuordnen sind. Dieses Material ist über den Deutschen Psychologen Verlag zu beziehen. Ähnliche Materialien sind das „Familienbrett“ oder andere Baukästen, mit denen sich Aufstellungen realisieren lassen.

Weniger regressionsgeladene Materialien sind Magnettafeln mit bunten Magnetplättchen. Wir finden sie heute in den meisten Büros zur Terminplanung. Zur Veranschaulichung können aber zur Not auch Büroklammern, Kaffeetassen usw. dienen.

1.4.3 Puppen und andere Spielmaterialien

Auch Puppen und andere Spielmaterialien lassen sich gut für Supervision und Coaching nutzen. In manchen Fällen bieten sich Kasperfiguren an. Sie ermöglichen aufgrund ihrer Eigenladung eine lustvolle Verfremdung von sozialen Situationen. Auf diese Weise lässt sich z. B. gelegentlich der Subtext von Auseinandersetzungen mit Vorgesetzten gut erhellen.

Für Diagnosesequenzen im Teamsupervisionen oder Teamcoaching ist z. B. der Szeno-Test, ein projektives Testverfahren für Kinder, gut zu nutzen. Hier kann man die Instruktion geben: „Bauen Sie doch bitte einmal ohne Worte Ihr Team auf." Bauprozess und -ergebnis fördern dann zahlreiche Hinweise auf die je spezifischen kooperativen Muster und Probleme eines Teams zutage.

1.4.4 Materialien für Collagen

Für die Anfertigung von Collagen benötigen Supervisanden/Klienten möglichst viele bunte Zeitschriften, Scheren und Klebstoff. Sie lassen sich in verschiedenen Settings zu den unterschiedlichsten Themen anfertigen. Da ihre Herstellung einige Zeit in Anspruch nimmt, empfiehlt es sich für die Einzelarbeit, die Supervisanden/Klienten zu bitten, die Collage schon zu Hause anzufertigen und dann in die Sitzung mitzubringen. Im Gruppen- oder Teamcoaching erweist sich die Anfertigung von Collagen als ausgesprochen vergnügliche Aktivität. Collagen eignen sich besonders gut für Rollenanalysen oder auch, um Rollenüberlastung prägnant zu machen.

1.4.5 Ton und andere plastische Materialien

Ton wirkt als Medium für Supervision/Coaching zunächst sehr ungewöhnlich, stellt es doch ein ausgesprochen regressionsförderndes Material dar. Bei gezielter Anwendung lässt sich aber gerade durch die Arbeit mit Ton das „Untergründige", das rational nur schwer Fassbare erschließen. Tonarbeit bietet sich besonders bei solchen Supervisanden/Klienten an, die schon an das Medium Ton gewöhnt sind und keiner Anleitung für seine Bearbeitung bedürfen. Mit Hilfe von Ton, von Knete oder anderen plastischen Materialien sind besonders untergründige Aspekte von Arbeitsbeziehungen ans Tageslicht zu befördern.

1.4.6 Musikinstrumente

Musikinstrumente werden in der Therapie schon länger verwendet (Frohne-Hagemann, 2004), in Supervision und Coaching wirken sie aber für die meisten Menschen noch eher ungewöhnlich. Für manche Personen sind sie jedoch die Medien der Wahl, wenn es um die Darstellung von gefühlshaften Phänomenen am Arbeitsplatz geht. So können gerade introvertierte Musiker Beziehungen zu ihren Kollegen mit Hilfe eines Instrumentes deutlich machen.

Viel häufiger lassen sich Instrumente und andere Klangkörper im Gruppenrahmen verwenden, wenn es etwa um die Frage geht, wie viel Gleichklang in einem Team besteht oder wie gut ein Team auf seinen Leiter bzw. „Dirigenten" hört.

1.4.7 Materialien für die Maskenarbeit

Maskenarbeit kann in Supervision/Coaching (Weiß, 1996) die Auseinandersetzung mit der Frage fördern, inwieweit Menschen in unterschiedlichen beruflichen Zusammenhängen „natürliche Masken" tragen. Durch diese Arbeitsform lässt sich nämlich eine persönliche Verformung durch bestimmte berufliche Positionen sehr plastisch erarbeiten. Bau und Umgang mit Masken setzen allerdings immer einen breiten zeitlichen Rahmen voraus und erfordern eine hohe Bereitschaft der Supervisanden/Klienten, sich zu offenbaren. Als Grundmaterial werden große Tüten verwendet, die sich über den Kopf stülpen lassen. Auf diese können die Klienten allerlei bunte Papiere, Zeitungsausschnitte, Wollfäden usw. aufkleben. Die Arbeit erfolgt in zwei Schritten: Auf der einen Seite der Tüte sollen die Teilnehmer ihre Maske im Beruf darstellen, auf der anderen Seite Persönlichkeitszüge, die sie in ihrem Beruf glauben, nicht zeigen zu können. Danach werden die Teilnehmer gebeten, mit der fertigen Maske vorne und hinten in einen inneren Dialog einzutreten. In einem dritten Schritt können die Teilnehmer angeleitet werden, ihre Masken aufzusetzen und auf einer provisorisch errichteten Bühne zu verkörpern. Sie stellen zuerst jeweils die eine Seite, danach die andere dar. Diese Spielsequenz erzeugte bei den Beteiligten meistens eine starke Bewegung über die Diskrepanz der beiden Maskendarstellungen. In einer anschließenden Auswertungssequenz ergeben sich vielfältige Themen, wie Menschen von ihrer beruflichen Situation verformt werden und wie dem entgegenzuwirken ist. Da diese Übung starke Emotionen evozieren kann, sollte sie der Supervisor/Coach nur in sehr vertrauten Kontexten vorschlagen.

1.4.8 Andere Materialien

Neben den bisher beschriebenen Materialien lassen sich natürlich auch viele andere, zum Teil völlig „trivial“ erscheinende verwenden. Entscheidend für ihren Einsatz ist zum einen ihr Erkenntniswert, zum anderen ihre kreativitätsfördernde Bedeutung. Hierbei sind allerdings auch der Kreativität des Supervisors/Coachs keine Grenzen gesetzt. So lässt sich zur Präzisierung von Interaktionsphänomenen in Teams ein Wollknäuel verwenden, das jeder Supervisand/Klient jedem anderen, den er anspricht, im Verlauf einer thematischen Debatte zuwirft. Nach einiger Zeit ist das Team mit einem charakteristischen Netz überzogen, das eine für alle sichtbare Interaktionsstruktur widerspiegelt. Ein anderes Beispiel für die kreative Anwendung von trivialen Materialien stellt „Kartoffelschälen“ dar. Wenn z. B. im Teamcoaching einer Schule die Lehrer über „permanente Hetze“ klagen und diese Klagen etwas abstrakt bzw. emotionslos vorgetragen werden (und die Sitzung in einem Tagungshaus stattfindet), kann man die Küche bitten, einen vollen Eimer mit Kartoffeln und möglichst viele Kartoffelschälmesser bereitzuhalten. Die Leitung wird dann gebeten, den „Antreiber“ zu spielen. Er oder sie soll dann die Lehrer, die jetzt alle Kartoffeln schälen, zu mehr Eile veranlassen. Bei dieser Sequenz wird für alle Beteiligten mit Sicherheit deutlich spürbar, zu welch vielfältigen psychischen und somatischen Symptomen sie durch solche Antreiberei gelangen. Die Kartoffeln sind am Ende ziemlich „zerrupft“ und für eine anspruchsvolle Küche kaum mehr verwendbar. Die Situation der Teilnehmer lässt sich nun jedoch sehr plastisch mit ihnen bearbeiten.

1.5 Literatur

Franzke, A. (1977). *Der Mensch und sein Gestaltungserleben. Psychotherapeutische Nutzung kreativer Arbeitsweisen.* Bern: Huber.

Frohne-Hagemann, I. (2004). *Rezeptive Musiktherapie.* München: Pfeiffer.

Hartley, E. L. & Hartley, R. E. (1955). Die Grundlagen der Sozialpsychologie. Berlin: DeGruyter.

Heinl, H., Petzold, H. & Fallenstein, A. (1983). Das Arbeitspanorama. In: H. Petzold, H. Heinl (Hrsg.), *Psychotherapie und Arbeitswelt* (S. 356-408). Paderborn: Junfermann.

Holm-Hadulla, R. M. (2007). *Kreativität. Konzept und Lebensstil.* Göttingen: Vandenhoeck & Ruprecht.

Maslow, A. (2000). *Psychologie des Seins.* München: Fischer.

Massarik, F. (1983). „Mentale Systeme": Ein praktischer Ansatz einer Phänomenologie von Systemen. *Gruppendynamik, 14(4),* 369-376.

Mead, G. H. (1973). *Geist, Identität und Gesellschaft.* Frankfurt/M.: Suhrkamp.

McLuhan, M. (1964). *The Gutenberg Galaxy.* Toronto: Toronto University Press.

Perls, F. (1969). *Gestalttherapie in Aktion.* Stuttgart: Klett-Cotta.

Petzold, H. (1977). Die Medien in der integrativen Pädagogik. In: H. Petzold, G. Brown (Hrsg.), *Gestaltpädagogik.* München: Pfeiffer.

Petzold, H. & Orth, I. (Hrsg.) (2007). *Die neuen Kreativitätstherapien. Handbuch der Kreativitätstherapien.* Bielefeld: Edition Sirius.

Schmitz, H. (1978). *System der Philosophie. Der Raum – fünfter Teil.* Bonn: Bouvier Verlag.

Schreyögg, A. (2007). Das flexible Organigramm. In Ch. Rauen (Hrsg.), *Coaching-Tools II.* Bonn: managerSeminare.

Schreyögg, A. (2009). Organisationspanorama. In H. Neumann-Wirsig (Hrsg.), *Supervisions-Tools.* Bonn: managerSeminare.

Schreyögg, A. (2010). *Supervision. Ein integratives Modell* (5. Aufl.). Wiesbaden: VS-Verlag.

Schreyögg, A. (2012). *Coaching. Eine Einführung für Praxis und Ausbildung* (7. Aufl.). Frankfurt/M.: Campus.

Weiß, B. (1996). Maskenspiel in der Supervision. *OSC, 1(3)*, 59-77.

Kontakt

Dr. Astrid Schreyögg
E-Mail: info@schreyoegg.de

2 Therapeutische Karten als kreatives Medium in der integrativen Supervision

Suska Kollera

2.1 Was sind therapeutische Karten?

Die Entwicklung therapeutischer Karten begann in den 1970er Jahren mit Bildkarten, gemalt von dem kanadischen Kunstprofessor Ely Raman, der damit die Kunst aus den Galerien in die Hände jedes Menschen bringen wollte. Er traf auf Psychologen, die diese Karten als sehr hilfreich für ihre Arbeit erkannten. In Zusammenarbeit mit ihnen wurden in den 1980er Jahren zunächst in Eigenverlagen die Karten in Kanada und Deutschland hergestellt und vertrieben (Kirschke, 2006, S. 14 ff.). Seitdem sind v. a. in Deutschland und Israel neue Kartensätze entstanden, die international vertrieben werden.

Ein Kartensatz umfasst meist zwischen 50 und 100 Karten, die einseitig mit Motiven bedruckt sind. Jeder Kartensatz enthält Bilder zu einem Themenkreis, wie z. B. Bewältigung, Personen, inneres Kind, Hüte und Schuhe, Mensch und Natur, Mythen, Sagen u.v.m. Manche Kartensätze werden ergänzt durch Wortkarten oder Zusatzkarten, die z. B. Verkehrsschilder, Spuren oder Figuren in verschiedenen Beziehungen zueinander zeigen.

2.2 Wie werden therapeutische Karten eingesetzt?

Die Einsatzmöglichkeiten therapeutischer Karten reichen von assoziativen Spielen und kreativem Schreiben über Supervision und Therapie bis hin zur Traumatherapie.

Therapeutische Karten sind an kein Setting und an keine therapeutische Schule gebunden. Je nach Art der Verwendung werden die Karten auch oft als „assoziative Karten", „kreative Karten", „Symbolkarten", „Bilder" oder „Bildkarten" bezeichnet. Diese Begriffe werden im Folgenden synonym verwendet.

2.3 Welche Funktion haben therapeutische Karten?

Mooli Lahad (2006), ein israelischer Psychologe, der kreative Methoden (u. a. therapeutische Karten) in der Bewältigung von Stress und Trauma einsetzt, bezeichnet die „Als-ob-Welt", die wir aus Theater, Literatur, (Tag-)Träumen, kreativer Beschäftigung, Spiel und Kindheit kennen, als „fantastic reality". Mit diesem scheinbar widersprüchlichen Oxymoron beschreibt er das Zusammenspiel zwischen dem zeitlich begrenzten Eintauchen in eine Welt, in der die Gesetze von Raum, Zeit und Rolle nicht gelten, in der alles möglich und machbar ist, und den logischen und kontrollierten Überlegungen, wie die so entstandenen Bilder und Ideen in der Realität übersetzt und angewendet werden können. Seiner Erfahrung nach bringt diese Reise zwischen den Welten oft schon Entlastung, auch wenn sich aus den Einsichten keine praktische Anwendung ableiten lässt. Diese Entspannung sei möglich, wenn die Psyche in einer kreativen und nicht wertenden Atmosphäre spielen dürfe wie ein Kind, was bisweilen tranceähnlich erlebt wird, ohne sich von dem Ziel zu lösen, damit das Leben in der realen Welt zu bewältigen.

Diese für viele kreative Verfahren gültigen Überlegungen bezieht Kirschke (2006) in ähnlicher Weise auf die Arbeit mit assoziativen Karten. Als das Besondere dabei sieht sie die Kombination von Sprache und Bildern und damit von Verstand und Intuition, von rechter und linker Hirnhälfte.

> „Erst diese Kombination, die uns in unserer Ganzheitlichkeit – in unserer Empfänglichkeit für Bilder und gleichzeitig in unserem begrifflichen Denken – anspricht, bewirkt die besondere Dynamik dieser assoziativen Karten." (Kirschke, 2006, S. 35)

Die Bilder auf den Karten können Gedanken, Gefühle und Ideen leichter zu Tage kommen lassen, über die schwer zu sprechen ist und die ganz oder teilweise unbewusst waren. Oft lässt sich diese innere Realität besser in Bildern als in Worten ausdrücken, und umgekehrt können Bilder Kommunikation ins Fließen bringen. Auch unausgesprochene Aspekte von Beziehungen, wie Rollen, Funktionen oder Tabus können mit Bildern augenfällig werden. Im wahrsten Sinne des Wortes ermöglichen Bildkarten eine andere Sicht auf Zusammenhänge. Diese Art des Zugangs zu verborgenen Teilen des Erlebens eines Individuums greift sowohl unterschiedliche grundlegende psychologische Ansätze auf, etwa aus der analytischen Psychologie, insbesondere von C. G. Jung, als auch therapeutische Elemente, z. B. aus der Gestalttherapie und der lösungsorientierten systemischen Therapie, um nur einige zu nennen.

Dina Oren (o. J.) beschreibt fünf internale Prozesse, die durch therapeutische Karten hervorgerufen bzw. nachgebildet werden können:

1. Bilder umgehen das rationale Denken, sie sprechen direkt die Intuition und die Gefühle an. Worte sind demgegenüber an den Intellekt gerichtet und rufen rationales und analytisches Denken hervor. Rationales Denken filtert gerne die Dinge heraus, von denen man sich distanzieren möchte. Mit Bildern ist es leichter, einen Bezug zu den nicht sprachlichen, sensorischen, insbesondere visuellen Erfahrungen herzustellen, die vor allem in der rechten Gehirnhälfte repräsentiert werden.
2. Kreative Karten können dabei unterstützen, einen externalen Innenaußen-Dialog zu führen, also einen Dialog zwischen der Person und ihren inneren und äußeren Bildern. Wenn jemand auf ein äußeres Bild, z. B. eine therapeutische Karte, reagiert, dann aus der Erinnerung an ein inneres Bild heraus. Jeder Mensch verfügt über ein inneres „Fotoalbum" seiner Erinnerungen. Jedes innere Bild ist verknüpft mit Emotionen, Werten und Schlussfolgerungen, und die Beschäftigung damit vertieft die Selbstreflexion, ähnlich wie in der Arbeit mit Traumbildern.
3. Therapeutische Karten helfen, Geschehnisse auszudrücken, zu artikulieren und zu konkretisieren. Sie ermöglichen es, eine metaphorische

Sprache zwischen Therapeut und Klient zu entwickeln, die der Therapie Kontinuität gibt. Der Wechsel vom Konkreten zum Metaphorischen und zurück bahnt einen Weg, den inneren Dialog zu externalisieren und ihn damit einer objektiveren und distanzierteren Betrachtung aus mehreren Perspektiven zugänglich zu machen (vgl. auch Shacham, o. J.).

4. Bilder animieren Assoziationen und Projektionen. Sie unterstützen dabei, Verhaltensmuster und verdrängte Erlebnisse zu identifizieren. Eine Person fühlt sich nur von einer Karte angesprochen, mit der sie etwas Bedeutsames assoziiert, die im gestaltpsychologischen Sinne die „Gestalt" in ihrem Erleben repräsentiert. Bei einer neuerlichen Beschäftigung mit der gleichen Karte kann auch eine andere „Gestalt" in den Vordergrund und damit in den Fokus der Aufmerksamkeit treten. Eine andere Person kann in ein und derselben Karte ein anderes Bild sehen, was bedeutet, dass sie auch eine andere „Gestalt " wahrnimmt, um die ihr inneres Erleben kreist (vgl. auch de Roeck, 1997, S. 22 f.).
5. Bei der Arbeit mit therapeutischen Karten entsteht eine hohe Komplexität auf mehreren Ebenen. Der Transfer von innen nach außen und umgekehrt, der Transfer vom Konkreten zum Metaphorischen und umgekehrt, der kontinuierliche Dialog der Assoziationen – dies und noch mehr stellt eine Komplexität her, die die inneren Abwehrmechanismen „austricksen" kann, indem sie die Zensurfunktionen des Unbewussten senkt. So kommen innere Muster und unbewusste Anteile an die Oberfläche.

Wenn Klienten Vorerfahrungen mit esoterisch verwendeten Kartensätzen und einen entsprechenden weltanschaulichen Hintergrund haben, kann es passieren, dass sie die Funktion der therapeutischen Karten orakelähnlich verstehen und ihnen magische bzw. richtungsweisende Bedeutung zuschreiben.

> „Das ganze Leben kann zu einem Orakel werden, wenn ich es so will. Dann gewinnen die äußeren Umstände Macht über mich. Ich gebe ihnen diese Macht. Genauso gut aber kann alles, was mir begegnet, als Anlass genommen werden, in eigener Verantwortung über mich nachzudenken

> und die Macht über mein Leben selbst zu behalten. Dies ist der Ansatz der assoziativen Karten.“ (Kirschke, 2006, S. 135)

Sollte sich herausstellen, dass Supervisand und Supervisor mit solch unterschiedlichem Verständnis an die Karten herangehen, muss dies aufgeklärt werden und kann unter Umständen gleich für den supervisorischen Prozess genutzt werden, indem die Grundhaltung des Supervisanden hinsichtlich Verantwortung und Selbstwirksamkeit reflektiert wird.

2.4 Wie können therapeutische Karten in der Supervision eingesetzt werden?

Sie können zu jedem Zeitpunkt im supervisorischen Prozess verwendet werden. Der Supervisor platziert folgende Einsatzvarianten an der Stelle, an der der leichtere Zugang zu unbeachteten Teilen der Erlebensverarbeitung am fruchtbarsten sein könnte.

- Die Supervisanden können in der Eingangsrunde jeweils mit Unterstützung einer selbst gewählten Bildkarte den anderen in der Runde verdeutlichen, wie es ihnen gerade geht und welches Anliegen sie mitgebracht haben.
- Der Fallgeber kann sein Problem und die damit verbundenen Gedanken, Gefühle und Bewertungen anhand von Karten darstellen.
- Der Supervisor kann auch erst nach der Falldarstellung zu dem Schluss kommen, dass in diesem Fall therapeutische Karten geeignet scheinen, die Problematik zu fokussieren und zu bearbeiten. Dann wählt der Supervisand eine Karte zu einer bestimmten Situation bzw. Fragestellung oder mehrere Karten, um einen Ablauf oder mehrere Aspekte darzustellen.
- Zum Abschluss der Fallarbeit kann der Supervisand aufgefordert werden, eine Symbolkarte für seine gefundene Lösung auszusuchen oder ein Bild, das ihn für die nächsten Schritte stärkt.
- In der Abschlussrunde können alle Gruppenmitglieder mit einer Karte zum Ausdruck bringen, was sie von der jeweiligen Sitzung für sich mitnehmen.

Es besteht eine Vielzahl an methodischen Möglichkeiten, therapeutische Karten in der Supervision einzusetzen (Oren, o. J.; Shacham, o. J.). Die methodischen Variationen bewegen sich vor allem um folgende Spielarten:

- Der Supervisand zieht Karten oder sucht sie aus aufgelegten Kartensets aus.
- Der Supervisand wählt eine oder mehrere Karten.
- Der Fallgeber sucht Karten aus, oder die anderen Gruppenmitglieder tun dies.
- Es stehen nur Bildkarten zur Auswahl oder auch Wort- oder andere Zusatzkarten.
- Die Karten „bleiben passiv“, werden betrachtet und besprochen, oder sie „werden aktiv“, treten z. B. in einen Dialog oder bewegen sich.
- Die therapeutischen Karten werden ausschließlich als kreatives Medium genutzt oder z. B. mit kreativem Schreiben oder Malen kombiniert.

2.5 Wie können therapeutische Karten zur Bewältigung von Erlebtem verwendet werden?

Das folgende Vorgehen ist geeignet, wenn ein Supervisand in der Vergangenheit etwas erlebt hat oder derzeit noch erlebt, was ihn belastet oder einschränkt. Es kann, wie im vorliegenden Fall, in der Einzelsupervision sowie auch in der Gruppensupervision – dann im Rahmen einer „fishbowl“ – eingesetzt werden (nach Shacham, o. J.):

1. Der Supervisand sucht fünf Karten aus, die die Geschichte dieses für ihn bedeutsamen unangenehmen Erlebnisses illustrieren. Dieses Erlebnis muss noch nicht abgeschlossen sein.
2. Der Supervisand legt die gewählten fünf Karten in einer Reihe auf, sodass sie die einzelnen Stationen oder Aspekte des Erlebten von Beginn bis Ende bzw. bis zum jetzigen Zeitpunkt in chronologischer Reihenfolge darstellen.
3. Der Supervisand wird gebeten, seiner Geschichte eine Überschrift zu geben und diese dann anhand der Bildkarten zu erzählen. Der Supervisor

unterstützt diesen Prozess durch vertiefendes Nachfragen. Es soll darauf geachtet werden, dass die Nachfragen keine bestimmten Antworten nahelegen.

4. Danach dreht der Supervisand die Karten um, mischt sie und legt sie verdeckt erneut in eine Reihe. Anschließend deckt er die Karten auf, ohne die Reihenfolge zu verändern.
5. Nun erzählt der Supervisand die Geschichte des Ereignisses in dieser veränderten Reihenfolge. Falls er darin Schwierigkeiten sieht, kann der Supervisor ihn folgendermaßen ermuntern: „Ich bin sicher, Sie finden einen Weg, die Geschichte entlang der Karten zu erzählen, trotz der neuen Reihenfolge.“ Der Supervisor unterstützt diesen Prozess wiederum durch vertiefende Fragen.
6. Die Punkte 4 und 5 werden noch ein- bis dreimal wiederholt, bis der Supervisand für sich eine positive Veränderung oder zumindest einen weiterführenden Aspekt gegenüber dem betreffenden Ereignis wahrnimmt und äußert.
7. Fakultativ kann der Supervisand aufgefordert werden, aus den übrigen aufliegenden Karten eine herauszusuchen, mit der er entweder ein anderes Ende für die Geschichte erschaffen kann oder die einen Hinweis enthält, wie er mit dem weiter bestehenden Dilemma zurechtkommen kann.
8. Schließlich wird der Supervisand aufgefordert, seiner veränderten Geschichte eine neue passende Überschrift zu geben.
9. Im Nachgespräch beschreibt der Supervisand seine Erfahrungen in dem Prozess, den er soeben durchlaufen hat. In der Einzelsupervision geschieht dies im Austausch mit dem Supervisor, im Rahmen einer Gruppensupervision auch mit den übrigen Teilnehmern.

Das geschilderte Vorgehen ist insbesondere dann geeignet, wenn bereits bei der Vorstellung des Problems deutlich wird, dass der Klient sich die Ereignisse und deren Bedeutung schon des Öfteren hat „durch den Kopf gehen lassen“ und dass er sie auch schon häufig erzählt hat. Oft handelt es sich um Dilemmata, bei denen scheinbar jede Bewegung inakzeptable Nachteile nach sich zieht.

Zunächst unterstützen die Karten dabei, die „Gestalt" des Erlebten herauszukristallisieren, d. h. der Supervisand muss sich mit den fünf Karten auf die Aspekte konzentrieren, die ihm in dem Erlebten, das inzwischen vielleicht schon aus vielen kleinen Geschichten besteht, am bedeutsamsten sind. Das Medium, das eine komplexe Betrachtung und gleichzeitig eine pointierte Falldarstellung ermöglicht, wird in der Intervention weiter genutzt, um das unter Umständen schon eingefahrene innere Erleben des Ereignisses aufzulockern, welches möglicherweise dazu beiträgt, das Problem aufrechtzuerhalten.

> „Menschen sind unverbesserliche und geschickte GeschichtenerzählerInnen – und sie haben die Angewohnheit, zu den Geschichten zu werden, die sie erzählen. Durch Wiederholung verfestigen sich Geschichten zu Wirklichkeiten, und manchmal halten sie die GeschichtenerzählerInnen innerhalb der Grenzen gefangen, die sie selbst erzeugen halfen." (Efran, Lukens & Lukens 1992, S. 115)

Auch wenn der Supervisand das erneute Erzählen seiner Geschichte vielleicht als Erleichterung erlebt, bleibt unwahrscheinlich, dass es im Setting der Supervision per se eine deutliche Veränderung bewirkt.

> „Weil eine Geschichte wesentliche Elemente im Leben eines Menschen konstituiert, ist es ihr praktisch unmöglich, sich anders zu verhalten, solange sie genau dieselbe Geschichte erzählt." (Efran, Lukens & Lukens 1992, S. 121)

Erklärbar ist dies aus einer der Grundannahmen der lösungsorientierten systemischen Therapie. Die Annahme der Rekursivität geht davon aus, dass Handlungen und Beschreibungen zirkulär sind.

> „Es besteht eine zirkuläre Beziehung, wie man ein Problem oder Ziel beschreibt, welche Handlung man ergreift, wie man diese Handlungen und Ergebnisse beschreibt, welche weiteren Handlungen man ergreifen könnte usw." (Walter & Peller, 1995, S. 44)

Bei der vorgestellten Methode wird in dieser zirkulären Beziehung bei der Veränderung der Reihenfolge angesetzt, wobei die Bedeutung der Symbole und Bilder bezogen auf die einzelnen Stationen oder Aspekte der Geschichte jeweils neu gefunden werden muss.

2.6 Fallbeispiel[1]

Eine Grundschullehrerin (= L), die bereits zweimal zur Einzelsupervision erschienen war, äußerte in der dritten Sitzung das Anliegen, über die Zusammenarbeit mit einer Kollegin zu sprechen. Die Kollegin sei in diesem Schuljahr neu an die Schule gekommen und habe die Parallelklasse übernommen. Die Zusammenarbeit im ersten Halbjahr sei leider nicht so intensiv gewesen, wie sie sich das erhofft hatte – im Gegenteil, es häuften sich Situationen, in denen sie den Eindruck habe, die Kollegin mache vieles kaputt, was sie in jahrelanger Arbeit aufgebaut habe. Dennoch spreche sie die betreffende Kollegin nicht darauf an, da sie nach einem offenen Wort ein unerträgliches Arbeitsklima befürchte. Ihre Belastung durch diesen ungelösten Zwiespalt schätzte sie auf einer Skala von 1 bis 10 bei 6 ein, wenn es weiterhin solche Vorkommnisse gebe, mit Tendenz zur 7.

Wie oben im Leitfaden beschrieben, wurde die Klientin aufgefordert, aus einem aufgelegten Kartensatz (OH-Karten; Raman, 1999) fünf Karten für ihr berufliches Dilemma auszusuchen und diese in der für sie passenden Reihenfolge auf den Tisch vor sich zu legen. Als Überschrift für ihre Geschichte nannte sie „Zerbrochenes Glas".

Die Klientin legte die Karten auf und erzählte dazu die folgende Geschichte. Die Supervisorin (S) unterstützte den Prozess mit vertiefenden Fragen.

1 Die Angaben zu Personen und Umständen wurden in diesem Fallbeispiel so verändert, dass keine Identifizierung möglich ist.

1. Runde

Wegkreuzung

L: Meine Kollegin arbeitet ganz anders als ich. Mir gegenüber ist sie nett, aber sie geht mit den Kindern und auch den Erwachsenen anders um, als ich mir das vorstelle.
S: Der schwarze und der rote Pfeil zeigen in unterschiedliche Richtungen. Welchem folgen Sie, welchem Ihre Kollegin?
L: Meine Kollegin folgt dem roten, sie bewegt sich weg von dem, wie ich mir Schule vorstelle. Und der rote Pfeil warnt schon: „Geh da nicht weiter! Das ist nicht gut."

Glas

L: Ich habe in den letzten Jahren die Zusammenarbeit mit dem Kindergarten gepflegt, habe gemeinsame Veranstaltungen mit der Gemeindebücherei organisiert, habe mit der zuständigen Mitarbeiterin vom Jugendamt eine vertrauensvolle Zusammenarbeit aufbauen können. Und nun kommt die neue Kollegin und schafft es innerhalb kürzester Zeit, ganz viel Glas zu zerbrechen. Eine Erzieherin hat beklagt, dass die Kollegin sich in ihren Kompetenzbereich eingemischt hätte. Und mit den anderen beiden hatte sie auch Auseinandersetzungen. Sie sind weiterhin freundlich zu mir, wirken aber reservierter. Ich fürchte, dass die Außenwirkung meiner Kollegin auf mich abfärbt.

Theke

L: Ich müsste mit ihr darüber reden. Das fällt mir sehr schwer.

S: Wie sind die beiden an der Theke miteinander in Kontakt.

L: Die sehen so aus, als würden sie gar nicht miteinander reden. Nach außen hin ist es bei uns noch nicht so schlimm. Wir bemühen uns beide um Konversation. Aber das kommt nicht von innen heraus.

Hand

L: Ich käme mir vor wie Mami, die sie an die Hand nimmt. Sie ist erwachsen. Ich kann ihr doch nicht erklären, wie sie Gespräche führen soll. Ich bin auch nicht ihre Vorgesetzte, die ihr Anweisungen geben könnte. Die Kooperation mit außerschulischen Stellen ist ihre Aufgabe genauso wie meine.

S: Sie meinen, Sie würden ihr nicht mehr auf der kollegialen Ebene begegnen?

L: Ja, ich würde mich über sie stellen, und das würde sie sicher verärgern – verständlicherweise. Und mein Anliegen würde gar nicht ankommen.

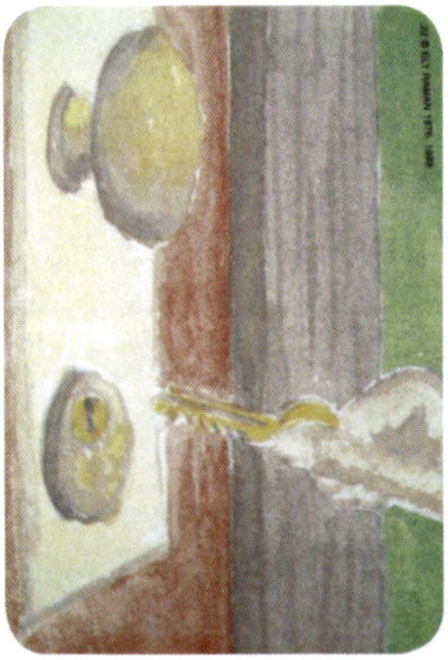

Schlüssel

L: Ich suche nach einer Lösung für dieses Problem. Den passenden Schlüssel habe ich noch nicht gefunden.

2. Runde

Wegkreuzung
L: Meine Kollegin und ich gehen in unserer Arbeit recht unterschiedliche Wege. Vielleicht ginge es mir besser, wenn ich das einfach akzeptieren könnte. Wenn es auch mich betrifft, kann ich das nicht.

Hand
L: Manchmal habe ich das Gefühl, ich müsste sie an die Hand nehmen und ihr erst mal Grundlegendes beibringen. Aber das ist nicht mein Job, das gibt nur Ärger.

Theke
L: Ich schaffe es nicht, mit ihr darüber zu reden. Aber es ist auch kein Zustand, dass wir so nebeneinanderher arbeiten. Wenn ich nicht bald etwas sage, haben wir uns bald gar nichts mehr zu sagen.

Schlüssel
L: So weit möchte ich es nicht kommen lassen. Ich suche weiterhin nach dem passenden Schlüssel.

Glas
L: Ich kann nicht tatenlos zusehen, wie sie kaputt macht, was ich jahrelang aufgebaut habe.
S: Da steht jemand hinter dem Tisch.
L: Das bin ich. Ich bin fassungslos und erbost, wie sich jemand so trampelig anstellen kann.

3. Runde

Theke
L: Ich sitze jetzt hier und rede erst mal mit dem Wirt. *(Klientin lacht und zwinkert Supervisorin zu.)*

Schlüssel

L: Vielleicht finde ich so eine Lösung, habe eine glänzende Idee, so wie das Schloss auf dem Bild glänzt.

S: Der Schlüssel scheint auch zu glänzen.

L: Wie im Märchen: Ich finde den goldenen Schlüssel zum goldenen Schloss.

Glas

L: So ein Schlüssel wäre schön. Ich habe nämlich die Befürchtung, dass ich im kollegialen Verhältnis zu meiner Kollegin viel kaputt machen könnte.

Wegkreuzung

L: Dann würden wir uns vielleicht kaum noch anschauen und völlig getrennte Wege gehen.

Hand

L: Ich wünsche mir jemanden, der mich an der Hand nimmt und durch diese heikle Situation führt.

S: So ein Großer, der Sie da sicher durchführt, täte Ihnen gut?

L: Ja, jetzt fühle ich mich auf einmal wie die Kleine. Gerade eben wollte ich noch die Große spielen.

4. Runde

Glas

L: Meine Kollegin hat in kurzer Zeit so viele Gläser zerbrochen, und ich scheue mich, das anzusprechen, weil ich dabei vielleicht auch mal Scherben verursachen könnte. Das passiert mal, dann muss man halt auch wieder aufräumen.

S: Es gibt Schaufel, Besen und einen Lappen …

L: Und vielleicht muss man noch ein neues Glas besorgen. Aber ich wär mein Anliegen endlich mal los.

Hand

L: Ich habe gar keine Lust mehr, sie „an die Hand zu nehmen".

Theke

L: Immer wieder spreche ich mit „dem Barkeeper“ über meine Kollegin. Mal sind das Kolleginnen, mal ist das mein Partner, und gerade sind Sie der Barkeeper, statt dass ich endlich mit meiner Kollegin neben mir spreche.

Schlüssel

L: Ich weiß nicht, wie es hinter dieser Tür weitergeht, wenn ich diesen Schlüssel im Schloss drehe. Aber wenigstens geht es weiter und stagniert nicht so wie bisher.

Wegkreuzung

L: Hinter dieser Tür tun sich verschiedene Wege auf. Es kann sein, dass meine Kollegin mir meine Worte übel nimmt und sich entweder noch weiter distanziert oder wir in Zukunft immer wieder Auseinandersetzungen haben. Es kann sein, dass in einem klärenden Gespräch noch deutlicher wird, dass wir unterschiedlich „ticken“, wir das aber besser akzeptieren können. Es kann auch sein, dass es zu einem Krach kommt, der reinigende Wirkung hat, und danach nähern wir uns an. Und wahrscheinlich gibt es noch weitere Möglichkeiten. Keine Ahnung, was passieren wird.
S: Diese völlig unterschiedlichen Möglichkeiten, die hinter dieser Tür lauern, scheinen Sie nicht mehr davon abzuhalten, durch diese Tür zu gehen.
L: Nein, es kommt mir auf einmal so normal vor, dass ich nicht vorher wissen kann, wie es ankommt, wenn ich meine Sicht und meine Wünsche äußere. Das werde ich dann schon merken. Und wenn es zu „Knatsch“ kommt, dann muss ich mir eben überlegen, wie ich damit umgehe. Auf jeden Fall halte ich es nicht mehr aus, in dieser Starre zu verharren.
(Dieser veränderten Geschichte gab die Klientin den Titel „Erwachsen sein“.)
L: Mir kommt es auf einmal kindisch vor, dass ich mit allen Seiten Harmonie angestrebt habe und solche Angst vor der Reaktion meiner Kollegin hatte.
(Die Klientin wurde nicht aufgefordert, eine weitere Karte als Bild für eine Lösung oder Bewältigung zu ziehen, da sich ihre innere Wandlung in der veränderten Deutung der gewählten Karten schon sehr eindrücklich zeigte.)

S: Welche der Karten enthält für Sie den wesentlichen Anstoß für Ihren Entschluss, mit der Kollegin über die Beziehungen zu den Kooperationspartnern zu sprechen?
L: Das sind eigentlich zwei: Ich wende mich endlich vom Barkeeper zu der Kollegin neben mir, ich rede nicht mehr über sie, sondern mit ihr. Und ich bin gespannt, was passiert, wenn ich diese Türe öffne. Ich freu mich schon fast darauf, weil dann endlich etwas passiert.

Die Klientin fotografierte die beiden Karten mit dem Handy ab, sodass sie sich bei Bedarf die Bilder jederzeit wieder vor Augen führen konnte.

2.6.1 Follow-up

Die Lehrerin sprach ihre Kollegin darauf an, dass sie befürchte, ihre bisher guten Beziehungen zu den Kooperationspartnern könnten sich verschlechtern, wenn die Kollegin immer wieder Auseinandersetzungen mit diesen habe. Dabei stellte sich heraus, dass die Kollegin die Ursachen für die Auseinandersetzungen allein bei den Kooperationspartnern und keine Möglichkeit für sich sah, anders zu reagieren, als sie es getan hatte. Dadurch blieb die zunächst befürchtete Verletzung der Kollegin aus. Es ergab sich aber auch kein Ansatz für eine Verhaltensänderung der Kollegin. Die Lehrerin fühlte sich dennoch erleichtert. Auf die Art ihrer Kollegin konnte sie sich einstellen mit der Option im Hintergrund, dass sie jederzeit wieder für sich sorgen könnte, wenn für sie die Situation nicht mehr akzeptabel sei. Den Kontakt mit den Kooperationspartnern gestaltete sie aktiver, weil sie nur hier ihre Möglichkeit sah, Einfluss zu nehmen. Im Laufe der Zeit stellte sich heraus, dass die Kooperationspartner sehr wohl zwischen den beiden Lehrerinnen differenzierten und sie nicht als Vertreterinnen der Schule „in einen Topf warfen".

2.6.2 Reflexion

Die ausgewählten Karten und die ersten Äußerungen dazu zeigen die Aspekte, die die Supervisandin als problematisch empfindet, sowie ihren Wunsch nach einem Ausweg aus dem von ihr empfundenen Dilemma zwischen dem Zusehen, wie lange aufgebaute Beziehungen durch eine Kollegin Schaden nehmen könnten, und der Möglichkeit, ein unangenehmes Arbeitsklima mit ebendieser Kollegin zu riskieren. Die Bedeutungen, die sie den Karten zunächst zugeschrieben hatte, erfahren im Laufe des supervisorischen Prozesses eine Wandlung.

Das Bild „Wegkreuzung" steht zunächst für die Unterschiede, die die Supervisandin zwischen sich und der Kollegin sieht. Die Nachfrage der Supervisorin bringt zu Tage, dass sie die Arbeit ihrer Kollegin deutlich negativ bewertet. In der zweiten Runde wird dies erweitert um einen Lösungsansatz, der bereits versucht wurde, nämlich die Kollegin so zu akzeptieren, wie sie ist. Hier bringt die Klientin bereits Selbstwahrnehmung und Selbstreflexion ein: was ihr guttäte, weshalb sie das aber nicht verwirklichen kann. Nachdem in der dritten Runde dieses Bild den „worst case" symbolisiert, steht es am Schluss für die verschiedenen Möglichkeiten, die eintreten können, wenn die Klientin ihrer Kollegin gegenüber ihre Befürchtungen und Wünsche äußert.

Entsprechend der gewählten Überschrift nimmt das Symbol des zerbrochenen Glases eine zentrale Rolle in der Darstellung der Klientin ein. Ihrer Sorge, dass die Kollegin mühsam aufgebaute Kontakte schädigen könnte, folgt in der zweiten Runde der erste Handlungsimpuls. Auf Nachfrage hin zeigt sich auch die dahinterstehende Wut. In der dritten Runde steht das Bild nicht mehr für das Glas, das die Kollegin zerbricht, sondern für die Scherben, die die Supervisandin verursachen könnte. Schließlich verlieren die Scherben in der letzten Runde ihren Schrecken, sie gehören zum Leben dazu. Das eigene Anliegen anzubringen, wird wichtiger als die Risikovermeidung.

Das Bild der Theke steht für die Schwierigkeit, das heikle Thema anzusprechen. In der zweiten Runde wird eine mögliche negative Entwicklung dieser Situation noch weiter gesponnen. Die humorvolle Verknüpfung der

Supervisorin mit dem Wirt lockert den Prozess auf und bereitet der Deutung in der vierten Runde den Weg. Dann nämlich erscheint es der Klientin angebracht, nicht mehr über ihre Kollegin zu sprechen, sondern mit ihr.

Das Bild eines Kindes an der Hand eines Erwachsenen verdeutlicht den inneren Konflikt der Supervisandin, dass sie sich ihrer Kollegin hinsichtlich sozialer Kompetenz überlegen fühlt, mit ihr darüber aber auf kollegialer Augenhöhe in den Dialog treten möchte. Ihr ist bewusst, dass eine Belehrung nicht die gewünschte Wirkung hätte und auch gar nicht ihre Aufgabe sein kann. In der dritten Runde deutet die Supervisandin das Bild – anscheinend auch für sie selbst überraschend – mit dem Fokus auf sich selbst. Nun fühlt sie sich als diejenige, die sich Unterstützung in dieser heiklen Situation wünscht. Diese plötzliche Änderung der Perspektive scheint in ihr den Wunsch angestoßen zu haben, aus diesem „Spiel" von „größer – kleiner" auszusteigen. In der vierten Runde hat sie darauf keine Lust mehr.

Der Schlüssel bzw. das Schloss symbolisiert für die Klientin zunächst den Wunsch nach einer Lösung des Dilemmas, möglichst ohne Scherben auf beiden Seiten. In der dritten Runde taucht eine Ahnung auf, dass dieser Wunsch „märchenhaft" sein könnte. In der vierten Runde ist der Entschluss gefasst, das Gespräch mit der Kollegin zu suchen, und das Bild steht sowohl für die Ungewissheit, was danach kommt, als auch dafür, dass es einen Weg aus der Stagnation gibt. Im Nachgespräch zeigt sich sogar eine gespannte Vorfreude darauf, wie sich die Sache nach dem Gespräch entwickelt, das sie nun in Angriff nehmen möchte.

2.6.3 Schlussbetrachtung

Diese Reflexion der Veränderungen während der beschriebenen Supervisionssitzung kann nur ein bruchstückhafter Versuch sein, die durch Bilder initiierten komplexen inneren Prozesse im Nachhinein sprachlich einzufangen. Die verschiedenen Ebenen, welche durch den metaphorischen Zugang angesprochen werden, und deren Wechselwirkungen können der Supervisandin nicht gänzlich bewusst werden und auch nicht der von außen beobachtenden Supervisorin. Wichtig ist nicht, diese Prozesse logisch zu durchdringen, sondern für das Anliegen der Supervisandin gewinnbringend zu nutzen, damit diese inneren Prozesse oft tief greifende und nachhaltigere Veränderungen bewirken als logisch nachvollziehbare gedankliche Prozesse.

2.7 Literatur

De Roeck, B.-P. (1997). *Gras unter meinen Füßen: Eine ungewöhnliche Einführung in die Gestalttherapie.* Reinbek: Rowohlt Taschenbuch Verlag.

Efran, J. S., Lukens, M. D. & Lukens, R. J. (1992). *Sprache, Struktur und Wandel: Bedeutungsrahmen der Psychotherapie.* Dortmund: verlag modernes lernen.

Kirschke, W. (2006). *„Erdbeeren vor dem Fenster": Assoziative Karten führen zu Kreativität und Kommunikation* (2. Auflage). Kirchzarten: OH-Verlag.

Lahad, M. (2006). Article based on the book Metzeut Fantastit (Fantastic Reality) (Heb.) by Professor Mooli Lahad, Nord Publishing, Dr. Ofra Ayalon editor, 2006. Seminarunterlagen zum Workshop „Working with Therapeutic Cards" mit Dr. Shulamit Niv und Dr. Yehuda Shacham, Israel, im Februar 2012 in Würzburg.

Oren, D. (o. J.). *Card as a Mirror to the Soul.* Seminarunterlagen zum Workshop „Working with Therapeutic Cards" mit Dr. Shulamit Niv und Dr. Yehuda Shacham, Israel, im Februar 2012 in Würzburg.

Raman, E. (1999). *OH-Karten: Bilder und Worte für Assoziation und Kommunikation mit Phantasie und Herz* (2. überarb. Auflage). Kirchzarten: OH-Verlag.

Schreyögg, A. (2010). *Supervision: Ein integratives Modell* (5. erw. Auflage). Wiesbaden: VS Verlag für Sozialwissenschaften.

Shacham, Y. (o. J.). *Processing an unpleasant/unfinished event.* Seminarunterlagen zum Workshop „Working with Therapeutic Cards" mit Dr. Shulamit Niv und Dr. Yehuda Shacham, Israel, im Februar 2012 in Würzburg.

Walter, J. L. & Peller, J. E. (1995). *Lösungsorientierte Kurztherapie* (2. durchges. Auflage). Dortmund: verlag modernes lernen.

Informationen über therapeutische Kartensätze und Bezugsadressen:

www.oh-cards.com
www.itzikcards.co.il

Kontakt

Suska Kollera
E-Mail: suska.kollera@googlemail.com

3 Die Technik der Thinking Hats in Coaching und Supervision

Rainer Zenk, Karin Tharandt

„Ein Beweis ist möglicherweise nichts anderes als ein Mangel an Fantasie."

(Bröcher, 2007, S. 49)

Nach Edward de Bono strebt „unser Geist von Natur aus nach Gewissheit, Sicherheit und Arroganz" (de Bono, 2011, S. 37). Um diese Ziele zu erreichen, bildet der menschliche Geist (Denk-)Muster, die Orientierung und Sicherheit vermitteln und es dem Menschen ermöglichen, der Komplexität von Gefühlen, Informationen, Logik, Hoffnung und Kreativität Herr zu werden.

Diese Denkmuster vermitteln auf der einen Seite die erwünschte Sicherheit und Orientierung. Andererseits besteht die Gefahr, dass alles weitere Denken der Bestätigung eigener Muster dient. Diese bereits bestehenden Muster bestimmen das weitere Denken. Sie sind Ausgangspunkt für die weitere logische und kritische Auseinandersetzung mit einem Problem und/oder einer Situation. Diese Tendenz verstärkt sich in dem Maße, in dem die eigene Sichtweise verbal überzeugend vertreten werden kann, die „Intelligenzfalle" (de Bono, 2011, S. 16) zuschlägt.

Im Folgenden stellen wir ein Werkzeug vor, das es dem Denker ermöglichen soll, der beschriebenen Komplexität durch eine Trennung von Emotion und Logik, von Kreativität und Information zu entwirren. Die Methode der „Thinking Hats" gestattet ihren Nutzern, systematisch unterschiedliche Positionen einzunehmen und so verschiedene Denkansätze zuzulassen und durchzuspielen.

Der Kognitionswissenschaftler, Mediziner und Schriftsteller Edward de Bono ist der „Pionier des Nachdenkens über das Denken“ (de Bono, 2011, S. 11) und gilt als weltweit führende Autorität in der Entwicklung und Anwendung kreativitätsfördernder Techniken. Nach seiner Theorie ist „Denken eine praktische Fähigkeit, mit der die Intelligenz auf der Grundlage neuer Erfahrungen handelt“ (de Bono, 2011, S. 16). Ziel der von ihm entwickelten Techniken ist es, ein Denken zu initiieren, das nicht von festgelegten Mustern ausgeht, sondern ein „Denken um die Ecke“ fördert (laterales Denken). So soll ein eingleisiges und festgefahrenes Denken zugunsten einer kreativen und offenen Lösungssuche verlassen werden.

Edward de Bono, 1933 auf Malta geboren, studierte an der dortigen Universität Medizin. Später folgte ein Studium der Psychologie an der Universität London. Er lehrte an den Universitäten Oxford, Cambridge, London und Harvard und setzte sich in einer Vielzahl an Publikationen mit den Themen Kreativität, Denken und dem Lehren des Denkens auseinander.

3.1 Anwendungsbereiche

Für die Lösung der Probleme unserer Zeit erachtet de Bono „die westliche Angewohnheit der Argumentation und der Dialektik für unzureichend, weil sie das generative und Kreative auslässt“ (de Bono, 1987, S. 21). Kritisches Denken mit den Teilschritten Analyse, Urteilsbildung und Diskussion kann nur auf Vorgegebenes reagieren, vermag jedoch keine Vorschläge zu entwickeln. Seine Kreativitätstechnik des „Sechs-Hüte-Denkens“ ist darauf angelegt, den beschriebenen Argumentationsstil eines reaktiven, rückwärtsgerichteten Denkens zu erweitern und aus dem „Begriffsgefängnis alter Ideen zu befreien“ (de Bono, 1989, S. 13). Diese Technik ermuntert bzw. zwingt den Klienten systematisch dazu, unterschiedliche Positionen zu einem komplexen Anliegen oder Problem einzunehmen. Das Denken und die Intelligenz des/der Klienten dienen so nicht der Bestätigung der eigenen Position. Themen werden aus verschiedenen Blickwinkeln betrachtet. Durch die Unterbrechung bestehender Muster durch den Perspektivenwechsel können neue Ideen generiert werden. Besonders hilfreich erweist sich diese Methode bei komplexen Problemlösungs- oder Entwicklungsprozessen.

3.2 Unterschiedliche Denkweisen: Laterales und paralleles Denken

Edward De Bono stellt zwei Denkweisen in den Fokus seiner Methode. Das „laterale Denken" (in Abgrenzung zum „linearen Denken") und das „parallele Denken" (in Abgrenzung zum „kontroversen Denken").

3.2.1 Laterales Denken

Hierunter ist ein bewusstes „Um-die-Ecke-Denken" zu verstehen. Laterales Denken darf unkonventionell und auch unlogisch sein. Ziel ist es, einen ergebnisoffenen Prozess in Gang zu setzen. Das Konzept des „lateralen Denkens" ist gekennzeichnet durch ein „flexibles Überwechseln von einem Denkmuster zu einem anderen innerhalb eines Mustersystems" (Bröcher, 2007, S. 250). Es unterscheidet sich somit grundsätzlich von dem in unserer Gesellschaft dominierenden analytischen, folgerichtigen und selektiven „vertikalen" oder „linearen" Denken. Demgegenüber „ist laterales Denken generativ, provokativ, sprunghaft" (de Bono, 1989, S. 45 ff.). Diese „Seitwärtsbewegung zielt nicht auf den besten Weg ab, sondern auf die Suche nach mehreren Alternativen" (Bröcher, 2007, S. 251).

> „Vertikales Denken setzt sich nur dann in Bewegung, wenn eine Richtung vorhanden ist, in die es sich bewegen kann. Laterales Denken setzt sich in Bewegung, um eine Richtung zu finden." (de Bono, 1989, S. 46)

Vier Prinzipien kennzeichnen das „laterale Denken":

1. „Das Erkennen beherrschender Vorstellungen und Denkwege,
2. die Suche nach anderen Wegen, Dinge zu betrachten,

3. die Lockerung der strengen Kontrolle, die das rational-logische (vertikale) Denken ausübt,
4. die bewusste Verwendung des Zufalls.“ (Ideenschmiede.lotum.de)

„Lineares Denken“ ist die Voraussetzung für „laterales Denken“. Erst die Erkenntnis, dass es überhaupt ein Muster gibt, erlaubt es, kreative neue Wege zu erschließen und weiterzuentwickeln.

3.2.2 Paralleles Denken

Paralleles Denken bedeutet, ein Problem oder ein Thema aus verschiedenen Blickrichtungen parallel zu betrachten, ohne dabei in kontroverse Positionen zu gleiten. Diese für uns ungewohnte Denkweise führt dazu, kreative Gedanken zu entwickeln und zu verfolgen, und steht im direkten Gegensatz zu dem im westlichen Kulturkreis vorherrschenden „kontroversen Denken“, bei dem es in erster Linie darum geht, den Gesprächspartner von der Richtigkeit/der Überlegenheit der eigenen Argumentation zu überzeugen.

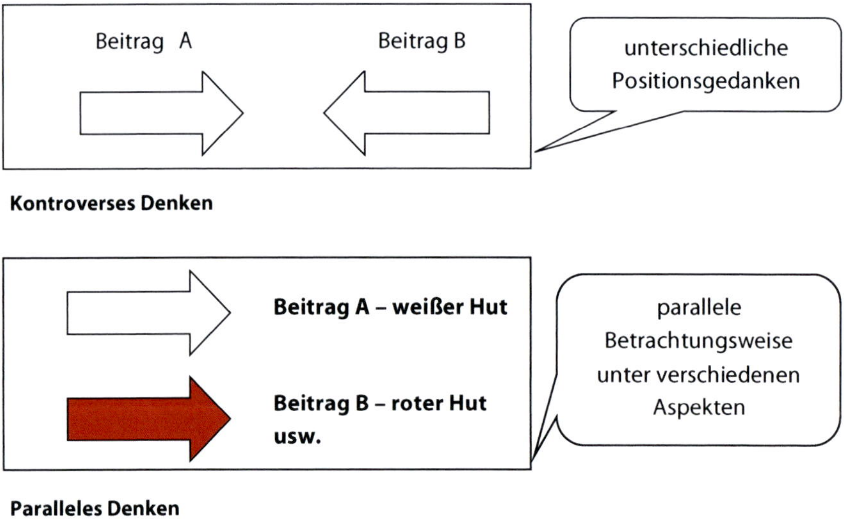

Abbildung 1: Paralleles und kontroverses Denken (modifiziert nach Novak, 2011)

3.3 Beschreibung der Methode

3.3.1 Einsatzmöglichkeiten

Die Methode des Sechs-Hüte-Denkens kann im Einzel- oder Gruppensetting eingesetzt werden. Es beruht auf dem Prinzip, sich nacheinander symbolisch unterschiedliche Hüte aufzusetzen und damit jeweils unterschiedliche Denkweisen einzunehmen.

Sechs verschiedenfarbige Hüte symbolisieren jeweils einen Blickwinkel, unter dem ein Thema, eine Situation oder Fragestellung betrachtet werden muss. Es kommt zu einer „Trennung der umfassenden Denkrolle in sechs unterschiedliche Charakterrollen, die durch die Hüte symbolisiert werden". Dadurch, dass alle Hüte/Positionen nacheinander eingenommen werden, entsteht ein Bild, bei dem kein Blickwinkel außer Acht gelassen wird. Somit wird gewährleistet, dass auch Positionen eingenommen werden, die der anfänglichen eigenen (beschränkten) Sichtweise zuwiderlaufen.

Die Hüte werden immer mit ihrer Farbe bezeichnet. Dies vermittelt Neutralität und erlaubt es, die jeweilige den Hüten zugeordnete Rolle ohne Verlegenheit einzunehmen. Das „Denken wird so zu einem Spiel mit festen Regeln und nicht zu einer Sache, die mit Ermahnung und Tadel einhergeht" (de Bono, 1987, S. 40).

Die Hüte können auf verschiedene Weise eingesetzt werden. Den verschiedenen Teilnehmern werden die unterschiedlichen Hüte zugeordnet. So trägt jeder Teilnehmer entsprechend seiner Rolle zum Arbeitsergebnis bei, beleuchtet die Thematik aus je einem anderen Blickwinkel.

Nach einer vorgegebenen Reihenfolge setzen alle Teilnehmer gemeinsam jeweils den gleichen Hut auf, betrachten die Fragestellung aus dem gleichen Blickwinkel.

Je nach Situation kann ein Teilnehmer aufgefordert werden (oder kann für sich entscheiden), einen bestimmten Hut aufzusetzen, um einen Perspektivenwechsel zu initiieren.

3.3.2 Ziele des Sechs-Hüte-Denkens

- **Wert 1: Freiheit des Denkens**
  Seine Hauptbeschränkung erfährt das Denken durch die „Selbstverteidigung des Ego". Durch das klar umrissene formalisierte Rollenspiel dürfen Dinge gedacht und gesagt werden, die sonst nicht ohne Gefahr für „das Ego" gedacht und/oder gesagt werden können. Die formalisierte Rolle schützt das Ich und verleiht die Freiheit, das „normal restriktive Selbstverständnis zu überschreiten" (de Bono, 1987, S. 28 ff.).

- **Wert 2: Aufmerksamkeitslenkung**
  „Der größte Feind des Denkens ist Komplexität, denn diese stiftet nur Verwirrung." (de Bono, 1987, S. 197)
  Durch die sechs Hüte können sechs Aspekte nacheinander und jeder für sich ins Auge gefasst werden. Das Denken wird so entwirrt und ist jeweils auf einen Aspekt beschränkt.

- **Wert 3: Zweckdienlichkeit**
  Der Symbolwert der Hüte erleichtert das Umschalten von einer Denkweise zu einer anderen. Die Gefahr, dass einzelne Denker ständig einer einzelnen Denkweise verhaftet bleiben, wird durch die „Formalisierung durch die Denkhüte" (de Bono, 1987, S. 200) gebannt.

- **Wert 4: Gehirnphysiologische Begründung**
  Gefühle beeinflussen unsere Wahrnehmung, unsere Denkfähigkeit und unser Denken. Nach de Bono ist davon auszugehen, „dass Gefühle einen wesentlichen Teil unserer Denkfähigkeit ausmachen und nicht bloß etwas Zusätzliches sind, das unser Denken behindert" (1987, S. 35). Je nach Art der sie umspülenden chemischen Substanzen sind Reizschwelle und Empfindsamkeit der Nervenzellen veränderlich. Das symbolische Tragen der Hüte kann zum auslösenden Signal werden und dann möglicherweise den chemischen Zustand des Gehirns verändern. „Jede Änderung in der Zusammensetzung der chemischen Transmitter führt zur Herausbildung

eines anderen Musters. Wir haben dann jedesmal sozusagen ein anderes Gehirn." (de Bono, 1987, S. 35)

- **Wert 5: Spielregeln**
  Die Denkhüte stellen Regeln für das „Denkspiel" auf. Ein Meinungsstreit wird durch die Spielregeln verhindert. Eindeutige „Spielregeln" erleichtern insbesondere die Moderation bzw. den Lösungsfindungsprozess in Konfliktsituationen.

3.3.3 Symbolik der Farben

Jeder der sechs Denkhüte hat eine Farbe. Die Wahl der Farben ist in ihrer assoziativen Symbolik auf die jeweilige Einstellung bezogen, die man mit dem Tragen des Hutes bekommt. Dies erleichtert es dem Anwender, sich die jeweilige Bedeutung vorzustellen und die Rollen zu unterscheiden.

Der weiße Hut: Objektivität und Neutralität
Dieser Hut steht dafür, Informationen zu sammeln, ohne sie zu werten. Der Träger des weißen Hutes verschafft sich einen Überblick über alle verfügbaren Informationen und Tatsachen, unabhängig von seiner eigenen persönlichen Meinung und Einstellung. Der Träger konzentriert sich auf Tatsachen und Anforderungen. Es geht um eine neutrale und objektive Informationsübermittlung. Dieser Hut wird in der Regel zu Beginn aufgesetzt, um einen ersten Überblick über die Thematik zu bekommen.

Mögliche Fragen in diesem Zusammenhang sind:
- Welche Informationen sind gegeben?
- Wie sind sie qualitativ/quantitativ beschaffen?
- Welche Informationen werden noch benötigt?

Der rote Hut: Intuition und Emotionalität
Der Träger des roten Hutes kann positive wie negative persönliche Empfindungen äußern: Ängste, Zweifel, Hoffnungen, Frustrationen etc. Rationa-

lität ist hier explizit nicht gefragt. Vermutungen und alle Gefühle dürfen geäußert werden, ohne begründet werden zu müssen.

Mögliche Fragen in diesem Zusammenhang sind:
- Was spüre ich?
- Was für ein Gefühl habe ich dabei?
- Traue ich der Sache?

Der gelbe Hut: Optimistisch, chancenorientiert – objektiv positive Aspekte

Hier geht es darum, Chancen oder Vorzüge eines Planes zu finden und realistische Ziele und berechtigte Hoffnungen zu formulieren. Der Träger des gelben Hutes benennt Pluspunkte und versucht, die positiven Aspekte aus einer möglichst objektiven Sicht zu erkennen und nicht aus einer Gefühlsstimmung heraus.

Mögliche Fragen in diesem Zusammenhang sind:
- Welche Aspekte sind gut und sollten beibehalten werden?
- Wie kann man den Vorschlag umsetzen?
- Was gewinnen wir dadurch?
- Was ist gut daran?

Der schwarze Hut: Sachliche Risiken berücksichtigen – objektiv negative Aspekte

Der Schwarze-Hut-Denker berücksichtigt und benennt alle sachlichen Gefahren und Risiken, Kritik und Zweifel. Er weist auf Bedenken und Argumente hin, die gegen ein Projekt, eine Veränderung sprechen. Der Träger des schwarzen Hutes strebt an, objektiv alle negativen Aspekte anzusprechen, ohne persönliche negative Gefühle zu formulieren.

Mögliche Fragen in diesem Zusammenhang sind:
- Was spricht dagegen?
- Haben wir alle Risiken bedacht?

- Welche Probleme können auftreten?

Der grüne Hut: Hin zu neuen Ideen – Kreativität und Wachstum
Dieser Hut steht für Wachstum, neue Ideen und Originalität. Es geht hier um eine kreative Suche nach Alternativen und neuen Gesichtspunkten ohne voreilige Festlegung. Die Träger des grünen Hutes dürfen alles formulieren, was zu neuen Ideen führen kann, unabhängig davon, wie realistisch eine Umsetzung ist. Die Äußerung kritischer Anmerkungen ist nicht erlaubt.

Mögliche Fragen in diesem Zusammenhang sind:
- Was wäre eine ganz verrückte Idee?
- Welche Gesichtspunkte wurden noch nicht beachtet?
- Was kann an der bestehenden Situation geändert werden?

Der blaue Hut: Dirigent sein – übergeordneter Standpunkt, Kontrolle
Der Träger des blauen Hutes begibt sich auf die Metaebene und beobachtet den Gesamtprozess aus einer übergeordneten Position heraus. Er fasst Ergebnisse zusammen und kann das Geschehen moderieren. Dieser Hut wird oft am Ende des Prozesses eingesetzt, oder aber eine Person nimmt diese Position über die Dauer des gesamten Prozesses ein und fungiert als Moderator in der Besprechung oder der Problemlösung.

3.4 Anwendung in Coaching und Supervision

3.4.1 Beispiel: Einzelcoaching

3.4.1.1 Kontext und Anlass der Beratung

Frau A. ist das zweite Jahr Gesamtschulleiterin einer großen Schule mit etwa 50 Kollegen. Das Schulleitungsteam besteht aus einem stellvertretenden Schulleiter, Herrn B., und einer zweiten Konrektorin, Frau C. Es finden regelmäßige Coaching-Termine mit Frau A. seit Beginn ihrer Tätigkeit am

SFZ statt (alle vier bis sechs Wochen). Die Strukturen der Organisation der Schule sind dem Coach bekannt.

Anlass der Beratung ist die anstehende Evaluation im nächsten Schuljahr. Frau A. möchte sich insbesondere mit dem Kommunikationsprozess und dem Informationsaustausch sowie möglichen Konfliktherden befassen.

3.4.1.2 Coaching-Ablauf

Situationsbeschreibung

Die Führungskraft wurde zunächst aufgefordert zu beschreiben, worum es ihr in der heutigen Sitzung geht. Fragen wie: „Wie stellt sich die Situation aus Ihrer Sicht dar?“, „Wer hat noch ein Interesse an diesem Thema?“, „Was ist der Grund, dass Sie sich gerade jetzt an mich wenden?“ etc., kamen in dieser Phase zur Anwendung.

Frau A. beschrieb die Situation der „Schulfamilie“ als „eigentlich in sich stimmig“. Sie habe aber häufig das Gefühl, dass manche „Dinge“ (auf Nachfrage: Absprachen, Regeln) in eine Richtung liefen, die sie nicht befürworte. Sie glaube, dass nur wenige der Mitarbeiter die Situation ähnlich beurteilen würden. Eine Veränderung wollten die meisten nicht. Frau A. habe schon mehrfach versucht, eingefahrene Rituale (wie z. B. Schüler werden bei Störungen des Klassenunterrichts ins Rektorat geschickt, um sich dort eine Strafarbeit abzuholen) zu verändern. Ihre Gegenmaßnahmen wurden bislang nur kurzfristig beachtet. Mit ihrem Schulleitungsteam sei sie sich im „Wesentlichen“ einig. Der stellvertretende Schulleiter Herr B. und die zweite Konrektorin Frau C. würden über Änderungen informiert. Gelegentlich würden Absprachen getroffen, die jedoch meist „im Sande verlaufen“, was Frau A. ärgere. Sie „lasse es meist auf sich beruhen“, da sie gerne ein gutes Auskommen mit beiden möchte. Sie wende sich deshalb gerade jetzt mit dem Thema an mich, da sie die Befürchtung habe, es könne zu Konflikten kommen, wenn das Thema „Schulentwicklung/Evaluation“ angegangen werden müsse, was zwangsläufig Veränderungen und die Einhaltung von Absprachen mit sich bringe. Es gehe ihr vor allem darum, neue Ideen für Änderungsvorhaben zu erarbeiten.

Zielerarbeitung
Im Fokus der Supervisandin stand zu Beginn des Prozesses die Lösung bestehender Konflikte und Schwierigkeiten. Durch lösungsorientierte Fragestellungen verschob sich der Schwerpunkt des Denkens zunehmend in Richtung einer Suche nach den Chancen und Möglichkeiten, die eine Veränderung der Kommunikation und des Informationsflusses innerhalb der Schule mit sich bringen könnte. Dies bedeutete für den weiteren Verlauf zu schauen, wo sich Möglichkeiten bieten, die Kommunikation und den Informationsfluss zu verbessern. Die Aufforderung für die Schulleiterin lautete: „Denken Sie alles neu – ganz ohne Einschränkung!", sodass am Ende dieser Phase als Zielvorgabe „neue Ideen für die Kommunikation und den Informationsfluss zu finden" stand.

Kreativitätsphase 1: Ideensammlung (Einsatz der de-Bono-Denkhüte)
Die de-Bono-Denkhüte als Abwandlung des klassischen Brainstormings sind primär als Gruppeninstrument konzipiert, mit dem Ziel, die Klienten zu einem Denken in verschiedene Richtungen anzuregen und dieses Denken zu strukturieren. Einzelne Blickwinkel werden voneinander getrennt, um so eine Überlagerung und Einschränkung der Wahrnehmung durch dominante Ideen/Konzepte zu vermeiden und ein Denken in verschiedenste Richtungen zu ermöglichen. Die Methode wurde von uns hier auf die Einzelsituation übertragen und bedürfnisorientiert abgeändert.

Frau A. wurde in einem ersten Schritt die Methode der „Thinking Hats" vorgestellt. Dazu wurden ihr sechs verschiedenfarbige Hüte mit den jeweiligen Fragestellungen vorgelegt. Die Anweisung lautete: „Denken Sie sich Ihr Thema ‚Verbesserung der Kommunikation und des Informationsflusses', und gehen Sie die Reihenfolge der Hüte durch. Achten Sie darauf, dass Sie beim jeweiligen Hut bleiben. Springen Sie nicht zwischen den Hüten hin und her. Schreiben Sie auch möglichst unkonventionelle, verrückte Ideen auf! Sie haben pro Hut zwei Minuten Zeit, um Ihre Ideen aufzuschreiben. Für den roten Hut ist die Zeit etwas kürzer."

Als Arbeitsmittel standen der Supervisandin die Hüte in der vom Coach vorgegebenen Reihenfolge (in diesem Fall: gelb, schwarz, grün, weiß, rot –

auf den blauen Hut wurde zunächst verzichtet) sowie Wortkarten in den entsprechenden Farben zur Verfügung (schwarz = graue Wortkarten). Die Phasenlänge wurde mit einer Sanduhr angezeigt.

Kreativitätsphase 2: Arbeit mit den Ergebnissen

Nachdem die „Schreibphase“ abgeschlossen war, wurden die Ideen/Aspekte mit Frau A. reflektiert: „Was ist leichtgefallen? Was ist schwergefallen? Wo sehen Sie den größten Handlungsbedarf?“

Die Schulleiterin war erstaunt über die vielen Aspekte, die sie vorher „so nicht betrachtet“ hatte. Besonderes Augenmerk fand die Auswertung des schwarzen Hutes. Hier konnten alle möglichen Konfliktherde niedergeschrieben werden. Frau A. fand es hilfreich, die Aspekte des gelben Hutes danebenzulegen, um Vorteile im Vergleich zu haben. Das Abwägen der Chancen und Risiken führte dazu, dass die Elemente des schwarzen Hutes zunächst getrost beiseitegelegt werden konnten. Die Ergebnisse des roten Hutes waren ebenfalls bemerkenswert. So notierte Frau A. nicht nur negative Gefühle, wie Ärger, Wut im Bauch, Angst vor Konflikten, sondern auch positive, wie Zufriedenheit und „entspannt sein, weil alles ja funktioniert“. Frau A. war schnell klar, dass die bisherige Situation auch für sie große Vorteile mit sich brachte. Insbesondere aber die Erkenntnisse des weißen Hutes überraschten Frau A. Aufgrund dieser Ergebnisse wurde ihr bewusst, dass sie noch viel zu wenig Informationen besaß, wie schulische/organisatorische Abläufe funktionierten (Rituale, „heimliche Spielregeln“, versteckte und offene Konflikte). Das bedeutete für sie, dass sich in diesem Bereich ein Entwicklungsbedarf herauskristallisierte, um Ideen/Veränderungsabsichten etc. umzusetzen.

Nach ihrem Statement zum weißen Hut wurde Frau A. instruiert, nochmals den grünen Hut (Kreativität) aufzusetzen, um nach Möglichkeiten zu suchen, wie sie ihr „Informationsdefizit“ verkleinern könnte. Dies geschah zunächst in einer „Nachdenkphase“. Die Schulleiterin wurde gebeten, sich drei Minuten zunächst nur für sich zu überlegen, welche Maßnahmen ihr einfielen, um dieses Informationsdefizit zu schließen. Dabei wurde erneut darauf hingewiesen, dass es wichtig sei, beim grünen Hut mit den Gedanken zu bleiben.

Die Auseinandersetzung mit dem grünen Hut (Kreativität) benötigt die Fähigkeit des lateralen Denkens, d. h. des Querdenkens. Nach der kurzen „Nachdenkphase" wurden die Ideen visualisiert. Dafür wurde ein DIN-A4-Blatt in die Spalten „Idee", „Schritte" und „Bis wann?" eingeteilt.

Auf die konkrete Realisierbarkeit der Schritte wurde in dieser Coaching-Sitzung nicht näher eingegangen. Das Ausfüllen des „Ideenblattes" diente der Vorbereitung des Abschlusses (Prozessreflexion und Metaebene). In der Abschlussrunde wurde Frau A. aufgefordert, das erarbeitete Ergebnis unter dem blauen Hut möglichst emotionslos zu reflektieren.

Abschluss der Sitzung: Prozessreflexion und Metaebene

Wie bereits beschrieben symbolisiert der blaue Hut den emotionslosen Überblick (Novak, 2011, S. 48). Er dient der Reflexion des (Coaching-)Prozesses auf der Metaebene. Ferner wird er auch dafür eingesetzt, zu beschreiben, wie die gewonnenen Erkenntnisse zukünftig umgesetzt werden sollen und können (wer macht was, bis wann, mit wem?).

Das abschließende Feedback-Gespräch fand unter dem Aspekt des blauen Hutes statt. Wichtig war uns dabei, die nächsten Schritte sowie den weiteren Ablauf noch einmal zu wiederholen. Die sachlich-nüchterne Beschreibung der nächsten Schritte erleichterte die Umsetzung. Faktoren der Emotion und Kritik wurden so „ausgeblendet".

Frau A. konkretisierte in der Prozessreflexion die Umsetzung des nächsten Schrittes zur Erweiterung ihrer schulinternen Kenntnisse. Die von ihr entwickelte Idee eines regelmäßig stattfindenden „Schulleitungsteam-Coachings" wurde von Frau A. konkretisiert und sollte als nächster Schritt umgesetzt werden.

3.4.1.3 Reflexion

Die Coaching-Sitzung dauerte 90 Minuten. Die Kreativitätsphase 1 wurde als Stillarbeitsphase durchgeführt. Dies ist eine weit verbreitete Methode insbesondere im Marketing-Bereich, um schnell neue Ideen zu entwickeln. Dort wird häufig die Methode der Thinking Hats in der Einzelarbeit der Teambesprechung vorangestellt. Auch das Arbeiten unter Zeitvorgaben diente dem Ziel, möglichst schnell viele Aspekte zu einem Bereich zu sammeln, ohne Vollständigkeit anzustreben. Die Spontaneität, die durch diese Vorgaben entstand, erlaubte auch ungewöhnliche Ideen.

Die Kreativitätsphase 2 wurde bewusst auf den am stärksten präferierten Aspekt der Schulleiterin fokussiert (weißer Hut). Dennoch hielten wir es für wichtig, nach der Kreativitätsphase die Ergebnisse aller Hüte zu würdigen, um noch einmal abzugleichen und zu verstehen, was das vorrangige Thema bei der Bearbeitung sein könnte.

Die Visualisierung der in Kreativitätsphase 2 erarbeiteten Ideen erschien in diesem Fall hilfreich, da die Schulleiterin sich als „visuellen Typ“ beschrieb.

Die Abschlussreflexion unter dem blauen Hut diente im Wesentlichen der Zusammenfassung und rundete die Sitzung ab.

3.4.2 Beispiel: Teamsupervision

3.4.2.1 Kontext der Teamsupervision

Die Teamsupervision findet seit mehr als einem Jahr im sechswöchigen Rhythmus an einem sonderpädagogischen Förderzentrum statt und wird von einem Supervisoren-Tandem geleitet. Die Teilnehmer sind Lehrkräfte, Sozialpädagogen, heilpädagogische Fachkräfte, Fachlehrer und die Konrektorin, die zusammen im Bereich der SAFE-Klassen (Stütz- und Förderklassen im Bereich der sozialen und emotionalen Entwicklung) arbeiten. Pro Klasse arbeitet ein Team aus einem Sonderschullehrer, einem Sozialpädagogen und einer heilpädagogischen Fachkraft zusammen. Zusätzlich sind Fachlehrer stundenweise in den Klassen eingesetzt.

Die Sitzungen laufen stets nach dem gleichen Schema in Anlehnung an die „Kollegiale Fallberatung“ nach Dr. Kim-Oliver Tietze (2008) und das KTC (Kollegiales Teamcoaching; Schley, 2010) ab. Folgende Phasen werden durchlaufen: Fallauswahl (Casting), Falldarstellung, Schlüsselfrage, Methodenwahl, Beratung durch die Teilnehmer, Abschluss.

Die Fragestellungen der Gruppe beziehen sich meist auf den Umgang mit schwierigen Schülern und Eltern sowie auf Prozesse innerhalb der unterschiedlichen Teams.

Folgende Methoden werden von den Teilnehmern in der Phase „Beratung durch die Coaches“ bevorzugt: Reflecting Team, „Leerer Stuhl“ (Perspektivenwechsel), Kopfstand-Brainstorming, lösungsorientiertes Arbeiten mit Skalierungsarbeit sowie Strukturaufstellungen.

3.4.2.2 Ablauf der Teamsupervision

Anliegen/Falldarstellung

In der hier vorgestellten Teamsupervision wurde von der Gruppe das Thema „Unterschiedliche Erziehungsstile in den einzelnen Teams“ supervisorisch bearbeitet. Ein Team aus einer Klasse (Sonderschullehrer, Sozialpädagogin, heilpädagogische Fachkraft) berichtete, dass es in ihrer Zusammenarbeit immer wieder zu Debatten bezüglich der unterschiedlichen individuellen Lern- und Erziehungsstile[2] bei einzelnen Schülern der Klasse käme.

Fokus (Erarbeitung der Schlüsselfrage)

Das Anliegen der Supervisanden war, bestehende Konflikte zu lösen und die kommunikative Situation zu verbessern. Das Kernanliegen der Supervisanden war eine Reduktion der Konflikte sowie eine Verbesserung der Zusammenarbeit und der Kommunikation im Falle von Meinungsverschiedenheiten zwischen den verschiedenen Professionen.

2 In Stütz- und Förderklassen ist der Lehrer zuständig für die Vermittlung von Wissen unter Berücksichtigung erzieherischer Ziele und Maßnahmen. Der Sozialpädagoge unterstützt den Klassenlehrer bei der Umsetzung von Sozialzielen, wie z. B. Verbesserung der Gruppenkompetenz. Die Ziele der Sozialpädagogik sind eher auf Gruppenphänomene ausgerichtet, weniger auf die Person des Schülers. Die heilpädagogische Fachkraft unterstützt sowohl den Lehrer als auch den Sozialpädagogen. Es gibt eine unausgesprochene Hierarchie: Lehrer → Sozialpädagoge → heilpädagogische Fachkraft. Häufig kommt es zwischen den einzelnen Personen zu „Hierarchiekonflikten“.

Hinsichtlich der „Schlüsselfrage“ ergab sich folgendes Anliegen: „Wie können wir zukünftig mit unseren unterschiedlichen Sichtweisen in Bezug auf Lern- und Erziehungsstile besser miteinander umgehen, um Konflikte zu vermeiden?“

Sichtweisen der Teilnehmer zum Konflikt

Die drei Fallgeber (A = Sonderschullehrer, B = Sozialpädagogin, C = HPF) wurden aufgefordert, ihre Sichtweisen des Konfliktes unter Anwendung des „Leeren Stuhls“ in drei Phasen zu schildern:

1. aus Sicht von A,
2. aus Sicht von B,
3. aus Sicht von C.

Ziel war es, zum einen die Fallgeber jeweils in die Position der anderen zu versetzen, zum anderen der Gruppe die unterschiedlichen Sichtweisen zu präsentieren. Die Methode war den Teilnehmern aus vorangegangen Sitzungen bekannt. Eine Reflexion fand nicht statt, da Ideen und Lösungsvorschläge noch nicht vorweggenommen werden sollten.

Kreativitätsphase 1: Ideensammlung (Einsatz der de-Bono-Denkhüte)

Für die Supervisanden ergab sich nach dem Input folgende neue Fragestellung: „Welche Möglichkeiten haben wir, unsere Zusammenarbeit zu verbessern? Worauf müssen wir achten?“

Da im vorgestellten Fall das Thema sehr emotionsgeladen war, entschieden wir uns als Supervisoren im „Reflecting Team“ für folgende Reihenfolge: blau (Überblick), rot (Emotionen), grün (Kreativität), gelb (positive Aspekte), schwarz (negative Aspekte), weiß (sachlich/neutral), blau (Reflexion). Die Supervisanden wurden gebeten, sich während der Kreativitätsphase auf den Inhalt ihrer „Berater“ zu konzentrieren. Als „Schreiber“ fungierte ein Fachlehrer, der zum ersten Mal in dieser Gruppe anwesend war. Er hatte die Aufgabe, auf vorbereiteten Flipcharts die wichtigsten Aspekte mitzuschreiben.

Der blaue Hut (Überblick)

Von den Supervisoren wurden noch einmal die wichtigsten Aspekte der vorangegangenen Sequenz zusammengefasst. Die Fragestellung wurde noch einmal wiederholt, und die Arbeitsweise sowie die Gesprächsregeln wurden festgelegt.

In dieser Situation erwies es sich als sinnvoll, den blauen Hut voranzustellen und insbesondere auf die Einhaltung der Gesprächsregeln (wie z. B. ich bleibe bei der jeweiligen Fragestellung des Hutes; ich formuliere Ideen, keine Begründungen) hinzuweisen. Immer wieder ließ sich beobachten, dass die Teilnehmer vom Hut abwichen und in den „Negativkontext" fielen.

Der rote Hut (Emotionen und Gefühle)

Der rote Hut wurde von uns als Beginn gewählt, da es sich um ein sehr emotionsgeladenes Thema handelte, das für alle Supervisanden eine gleichermaßen hohe Relevanz besaß. Die Supervisanden stellten ihr Thema stellvertretend für alle Teams der SAFE-Klassen vor. Der Einsatz des roten Hutes sollte hierbei dem Spannungsabbau dienen. Die Berater wurden in dieser Phase aufgefordert, die Emotionen zu benennen, die die Fallschilderung bei ihnen ausgelöst hatte. Durch das Mitteilen der Gefühle und Emotionen entstand eine wertschätzende Atmosphäre, die die Weiterarbeit günstig beeinflusste. Diese Aspekte wurden nicht mitnotiert. Nach dieser Runde erfolgte ein kurzes Feedback der Supervisanden über ihre momentane Befindlichkeit, die unkommentiert stehen blieb.

Der grüne Hut (Kreativität)

Da die Fragestellung der Supervisanden bereits einen hohen Aufforderungscharakter für Lösungen beinhaltete, wurde anschließend der grüne Hut gewählt. Unter dem grünen Hut suchten die Teilnehmer neue Ideen, Anregungen, Vorschläge etc., die einer verbesserten Zusammenarbeit dienlich sein konnten. Die Supervisoren achteten in dieser Phase besonders darauf, dass die Antworten im Sinne eines Brainstormings vorgetragen wurden und kommentarlos stehen blieben.

An dieser Stelle wurden sehr viele Ideen eingebracht, sodass die Supervisoren (wiederum im Reflecting Team) beschlossen, einen blauen Hut für die Supervisanden einzufügen, um die Ideenvielfalt für die weiteren Phasen einzugrenzen und sich nicht zu „verzetteln“.

<u>Blauer Hut (Überblick, Zusammenfassung) – Einschub für die Supervisanden</u>
Die Supervisanden wurden aufgefordert, eine Orientierungshilfe für die Berater zu geben. Sie sollten mitteilen, welche Aspekte des grünen Hutes für die weitere Bearbeitung relevant sein könnten (ohne Begründung). Dabei sollten sie auch außergewöhnliche Vorschläge berücksichtigen. Die von den Supervisanden genannten berücksichtigungswürdigen Themen wurden mit einem Stern auf dem Flipchart markiert.

<u>Der gelbe Hut (positive Aspekte)</u>
Im Anschluss an den grünen Hut bot sich der gelbe Hut an, da er die Vorschläge, Ideen und Anregungen positiv mit der Lösung verknüpfte und so stärker im Denken der Supervisanden verankerte. Die Supervisanden wurden aufgefordert, erneut ihre Beobachtersituation einzunehmen. Die Teilnehmer sollten Bezug auf die „Kurzreflexion“ der Supervisanden nehmen und die positiven Aspekte zu den für die Supervisanden relevanten Vorschlägen diskutieren. Die Supervisoren achteten darauf, dass nur positive Aspekte genannt und keine neuen Ideen mehr gesammelt wurden.

<u>Der schwarze Hut (negative Aspekte)</u>
Unmittelbar daran schloss sich der schwarze Hut an. Unter dem schwarzen Hut sollten die Teilnehmer die Schwächen, Hindernisse, Risiken der neuen Ideen sammeln. Hierbei war insbesondere darauf zu achten, dass sich die Schwächen auf die Ideen des gelben Hutes bezogen. So wurden kritische Anmerkungen von Beginn an eingeschränkt. Eine Überlagerung der positiven Aspekte durch negative Äußerungen kam eher selten vor.

Die Supervisoren traten nach dem Ablauf der vorgestellten Sequenz erneut im Reflecting Team zusammen, um zu besprechen, wie der weitere Verlauf der Sitzung sein sollte. Da der Fokus der Teilnehmer sehr auf der Ideengenerierung sowie den positiven Aspekten lag, wurde beschlossen, hier die Beratungsphase zu beenden.

Kreativitätsphase 2: Prozessreflexion auf der Metaebene und Abschluss
Zum Abschluss der Sitzung wurden die Supervisanden befragt, ob sie die Notwendigkeit säen, noch einmal einen der Hüte aufzusetzen. Wichtig war es, den Fallgebern die Möglichkeit zu geben, Aspekte, die noch nicht hinreichend besprochen wurden, erneut zu reflektieren. Dies war hier nicht der Fall.

Der blaue Hut (Zusammenfassung)
Diese Phase gliederte sich in zwei Teile: Zusammenfassung und Ausblick durch die Fallgeber sowie Feedback durch die Berater.

Wir hielten es aufgrund der hohen Emotionalität des eingebrachten Falles für erforderlich, hier beide Gruppen sprechen zu lassen, da die Betroffenheit und Relevanz bei allen Teilnehmern gleichermaßen hoch waren. In dieser Phase wurde besonders darauf geachtet, dass die Supervisanden die Umsetzung der gewonnenen Erkenntnisse auf der Metaebene reflektierten und thematisierten. Die Berater hatten im Anschluss die Möglichkeit, Ergänzungen und/oder eigene Erkenntnisgewinne auf der Metaebene in Form eines Feedbacks vorzubringen. Ergebnis der Sitzung war die Planung einer Teamentwicklungsmaßnahme für das gesamte SAFE-Team.

3.4.2.3 Reflexion

Die Teamsupervision dauerte 120 Minuten. Wir entschieden uns für den Einsatz dieser Methode aufgrund der Komplexität und der hohen Emotionalität des Themas. Die Denkhüte-Methode stellte ein kreatives Instrument dar, um ein komplexes interpersonales Problem strukturiert zu bearbeiten. Durch die strikte Trennung der einzelnen Sichtweisen, wie sie bei dieser Methode vorgesehen ist, wurde die Gefahr eines Austausches von Argumenten und Gegenargumenten, einer „Kampfkommunikation“ (Edmüller & Jiranek, 2010, S. 38) vermieden. Das beim Einsatz der Thinking Hats angestrebte parallele Denken ist stark lösungsorientiert, was von den Teilnehmern dieser

Supervisionsgruppe, die über Vorerfahrungen im Umgang mit lösungsorientierten Techniken verfügte, geschätzt wurde. Parallelen zu den Methoden der kollegialen Fallberatung sind bei den Thinking Hats vorhanden, so ähnelt z. B. der rote Hut (Emotionen, Gefühle) der Methode „Anteilnahme" aus der kollegialen Fallberatung, sodass es den Teilnehmern leichtfiel, sich in dieser Methode wiederzufinden. Entsprechend den Bedürfnissen der Supervisanden, die sich während des Prozesses herauskristallisierten, wurde die Reihenfolge, in der die einzelnen Hüte zum Einsatz kamen, modifiziert. Schwierig gestaltete sich die Arbeit unter dem gelben Hut. Hier zeigte sich, dass es einer deutlichen und strikten Lenkung durch die Supervisoren bedurfte, um in einer hochkommunikativen Gruppe das angestrebte Ziel nicht aus den Augen zu verlieren.

Insgesamt war der Verlauf durch eine hohe Motivation und Mitgestaltung durch die Teilnehmer gekennzeichnet. Die Methode der Thinking Hats erwies sich als flexibel und situationsangemessen einsetzbar. Das Verlassen einer vorgegebenen Reihenfolge und das Einfügen bzw. Weglassen von Hüten je nach Situation erwies sich als hilfreich.

3.5 Resümee

Der Einsatz der de-Bono-Denkhüte war aus unserer Sicht erfolgreich. Die Rückmeldungen der Teilnehmer waren durchweg positiv. Insbesondere wurde die Entzerrung komplexer Sachverhalte von den Supervisanden als hilfreich und zielführend beschrieben. Die Anwendung der Methode zur Konfliktbearbeitung bot der Gruppe die Möglichkeit, sich mit kontroversen Inhalten konstruktiv auseinandersetzen und neue Denkwege einzuschlagen.

Für uns als Supervisoren erwiesen sich die sechs Hüte als flexibel einsetzbares Supervisionstool, das auch bei Bedarf in Teilen anwendbar ist. Die Denkhüte lassen sich gut mit anderen Methoden, wie z. B. „Leerer Stuhl", „Reflecting Team", kombinieren, was eine situationsangemessene und an den Bedürfnissen der Supervisanden ausgerichtete Anwendung ermöglicht.

Nach unserer Einschätzung ist die de-Bono-Methode vor allem für Gruppen geeignet, die bereits Kenntnisse und/oder Erfahrungen mit lösungsorientiertem Arbeiten haben. Insbesondere bei der Bearbeitung kontroverser Themen kann die Methode einen lösungsorientierten Prozess, in dem die Emotionalität die Sichtweisen der Akteure nicht einengt, unterstützen. Bei konsequentem und wiederholtem Einsatz der Methode erscheint die Entwicklung einer verbesserten Gesprächskultur bei der Bearbeitung von Meinungsverschiedenheiten möglich.

Für das Coaching ist der Einsatz hinsichtlich des Nutzens im Vergleich zu dem doch erheblichen zeitlichen Aufwand vorab gut abzuwägen. In der Einzelarbeit bieten die Thinking Hats die Möglichkeit, den Supervisanden aus „eingefahrenen" Denkstrukturen und -mustern herauszubringen.

Ein fruchtbarer Einsatz der Methode im Prozess ist dann gegeben, wenn es dem Supervisor gelingt, die unterschiedlichen Sichtweisen für die Teilnehmer transparent darzustellen und abzugrenzen. Dies bedarf anfänglich eines doch erheblichen zeitlichen Aufwands, bis die Supervisanden eine entsprechende Fertigkeit im Wechseln der Perspektiven entwickeln. Dieser Aufwand erscheint dann gerechtfertigt, wenn die Methode im Sinne der oben angesprochenen veränderten Denk- und Gesprächskultur wiederholt zum Einsatz kommen soll. Zum anderen bedarf es der Fähigkeit und Bereitschaft des Supervisors, die strikte Fokussierung auf den jeweiligen Aspekt einzufordern. In diesem Zusammenhang erleichtert die klare Trennung zwischen den einzelnen durch die Denkhüte symbolisierten Blickwinkeln dem Supervisor, Herr des Verfahrens zu bleiben. Am Ende der Supervisionssitzung muss es gelingen, die wesentlichen Elemente der einzelnen Perspektiven zu einem Gesamtergebnis, einer Lösung, zusammenzuführen.

3.6 Literatur

Bröcher, J. (2007). *Anders unterrichten, anders Schule machen. Beiträge zur Schul- und Unterrichtsentwicklung im Förderschwerpunkt Lernen.* Heidelberg: Universitätsverlag Winter.

de Bono, E. (1987). *Das Sechs-Farben-Denken: Ein neues Trainingsmodell.* Düsseldorf: ECON Verlag.

de Bono, E. (1989). *Laterales Denken: Ein Kurs zur Erschließung Ihrer Kreativitätsreserven.* Düsseldorf: ECON Verlag.

de Bono, E. (2011). *De Bonos neue Denkschule.* (4. Auflage). München: mvg Verlag.

Edmüller, A. & Jiranek, H. (2010). *Konfliktmanagement: Konflikten vorbeugen, sie erkennen und lösen.* (3. Auflage). Freiburg: Haufe Mediengruppe.

Novak, A. (2011). *Neue Ideen mit System. Innovative Kreativitäts- und Denktechniken nach Edward de Bono.* (2. Auflage). Hamburg: Windmühle Verlag.

Schley, V. & Schley, W. (2010). *Handbuch Kollegiales Teamcoaching: Systemische Beratung in Aktion.* Innsbruck: StudienVerlag.

Tietze, K.-O. (2008). *Kollegiale Beratung. Problemlösungen gemeinsam entwickeln.* (3. Auflage). Reinbek: Rowohlt Taschenbuch Verlag.

Kontakt

Rainer Zenk
E-Mail: zenrai@freenet.de

4 Umgang mit kreativen Medien in der Supervision

Julia Ganner, Antje Luxenhofer

> „Wie sich in einigen umfangreichen Untersuchungen, unter anderem in einer groß angelegten Studie der AOK aus dem Jahre 2000, zeigte, sind zwischenmenschliche und organisatorische Faktoren heute zum Krankheitsfaktor Nr. 1 ‚aufgestiegen', während die früher führenden Krankheitsursachen (Arbeitsstoffe, Geräte, Lärm etc.) heute nur noch eine untergeordnete Rolle spielen." (Bauer, 2011)

Zwischenmenschlichen und organisatorischen Problemen im beruflichen Feld zu begegnen, indem neue Sichtweisen, Denk-, Fühl- und Verhaltensmuster ermöglicht werden, ist Ziel der Supervision.

Im Sinne einer konstruktivistischen Sicht sind viele Probleme durch die subjektive Bewertung der erlebten Wirklichkeit, die einem Umstand beigemessen wird, verursacht. Außerdem ist der Mensch stets in ein System von Personen und Umständen eingebunden. Daher kann aus systemisch-konstruktivistischer Sicht ein Blick von außen auf das vorhandene Problemsystem sehr hilfreich sein, um die subjektiv wahrgenommene Wirklichkeit anders zu deuten. Eine Lehrerin fühlt sich z. B. mit ihren Kolleginnen nicht wohl, sie fühlt sich unter Druck gesetzt. Aus ihrer Sicht kann sie alleine nicht klar erkennen, worin ein Weg zur Auflösung dieses unbefriedigenden Zustandes liegen kann. An diesem Punkt kann eine Aufstellung des Problemsystems hilfreich sein.

Arbeiten Supervisor und Supervisand mit einzelnen Systemmitgliedern im Rahmen der repräsentierten Wahrnehmung (Polt & Rimser, 2010) oder im Rahmen einer Stuhlarbeit, so kommt eine dialogische Ausrichtung hinzu, die teilweise gestalttherapeutischem Handeln nahekommt. Durch diesen

Umgang mit der Methode wird Probehandeln, intensives Einfühlen in sich selbst und in die Person, mit der gearbeitet wird, ermöglicht.

In diesem Kapitel beschäftigen wir uns zunächst mit theoretischen Voraussetzungen und Grundlagen der Aufstellungsarbeit mit kreativen Medien in der Supervision. Anschließend stellen wir unsere Arbeitsweise anhand ausgewählter Fallbeispiele dar, beschränken uns dabei auf „weniger stark geladene“ Holzfiguren und „stark geladene“ Playmobilfiguren.

4.1 Der Begriff „Medien“

Während man im aktuellen umgangssprachlichen Alltag unter „Medien“ meist die „Massenmedien“ versteht, die als Kommunikationsmittel durch technische Vervielfältigung und Verbreitung mittels Schrift, Bild und Ton Inhalte vermitteln (Fernsehen, Internet, Zeitung), muss der Begriff „Medium“ im Rahmen der Supervision von der ursprünglichen Bedeutung differenziert verwendet werden.

Im klassischen kommunikationstheoretischen Verständnis bezeichnen Medien „Informationsträger“ und sind damit das entscheidende Element einer Kommunikation (Schreyögg, 2010). Eine handschriftliche Nachricht, wie zum Beispiel: „Ich komme heute um 19 Uhr nach Hause“, liefert mehr oder weniger sachliche Informationen und dient damit einem Wissenszuwachs oder einer Verständigung. Die Art und Weise, wie diese handschriftliche Nachricht verfasst ist (Gestaltung, Schrift, Papierart etc.), gibt dann noch einiges mehr über den Verfasser – ggf. auch unwillentlich – preis. Man kann davon ausgehen, dass der Verfasser/Sender ein Medium unbewusst und unwillentlich (prärational) mit Inhalten versetzt (kodiert). Der Empfänger der Nachricht erhält somit zu den inhaltlichen, rationalen Informationen zusätzliche, die Persönlichkeit des Senders betreffende prärationale Informationen. Darüber hinaus darf dabei nicht übersehen werden, dass die Art und Weise, wie ein Medium kodiert wird, dem Selbstausdruck und Selbstverständnis des Senders dient: Er präsentiert sich.

Medien haben somit im Konzept der Supervision zwei Aufgaben: Zum einen liefern sie rationale wie auch nicht rationale Informationen, zum anderen verweisen sie auf das Selbstbild/Selbstverständnis des Senders.

Diese unbewusste Kodierung eines Mediums bringt Informationen, die der Supervisor bewusst machen kann und mit denen das Anliegen des Supervisanden eingehender bearbeitet werden kann.

4.2 Der Begriff „kreative Medien"

Neben der Nutzung des „klassischen" Mediums Papier hat sich die Supervision in den vergangenen Jahren im verstärkten Maße weiterer Medien bedient, die über die reine sachliche Informationsübermittlung den Nutzer dazu reizen – vielleicht auch verführen –, mehr von sich zu zeigen, preiszugeben. Es werden innere Muster zutage gefördert, die für den betreffenden Menschen ggf. bisher unbekannt waren, bzw. es werden unbekannte Wahrnehmungs-, Denk- und Handlungsbereiche erschlossen (Schreyögg, 2010).

Hilarion Petzold, deutscher Psychologe und Mitbegründer des Fritz-Perls-Instituts, definiert kreative Medien und klassifiziert Medien in Anwendungsmodellen in personale Medien, in Handlungsmedien und in Sachmedien.

- Ein „personales Medium" ist ein personaler Informationsträger, wie z. B. der Lehrer. In der Supervision kann der Supervisor zum „kreativen Medium" werden, wenn der Supervisand durch das Menschsein des Supervisors neue Handlungs- oder Erfahrungsräume erkennt.
- Ein „Handlungsmedium" vermittelt über eine Handlungsebene Informationen. Dies können Sprache, Mimik und Gestik, in der Schule zum Beispiel ein Lernspiel sein. In der Supervision wird z. B. ein Teilnehmer in einer Supervisionsgruppe zum „kreativen Medium", wenn er im Rahmen eines Rollenspiels dem Supervisanden neue Erkenntnisse über sich oder andere ermöglicht.
- „Sachmedien" sind hingegen materielle Informationsträger. Petzold unterscheidet dabei „technische Medien", wie Filme und Videos, und „Materialmedien", wie Schreibmaterialien, Papier, Farbstifte. In der Supervision

sprechen wir von „kreativen Materialmedien", wenn diese dem Supervisanden neue Erfahrungen und Erkenntnisse erschließen.

Ein nicht zu unterschätzender Vorteil der kreativen Materialmedien ist der weite Materialraum, der sich den Supervisoren anbietet. Der Methodenkoffer ist unendlich groß: Es kann gemalt und geschnitten werden, es kann mit Knöpfen, Federn, Duplo- und Legobausteinen, Holzfiguren und vielem mehr gearbeitet werden. Wir möchten uns aber auch hier auf einige wenige Materialien beschränken. Einen vollständigen Materialienkoffer für kreative Medien kann es nicht geben.

4.3 Ladung von kreativen Medien

Während man in der Physik unter Ladung im Allgemeinen die Eigenschaft von Teilchen oder Objekten versteht, die mit einem Feld in Wechselwirkung stehen, beschreibt in der Supervision die Ladung das Ausmaß, wie sehr ein Medium bereits vor der Nutzung mit „festgelegten Eigenschaften" versetzt worden ist. Das Medium an sich besitzt schon eine Botschaft, die als „situations- und personenspezifisches Phänomen" (Schreyögg, 2010) begriffen werden kann. Je stärker ein Medium geladen ist, desto mehr spezielle Eigenschaften werden ihm übereinstimmend von den Nutzern zugeschrieben. Während Holzbausteine sich beispielsweise in Größe, Form und vielleicht auch Farbe unterscheiden und damit weniger stark geladen sind, sind Playmobilfiguren, die bestimmte Personen (Clown, Hexe, Prinzessin usw.) darstellen, sehr stark geladen.

Kreative Medien unterliegen immer einer Deutung: Papier und Stifte werden von Betrachtern allgemein als „Arbeitsmaterialien" und damit als ein sachliches Medium eingestuft, während stark geladene Playmobilfiguren übergreifend als „Kinderspielzeug" bezeichnet werden. Man spricht hierbei von der „natürlichen Ladung" des Mediums. Diese hat auch einen mehr oder weniger starken regressiven Charakter, der bei „Playmobilfiguren" selbstredend weitaus höher ist als bei „Arbeitsmaterialien".

Darüber hinaus muss dennoch beachtet werden, dass es trotz einer kollektiven Typisierung von Medien zu interindividuellen Unterschieden in der Bewertung/Beurteilung kommen kann. Während der „Playmobil-König" von dem einen Kollegen als machtvoll gesehen wird, sieht der andere Kollege diesen als Marionette, eingesperrt und machtlos. Insofern sollte bei der Arbeit mit stark geladenen Medien auf die speziell zugedachten Eigenschaften eingegangen werden.

Von der eigenen, natürlichen Ladung eines Mediums also abgesehen gibt es auch unterschiedliche „Ladungsmöglichkeiten". Darunter ist die Möglichkeit zu verstehen, einem Medium eine Eigenschaft zukommen zu lassen bzw. sie mit einer Person zu besetzen. Einem Stück Papier oder einem Holzklotz können mehr Eigenschaften zugeschrieben werden als stark „vorgeladenen" Medien, wie zum Beispiel einem Clown oder Henker.

Der unten stehenden Tabelle ist anhand einiger ausgewählter kreativer Materialmedien der Zusammenhang „eigene Ladung" und „Ladungsmöglichkeit" zu entnehmen. Je geringer die eigene Ladung, desto höher die Ladungsmöglichkeit und umgekehrt.

Tabelle 1: Zusammenhang „eigene Ladung" und „Ladungsmöglichkeit" anhand ausgewählter Beispiele.

	Bild	**Eigene Ladung**	**Ladungsmöglichkeit**
Papier & Stifte		gering	hoch
Magnettafel		gering	hoch

	Bild	**Eigene Ladung**	**Ladungs-möglichkeit**
Holzklötze		gering	hoch
Holzfiguren	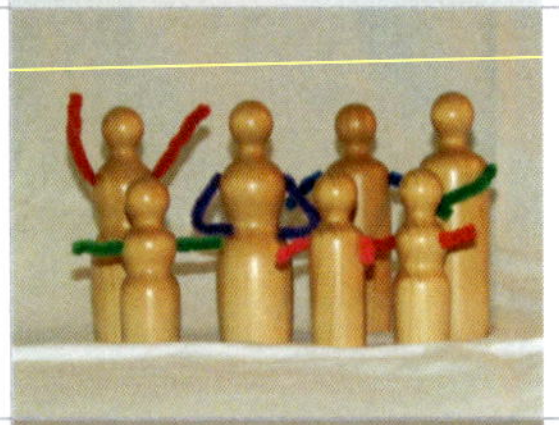	wenig	hoch
Inszenario		wenig	hoch
Fingerpuppen		stark	gering
Tiere		stark	gering
„Stark geladene Playmobilfiguren“		sehr stark	sehr gering

4.4 Anwendungsgrundlagen

4.4.1 Die Haltung des Supervisors als Grundlage der supervisorischen Arbeit

Mit an erster Stelle steht für uns die wertschätzende Anerkennung dessen, was der Supervisand verbal und nonverbal einbringt. Dies verlangt unseres Erachtens ein phänomenologisches Wahrnehmen, was beinhaltet, Einstellungen und Handlungen des Supervisanden nicht vorschnell zu interpretieren, geschweige denn moralisch zu bewerten. Der Klient soll mit seiner Sicht auf die Dinge wahr und ernst genommen werden. Er soll vermittelt bekommen, dass seine Wahrnehmung der Wirklichkeit immer richtig und wichtig ist. Gleichzeitig soll seine Sicht geöffnet werden für andere mögliche Wahrnehmungen der Wirklichkeit.

Der Supervisor muss natürlich stets selbst reflektieren, inwieweit seine Beobachtungen stimmig sind oder ob es sich lohnt, eine andere Perspektive einzunehmen. In der Gruppensupervision ist es auch Aufgabe des Supervisors, Gruppenprozesse zu beobachten und seine Beobachtungen, wenn er es für richtig hält, einzubringen bzw. damit zu arbeiten. Der Supervisor bringt sich mit seiner Wahrnehmung in einer professionellen Authentizität ein. Er sollte die Supervisanden nicht mit eigenen Deutungen und Hypothesen überfrachten, sondern gemeinsam mit ihnen beobachten – auch das, was ausgeblendet und nicht erzählt wird. Welche nonverbalen Signale senden die Supervisanden? Welche Bedeutungen, Erklärungen bringen sie für die Dinge vor? Neue Deutungsmöglichkeiten und Handlungsperspektiven werden so hauptsächlich von den Supervisanden selbst erkannt. Der Supervisor ist nicht der Heilsbringer. Der Supervisand ist der Experte für seine Wirklichkeit. Die Erkenntnisse und die Umsetzung der Lösungen müssen schließlich im Wirklichkeitssystem des Supervisanden vonstattengehen.

Wir legen unserer supervisorischen Arbeit eine lösungsorientierte Haltung zugrunde. Die Aufgabe des Supervisors sehen wir phasenweise unterschiedlich im Begleiten oder im Leiten des Klienten in der Auseinandersetzung mit den aufgestellten Personen oder Themen, weg von einer Problemtrance hin zu einer Lösungshandlung.

Das Eingehen von Koalitionen mit den Supervisanden sollte unbedingt abgelehnt werden. Die Neutralität des Supervisors auf der Beziehungsebene sollte gewahrt bleiben.

Der Supervisor benötigt außerdem Vertrauen in die eigenen beraterischen Fähigkeiten und in die angewandte Methode. Dass ein umfangreiches Theoriewissen und Kenntnisse über verschiedene Methoden Voraussetzungen für die Arbeit als kompetenter Supervisor sind, ist unbestritten. Ebenso sollte der Supervisor über einen gewissen Grad an Feldkompetenz verfügen. Darüber hinaus scheinen aber Erfahrung, Intuition und die Fähigkeit, Gesamtzusammenhänge zu erfassen (Möller, 2003), weitere unabdingbare Grundkompetenzen eines Supervisors zu sein. Sind diese gepaart mit innerer Zufriedenheit, einem hohen Maß an Selbstreflexion und auch Selbstkritik, führen sie zu einem selbstbewussten Auftreten des Supervisors. So vermittelt er dem Supervisand die Zuversicht, zu einer Problemlösung gelangen zu können, und bestärkt somit dessen Motivation, sich auf den Weg zu machen.

Die Ressourcenorientiertheit des Supervisors richtet den Blick hin zu den Möglichkeiten, den Potenzialen und den Stärken des Supervisanden. Das Aufdecken und Bewusstmachen von Ressourcen öffnet Wege und zeigt Problemlösungen auf, die der Supervisand dank der vorhandenen Ressourcen auch bewältigen kann. Dabei sollte man nicht vergessen, dass eine Problemlösung nicht immer mit großen Veränderungen einhergehen muss. Eine Lösung kann auch darin bestehen, Umstände anders zu bewerten, sie schätzen zu lernen und zu bewahren.

4.4.2 Zielsetzung bei der Anwendung kreativer Medien in der Supervision

Kreative Medien ermöglichen es dem Supervisanden in erster Linie, das Supervisionsthema zu veranschaulichen, dabei das Problemfeld zu rekonstruieren und das Problem genauer zu formulieren. Er selber kann seine Gedanken visualisieren und somit einen besseren Überblick über die Situation bzw. das

Problemfeld bekommen. Besonders komplexe Sachverhalte werden übersichtlich dargestellt. Darüber hinaus reizt das Medium den Supervisanden, zusätzliche Informationen zu geben, die er zuvor nicht formuliert hat. Damit steht der Informationscharakter des Mediums im Vordergrund.

Auch der Supervisor profitiert in einem nicht zu unterschätzenden Ausmaß von dieser Veranschaulichung. Ihm werden Zusammenhänge klarer, Personen bekommen Gestalt, und Beziehungen werden offensichtlich, sodass er in seiner Fragestellung gezielter arbeiten kann. Ein kreatives Medium erlaubt also, etwas Neues zu schaffen. In unserem Fall handelt es sich um neue Deutungs- und Handlungsräume, die dem Supervisanden im Umgang mit den Figuren eröffnet werden.

Nach Mihaly Csiksentmihalyi (1997) zeigen kreative Individuen eine Verbindung von Disziplin und Spielerischem, sie wechseln von Imagination auf der einen Seite und einem bodenständigen Realitätssinn auf der anderen Seite. Sie verfügen offenbar über die Möglichkeit, konvergierendes Denken (umfasst die Lösung von genau definierten rationalen Problemen) und divergierendes Denken (umfasst die Fähigkeit, eine große Anzahl von Ideen zu entwickeln, und die Fähigkeit, wechselnde Perspektiven einzunehmen) zu nutzen (Csiksentmihalyi, 1997). Diese Eigenschaften werden durch die Arbeit mit kreativen Medien gefordert und gefördert.

Ein wesentlicher (vor allem in der Arbeit mit stark geladenen Medien gewünschter) Aspekt ist die Möglichkeit, Prärationales, das bisher im Verborgenen lag, offen darzulegen. Durch den Ladungsprozess – sei es durch die natürliche Ladung des Mediums oder durch die Ladung durch den Supervisanden – können diese inneren Muster Ausdruck bekommen.

> „Kreative Medien dienen in der Supervision […] dazu, nicht-planmäßige Deutungsmuster zu präzisieren, spontan umzustrukturieren, aber auch für einen weiteren Dialog mit dem Supervisor zugänglich zu machen. Sie bilden also oft die methodische Basis für gezielte Umstrukturierungen." (Schreyögg, 2010)

Das hat zur Folge, dass durch die Anwendung kreativer Medien oft neue Denk- und Handlungsmuster aufgebaut werden können.

4.4.3 Systemaufstellung als kreatives Medium in der Supervision

Systemaufstellungen können den eigenen Platz im System vergegenwärtigen und diesen für den Supervisanden zum ersten Mal von außen ersichtlich machen.

Durch die Aufstellung von Figuren als Repräsentanten von Personen kann der Supervisand zunächst das Problem externalisieren. Der Supervisand kann Abstand gewinnen, ohne das Problem aus den Augen zu verlieren. Gleichzeitig hat er die Möglichkeit, sich mit anderen Systemmitgliedern in Verbindung zu bringen, sich zu assoziieren. Der Supervisand erhält dadurch andere Sichtweisen. Das Handeln mit den Figuren, die aktive Arbeit mit den Systemmitgliedern erleichtert es, in tatsächliches Lösungshandeln zu gelangen. Der Supervisor beobachtet die Beobachtung der Supervisanden (Beobachtung zweiter Ordnung) und spiegelt seine Wahrnehmungen. Im Gruppensetting können alle ihre Beobachtungen und Wahrnehmungen beisteuern. Für den Fallgeber ist es ein Gewinn, andere mögliche Wahrnehmungen der Wirklichkeit zu erfahren. Beginnend mit der Arbeit am Problemsystem ist das Ziel, die Aufstellung eines Lösungssystems zu erreichen. In der Arbeit mit den Supervisanden ist es von Vorteil, anstelle eines Problemsystems von einem Gegenwartssystem zu sprechen. Das Aufstellen des Gegenwartssystems sowie des Lösungssystems soll möglichst intuitiv erfolgen. So kommen unbewusste Gefühle, Motive und Haltungen stärker zum Tragen.

Die Aufgabe des Supervisors ist es unter anderem zu spüren, an welchem Punkt der Fallgeber sich befindet, und in der Gruppensupervision gleichzeitig den Gruppenprozess im Blick zu behalten. Der Supervisor unterstützt den Fallgeber im Finden neuer Sichtweisen durch das Stellen von lösungsorientierten Fragen, durch Spiegeln seiner Wahrnehmung oder durch Anregen der anderen Supervisanden (in der Gruppensupervision), ihre Wahrnehmungen frei oder auf gezielte Fragen hin einzubringen. Der Supervisor kann auch den Fallgeber anleiten, sich in die einzelnen Repräsentanten einzufühlen, und ihn aus der Rolle dieser Personen sprechen lassen oder ihn in der Rolle der jeweiligen Personen interviewen. Der Supervisand sollte dabei aus der Blickrichtung des jeweiligen Repräsentanten auf die Aufstellung blicken, die Figur anfassen und in „Ich-Sätzen" sprechen (Polt & Rimser, 2010). Der Prozess, der durch diese Einfühlung abläuft, geht weit über die rein kognitive Auseinandersetzung mit den Themen hinaus. Dem Supervisand können durch diesen Perspektivenwechsel ganz neue Sicht- und Fühlweisen eröffnet werden.

Einigen Supervisanden fällt es nicht leicht, ihr Problem, ihre Situation verständlich auszudrücken. In diesem Fall gibt diese Methode eine gute Struktur, eine Handlungsmöglichkeit, das Problem darzustellen. Die Visualisierung des Systems gibt sehr viele bewusste und auch bis dato unbewusste Informationen über den Supervisanden, seine Sichtweise, sein Heimatsystem preis. Der Supervisor und die unterstützenden Supervisanden in der Gruppensupervision können das Thema, das System, wie es der Fallgeber wahrnimmt, sehen. Eine gemeinsame visuelle Basis erleichtert das Verstehen und die Arbeit damit. Außerdem bringt der visuelle Eindruck schneller linkshemisphärische Gedankenprozesse in Gang.

4.5 Systemische Aufstellungsarbeit mit wenig geladenen Medien

4.5.1 Aufstellungsarbeit mit Figuren

Wir sprechen hier von Aufstellungen mit Figuren aus Holz ohne oder mit Gesicht, wobei die Blickrichtung auf jeden Fall angezeigt werden sollte. Ist kein Gesicht vorhanden, kann die Blickrichtung durch die Richtung der Arme oder durch Beschriftung der Figuren erreicht werden.

Die Holzfiguren, mit denen wir arbeiten, sind unterschieden in männliche und weibliche, große und kleine Figuren. Die Figuren sind holzfarben, haben bewegliche farbige Arme und kein Gesicht.

Weiter arbeiten wir mit den Figuren des Inszenario. Diese sind ebenfalls unterschieden in weibliche, männliche, große und kleine Figuren. Außerdem sind sie verschiedenfarbig und haben keine Arme und kein Gesicht. Es erleichtert die Arbeit, wenn eine Blickrichtung bzw. Zu- oder Abgewandtheit wiedergegeben wird. Nach Schneider und Schneider (2006) erleichtert es die Arbeit, wenn die Figuren eine klare Unterscheidung von Mann und Frau erlauben. Beim Aufstellen großer Systeme erhöhen Unterscheidungsmöglichkeiten durch Farben die Orientierung und geben zudem noch mehr Informationen. Die farbigen Arme sind dabei nicht so einflussreich wie die Farben der Figuren des Inszenario.

Mit Schneider und Schneider (2006) sind wir der Meinung, dass Figuren umso mehr als Projektionsfläche dienen können, je weniger Charakter und Anschauung festgelegt sind. Die Figuren geben ein räumliches Beziehungsfeld, normalerweise unabhängig vom Aussehen der Figuren wieder. Die Arbeit mit den Positionen steht dabei im Vordergrund. Da wenig geladene Figuren dem Supervisor und den Supervisanden einen großen Interpretationsspielraum bieten, ist die Hemmschwelle, zu diesen Figuren zu greifen, geringer. Der Fallgeber kann so unverfänglich, ohne sich auf Charakterzüge oder Eigenschaften festzulegen, Personen und Dinge positionieren. Dadurch wird eine intuitivere Vorgehensweise mit weniger Ängsten der Selbstoffenbarung ermöglicht. Außerdem ist bei der gesamten Arbeit und insbesondere bei der Arbeit mit der Einfühlung in einzelne Repräsentanten der Spielraum der Einlassung größer. Die Einfühlung ist nicht eingeengt auf eine bestimmte Figur, wie z. B. einen Pirat.

Die ausgeprägte Dreidimensionalität von Figuren (im Vergleich zur Arbeit mit Magneten oder Papierkarten) kann die Übernahme der Rolle eines Repräsentanten, die repräsentierte Wahrnehmung, erleichtern.

Die Systemaufstellung mit Figuren bietet sich im Vergleich zur Aufstellung mit Personen besonders in der Einzelsupervision an, da hier keine weiteren Personen zur Verfügung stehen, die als Repräsentanten für Personen des Supervisandensystems dienen könnten. Ebenso können Figuren zum Einsatz kommen, wenn in einer Supervisionsgruppe nicht genügend Repräsentanten zur Verfügung stehen. Man könnte in diesem Fall auch mit Teppichfließen als Platzhaltern für die Personen arbeiten, wir bevorzugen aber in diesem Fall meist Figuren. Auch in der Gruppensupervision, die dem aufzustellenden System entsprechend genügend Repräsentanten aufweist, kann die Figurenaufstellung Vorteile bieten. Denn die Arbeit mit Figuren erzeugt sowohl beim Fallgeber als auch bei den Mitsupervisanden meist weniger Widerstände als eine Aufstellung mit Personen. Oftmals ist in einer Supervisionsgruppe die Methode der Aufstellung mit Figuren der Vorläufer für eine spätere Aufstellungsarbeit mit den Supervisanden selbst, wenn die Gruppe untereinander vertrauter und vertrauter mit der Aufstellungsarbeit ist. Einen weiteren Vorteil sehen wir bei der Aufstellungsarbeit mit Figuren darin, dass alle Supervisanden lernen, ein System in der „objektiven" Draufsicht wahrzunehmen. Die aufgestellten Figuren dienen als Visualisierung und als Kommunikationsmittel. Jeder kann sich mit seinen Wahrnehmungen einbringen. Auch wenn es um einen Teamprozess geht, an dem mehrere Supervisanden beteiligt sind, kann es hilfreich sein, gemeinsam das durch einzelne Teammitglieder wahrgenommene System zu betrachten und daran zu arbeiten.

4.5.2 Aufstellungsarbeit mit Papierkarten, Haftnotizzetteln, Magneten, Whiteboard, Flipchart

Diese Materialien sind leichter mitzunehmen und haben für manche Supervisanden eine noch geringere Hemmschwelle, einen geschäftlicheren Touch. Auch diese kreativen Medien lassen eine Positionierung von Systemmitgliedern und die Arbeit damit zu. Außerdem können bei Anbringung von Haftnotizzetteln bzw. Papierkarten und Magneten auf einem Whiteboard oder einem Flipchart in Verbindung mit weiteren gezeichneten Ergänzungen sehr aufschlussreiche Visualisierungen entstehen. Zum Beispiel wenn es um die Begleitung von Schulentwicklungsprozessen geht, leisten diese Medien sehr gute Dienste. Die Visualisierung der gemeinsam erarbeiteten Ergebnisse kann so auch z. B. im Lehrerzimmer erhalten und für alle sichtbar bleiben. Dadurch ergeben sich sehr gute Möglichkeiten, im Schulentwicklungsprozess damit weiterzuarbeiten.

4.5.3 Anwendungsbeispiele

4.5.3.1 Beispiel 1: Wenig geladene Holzfiguren in der Einzelsupervision

Eine Grundschullehrerin, 51 Jahre alt, klagt über Erschöpfungszustände. Sie habe keine Kraft mehr. Ihr sei alles zu viel.

Um direkt von dieser belastenden Problemtrance in Handlung, in Lösungsorientierung zu kommen, bevorzugen wir in dieser Situation die Methode der Aufstellung mit Figuren. Die Supervisandin kann so das Problem externalisieren und die Lage entspannter von außen betrachten.

Die Supervisorin lädt die Lehrerin ein, ihre Situation aufzustellen und bietet ihr Figuren und Bauklötze an. Zunächst soll sie alle Personen, die an ihrem Gegenwartssystem beteiligt sind, in Form von Figuren aus dem Kasten nehmen und benennen. Die Supervisorin sagt ihr, dass sie auch z. B. ihre Erschöpfung, mögliche Sehnsüchte oder Ziele etc. aufstellen könne. Sie nimmt Figuren für sich, ihren Mann, ihre zwei Kinder, zwei Figuren als Stellvertreter für ihre Schüler, zwei Figuren als Stellvertreter für die Eltern. Auf die Nachfrage, ob es noch weitere Mitspieler oder Ähnliches gäbe, nimmt sie nach kurzem Überlegen noch einen Bauklotz für ihr Ziel, eine „sehr gute Lehrerin zu sein“, und einen Bauklotz für ihre Sehnsucht, „Zeit für sich zu haben“.

Als Nächstes erhält die Supervisandin die Einladung, alle Mitspieler und Dinge auf das Systembrett zu stellen. Sie erhält den Hinweis, intuitiv zu agieren.

Nach sorgfältiger Positionierung betrachten die Lehrerin und die Supervisorin die Szene von oben. „Wie geht es Ihnen, wenn Sie die Szene so von oben betrachten?“

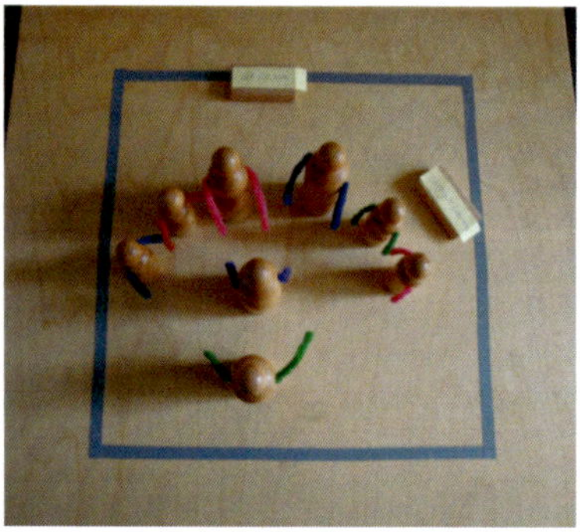

Abbildung 1

Spontane Äußerungen der Lehrerin: „Puh, ganz schön eng hier in der Mitte. Ich habe gar keinen Raum hier. Ich kann auch gar nicht weg. Die bedrängen mich."

Mit der Frage: „Gibt es auch etwas Gutes in dieser Situation?", wird der Blick auf die Ressourcen der Lehrerin gewendet. „Ja, ich weiß, dass meine Familie mir sehr nahesteht und ich ihr. Außerdem sind mir meine Schüler sehr wichtig. Und ich sehe, dass es auch ein Ziel gibt, mehr für mich zu machen."

Um das Beratungsziel für diese Sitzung zu klären, frage ich sie: „Was möchten Sie in dieser Sitzung hier jetzt für sich klären? Was soll am Ende dieser Sitzung anders sein?"

Die Supervisandin nimmt beherzt die Figur, die sie für sich selbst positioniert hat, und stellt sie auf ihr Sehnsuchtsziel „mehr Zeit für sich haben". Dann zögert sie und möchte ihre Figur auf den Bauklotz „eine sehr gute Lehrerin sein" stellen. Sie holt den Bauklotz, der für „sehr gute Lehrerin sein" steht, und stellt sich auf beide – außerhalb des Kreises. Auf die Frage, wie sich das für sie anfühle, antwortet sie mit einem Lächeln: „Sehr gut."

„Müssten Sie noch etwas verändern, damit Sie hier Ihre Wunschvorstellung aufgebaut haben?" Sie setzt daraufhin ihre Kinder (17 und 19 Jahre alt) in die Nähe ihres Mannes. Die Lehrerin verbalisiert ihr Ziel: „Ich möchte mehr meine Interessen leben und durchsetzen und darauf vertrauen können, dass ich eine sehr gute oder zumindest gute Lehrerin bin."

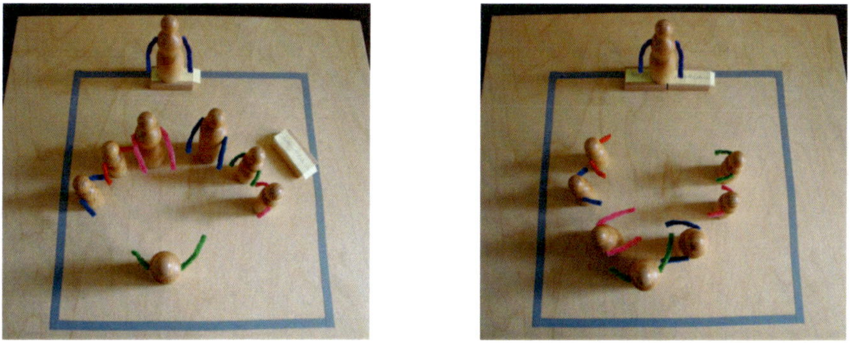

Abbildung 2

Somit sind wir recht schnell durch Umstellen der Figuren und Bauklötze zu einer Lösungsaufstellung gelangt. Jetzt gilt es, den Weg dorthin gangbar zu machen, zu unterstützen.

„Was machen Sie anders, wenn Sie hier stehen?"

„Ich gehe Fahrrad fahren, schwimmen, ich bitte meinen Mann und meine Kinder, das Abendessen herzurichten, die Küche aufzuräumen oder zu saugen. Ich vertraue prinzipiell auf meine Unterrichtsvorbereitung der letzten Jahre, dann habe ich auch mehr Zeit und kann mal wieder meine Kollegin anrufen, um mit ihr neue Projekte zu starten, Unterricht gemeinsam vorzubereiten."

„Wer würde denn als Erster merken, dass Sie Ihr Ziel erreicht haben?"

„Mein Mann und meine Kinder – puh. Und meine Schüler. Die würden merken, dass ich gelassener bin und mich wieder mit mehr Anteilnahme mit ihnen beschäftige. Und meine Kollegin."

Ich biete ihr eine Stuhlarbeit mit ihrem Mann und ihren Kindern an, da ich hier einen Druck bei der Supervisandin spüre. Hier scheinen mir auch die Punkte zu liegen, die sie vielleicht daran hindern, ihren Weg durchzusetzen. In diesem Fall verbinde ich die systemisch-konstruktivistische Vorgehensweise der Systemaufstellung mit dem dialogischen Ansatz. Meiner Meinung nach sind beide entscheidend für die personale Entwicklung. In dieser intensiven Weise kann je nach Anzahl der aufgestellten Systemmitglieder nicht mit allen Repräsentanten des Systems gearbeitet werden. Je nach Sachlage des Falles gibt es bestimmte Personen oder Themen, mit denen eine intensivere Auseinandersetzung angezeigt ist. Hierbei ist in der Supervision darauf zu achten, dass die Arbeit nicht zu stark in therapeutisches Handeln übergeht, sondern der Prämisse der Stärkung beruflichen Handelns dient. In diesem Fall dient die Rückgewinnung von Lebensenergie, das Lernen, für sich einzutreten, sich zu positionieren, ohne ihren Rückhalt in der Familie zu verlieren, dem beruflichen Handeln der Supervisandin.

Um in die Stuhlarbeit zu kommen, lade ich die Lehrerin ein, sich vorzustellen, dass ihr Mann auf dem Stuhl sitzt, den ich ihr gegenüber positioniere. Die Supervisandin verändert den Abstand des Stuhles zu ihr, bis es für sie stimmig ist. Sie kann sodann ein Probehandeln des Gesprächs ausführen.

„Stellen Sie sich vor, hier sitzt Ihr Mann. Was sagen Sie ihm?“ Es folgt eine intensive Auseinandersetzung mit ihrem Mann. Die Lehrerin nimmt dabei auch immer wieder den Platz ihres Mannes ein. Sie wird von der Supervisorin darin unterstützt, ihren Standpunkt mit gutem Gewissen zu vertreten. Eine weitere Stuhlarbeit folgt mit ihren Kindern.

Um wieder auf die Aufstellung zurückzukommen, wird die Lehrerin eingeladen, sich ihr Lösungsbild nochmals anzusehen, und gefragt, ob sie damit zufrieden sei. Um Lösungsschritte zu festigen und zu erweitern, stellt die Supervisorin noch Fragen wie: „Was ist nicht mehr da, wenn Sie Ihr Ziel erreicht haben? Was ist stattdessen da?“

Zum Abschluss bittet die Supervisorin die Lehrerin auf einer Skala von 1 bis 10 anzugeben, wie zuversichtlich sie sei, tatsächliche Schritte in Richtung Lösung zu unternehmen. 1 bedeute „hoffnungslos“, 10 bedeute „sehr zuversichtlich“. Sie legt einen Stein auf 9.

Ein Foto der Lösungsaufstellung erhält die Lehrerin im Anschluss an die Supervision. Es soll ihr helfen, sich mit der positiven Kraft der Lösung in Verbindung zu bringen.

4.5.3.2 Beispiel 2: Inszenario-Figuren in der Gruppensupervision

Eine Lehrerin, 29 Jahre alt, im zweiten Jahr an ihrer Schule, sagt, ihr mache die Arbeit mit den Kindern in der Klasse Spaß, sie fühle sich aber im Kollegium nicht wohl.

Auf die Frage, was in dieser Sitzung passieren müsse, damit diese für sie gewinnbringend sei, antwortet die Lehrerin, dass sie gerne ins Lehrerzimmer gehe, sich dort wohl und sicher fühle und dass sie sich bei der Unterrichtsvorbereitung nicht so viele Gedanken mache.

Ich bitte die Supervisandin, ihre Situation an der Schule, so wie sie diese empfinde, aufzustellen. Sie stellt zunächst sich auf, dann die Schüler hinter ihre Figur, schräg links hinter sich die Konrektorin, daneben den Schulleiter. Dann positioniert sie den Kollegenkreis, zum Schluss eine Kollegin rechts neben sich.

Abbildung 3: Supervisandin (holzfarben), Schüler (blau/gelb), Konrektorin (weiß), Rektor (schwarz), Kollegin (grün), weitere Kollegen (grün/gelb/rot)

Bezeichnend ist auch die Farbwahl. Holzfarben ist nur die Supervisandin. Die Konrektorin ist weiß, was man als wenig greifbar deuten kann. Der Rektor ist schwarz, was auf eine gewisse Härte und Undurchsichtigkeit hinweisen kann. Dieser fängt das unangenehme Gefühl ab. Für die Kollegin, die sie als offen und ehrlich empfindet und sich gegenüber aufgestellt hat, wählt sie die vitale Farbe Rot. In der Lösungsaufstellung stellt die Supervisandin ihre grüne Kollegin, die sie als unangenehm beobachtend empfindet, schräg hinter ihren grünen Kollegen.

Die Farbgebung der Figuren kann Wahrnehmungen und Gefühle unterstreichen sowie Zusammengehörigkeiten verstärkt aufzeigen. Es bietet sich auch an, beim Betrachten der Aufstellung den Supervisanden auf die gewählten Farben hinzuweisen und eigene Erklärungen zu erfragen. Dies bringt oftmals Erkenntnisse, die vorher im Unbewussten lagen.

Auf die Frage: „Wie geht es Ihnen in diesem System?“, antwortet die Lehrerin mit sehr leiser Stimme, dass sie sich sehr unsicher fühle, sie wisse nicht, was die anderen über sie denken. Sie fühle sich beobachtet, aber nicht unterstützt. Ihre Körperhaltung wirkt energielos. Zum Glück habe sie eine so nette Klasse. Ihre Stimme wird beim letzten Satz etwas kräftiger.

„Wie empfinden Sie Ihren Platz im System?“

„Wackelig, anstrengend, klein.“

„Fühlen Sie sich zu jemandem oder etwas in diesem System besonders hingezogen?“

„Ja, zu der roten Kollegin. Sie scheint mir offen und ehrlich.“

Die Weiterarbeit lässt sich entweder durch lösungsorientierte Fragen oder durch ein Hineinversetzen der Supervisandin in die aufgestellten Rollen gestalten. Da die Lehrerin scheinbar unter der Unsicherheit leidet, was ihre Kollegen und die Schulleitung wohl von ihr halten und welche Erwartungen sie an sie stellen, biete ich ihr folgende Einfühlung an:

„Jetzt dürfen Sie sich mal in die einzelnen Personen einfühlen und sie sprechen lassen. Hierfür dürfen Sie das Brett drehen, sodass Sie die Perspektive der jeweiligen Person auf das System einnehmen. Nehmen Sie die jeweilige Person in die Hand. Ich werde Ihnen ein paar Fragen stellen, und Sie antworten in der Ich-Form aus Sicht der Personen.“

Sie nimmt als Erstes die rote Kollegin, als Zweites den Rektor, als Drittes die grüne Kollegin. Ich gebe ihr jeweils Zeit zur Einfühlung und interviewe die „Personen“ mit Fragen wie:

„Wie geht es Ihnen in diesem System?“

„Was gefällt Ihnen hier an der Schule? Was stört sie?“

„Sie haben gehört, dass sich Ihre Kollegin an der Schule, im Kollegium nicht so wohlfühlt. Was würden Sie ihr empfehlen, um ihre Situation zu verbessern?“

„Gibt es noch etwas Wichtiges, Wertvolles, das Sie jemandem in diesem System mitteilen möchten?“

Die Wahrnehmungen die durch diese Arbeit ins Bewusstsein gerufen werden, beinhalten unter anderem, dass nicht nur die Supervisandin die Schulleitung hinsichtlich der Erwartungen an die Lehrkräfte als schwer einzuschätzen erlebt. Die Kollegen hätten sich daher zusammengetan. Sie erlebten aber die neue Kollegin als übereifrig und von daher etwas suspekt. Sie haben Angst, dass diese hier an ihrer Schule zu hohe Maßstäbe setze. Der Rektor beobachte sie genau und sei mit der Resonanz, die er von den Eltern bekomme, sowie mit seiner Beobachtung bei der Unterrichtshospitation eigentlich zufrieden. Die grüne Kollegin, die seitlich stehe, sei einerseits interessiert an ihrer Arbeit mit den Kindern, beäuge die Supervisandin aber auch sehr kritisch. Die drei Kollegen würden ihr empfehlen, entspannter an die Sache heranzugehen und sich mit ihnen in der Pause ungezwungener zu unterhalten.

Nun werden auch die anderen Supervisanden eingeladen, ihre Wahrnehmungen wertschätzend einzubringen. Diese Phase bringt der Lehrerin ebenfalls neue Informationen aus einer anderen Perspektive.

Aus dieser neuen Sicht- oder Fühlweise heraus ergibt sich eine mögliche Lösungsaufstellung. Die Supervisandin darf nun ihr Problemsystem abräumen und mit denselben Figuren ihr Lösungssystem, ihre Wunschaufstellung aufbauen. Sollte sie neue Figuren hinzuziehen wollen oder andere ganz weit weg stellen, liegt das im Ermessen der Supervisandin. Die Supervisandin wird wieder angeleitet, möglichst intuitiv um- bzw. aufzustellen.

Sie stellt sich, ihre Schüler, ihre Kollegen und die Schulleitung kreisförmig auf. In die Mitte legt sie einen großen Klotz für den Austausch über Unterricht, Klassenführung, Erwartungen, ungeschriebene Regeln an der Schule.

Abbildung 4

Wir arbeiten mit folgenden Fragen weiter:

„Wie geht es Ihnen, wenn Sie Ihr Lösungssystem so sehen?“

„Was tun Sie anderes? Was tun Sie nicht mehr? Was tun Sie stattdessen?

„Wer merkt als Erstes, dass Sie sich und somit die Situation geändert haben?“

„Woran merken die anderen, dass sich etwas geändert hat?“

Auch die anderen Supervisanden werden befragt, woran sie, wenn sie Kollege wären, wohl merken würden, dass sich die Lehrerin verändert habe.

Im Lösungssystem darf sich die Supervisandin wieder in die Rollen der Systemmitglieder unter Anleitung durch folgende Fragen einfühlen:

„Was ist für Sie in diesem System jetzt anders als im System zuvor?"

„Woran merken Sie denn, dass Sie im neuen System sind?"

„Gibt es etwas Überraschendes, das Sie jemandem mitteilen möchten?"

Im Laufe der Arbeit ersetzt die Supervisandin den großen Klotz in der Mitte durch einen kleineren. Als Begründung sagt sie: „Ich glaube, meine zu starke Fokussierung auf den Austausch über Erwartungen, die an mich gestellt werden, Erziehung und Unterricht verstellt mir den Weg zu den Kollegen. Ich muss etwas entspannter an die Sache herangehen und die Kollegen, meine Schüler und die Eltern der Schüler nicht aus dem Blick verlieren."

Abbildung 5

Auf die Frage, welche Überschrift sie ihrer Lösung geben würde, antwortet sie „Miteinander".

„Wie geht es Ihnen mit der Lösung? Welche Gefühle spüren Sie?"

Die Supervisandin äußert, sie sei erleichtert, erfahren zu haben, dass ihre Kollegen gar keine besonderen Leistungen von ihr erwarten, sondern dass im Gegenteil ein offener Austausch möglich sei. Um den verunsichernden, für sie undurchschaubaren Erwartungshaltungen zu begegnen, werde sie einerseits ein Mitarbeitergespräch mit der Schulleitung suchen und andererseits versuchen, sich nicht zu stark verunsichern zu lassen. Im engeren Kontakt zu den Kollegen sei sie zuversichtlich, hierin Unterstützung zu finden.

Wenn man mit der Einfühlung in die einzelnen Repräsentanten arbeitet, muss man bedenken, dass dies meist relativ viel Zeit beansprucht. Als Erweiterung der beschriebenen Sitzung wäre noch eine Stuhlarbeit angebracht, die der Lehrerin ein Probehandeln des Mitarbeitergesprächs mit der Schulleitung ermöglicht.

4.5.3.3 Weitere Praxiserfahrungen

- Sollte der Supervisand sich unrealistische Ziele setzen, plädiere ich dafür, die zweitbeste Lösung zu suchen. Denn sind Ziele z. B. durch systemimmanente Umstände (wie große Klassen, kleine Klassenräume etc.) nicht erreichbar, macht es keinen Sinn, diese unrealistischen Ziele weiterzuverfolgen. Das eigentliche Wunschziel ist jedoch hinreichend zu würdigen und durch das zweitbeste zu ersetzen. Wird das zweitbeste Ziel vom Supervisanden als Ziel angenommen, sollte auch dies explizit gewürdigt werden.
- Auch wenn man nicht mit der Einfühlung in die einzelnen Personen der Aufstellung (der repräsentierten Wahrnehmung) arbeitet, lohnt die Betrachtung der Systemaufstellung aus einem anderen Blickwinkel. Man kann dazu die Supervisanden bitten, um die Aufstellung herumzugehen. Ich finde es hierfür hilfreich, auf einem Brett aufstellen zu lassen, welches man zu diesem Zweck drehen kann. Folgende Fragen bieten sich an: Was ist neu aus einem anderen Blickwinkel? Was stört? Was gefällt?
- Weitere mögliche lösungsorientierte und systemische Fragen, die bei der Arbeit mit Aufstellungen eingesetzt werden können:
  „Wer spürt, dass dies für Sie ein Problem ist?“
  „Seit wann haben Sie dieses Problem?“
  „Welche Versuche haben Sie bereits unternommen, um das Problem zu lösen? Mit welchem Ergebnis?“

„Was müsste jemand anderes tun, damit er Ihr Problem bekäme?“
„Wie kommunizieren diese beiden (Zeigen auf Figuren) miteinander?“
„Was ist gut in der jetzigen Situation? Was soll auf jeden Fall so bleiben?“
„Wann haben Sie das Problem nicht? Was machen Sie da anders?“
„Was muss passieren, damit Sie die Dinge öfter anders machen?“
„Was müssten Sie tun, damit Ihr Problem unerträglich wird?“
„Um einen Tag Urlaub vom Problem zu machen, was würden Sie tun? Wer oder was könnte Ihnen dabei helfen?“

4.5.3.4 Kritische Beleuchtung

Ich arbeite sehr gerne mit Figurenaufstellungen, auch in der Gruppensupervision. Die Hemmschwelle, mit Figuren zu arbeiten, scheint mir bei allen Supervisanden sehr gering. Sie lassen sich sehr gut darauf ein.

Die Aufstellungsarbeit ermöglicht einen guten Zugang zu gefühlten und prärationalen Informationen. Dies ist in der rein verbalen Auseinandersetzung oft nicht gegeben. Zum Beispiel habe ich erlebt, dass sich nach der Aussage „eigentlich ist alles in Ordnung“ in der Aufstellung ergab, dass Personen eingemauert, andere umgeworfen und aus dem Feld geräumt wurden.

Die Aufstellung mit Figuren bietet eine weniger starke bzw. andersartige Einfühlungsmöglichkeit in die einzelnen Repräsentanten als eine Aufstellung mit Personen. Durch die Eindrücke der Rollenträger, die als Personen in einer Aufstellung stehen, können noch andere Informationen gewonnen werden. Oftmals kommen auch die Gedanken und Empfindungen mehr in Bewegung, in Fluss, wenn der Supervisand aufsteht und sich in Bewegung setzt.

Wie gewinnbringend die Aufstellungsarbeit für die Supervisanden ist, hängt auch von der Haltung, der Einfühlung, den Fragen und der flexiblen Anwendung der Methode durch den Supervisor ab.

Keine Methode, auch diese nicht, darf generell als Allheilmittel für jedes Anliegen eingesetzt werden. Jeder Supervisor sollte daher über ein Methodenrepertoire verfügen, welches ihm erlaubt, eine dem Fall angemessene Methode zu wählen.

4.6 Systemische Aufstellungsarbeit mit sehr stark geladenen Medien

4.6.1 Anforderungen an den Supervisor

Gerade ein hohes Maß an Selbstsicherheit und Souveränität sind im sensiblen Umgang mit stark geladenen Medien gefragt.

Neben der Frage, ob ein Supervisor effektiv arbeitet und seinen Kunden/Supervisanden dabei unterstützen kann, in der Zusammenarbeit einen Erkenntnisgewinn zu erzielen, sollte er sich auch stets seiner großen Verantwortung dem Menschen gegenüber bewusst sein. Gerade in der Arbeit mit sehr stark geladenen Medien ist es wahrscheinlich – und zum Teil auch angepeilt –, prärationale Informationen des Supervisanden sichtbar (öffentlich) zu machen. Eigene „blinde" Flecken können entdeckt, frühkindliche Erfahrungen wiedererlebt und bisher Vermiedenes sichtbar gemacht werden. Diese Erkenntnisse können aufwühlen, erschrecken und verwirren. Die eigene Arbeit, Beziehungen und die eigene Person können in Frage gestellt werden. Die Arbeit mit sehr stark geladenen Medien setzt also das Bewusstsein des Supervisors über seine hohe ethisch-moralische Verantwortung für den Supervisanden voraus.

Um effektiv mit sehr stark geladenen Medien arbeiten zu können, muss der Supervisor von der Arbeit mit dem von ihm genutzten Medium überzeugt sein und auch über einen gewissen Erfahrungsschatz verfügen. Fehlen ihm Überzeugung und Freude am Umgang mit dem Medium, wird er das mit Sicherheit auch im nonverbalen Ausdruck widerspiegeln und auf den Supervisanden übertragen.

4.6.2 Anforderungen an den Supervisanden

Teilnehmern einer Supervisionsgruppe oder eines Coachings, die sich freiwillig zu dieser professionellen Auseinandersetzung mit dem eigenen Berufsfeld entschieden haben, kann sicherlich per se eine innere Bereitschaft, sich zu öffnen, konstatiert werden. Ist die Supervision/das Coaching von Vorgesetzten oder der beruflichen Institution hingegen vorgeschrieben, kann mit mehr Widerständen gerechnet werden. Stark geladene Medien jedoch setzen eine große „Öffnungsbereitschaft" voraus und können auch nur dann angewendet werden.

Diese „Öffnungsbereitschaft" wiederum ist im engen Zusammenhang mit einem hohen Maß an „regressiver" Selbstöffnung zu sehen. Unter „Regression" versteht man in der Psychoanalyse den bewussten oder unbewussten Rückgriff auf kindliche Verhaltensmuster. Das Spielen mit Playmobilfiguren oder Tieren fordert dementsprechend vom erwachsenen Supervisanden die Bereitschaft zu einem Rückschritt in die Kindheit und/oder kindliche Verhaltensmuster. „In einer stark institutionalisierten Situation, die seitens der Supervisanden meistens durch vielfältige Kontroll- und Bloßstellungsängste charakterisiert ist", wäre es sicher problematisch, sehr stark geladene Medien zu nutzen (Schreyögg, 2010).

Bei der Arbeit mit sehr stark geladenen Medien sind auch soziokulturelle Unterschiede der Supervisanden zu berücksichtigen. Es wurde die Erfahrung gemacht, dass es Personen, die in totalitären Systemen sozialisiert wurden, ungleich schwererfiel, mit diesen Medien zu arbeiten. Sie einzusetzen, um Strukturen zu visualisieren, war gerade noch möglich. Gefühle zu äußern, Gedankenspielen nachzugehen oder Rollen zu tauschen, überforderte diesen Personenkreis jedoch. Diese interpersonellen Unterschiede sind Gegenstand der Ethnopsychoanalyse, auf die an dieser Stelle verwiesen werden soll.

Das Selbstbild des Supervisanden spielt auch eine nicht zu unterschätzende Rolle. So wäre es einer Gruppe junger Sport- und Wirtschaftslehrer, die in ihrer Ausbildungsgruppe als die „Coolen", „Entspannten" und „Ungestressten" auftraten, nur schwer möglich gewesen, sich auf das „Kindergartenniveau" herabzulassen. Das Selbstbild dieser jungen Männer hätte dies nicht zugelassen. Andererseits war eine Gruppe junger Konrektoren, die stets mit Struktur- und Organisationsproblemen beschäftigt war, geradezu beglückt, als sie ihrem – ansonsten weggesperrten – Spieltrieb nachkommen durften. Insofern spielt neben dem Supervisor und dem Supervisanden das supervisorische Setting eine wichtige Rolle bei der Nutzung stark geladener Medien.

4.6.3 Anforderungen an das supervisorische Setting

Je stärker das Medium geladen ist, mit dem gearbeitet werden soll, desto vertrauter sollte die Arbeitsatmosphäre sein, wenn nicht nur Strukturen visualisiert werden sollen, sondern es auch dem Supervisanden ermöglicht werden soll, Prärationales aus dem Verborgenen zu holen. Dies kann dementsprechend nicht in den ersten Sitzungen einer neu gegründeten Supervisionsgruppe oder zu Beginn einer Coaching-Sitzung erfolgen. Die Beziehung zwischen Supervisor und Supervisanden muss stabil und vertrauensvoll sein.

Handelt es sich nicht um eine Einzelsupervision, muss auch sichergestellt werden, dass eine vertraute Atmosphäre innerhalb der Supervisionsgruppe herrscht. Verschwiegenheit und Sicherheit müssen gewährleistet sein, sodass der einzelne Supervisand bereit ist, ihm neu offenbarte Gedanken und Gefühle in der Gruppe offenzulegen. Insofern wird auch hier vom Leiter der Gruppe erwartet, das Verhältnis der einzelnen Gruppenteilnehmer richtig einschätzen zu können und dabei abzuwägen, welche Richtung die Supervisionssitzung mit Hilfe des Mediums einschlägt.

Wie bereits oben dargestellt wurde, können in einer Supervisionssitzung mit stark geladenen Medien leichter eigene „blinde" Flecken entdeckt, frühkindliche Erfahrungen wiedererlebt und auch bisher Vermiedenes sichtbar gemacht werden. Dies erfordert einen umfangreichen Zeitraum, sodass sichergestellt werden kann, dass dem Supervisanden ausreichend Zeit zur Verfügung steht, um die neuen Erkenntnisse zu verarbeiten bzw. ihn so zu stabilisieren, dass die neuen Erkenntnisse und Denkmuster auch nach Abschluss der Sitzung langfristig gut etabliert werden können.

4.6.4 Anforderungen an das Thema

Die Ausführungen zur individuellen Ladung von kreativen Medien und die damit verbundene Möglichkeit, diese in einer Supervisionssitzung zu laden, deuten auf die Wichtigkeit des Themas und der individuellen Zielsetzung bei der Anwendung eines kreativen Mediums hin. Ist Ziel und Inhalt einer Supervisionssitzung ein sachliches, neutrales Thema, ist die Nutzung weniger stark geladener Medien von Nutzen. Soll beispielsweise in einer Supervisionssitzung zunächst eine Übersicht über ein bestimmtes Problemfeld erfolgen, ist die Arbeit mit einem relativ ungeladenen Medium wie einem Papier und einem Stift oder einer Magnettafel anzustreben.

Im interpersonellen und auch intrapersonellen Problemfeld hingegen kann die Arbeit mit stark geladenen Medien zielführender sein. Gerade durch die starke Ladung eines Mediums werden zusätzliche prärationale Informationen zugänglich. Assoziationen, die zuvor nicht verbalisiert werden konnten, werden mit Hilfe des Mediums zugänglich. Gedanken können verbildlicht werden.

4.6.5 Anwendungsbeispiele stark geladener Medien

4.6.5.1 Beispiel 1: Stark geladene Playmobilfiguren als Medium bei einer intrapersonellen Problemstellung

Dieses erste Beispiel soll veranschaulichen, dass mit einem so stark geladenen Medium wie einer Playmobilfigur auch bei intrapersonellen Konflikten gearbeitet werden kann.

Ein junger, sich noch im Referendariat befindlicher Kollege berichtete in einer Supervisionsrunde, dass es ihm einfach nicht gut gehe, wenn er an sein Unterrichtsfach Deutsch denke. Als ich mich nach dem zweiten Unterrichtsfach erkundigte, gab er an, dies sei Musik, aber keinerlei Problem. Er würde gerne verstehen, warum er im Deutschunterricht unsicher und ängstlich sei, hingegen im Musikunterricht souverän und entspannt.

Abbildung 6

Ich schüttete meine Ansammlung von ca. 40 unterschiedlichen Playmobilfiguren vor ihm auf dem Tisch aus und bat ihn, sich einen „Musik-Mike" und einen „Deutsch-Mike" zu suchen. Nach kurzem Zögern nahm er sich einen „kleinen Schüler" als „Deutsch-Mike" und einen erwachsenen „Trommler" als „Musik-Mike" und stellte diese etwa zehn Zentimeter voneinander entfernt auf. Die Figuren schauten sich nicht an. Als Nächstes bat ich ihn, die entsprechenden Seminarlehrer dazuzustellen. Die Deutsch-Seminarlehrerin in Figur eines „Zombie" stellte er gegenüber vom „Deutsch-Mike" auf mit dem Kommentar, sie kontrolliere und gängele ihn, und den Musik-Seminarlehrer in Figur eines „alten Mannes" stellte er seitlich vom „Musik-Mike" mit dem Hinweis auf, er werde von diesem wertgeschätzt und habe das Gefühl, man befinde sich auf gleicher Augenhöhe. Ich erkundigte mich, wie sich die unterschiedlichen Mikes fühlen. Der Referendar tippte auf den „Deutsch-Mike" und beschrieb diesen als nicht so kompetent, unsicher, angespannt und nicht souverän. Der „Musik-Mike" hingegen sei sehr kompetent, erfahren, mit Freude und Spaß dabei, engagiert und kreativ. Nachdem er das so formuliert hatte, schwieg er einen Moment und meinte dann, er wirke wohl auch so auf die anderen. Sein Seminarlehrer in Musik würde seine Selbstsicherheit und Souveränität spüren, ebenso wie die Deutsch-Seminarlehrerin wohl seine Unsicherheit und sein mangelndes Selbstvertrauen in diesem Unterrichtsfach erleben würde.

Abbildung 7

Während der Kollege das von ihm gestellte Bild betrachtete, forderte ich die anwesenden Kollegen auf, ihm eine Rückmeldung zu geben, wie sie ihn erleben. Diese gaben ihm durchweg positive Rückmeldungen – und zeigten sich erstaunt ob der Selbstzweifel, da er doch als zweifacher Familienvater so immens viel leisten würde. Diese Aussage ließ ihm Tränen in die Augen schießen. Nachdem er sich beruhigt hatte, fragte ich ihn, wie ihn denn die Familie sehen würde. Er stellte eine Frau mit Kinderwagen und Kleinkind an die Seite des „Musik-Mike" und berichtete, dass er jahrelang Orchester geleitet und dabei seine Frau kennengelernt habe. Sie kenne ihn nicht anders. Er habe nun mal sehr viel Erfahrung im Fach Musik, anders als im Fach Deutsch. Dieses Fach habe er erst später studiert, um in den Lehrerberuf einsteigen zu können. Eigentlich sei er auch im Fach Deutsch nicht so klein, wie er sich anfangs dargestellt habe. Er entfernte den kleinen Schuljungen „Deutsch-Mike" und ersetzte ihn durch einen „erwachsenen Mann", den er direkt – Rücken an Rücken – zum „Musik-Mike" stellte. Konzentriert schaute er sich das von ihm veränderte Bild an, griff zu den anderen Playmobilfiguren, schaute sich verschiedene Frauen an und ersetzte schließlich die Deutsch-Seminarlehrerin „Zombie" durch eine „dunkelhaarige Frau". Mit „Unsicherheiten sind okay, doch Selbstzweifel sind nicht angebracht" kommentierte der Referendar die neu gestellte Situation.

4.6.5.2 Beispiel 2: Stark geladene Playmobilfiguren als Medium bei einer interpersonellen Problemstellung

Mit dem zweiten Fallbeispiel wird von einer interpersonellen Problemstellung berichtet. Dabei wurden mit Hilfe der Playmobilfiguren Zusammenhänge von Beziehungen und Machtgefügen in einer Schule visualisiert.

Eine Lehrerin fühlte sich in Gegenwart der Schulleiterin stets hilf- und sprachlos, wurde klein und „mädchenhaft" und erfuhr wenig Unterstützung von ihr bei technischen Problemen mit Internet und Computer in den entsprechenden Fachräumen. Zu Beginn einer Supervisionssitzung äußerte sie ihren Unmut und Ärger über diese Situation und erwähnte dabei auch den eigentlich für den technischen Bereich zuständigen Systembetreuer.

Ich bat die Supervisandin, mit Hilfe der Playmobilfiguren die aktuelle Situation zu stellen. Zunächst suchte sie für die Schulleiterin eine „Sportlerin“ aus, stellte dazu einen „Krieger“, der den Systembetreuer symbolisieren sollte, sowie sich selbst als einfache Playmobilfigur. Sie nahm eine „Schatztruhe“, die die Computer-Problematik symbolisieren sollte, und stellte sie in die Mitte des Settings. Schulleiterin und Systembetreuer wurden nebeneinander, sich leicht anschauend, aufgestellt, die Lehrkraft selbst ihnen gegenüber in einem gewissen Abstand. Sie berichtete, dass sie eigentlich eine andere Kollegin bitten wollte, ihr bei den technischen Problemen in den Fachräumen zu helfen, doch habe die Schulleiterin nur zugestimmt unter der Voraussetzung, dass der Systembetreuer zunächst gefragt würde. Ich bat darum, auch dieser Person eine Figur zuzuschreiben. Die Supervisandin entschied sich für eine „Prinzessin“, die sie zwischen sich und den Systembetreuer stellte. Auf meine Frage, wieso sie denn nicht unmittelbar den Systembetreuer um Unterstützung bat, erklärte sie, das mache sie seit Jahren, doch er wolle sie einfach nicht unterstützen. Letztendlich habe sie dann vor einem Jahr bei einer ähnlichen Problematik den eigenen Sohn gebeten, ihr zu helfen, der ihr dann an einem Wochenende in der Schule neue Software auf den Fachschaftscomputer installiert habe. Dies habe der Systembetreuer im Nachhinein entdeckt und der Schulleiterin mitgeteilt. Der Ärger sei groß gewesen. Daraufhin seien alle neuen Installationen rückgängig gemacht worden. Die Supervisandin nahm einen „Zauberer“, der den eigenen Sohn darstellen sollte, und stellte diesen zu den anderen Figuren – hinter die Figur, die sie selbst symbolisierte. Ich erkundigte mich, welche Rolle denn der Konrektor der Schule spielen würde. Die Supervisandin nahm für diesen einen „König“ und stellte ihn etwas abseits rechts von der Schulleiterin.

Abbildung 8

Ich bat die Kollegin, sich das von ihr gestellte Bild nochmals genauer anzusehen. Es war auffällig, dass der Systembetreuer als „Krieger" die zentrale Figur war. Die Lehrerin berichtete, dass vor mehreren Jahren der Systembetreuer Konrektor der Schule gewesen sei und sich nach dem Weggang des vorherigen Schulleiters um dessen Stelle beworben habe. Er sei aber nicht genommen worden. Stattdessen sei die heutige Schulleiterin eingestellt worden. Aus Ärger über die Ablehnung habe der Systembetreuer sein Amt des Konrektors abgegeben, habe aber die Stelle des Systembetreuers übernommen. Der aktuelle Konrektor, der „König", sei jahrelang Personalrat gewesen und habe im vergangenen Jahr in das Amt des Konrektors gewechselt. Er sei sehr vertraut mit dem Kollegium und wisse sehr viel über personelle Angelegenheiten. Die „Prinzessin" sei lange vom Systembetreuer hofiert worden, das Verhältnis habe sich aber in letzter Zeit abgekühlt. Die Lehrerin meinte, das Fachwissen der „Prinzessin" sei umfangreicher als das des Systembetreuers.

Im Laufe der weiteren Analyse wurde der Lehrerin bewusst, dass es hier um ein Machtspiel des Systembetreuers ging, der mit dem Rückhalt seines Wissens als ehemaliger Konrektor und jetziger Systembetreuer auf die Schmach der Ablehnung reagierte. Als Systembetreuer habe er die Zügel in der Hand. Jeder, der ihm in dieser Position gefährlich werden könne, drohe Gefahr. Deshalb sei das Verhältnis zur „Prinzessin" mittlerweile getrübt, und er habe darüber hinaus so wutentbrannt reagiert, als der „Zauberer" (der Sohn der Lehrerin) sie unterstützt hatte. Die Schulleiterin, die wohl das Gefühl habe, auch abhängig vom „Krieger" (Systembetreuer) zu sein, würde wenig unternehmen, um diesen nicht zu verärgern. Deshalb auch die Aufforderung der Schulleiterin, die „Prinzessin" nur nach Rücksprache mit dem Systembetreuer bei den aktuellen Rechnerproblemen zu Rate zu ziehen. Dass der „König" (der neue Konrektor) aus dem Kollegium komme und sehr vertraut mit diesem sei, mache es der Schulleiterin zudem nicht leicht. Eigentlich – so stellte die Supervisandin fest – sei die Schulleiterin ziemlich einsam.

Weiter wurde der Lehrerin klar, dass die Schulleiterin genervt sei, wenn sie selbst nicht selbstbewusst auftrete. Die Schulleiterin brauche selbstbewusste Kolleginnen, die sich nicht – ähnlich wie sie selbst – abhängig vom „Krieger" (Systembetreuer) machten. Für die weitere Vorgehensweise hinsichtlich der

Computerproblematik entschied sich die Lehrerin, einen Zeitpunkt abzuwarten, wenn der „Krieger" sehr beschäftigt sei, und dann gemeinsam mit der „Prinzessin" anzubieten, sich der Problematik in den Fachräumen anzunehmen.

4.6.5.3 Beispiel 3: Stark geladene Playmobilfiguren als Medium zur Visualisierung von Beziehungen

Durch die Arbeit mit den Playmobilfiguren gelang es einer jungen Schulpsychologin, das Beziehungsmuster einer Familie zu verstehen und eigene Ängste im Umgang mit den Personen zu verbalisieren.

Eine junge Schulpsychologin hatte in den darauffolgenden Tagen ein Elterngespräch vor sich, das ihr ein wenig Sorgen bereitete und unangenehm war. Der Junge, der die sechste Klasse einer Realschule besuchte, würde aus Sicht des türkischen Vaters gemobbt und müsse endlich lernen, sich zu verteidigen. Es gab bereits mehrfach Gespräche mit dem Vater, der Mutter und dem Sohn, wobei der Vater stets alleine sprach und Ehefrau und Sohn kaum am Gespräch teilnehmen ließ – selbst die Schulpsychologin empfand sich als an den Rand gedrängt.

Abbildung 9

Ich bat die Schulpsychologin, mit Hilfe der geladenen Playmobilfiguren das letzte Gespräch zu stellen. Sie wählte für den Jungen ein „kleines Schulkind", für die Mutter eine „verschleierte Frau" und für den Vater einen „Kämpfer". Sich selbst stellte sie als „einfache Frau" dar und verteilte die Figuren um einen imaginären Tisch in Form eines runden Stück Papiers. Sie berichtete, dass der Vater immer wieder von seinem Stuhl aufgestanden und hinter den Stuhl des Jungen und den seiner Frau getreten sei. Dabei habe er ununterbrochen geredet und geschimpft. Die Mutter trage eine Burka und spreche wohl ausgesprochen schlecht Deutsch. Nachdem die Situation nachgestellt worden war, erinnerte sich die Kollegin an immer mehr Einzelheiten des Gesprächs: daran, dass der Sohn als unfähig und weich beschimpft worden sei, dass der Ehefrau vorgeworfen worden sei, den Sohn nicht zu einem Mann zu erziehen, und dass die Schule endlich dafür sorgen solle, dass der Sohn nicht mehr von den Mitschülern geärgert würde. Der Sohn gab an, dass es nicht schlimm sei, seine Freunde würden nur Spaß machen. Der Vater selbst gab von sich an, er sei erfolgreich und leite ein Taxiunternehmen mit mehreren Mitarbeitern. Auf die Schulleistungen des Jungen angesprochen, berichtete die Schulpsychologin, der Junge habe überaus gute Noten und gehöre zu den leistungsstärksten Schülern der Klasse.

In diesem Stadion der Supervision schien es mir angeraten, die Figuren „sprechen" zu lassen. Ich bat die Kollegin, jede einzelne Figur in die Hand zu nehmen bzw. kurz zu berühren und zu sagen, was die entsprechende Person denke und wie sie fühle. Die Kollegin nahm sich kurz Zeit und überlegte, konnte dann aber schnell und flüssig – im Ton an die unterschiedlichen Personen angepasst – die folgenden individuellen Gedanken formulieren:

- Vater: „Ich will einen Mann als Sohn haben, kein Weichei. Ich möchte, dass meine Freunde und Verwandten sehen, dass ich ein guter Mann bin, weil ich einen guten und starken Sohn habe. Ich bin der Herr im Haus! Ich will, dass alle sehen, was für ein erfolgreicher und guter Mann ich bin!"
- Mutter: „Ich liebe meinen Mann und meinen Sohn. Dass wir von meinem Mann, seinem Vater, geprügelt werden, ist in Ordnung – er kann nicht anders. Mein Sohn ist ein guter, ein stiller Junge. Ich bin stolz auf ihn."
- Sohn: „Ich hasse meinen Vater! Der soll mir meine Ruhe lassen. In der Schule ist alles in Ordnung! Die anderen machen sich zwar manchmal

über meine Haare lustig, das ist aber nicht so schlimm. Viel schlimmer ist, dass mein Vater immer wieder vor der Tür steht und meine Klassenkameraden anspricht. Er soll mich in Ruhe lassen!"

Da die Kollegin der Figur, die sie selbst darstellte, keine Worte in den Mund legte, forderte ich sie explizit auf, die Gedanken und Gefühle der Schulpsychologin zu formulieren, was sie sofort auch tat.

- Schulpsychologin: „Der Vater ist furchtbar. Mutter und Sohn tun mir leid! Ich kann das Familiensystem aber nicht ändern. Es herrscht hier eine andere Kultur, ein anderer Umgang miteinander. Der Typ schüchtert ja selbst mich ein!"

Als nächsten Schritt wurde die Kollegin aufgefordert zu überlegen, was die einzelnen Personen denn bräuchten, damit es ihnen gut gehe, aber nur, was auch realistisch sei. Es stellte sich heraus, dass alle Lob bräuchten: der Vater, dass er ein guter Vater sei, die Mutter, dass sie eine erfolgreiche Mutter sei, und der Sohn bräuchte endlich mal jemanden, der auch seine Stärken – die herausragenden Schulleistungen – sehen würde.

Der Schulpsychologin fiel es dann leicht, die Inhalte des kommenden Gesprächs zu formulieren. Zum einen wolle sie die besonderen Schulleistungen des Sohnes in den Mittelpunkt des Gesprächs stellen und den Eltern dafür Anerkennung aussprechen, dass ihr Sohn trotz der erschwerten Bedingungen so gut in der Schule sei. Darüber hinaus wolle sie den Vater ermutigen, dem Sohn auch in anderen Bereichen mehr Eigenverantwortung zu überlassen. Dabei wolle sie aber stets an den Stolz und den Erfolg des Vaters appellieren.

In der Reflexion des Supervisionsprozesses gab die Kollegin an, dass ihr die Visualisierung geholfen habe, das letzte Gespräch nochmals zu reflektieren. Ihr wurde die Dynamik des kulturellen Hintergrundes mit der Macht des Vaters klar, die Orientierung des Vaters an den Defiziten des Sohnes, aber auch das eigene Erstarren aus Angst und Hilflosigkeit – ähnlich wie Mutter und Sohn. Auf die Frage, welche Figur sie für sich selbst für das nächste Gespräch aussuchen würde, sagte sie: eine „dynamische Sportlerin".

4.6.5.4 Beispiel 4: Stark geladene Playmobilfiguren als Möglichkeit zur Verfremdung bzw. spielerischen Auseinandersetzung mit einer interpersonellen Problemstellung

Durch die Arbeit mit den Playmobilfiguren konnte in diesem Beispiel das prärationale Bild einer Lehrerin von ihrem Schulleiter offengelegt und die Führungsproblematik des Schulleiters in Worte gefasst werden. Darüber hinaus zeigt dieses Anwendungsbeispiel sehr schön, wie erwachsene Frauen mit Hilfe des nun zugelassenen Spieltriebs Frustrationen abbauen können.

Eine Lehrerin gab in einer Supervisionssitzung an, dass sie der Schulleiter und dessen unprofessionelles Verhalten zunehmend nerven und sie so langsam den Spaß an ihrem Beruf verlieren würde. Sie wirkte geknickt und sehr frustriert auf mich.

Abbildung 10

Als ich den Sack mit den vielen Playmobilfiguren vor ihr auf dem runden Tisch ausleerte, führte das zunächst bei ihr zu einem erfreuten Aufschrei, und auch die anderen Teilnehmerinnen der Sitzung griffen sofort nach den bunten Figuren. Ich bat jedoch nur die das Problem einbringende Kollegin, sich für sich, den Schulleiter und die anderen Mitglieder der Schulleitung Figuren zu nehmen und aufzustellen. Für den Schulleiter wählte sie einen „kleinen Schuljungen", für die erste Konrektorin wurde eine „Sportlerin" gewählt und für die zweite Konrektorin eine „Radlerin". Den „kleinen Schuljungen" setzte sie auf einen Thron, in etwa 20 Zentimeter Entfernung stellte sie die „Sportlerin", und dazwischen setzte sie zwei Frauen, die die Sekretärinnen darstellen sollten. Als ich die restlichen Figuren entfernen wollte, begehrte die Kollegin auf und bat darum, alle so gemischt im Pulk liegen zu lassen. Das würde wunderbar das bunt gemischte Lehrerkollegium darstellen, das erschöpft daniederliegen würde. Für sich selbst wählte die Kollegin zunächst keine Figur aus. Nur an den Rand des „Lehrerkollegiums" stellte sie die „Radlerin" (die zweite Konrektorin) mit der Begründung, diese sei mehr Teil des Lehrerkollegiums als die Schulleitung.

Ich bat die Lehrerin und die anderen Mitglieder der Supervisionssitzung, die allesamt auch Teil des Lehrerkollegiums waren, das eben geschaffene Bild zu betrachten, und forderte die Kolleginnen auf, einen Eindruck wiederzugeben. Alle Teilnehmerinnen bestätigten das Bild und unterstützten die Kollegin in ihrer Einstellung zur aktuellen Situation. Dass der Schulleiter als kleiner Schuljunge auf dem Thron saß, erheiterte alle Anwesenden.

Die Lehrerin berichtete daraufhin, dass der Schulleiter als „kleiner Junge" einfach mit den Aufgaben überfordert sei. Der Stuhl, auf dem er sitze, sei einfach viel zu groß für ihn. Er habe keinen Kontakt zum Lehrerkollegium, auch wenn er versuche, sich dort in den Pausen einzubringen. Mittlerweile würden die Kollegen aber flüchten, wenn er käme. Mit der ersten Konrektorin habe er nur Probleme, da er sich auch bei ihr nicht an Vereinbarungen halten würde, und darüber hinaus würde diese zum Ende des Schuljahres die Schule verlassen, da sie selbst Schulleiterin werden würde. Mit der zweiten Konrektorin sei er auch nicht im Gespräch – diese verbringe ihre Zeit sowieso im Lehrerkollegium. Man habe in den vergangenen Jahren immer wieder Situationen erlebt, in denen die Unwissenheit des Schulleiters hinsichtlich rechtlicher Situationen offensichtlich wurde. Grobe Fehler seien von ihm in Disziplinarausschusssitzungen und Konferenzen gemacht worden. Absprachen, auch wenn sie schriftlich formuliert wurden, seien ignoriert worden. Eigentlich, formulierte die Lehrerin an dieser Stelle der Supervisionssitzung, sei er zu bedauern, und außerdem könne man an der Situation nichts ändern. Es gäbe an dieser Schule offensichtlich ein Führungsproblem.

In diesem Stadium der Supervision schien es mir angeraten zu untersuchen, was denn dazu führe, dass sie weiterhin in dieser Schule unterrichten und sich nicht versetzen lassen wolle. Daraufhin wendete sich die Lehrerin den restlich daniederliegenden Figuren zu und begann, einzelne in die Hand zu nehmen und aufzustellen. Der „Clown" wurde aufgestellt und mit einem Namen versehen, was in der Runde zu allgemeiner Erheiterung führte. Weitere auffällige Personen wurden hingestellt, wie der „Trommler", die „Prinzessin", der „Jäger", der „König", und jeweils benannt. Es wurde viel gelacht. Die zu Beginn der Sitzung offensichtlich depressive Stimmung war verflogen. Die Lehrerin formulierte, dass die bunte Vielfalt der Persönlichkeiten im Lehrerkollegium, die Geschlossenheit, die Einigkeit in der Unzufriedenheit mit der Schulleitung, aber auch die Möglichkeit, sein zu dürfen, wie man sei, gemeinsam zu lachen und sich lange zu kennen, Grund sei, hier weiter arbeiten zu wollen. Dieses Lehrerkollegium gäbe ihr sehr viel Sicherheit, Vertrautheit und Wertschätzung. Sie nahm einen Fußballspieler, dessen Kniegelenk beweglich war, und „kickte" damit den Schulleiter, den sie zuvor von seinem Thron genommen hatte, weg und lachte laut auf.

4.6.6 Grenzen und Probleme

4.6.6.1 Beispiel 5: Selbstoffenbarungsproblematik der Teilnehmer in der Arbeit mit stark geladenen Playmobilfiguren bei interpersonellen Problemstellungen

Eine Schulpsychologin mit mehreren Jahren Berufserfahrung arbeitete mit zwei anderen Kolleginnen zusammen. In Anbetracht der Tatsache, dass mittelfristig eine dieser Kolleginnen eine Führungsposition übernehmen würde, wollte sich die Schulpsychologin nun ein besseres Bild über die Beziehungen untereinander machen und bat in ihrer Supervisionsgruppe – bestehend aus weiteren Schulpsychologinnen – um Unterstützung.

Die Kollegin wurde nun von der Supervisorin gebeten, den aktuellen Beziehungsstatus unter diesen drei Schulpsychologinnen mit Hilfe der Playmobilfiguren aufzustellen, die vor ihr auf dem Tisch ausgebreitet worden waren. Die Supervisandin erstarrte. Wie gelähmt und schweigend saß sie vor den Figuren und war zunächst handlungsunfähig. Es war ihr deutlich anzumerken, dass ein innerer Kampf stattfand, was sie in der Nachbesprechung auch bestätigte. Wie viel würde sie von sich preisgeben, wenn sie sich für eine bestimmte Figur entschied? Nach langem Zögern nahm sie doch verschiedene Figuren zur Hand, betrachtete diese ausführlich, legte sie wieder zurück und entschied sich letztendlich für eine „Prinzessin", eine „Punkerin" und symbolisierte sich selbst durch eine „Skateboardfahrerin". Sie meinte dann jedoch einschränkend, die zugewiesenen Figuren hätten eigentlich wenig mit den von ihnen symbolisierten Personen zu tun. Die Supervisorin ging daraufhin nicht auf die Eigenschaften der Figuren ein und erarbeitete mit der Supervisandin in der Sitzung die Offenlegung von Beziehungen, Machtstrukturen und Abhängigkeiten. Im Laufe der Sitzung wurde das ursprüngliche Setting von drei Figuren, die einander gegenüber aufgestellt waren und Blickkontakt hatten, durch den Schulrat, einen „Indianer", einen Schulleiter als „Nikolaus" und einzelne Familienmitglieder der aufgestellten Schulpsychologinnnen erweitert. Dabei jedoch fiel es ihr mit zunehmender Dauer der Supervisionssitzung offensichtlich immer leichter, sich für einzelne Figuren zu entscheiden – sie wirkte nun überhaupt nicht mehr gehemmt oder unsicher.

Während des „Abschlussblitzlichts" am Ende der Supervisionssitzung meinte dann die Supervisandin, dass die von ihr gewählten Figuren doch sehr viel mit den von ihr erlebten Eigenschaften der einzelnen Personen zu tun hätten. Die „Prinzessin" sei eine eitle, immer gestylte Kollegin, die immer die besten und teuersten Klamotten trage, der man alles recht machen müsste und die leicht jammern würde, sobald es zu hohem Arbeitsaufkommen käme. Die „Punkerin" hingegen sei eine toughe, selbstbewusste Kollegin, die genaue wisse, was sie wolle, immer für ihre Überzeugungen kämpfe und sich auch in der Eltern-Kind-Beratung nicht scheue, Unangenehmes anzusprechen. Sie selbst als sportliche „Skateboardfahrerin" sei immer in Aktion, für viele oft nicht greifbar. Ihre Erkenntnis, die „Punkerin" sei für die ausstehende Führungsposition die geeignetste Person (wie im Laufe der Sitzung erarbeitet), entspräche bereits ihrem ursprünglichen Bild.

Dieses Beispiel macht deutlich, dass Teilnehmer einer Supervisionssitzung durch sehr starke Ladung eines Mediums gehemmt sein können, da der Grad an Selbstoffenbarung ausgesprochen hoch ist. In einem späteren Gespräch erläuterte die Kollegin nochmals ihre Problematik:

- Was denken die anderen von mir, wenn ich mich für eine bestimmte Figur entscheide?
- Die anderen kennen die Kolleginnen.
- Will ich mir – aber auch „öffentlich" – eingestehen, dass ich eigentlich nicht die richtige Person für die Führungsposition bin?

Arbeit mit stark geladenen Medien kann zu einem sehr hohen Maß an Selbstoffenbarung führen – wovor sich Supervisanden gegebenenfalls durch Widerstand schützen müssen.

4.6.6.2 Beispiel 6: Interpretationsproblematik in der Arbeit mit stark geladenen Playmobilfiguren bei interpersonellen Problemstellungen im Rahmen einer Teamsupervision

In einer Teamsupervision bat eine der Mitarbeiterinnen einer Schulbehörde, sich die neue Situation im Büro um den neuen Dienstvorgesetzten anzusehen. Die Arbeit mache ihr keinen Spaß mehr, sie käme oftmals genervt nach Hause.

Abbildung 11

Die Supervisandin wurde aufgefordert, die aktuelle Situation im Büro mit Hilfe der Playmobilfiguren zu visualisieren. Zunächst griff sie zu einem Thron und stellte auf diesen einen „Reiter", der den neuen Vorgesetzten darstellen sollte. Vor diesen legte sie eine Frau auf den Boden, die die Arme ausstreckte, um dem „Reiter" zu huldigen. Neben dem Thron wurden – in gleiche Richtung blickend – eine „Punkerin" und ein „Ritter mit Schild" gestellt. Ein „Schäferhund", der sein Hinterteil dem „Reiter" entgegenstreckte, komplettierte das Bild. Nachdem sie das Bild eingehend betrachtet hatte, wurde die Mitarbeiterin aufgefordert, die einzelnen Personen und Tiere sprechen zu lassen und jeweils einen Gedanken zur aktuellen Situation wiederzugeben. Nachdem Machtlosigkeit (am Boden liegende Frau), Wut (Ritter), Widerstand (Punkerin) und Aggression (Hund) verbalisiert worden waren, wurde die Supervisandin aufgefordert zu zeigen, wie die Situation optimalerweise sein sollte. Der „Ritter" wurde von ihr auf den Thron gesetzt (er stand nun nicht mehr), und eine „Sportlerin", ein „alter Mann", ein „Clown" und ein „Lehrer", die Aktivität, Erfahrungsschatz, Humor und Fachwissen darstellten sollten, wurden im Kreis aufgestellt. Die Supervisandin begann zu lachen und meinte, über all diese Eigenschaften würde das Team ja verfügen, sie würden es nur dem neuen Chef nicht zeigen. Stattdessen würden sie sich kleinkindhaft, infantil und unsouverän benehmen. Dass der Chef im Moment von oben auf sie herabblicken würde, könne sie eigentlich gut verstehen.

Während des Prozesses saßen die anderen Teammitglieder schweigend in der Runde und verfolgten scheinbar aufmerksam die Entwicklung. Eine der Kolleginnen jedoch wirkte abwesend, sehr stark nachdenkend. Nachdem das Gespräch mit der Supervisandin abgeschlossen war, wurden die anderen Teilnehmerinnen gebeten, ihren „Erkenntnisgewinn" aus dieser Sitzung wiederzugeben. Die zuvor abwesend wirkende Kollegin meldete sich sofort und meinte mit Tränen in den Augen, sie sei doch nicht die Unterwürfige, die dem Chef die Füße küssen würde. Es stellte sich heraus, dass sie die ursprüngliche Aufstellung der aktuellen Situation im Büro anders interpretiert hatte. Die vier Figuren wurden von ihr den vier Mitgliedern des Teams zugeordnet, und nachdem sie in Hund, Ritter und Punkerin die anderen Mitarbeiter wiederentdeckt hatte, war sie während der Sitzung damit beschäftigt zu überlegen, wieso die Kollegin sie als unterwürfig und füßeküssend erleben würde. Sie war in ihrer eigenen Gedankenwelt gefangen und verfolgte den Verlauf der Sitzung nicht weiter. Statt die Supervisionssitzung zu beenden, wurde nach diesem „Ausbruch“ mit der Kollegin gearbeitet.

Dass die Supervisorin während der Sitzung die anderen Teammitglieder nicht immer im Blick hatte und zu keinem Zeitpunkt sicherstellte, dass alle Teilnehmer den verbalisierten Gedankengängen der Supervisandin folgten, erwies sich als problematisch. Während die Supervisandin mit den stark geladenen Playmobilfiguren allgemeine Eigenschaften des Teams in der aktuellen Situation veranschaulichen wollte, wies die Kollegin den Mitarbeitern einzelne Figuren zu und interpretierte diese. Die unterschiedliche Interpretation des ursprünglichen Bildes führte zu Missverständnissen.

Die Arbeit mit stark geladenen kreativen Medien in Teamsupervisionen bei interpersonellen Problemstellungen erfordert also eine besonders hohe Aufmerksamkeit des Supervisors, um unterschiedlichen Interpretationen, die zu Missverständnissen, Fehlinterpretationen und Verletzungen führen können, entgegenzuwirken.

4.7 Zusammenfassung

Medien können ein wunderbares Hilfsmittel in der Supervisionsarbeit sein. Unabhängig davon, ob sie weniger stark oder stark geladen sind, helfen sie, Situationen des beruflichen Alltags zu visualisieren, Beziehungen zu veranschaulichen, Konflikte zu bearbeiten und auch Handlungsalternativen zu erproben. Unbewusstes kann ans Tageslicht befördert werden, bisher Unausgesprochenes kann Formen annehmen.

Der Supervisor muss sich dabei seiner großen Verantwortung in besonderer Weise bewusst sein. Gerade durch die verstärkte Möglichkeit, Prärationales offenzulegen, sind hohe Anforderungen an den Supervisor, den Klienten und das supervisorische Setting zu stellen. Insbesondere sollte der Supervisor in der Arbeit mit kreativen Medien von der Methodenwahl überzeugt und im Umgang mit den einzelnen Medien sicher sein.

Die Autorinnen dieser Arbeit haben in den vergangenen Jahren sehr viel mit unterschiedlichen Medien gearbeitet und sind von Einsatz zu Einsatz immer überzeugter von dem großen Handlungsspielraum, den die Medien bieten, geworden. Wenn auch durchaus Grenzen im Einsatz der kreativen Medien erfahren wurden, so sind geladene und ungeladene Medien nicht mehr aus ihrem Methodenkoffer wegzudenken.

4.8 Literatur

Ameln, F. v., Gerstmann, R. & Kramer, J. (2009). *Psychodrama* (2., überarb. und erw. Auflage). Heidelberg: Springer.

Bauer, J. (2011). *Das Gedächtnis des Körpers.* München: Piper.

Csikszentmihalyi, M. (1997). *Kreativität* (3. Aufl.). Stuttgart: Klett-Cotta.

De Philipp, W. (Hrsg.) (2012). *Systemaufstellungen im Einzelsetting* (3. Aufl.). Heidelberg: Carl-Auer.

Doubrawa, A. E. & Perls, F. S. (1998). *Was ist Gestalttherapie?* Wuppertal: Hammer.

Horn, P. & Brick, R. (2006). *Organisationsaufstellung und systemisches Coaching* (2. Aufl.). Offenbach: Gabal.

König, G. (2001). *Inszenario.* Weingarten: OWB.

Möller, H. (2003). *Was ist gute Supervision? Grundlagen – Merkmale – Methoden.* Stuttgart: Klett-Cotta.

Neumann-Wirsig, H. (2011). *Jedes Mal anders – 50 Supervisionsgeschichten und viele Möglichkeiten.* Heidelberg: Carl-Auer.

Neumann-Wirsig, H. (Hrsg.) (2011). *Supervisions-Tools* (3. Aufl.). Bonn: managerSeminare.

Polt, W. & Rimser, M. (2010). *Aufstellungen mit dem Systembrett – Interventionen für Coaching, Beratung und Therapie* (3. Aufl.). Münster: Ökotopia.

Pühl, H. (Hrsg.) (2009). *Handbuch der Supervision 3.* Berlin: Leutner.

Schneider, J. & Schneider, S. (2006). Familien- und Systemaufstellungen in der Einzelarbeit mit Hilfe von Figuren. In W. De Philipp (Hrsg.), *Systemaufstellungen im Einzelsetting.* Heidelberg: Carl Auer Verlag.

Schreyögg, A. (2010). *Supervision – Ein integratives Modell* (5., erw. Aufl.). Wiesbaden: VS Verlag.

Schreyögg, A. (2012). Lehrbriefe: „Arbeit mit kreativen Medien in der Supervision". URL: www.schreyoegg.de

Schreyögg, A. (2012). Lehrbriefe: „Kreative Sachmedien in der Supervision". URL: www.schreyoegg.de

Schreyögg, A. (2012). Lehrbriefe: „Die spezifischen Gruppen kreativer Medien in der Supervision". URL: www.schreyoegg.de

Schreyögg, A. (2012). Lehrbriefe: „Widerstandskonzepte in der Supervision". URL: www.schreyoegg.de

Weiß, B. (1996). Masken im Beruf – Maskenspiel in der Supervision. *Organisationsberatung – Supervision – Clinical Management, 1,* S. 59-76.

Wrubel, E. (2010). *Viele bunte Steine. Das Handbuch zur coachingdisc.* Berlin: Deutscher Psychologen Verlag.

Kontakt

Julia Ganner
E-Mail: juliaganner@gmx.de

Antje Luxenhofer
E-Mail: antje.luxenhofer@augsburg.de

5 Der Einsatz verschiedener Methoden in der Lehrersupervision

Max Bruckmoser

5.1 Die Methoden verschiedener Therapierichtungen

In der Supervision ist eine gewisse Methodenvielfalt schon aus pragmatischen Gründen sinnvoll. Aber welche Methoden soll nun der Supervisor verwenden? Es gibt zahlreiche Lehrmeinungen und psychologische Schulen, die unterschiedliche Konzepte und Methoden propagieren. Hier soll nicht diskutiert werden, welche dieser psychologischen Richtungen die besseren und wirkungsvolleren Konzepte hat. Vielmehr möchte ich einen richtungsübergreifenden, integrativen Ansatz aufzeigen. Es finden Methoden aus der Gestalttherapie, dem Psychodrama, der Verhaltenstherapie, der systemischen Therapie und aus der psychodynamischen Sichtweise Verwendung. Eine solche Kombination aus verschiedenen Werkzeugen und Methoden wird eklektisch („aus Vorhandenem auswählen") genannt. Es soll selbstverständlich nicht durch eine wahllose Mischung von Methoden und Tools noch mehr Nebel bei den Supervisanden erzeugt werden, sondern durch die überlegte und passende Auswahl von Methoden mehr Klarheit geschaffen und Lösungsschritte und alternative Handlungsweisen angeregt werden. In allen Formen von Beratung, Coaching und Therapie ist dieser Eklektizismus bereits seit vielen Jahren zu beobachten. Selbst die Psychoanalytiker bedienen sich mittlerweile Methoden aus anderen Therapieschulen, und in allen Schulen ist eine Durchlässigkeit für Methoden aus anderen Therapierichtungen zu beobachten, wenn es in der konkreten Situation nützlich erscheint. Dennoch möchte ich einige grundlegende Methoden im Überblick darstellen, weil natürlich jeder Theorie ein bestimmtes Menschenbild und ein bestimmtes Erklärungsmodell der Entstehung von Problemen und Konflikten zugrunde liegt. Diese Erklärungsmodelle beeinflussen in ganz erheblicher Weise die daraus abgeleiteten Interventionen.

5.1.1 Methoden der Gestalttherapie

Die Gestalttherapie ist ein tiefenpsychologisch orientiertes Verfahren, das den Menschen als Leib-Seele-Geist-Subjekt erfassen will, und geht davon aus, dass die Menschen in einem lebenslangen Prozess all ihre Erfahrungen integrieren und sich so immer weiter entwickeln. Das Ziel des Verfahrens besteht darin, Menschen in ihrer gefühlshaften, intellektuellen und leiblichen Dimension zu erfassen, um dann bestehende Blockierungen im Erleben und Handeln aufzulösen, „vorhandene Deutungs- und Handlungsmuster des Klienten so intensiv und ganzheitlich wie möglich erlebbar zu machen und zu modifizieren" (Schreyögg, 2010, S. 222). Die Methoden sind demzufolge immer begegnungs- und erlebnisorientiert, gegenwarts- und personenbezogen. Schreyögg (2010, S. 223 ff.) nennt einzelne Maßnahmen aus der Gestalttherapie, die in der Supervision angewendet werden können.

Awareness-Übungen

Diese methodische Maßnahme soll der bewussten Wahrnehmung innerer und äußerer Phänomene dienen. Awareness-Übungen werden insbesondere in der Anfangsphase der Supervision eingesetzt, um Themen zu präzisieren. Aber auch bei der weiteren Auseinandersetzung mit dem Thema ist das bewusste Wahrnehmen innerer und äußerer Phänomene wichtig. Neben der Aufforderung an den Supervisanden zur „internen Awareness" können auch die Mitsupervisanden aufgefordert werden, die besondere Art der Darstellung eines Kollegen (Gestik, Mimik, Sprache, Tempo) aufmerksam zu verfolgen (externe Awareness). Durch diese konzentrierte Eigen- und Fremdbeobachtung sollen Deutungsmuster des Supervisanden wahrgenommen und eventuell schon umstrukturiert werden. Externe und interne Awareness bilden stets eine entscheidende Grundhaltung des Supervisors.

Imaginationsübungen

Bei einer Imaginationsübung wird der Klient gebeten, sich bestimmte Gegenstände, Personen oder ganze Szenen ganzheitlich mit allen Sinnen vorzustellen und meist auch zu verbalisieren. Beispiel: „Stellen Sie sich vor, Sie sind auf dem Weg in Ihr Klassenzimmer. Wem begegnen Sie dabei? Sie betreten das Klassenzimmer. Wie sieht es da aus? Was hören Sie? Was fällt Ihnen als Erstes auf?“ Die Effekte von Imaginationsübungen liegen darin, die erlebte Situation weit über die sprachliche Darstellungsmöglichkeit hinaus an Plastizität gewinnen zu lassen, und geben Einblick in das emotionale Befinden und die Wahrnehmungsmuster des Supervisanden.

Arbeit mit Materialmedien

Bei dieser handlungsorientierten Methode malen, modellieren oder spielen die Klienten. Beim Malen mit Wachsmalkreiden sollen beispielsweise innerpsychische Vorgänge über kreatives Handeln sichtbar werden.

Rollenspiele

In der klassischen Gestalttherapie wird bei den Rollenspielen auf Mitspieler verzichtet. Eine beliebte Übung in Supervisionssitzungen ist der „leere Stuhl“. Hierbei imaginiert der Supervisand seinen Gegenspieler auf einem leeren Stuhl und wechselt mehrfach die Rollen, spricht zu ihm, setzt sich dann aber auch selber auf den Stuhl und agiert als sein Antagonist. Wichtig ist, dass sich der Supervisand jeweils maximal mit der jeweiligen Rolle identifiziert. So können sehr gut Deutungsmuster sichtbar gemacht werden und alternative Handlungsmuster gegenüber Sozialpartnern erprobt werden.

Experimente

Eine sehr handlungsorientierte Methode, insbesondere in der Lösungsphase, stellen Experimente dar. Hier kann der Supervisand im geschützten Rahmen der Gruppe alternative Handlungsweisen ausprobieren. Beispielsweise sind Experimente besonders geeignet, wenn sich der Supervisand auf eine berufliche Herausforderung im Kollegenkreis vorbereiten will. Hier können die Wirkungen neuer Handlungsweisen, die in der Praxis umgesetzt werden wollen, gespürt und von der Gruppe gespiegelt werden.

5.1.2 Methoden aus dem Psychodrama

Das Psychodrama wurde von Jacob Levi Moreno entwickelt. Er ging davon aus, „dass menschliches Erkennen, Denken und Handeln sich an individuellen Erfahrungen ausrichtet, die in einem subjektiv empfundenen und gedeuteten sozialen Beziehungsgeflecht eingebettet sind. […] Seine Hauptmethode bestand darin, diese inneren Beziehungssysteme und Deutungen zu externalisieren, sie auf eine Bühne zu holen, und dort anschaulich zu machen" (Migge, 2005, S. 371). Psychodramatische Verfahren als typische Gruppenverfahren sind stark erlebnisorientierte Methoden. Zwischen Therapeut und Klienten sollte eine sogenannte Telebeziehung entstehen, dabei auftretende Widerstände werden nicht (wie in der Psychoanalyse) zum Thema gemacht, sondern respektiert.

Viele psychodramatische Elemente sind gut in die Supervision integrierbar, da sie meist als szenisches Gruppenverfahren entwickelt worden sind, die die subjektive Erfahrungswelt und die sozialen und interaktiven Phänomene eines Supervisanden in seinem beruflichen Sein transparent machen können. Schreyögg (2010, S. 267) weist bei der Verwendung psychodramatischer Arbeitsweisen auf die Gefahr hin, dass Phänomene evoziert werden, die weit über den Gegenstand von Supervision hinausreichen. Es sind also wie bei jeder Methodenanwendung auch hier die Intentionen von Supervision sorgsam zu beachten.

Zukunftsexplorationen

Bei dieser Maßnahme handelt es sich um eine imaginative Arbeitsweise, die zukünftige Ereignisse behandelt. Für die Supervision erscheint diese Arbeitsweise insbesondere in Form einer „Zukunftsprobe" geeignet, in der der Supervisand ein zukünftiges konkretes Ereignis als Szenario spielt. Hier können

Ahnungen und Ängste präzisiert werden, und eine zukünftige Handlung oder ein bevorstehendes Gespräch kann in der Transferphase ausgestaltet und gezielt modifiziert werden.

Spiegeln

Hier kann der Supervisand sein eigenes Handeln beobachten. Der Protagonist schildert oder spielt zunächst seine Rolle in der Praxissituation, anschließend übernimmt ein anderer Teilnehmer diese Rolle. Der Supervisand beobachtet dabei das Spiel und damit sein eigenes Rollenverhalten. Es handelt sich also um eine sehr intensive Feedback-Übung, bei der Handlungsmuster, die der Supervisand nicht richtig einschätzen konnte, deutlicher sichtbar für ihn werden können.

Rollenwechsel

Dies ist das wichtigste Element im Psychodrama. Dabei nimmt der Protagonist oder ein Mitspieler die Position einer anderen Person ein (meist der Interaktionspartner, den der Supervisand schildert) und erfährt die Situation aus deren Perspektive. Der Rollenwechsel soll das Verständnis für den Interaktionspartner verbessern und ermöglicht dem Protagonisten, sich selbst aus einer anderen Perspektive wahrzunehmen. Es ist mehr als „Empathie“ oder „Verständnis“, da es ein echtes Miterleben wird.

Doppeln („Hilfs-Ich“)

In der klassischen Form des Doppelns tritt der Supervisor oder ein Gruppenmitglied hinter den Supervisanden und spricht in der „Ich-Form“ Gedanken und Gefühle aus, die der Supervisand noch nicht zum Ausdruck bringen kann. So werden innere Muster sprachlich durch andere Personen dargestellt, und der Supervisand kann diese sprachlich ausgedrückten Muster annehmen oder ablehnen, setzt sich aber in jedem Fall intensiv mit den eigenen Deutungsmustern auseinander.

5.1.3 Methoden aus der systemischen Therapie

Die systemische Therapie gibt es nicht. Vielmehr ist darunter ein breiter Oberbegriff zu verstehen, der viele durchaus in sich sehr heterogene Modelle beinhaltet. Arist von Schlippe (2003, S. 24) hat versucht, systemtherapeutische Modelle im Überblick darzustellen: klassische Modelle (verschiedene Modelle der Familientherapie), Modelle mit „Kybernetik zweiter Ordnung" und schließlich die narrativen Ansätze (z. B. lösungsorientierte Kurzzeittherapie). Der historisch aus der Familientherapie entwickelte Ansatz sieht das Familien- oder Organisationssystem (z. B. auch die Schule) als Ressource, die als Basis für die Entwicklung von Fähigkeiten und Stärken sowie Verhaltensstörungen der einzelnen Mitglieder dienen kann. Heute scheint die Bezeichnung „systemisch" für Supervision unverzichtbar. Diese „systemische" Entwicklung in der Supervision begann in den 1990er Jahren. Darüber hinaus prägt der Konstruktivismus als Erkenntnistheorie viele Bereiche der Supervision.

Das gesamte Repertoire systemischer Beratung lässt sich auch für die Supervision nutzen. Vor allem Skulpturarbeit, reflektierendes Team und zirkuläres Fragen eignen sich gut als Zugangsform auch institutioneller Systeme (Schlippe & Schweitzer, 2003, S. 232). Aus dem großen systemischen Methodenpool werden im Folgenden einige Methoden kurz beschrieben, die nicht nur als Zugangsform, sondern in allen Phasen der Supervision eingesetzt werden können.

Systemische Fragen

Die unterschiedlichen und vielfältigen Fragetypen sind ein wesentliches Merkmal der systemischen Beratung. Es sind z. B. zirkuläre Fragen, lösungsorientierte Fragen, die Wunderfrage, Fragen nach den Ausnahmen, Skalierungsfragen, Fragen zur Möglichkeitskonstruktion.

Wertschätzende Konnotation

Grundsätzlich ist Wertschätzung der Klienten und ihrer Wahrnehmung eine therapeutische Haltung. Wertschätzende Kommentare oder „wertschätzende

Runden“ in einer Supervisionsgruppe sind zudem Methoden, die einer vereinfachenden und bewertenden Einordnung in „gut“ und „schlecht“ entgegenwirken soll.

Reframing

Bei dieser Methode des Umdeutens wird einem Geschehen oder einer Aussage dadurch ein anderer Sinn gegeben, dass man es oder sie in einen anderen Rahmen stellt, wodurch die Bedeutung des Geschehens oder der Aussage verändert wird. Schlippe und Schweitzer (2003, S. 177) zählen die Umdeutung zu den wichtigsten systemischen Interventionen überhaupt. Ein Umdeuten stellt einen Unterschied zu der bisherigen Wirklichkeitssicht her, soll die bisherige Sicht der Dinge verstören und betrachtet das Symptom in seiner positiven Bedeutung für das System.

Geschichten, Metaphern, Humor

Häufig werden Geschichten oder Witze erzählt, die scheinbar mit dem Problem nichts zu tun haben. Geschichten erlauben es, dass die Situation aus einer Distanz heraus wahrgenommen wird, sie sind nicht persönlich bezogen und lassen andere Lösungen erfahrbarer werden.

Visualisierung

Bilder, Kärtchen, Figuren, Zeichnungen, Soziogramme etc. helfen, sprachlich Komplexes in optische Informationen zu transformieren und übersichtlicher und dauerhafter darzustellen. Visualisierung geht weg von der kopflastigen und flüchtigen Sprache und macht meist einen Unterschied zum Gesagten. In der Phase der Lösungssuche können Zeichnungen oder Figuren verändert werden, sodass der Unterschied zur Ausgangssituation deutlich werden kann. Häufig fotografiert der Supervisor die visualisierte Situation und schickt sie dem Supervisanden per E-Mail.

Reflecting Team

Die Methode „Reflecting Team“ wurde vom norwegischen Therapeuten Tom Andersen (1990) entwickelt. In der klassischen systemischen Therapie zog sich das Beraterteam zur internen Diskussion immer wieder in einen abgetrennten Raum hinter einen Einwegspiegel zurück, die Familie konnte dieses Gespräch nicht mitverfolgen. Diese Vorgehensweise wurde zunehmend als erniedrigend erlebt. Nachdem eine Arbeitsgruppe erlebte, wie eine Familie durch ein technisches Versehen die Diskussion im Nebenraum mithörte und wider Erwarten nicht etwa ärgerlich, sondern hoch motiviert reagierte, ließen die Therapeuten um Andersen die Familien immer öfter bei diesen internen Debatten mithören. Diese angeleitete Reflexion mehrerer anwesender Therapeuten im Beisein der Klienten brachte große Effekte mit sich, die teilweise die direkt angeleiteten Interventionen überflüssig machten.

In der Supervision wird diese Idee von Andersen meist in der vereinfachten Form eines Metadialogs genutzt. Supervisor und Co-Supervisor führen z. B. ein Reflexionsgespräch über den momentanen Verlauf der Supervision oder unterhalten sich über mögliche Beweggründe, Gefühle, Absichten des Supervisanden. Auch die Teilnehmer der Supervisionsgruppe können mit etwas Erfahrung selbst als Reflecting Team agieren. Der Supervisand hört zunächst nur zu.

Familienskulptur, Familienbrett, symbolische Darstellungen

In der Familientherapie wurden Möglichkeiten entwickelt, wie man ganzheitlichen Zugang zum komplexen System „Familie“, dessen Beziehungen und Interaktionen ermöglichen kann. Familienmitglieder können sich im Raum aufstellen, oder man kann Skulpturen mit Spielfiguren, Lego-Männchen oder Bausteine aufstellen und verändern. Dabei werden komplexe Situationen und Dynamiken sichtbar, und es kann dargestellt werden, wie welche Veränderungen wirken.

5.2 Praxisbeispiele aus der Supervision mit Lehrern und Schulleitern

Der Einsatz verschiedener Methoden soll Themen von der Hinterbühne auf die Vorderbühne holen (Neumann-Wirsig, 2009, S. 13), Denkprozesse einleiten, Situationen veranschaulichen, die Komplexität reduzieren, fokussieren, soziale Beziehungen verdeutlichen, Umdeutungen ermöglichen, helfen, geeignete Interventionen zu finden, Lösungen visualisieren. Jeder Supervisor erweitert nach und nach seinen Methodenkoffer. Manches gerät wieder in Vergessenheit, andere Methoden werden sehr häufig benutzt, weil sie sich bewährt haben. Die folgenden Beispiele stellen eine Auswahl der verwendeten Methoden aus den letzten drei Jahren persönlicher Erfahrung mit Supervision in Lehrergruppen dar.

5.2.1 Methoden für die Einstiegsphase

In dieser Phase sollen die Teilnehmer ankommen, in Kontakt kommen, eine gute Arbeitsatmosphäre schaffen, es können Erwartungen und Befürchtungen geäußert werden. Kreative Methoden helfen schon zu Beginn einer Sitzung, dass auch später der emotionale Aspekt eines Sachverhalts nicht zu kurz kommt. Wenn man als Erstes nur abfragt, was anliegt, besteht die Gefahr, dass die Beteiligten das Thema nur rational betrachten.

5.2.1.1 Bildkartei

Eine Bildkartei kann aus Postkarten, Fotos, Kunstpostkarten, Kalenderbildern u. a. bestehen. Meine bevorzugte Bildkartei besteht aus 50 Fotokarten mit unterschiedlichen Motiven: Menschen in bestimmten Aktionen, Natur, Gegenstände, Stimmungen, Alltagsszenen aus ungewöhnlichen Perspektiven („Bildimpulse kompakt – Veränderung“, zu beziehen über www.heragon.com).

Die Bilder werden in einer ausreichend großen Anzahl in der Mitte ausgelegt, und die Teilnehmer wählen sich ein Bild aus, das sie spontan anspricht. Anschließend wird die Runde mit der Frage eröffnet: „Was hat mich spontan an dem Bild angesprochen, und was hat es mit meiner aktuellen Situation zu tun?“

In einer Gruppe von Schulleitern führte diese Einstiegsmethode schnell zur Verdeutlichung eines ähnlichen Belastungsempfindens. Zeitnot, Hetze, viele Termine, Notwendigkeit der Abgrenzung und vieles mehr kamen schon in der Eingangsrunde zur Sprache. Bei der folgenden Bearbeitung des Anliegens einer Schulleiterin erwies sich diese Eingangsrunde sehr hilfreich, weil sich die Schulleiterin schnell verstanden fühlte und – obwohl sich die Teilnehmer erst seit einer Sitzung kannten – sehr offen und mutig ihre Situation darstellte.

Natürlich können diese Bildimpulse auch in anderen Phasen des Supervisionsprozesses eingesetzt werden, z. B. in der Abschlussrunde.

5.2.1.2 „Was weiß ich über ...?"

Jeder Teilnehmer hat ein Namensschild vor sich. Jeweils ein Namensschild wird in die Mitte gelegt, und alle Teilnehmer erzählen, was sie über diese Person wissen: Familie, Hobbys, lustige, peinliche, ernste erlebte Situationen, Vorlieben – einfach allerlei aus dem beruflichen und privaten Leben. Beispiel: „Tina geht gerne mit ihrem Hund an der Isar spazieren, trinkt leidenschaftlich grünen Tee, träumt von einer Reise mit dem Wohnmobil durch Island. Mit ihrem Schüler Thomas spielt sie in der Pause Fußball, verliert aber meistens. Sie korrigiert am liebsten nach Mitternacht."

Diese Methode war sehr passend in einer Supervisonsgruppe mit Teilnehmern aus einer Förderschule. Schnell wurde klar, wie viel die Kollegen schon voneinander wissen. Sehr wertschätzend und lustig charakterisierten sie die jeweilige Kollegin. Für die beiden Supervisoren hatte es den großen zusätzlichen Vorteil, viel über die einzelnen Teilnehmer und die Gruppe zu erfahren, ohne nachfragen zu müssen.

5.2.1.3 Aktueller Wetterbericht, Stimmungsbarometer

Die Teilnehmer werden gebeten, einen aktuellen Wetterbericht zu formulieren oder auch symbolisch auf Papier zu skizzieren, der ihrer momentanen Situation oder Stimmungslage entspricht (Ehinger & Hennig, 2008, Karte 7). Durch die Verfremdung wird eine Distanzierung ermöglicht, und oft ist die Darstellung humorvoll.

Eine ähnliche Methode ist das sogenannte Stimmungsbarometer. Auf einem DIN-A3-Blatt ist ein Thermometer aufgezeichnet, und die Teilnehmer kleben Punkte entsprechend ihrer Stimmung auf. So kann man blitzschnell die Stimmung erfassen, erhält aber noch keine spezifischen Informationen über die Gründe.

5.2.2 Methoden in der Phase der Problembeschreibung/ Zielklärung

5.2.2.1 Eine Runde Wertschätzung

Eine den Supervisanden gegenüber wertschätzende Grundhaltung ist natürlich Voraussetzung für jegliches Arbeiten in der Gruppe. Wertschätzung oder auch positive Konnotation (Schlippe & Schweitzer, 2003, S. 175 ff.) kann zusätzlich als methodisches Element eingesetzt werden. Sehr gut geeignet nach der Phase der Problemschilderung ist „eine Runde Wertschätzung". Der Supervisor leitet z. B. mit den folgenden Worten ein: „Wir haben in der Schilderung der Situation die Belastung der Kollegin gehört und auch viel über ihre Arbeitsweise, ihr Engagement für die Schüler, ihre sehr gelungenen Maßnahmen in der Klasse erfahren. Diese sehr positiven Aspekte und wertvollen Eigenschaften wollen wir ihr jetzt noch mal ausdrücklich rückmelden!" Eine ähnliche Methode ist das Umdeuten (Reframing).

Schlippe und Schweitzer (2003, S. 176) nennen allerdings auch eine Gefahr solcher anerkennenden Bemerkungen: Es könnte auch als Beleidigung aufgefasst werden, wenn der Supervisor und die Teilnehmer „solchen Schmus" reden oder das Gefühl aufkommt, die ernste und höchst belastende Situation überhaupt nicht richtig eingeschätzt zu haben.

Nach meiner Erfahrung sind bei diesen „Wertschätzungsrunden" vor allem der passende Zeitpunkt und die einleitenden Worte wichtig. Die oben genannte Gefahr sehe ich weniger; die Stärken des Supervisanden müssen immer wieder gesehen und auch ausgesprochen werden.

5.2.2.2 Aufstellen von Systemen mit Bauklötzen oder Figuren

Diese Form der Aufstellung favorisiere ich bei Lehrergruppen eindeutig vor der Aufstellung mit Personen. Der Supervisand wird gebeten, das System, die Situation mit Bauklötzen oder Figuren aufzustellen. Kriterien für die Darstellung sind z. B. Nähe und Distanz, Größe, Blickrichtung, Gruppenbildung. Diese Darstellung der Problemsituation des Supervisanden geht weit über die sprachliche Schilderung hinaus. Die Teilnehmer können sich das System plastisch vorstellen, z. B. ein Lehrerkollegium und dessen Interaktionen und Beziehungen. Der große Vorteil besteht auch darin, dass die Ausgangsaufstellung benutzt wird, um neue Handlungsmöglichkeiten und Veränderungen durch den Supervisanden in ihrer Wirkung auf das Gesamtsystem erfahrbar werden zu lassen. Mit dieser Aufstellung kann sehr kreativ gearbeitet werden:

- Wer wurde als Erstes aufgestellt? Wo zögerte der Supervisand? Wo steht er selber? Gibt es Gruppierungen? Wie sind die Abstände zueinander? Wer gehört zu wem?
- Es können Lösungsideen gestellt und ausprobiert werden.
- Zwei Figuren können in einen Dialog treten.
- Eine Figur kann durch den Supervisor interviewt werden.
- Die Gruppe kann aus der Vogelperspektive auf das Geschehen blicken.

Manchmal wünscht sich der Supervisand ein Bild von der Aufstellung, deswegen ist es immer ratsam, eine Digitalkamera mitzunehmen, um das „Zielbild“ festhalten zu können. Ich persönlich arbeite mit farbigen, verschieden großen Bauklötzen ohne Gesichter. Sehr leicht könnten mit Folienstiften Gesichter ergänzt werden.

5.2.2.3 Interview durch einen Vertrauten

Diese Methode von Buer (2009, S. 188 ff.) kann mehr und anderes Wissen des Supervisanden über seinen Interaktionspartner hervorholen, als in der bisherigen Beschreibung enthalten war. So treten Seiten bei einem Konfliktpartner hervor, die der Supervisand bisher noch nicht gesehen hat, und bieten vielleicht einen Ansatz für eine veränderte Sichtweise und demzufolge veränderte Interaktion.

Der Supervisand übernimmt die Rolle des Interaktionspartners, nimmt eine entsprechende Körperhaltung ein und spielt seinen nicht anwesenden Interaktionspartner. Dabei wird auch ein anderer Platz, eine „Bühne“, im Raum eingenommen. Der Supervisor übernimmt die Rolle einer Person, der der Supervisand sich vorbehaltlos anvertrauen kann. Er kann dabei auch ungeniert Vertrauliches ansprechen oder Tabus brechen, denn „es bleibt ja alles unter uns“. Nach einer Anwärmzeit kann der Supervisor dann locker ein Gespräch über die Konfliktsituation beginnen („Du, sag mal, bei euch an der Schule ist doch …“). Wichtig sind danach der Abschluss und das „Entrollen“; die ursprünglichen Sitzplätze werden dabei wieder eingenommen.

Beispiel: Eine Schulleiterin spielte so selbstverständlich die Rolle einer Lehrerkollegin, mit der sie große Konflikte hatte, und war sehr überrascht, wie sie das Gefühl ihrer Interaktionspartnerin nachempfinden konnte. Ohne zusätzliche Impulse sprudelten nach diesem „Interview“ aus der Schulleiterin Ideen, wie sie dieser Kollegin in Zukunft begegnen könnte. In der Praxis stellte sich heraus, dass es sehr wichtig ist, dem Supervisanden diese Methode als Vorschlag zu unterbreiten und nachzufragen, ob er dieses erlebnisorientierte, kreative Experiment ausprobieren möchte. Der Supervisand sollte hier schon davon ausgehen, dass technokratische Lösungen alleine nicht weiterhelfen. Ein Vertrauen zum Supervisor sollte aus vorangegangenen Sitzungen bereits da sein.

5.2.3 Methoden in der Phase der Bearbeitung und der Interventionen

5.2.3.1 Leerer Stuhl

Diese aus der Gestalttherapie stammende Methode eignet sich insbesonders, wenn es sich um widerstreitende Persönlichkeitsanteile, widerstreitende Handlungstendenzen innerhalb des Supervisanden oder schwelende Konflikte mit anderen Menschen handelt. Mit Hilfe des leeren Stuhls können diese ambivalenten Bestrebungen nach außen verlagert, verdeutlicht und somit leichter betrachtet werden. Für jedes Gefühl bzw. jede Handlungstendenz wird dann ein leerer Stuhl in die Mitte gestellt und eventuell mit einem beschrifteten Blatt benannt. Indem sich der Supervisand auf die verschiedenen Stühle setzt und die jeweiligen Anteile fühlt und verbalisiert, werden sie ihm bewusst, und er kann sie integrieren. Die beobachtenden Gruppenmitglieder geben anschließend Rückmeldung über die verbalen und nonverbalen Prozesse des Supervisanden auf beiden Stühlen. Auch diese Rückmeldungen von außen können für den Supervisanden wertvolle Hinweise für weitere Entwicklungsprozesse sein.

Wenn es sich um einen Konflikt mit einem anderen Menschen handelt, kann sich der Supervisand zunächst auf „seinen Stuhl" setzen; ein leerer Stuhl steht stellvertretend für den Konfliktpartner gegenüber. Zunächst spricht er zu seinem imaginären Gegenüber, dann findet ein Rollenwechsel statt, indem er sich auf den leeren Stuhl seines Kontrahenten setzt. Diese Rollenwechsel können mehrfach stattfinden. So kann manches in einem anderen Licht erscheinen, und die Situation des Konfliktpartners wird deutlicher.

Beispiel: In einer Supervisionssitzung mit sechs Sonderschullehrkräften aus einer Förderschule berichtete die Fallgeberin über einen kleinwüchsigen, vielfach belasteten, hörgeschädigten Jungen aus ihrer vierten Klasse, der ihr sehr ans Herz gewachsen war. Die Lehrerin fühlte sich einerseits sehr belastet durch die große Zuwendung, die sie dem Jungen gab, wollte den Jungen aber „emotional stärken". Diese beiden Anteile, emotionale Nähe und Abgrenzung, erlebte die Lehrerin anschließend auf den beiden stellvertretenden Stühlen. Dabei wurde ihr die Projektion auf eigene Kindheitserinnerungen klar. Schließlich konnte sie die beiden Anteile schätzen und fand eine integrierende Lösung.

5.2.3.2 Reflecting Team

Wie bereits beschrieben wurde das Reflecting Team als Methode in der systemischen Therapie entwickelt und kann in Supervisionsgruppen sehr gewinnbringend auf verschiedene Weise zum Einsatz kommen. Bei der Zusammenarbeit mit einem Co-Supervisor können beide Supervisoren z. B. das bisherige Geschehen in der Gruppe reflektieren, sie können ihre Fantasien, Vermutungen über die Stärken des Fallgebers, Assoziationen, Beobachtungen und Ideen für mögliche Lösungsansätze äußern. In fortgeschrittenen Gruppen, die schon Reflecting-Team-Gespräche zwischen den Therapeuten erlebt haben, kann diese Methode auch von den Supervisionsteilnehmern durchgeführt werden. Hier hat es sich bewährt, wenn auch der Supervisor als Reflecting-Team-Mitglied Impulse gibt sowie notfalls bei abwertenden Kommentaren Hinweise gibt. Folgende Regeln gelten für das Team:

- Es wird eher vorsichtig, suchend, im Konjunktiv gesprochen und weniger analysierend oder diagnostisch. Es geht nicht um „richtige" Erklärungen, sondern um eine Vielfalt von Perspektiven, um eine Ausweitung des Sichtfeldes.
- Der Fallgeber hört nur zu, äußert sich weder zustimmend noch ablehnend. Die Reflecting-Team-Teilnehmer sollen unter sich sprechen, den Fallgeber dabei nicht direkt ansprechen oder gar fragen. Als günstig hat es sich erwiesen, wenn sich das Reflecting Team auch räumlich etwas von der übrigen Gruppe abgrenzt.
- Abweichende Meinungen im Reflecting Team werden nicht als Widerspruch, sondern als Möglichkeit und Anregung begrüßt, um weiter nachzudenken, neue Perspektiven zu finden. Es ist nicht die Absicht des Reflecting Teams, zu einem Konsens zu finden.

Beispiel 1: In einer Gruppe mit Sonderschullehrkräften suchte die Supervisandin nach weiteren Möglichkeiten des Umgangs mit zwei extrem verhaltensauffälligen Schülern. Nach einer Aufstellung der Schulklasse mit Bauklötzen wurden bereits einige Beziehungen offengelegt, und in Form eines Reflecting Teams sprachen alle Teilnehmer der Supervisionsgruppe über das bisherige Geschehen, ihre Vermutungen und auch manche Handlungsideen. Die Fallgeberin setzte sich dabei einen Meter zurück, sodass sie auch sichtbar nicht mehr innerhalb des Kreises saß, und hörte nur zu. So hatte sie auch eine Pause von ihren bisherigen Aktionen der Aufstellung, und die Gruppe wurde wieder aktiver. Angeregt durch das Reflecting Team wollte die Supervisandin anschließend sofort ihre Ideen für weiteres Handeln in der Klasse und speziell bezüglich eines Schülers schildern. Das war ein eindrucksvolles Beispiel wie ein Reflecting-Team-Gespräch wirken kann: Die Supervisandin konnte in dieser Aktionspause einfach nur zuhören, sie musste zu keiner Aussage Stellung nehmen, konnte ihre Gedanken schweifen lassen und teilte anschließend begeistert ihre Ideen mit.

Beispiel 2: Ein für die Supervisoren zäh wirkender Verlauf der Problembearbeitung in einer Schulleitergruppe konnte durch den Einsatz des Reflecting Teams eine andere Richtung nehmen. Die Co-Supervisorin unterbrach den Verlauf, schilderte kurz ihre Idee, dass sie gerne das bisherige Geschehen mit dem Supervisor besprechen würde. Beide Supervisoren sprachen über den Verlauf (die Gruppe kannte diese Art der Besprechung bereits von der vorletzten Sitzung), wobei auch Unsicherheiten ausgesprochen wurden und Fragen (ohne darauf eine Antwort zu suchen) gestellt wurden, z. B. wie das wohl jetzt auf den Supervisanden wirken werde und was dieser sich wünschen würde. Daraufhin konnte der Supervisand seine Zielfrage noch mal präzisieren und auch einen konkreten Wunsch für das weitere Vorgehen äußern. Dieses Beispiel zeigt, wie das Reflecting Team auch in einer unsicheren oder verworrenen Situation von den Supervisoren genutzt werden kann. Beide können sich so über das bisherige und weitere Vorgehen austauschen. Gegebenenfalls kann diese Methode sogar zum Eingreifen des Co-Supervisors und zur Korrektur des bisherigen Vorgehens eingesetzt werden.

5.2.3.3 Visualisierung der Lösungsideen

Visualisierung der Ergebnisse halte ich zunehmend für wichtig und wertvoll für den Supervisanden. Nur gesprochene Worte sind viel vergänglicher, wirken weniger nachhaltig. Dabei benutze ich gerne die folgenden einfachen Möglichkeiten:

Sammeln auf Kommunikationskarten

Die Gruppe sammelt ihre Ideen, der Supervisor notiert sie auf Kommunikationskarten, die er in der Mitte des Sitzkreises auf den Boden legt. Wichtig hierbei ist es, erst einmal die Lösungsideen zu sammeln und zunächst nicht zu diskutieren. Der Supervisand hört in dieser Phase nur zu, stellt keine Zusatzfragen, verwirft keine Idee, sagt nicht, dass er das schon versucht habe, usw., ist also in dieser Phase nur passiver Teilnehmer. Die Teilnehmer werden dazu aufgefordert, auch ungewöhnliche, zu einfach erscheinende oder verrückte Ideen zu nennen. Dies soll den Blick für die Interventionsmöglichkeiten weiten. Erst wenn keine Lösungsansätze oder Ratschläge mehr gefunden werden, kommt der Supervisand wieder in Aktion: Er kann nachfragen, kann eine Idee weiterentwickeln, kann seine Favoriten benennen. Er soll ihm wenig geeignete Ideen nicht kommentieren, sondern sie einfach nicht beachten. Meist ist der Supervisand daran interessiert, die Karten mitzunehmen und sich zu Hause noch mal damit zu beschäftigen.

Sammeln auf dem Flipchart

In größeren Gruppen ist es ungünstig, die ausgefüllten Karten auf den Boden zu legen, hier sollten die Karten an eine Pinwand geheftet oder auf ein Flipchartpapier geschrieben werden.

Fotografieren der Ergebnisse

Oft ist es sinnvoll, Ergebnisse auf Kommunikationskarten oder auf dem Flipchart zu fotografieren, so kann allen Teilnehmern oder auch nur dem Fallgeber das Ergebnis als E-Mail-Anhang mitgeteilt werden. Für den Supervisor ist das Foto eine Erinnerungshilfe für den Verlauf der Sitzung, oder es kann als Einstieg für die nächste Sitzung verwendet werden.

Das Möglichkeitenrad

Die Anregung zu dieser Vorgehensweise habe ich von Sabine Asgodom (2012, S. 85 ff.) aus ihrem Alternativrad für das Einzelcoaching erhalten. Auf einem Flipchart oder einem DIN-A3-Papier (bei einer sehr kleinen Gruppe) wird die nachfolgende Grafik (s. Abb. 1) vorbereitet. Das Thema oder die Zielfrage kommt in die Mitte, und nach und nach werden die verschiedenen Handlungs- und Lösungsmöglichkeiten in die umliegenden Kästchen geschrieben. Auch hier gilt wieder: Alles, was den Teilnehmern in den Sinn kommt, darf aufgeschrieben werden. In dieser Phase gibt es keine Denkbeschränkung, der innere Kritiker soll hier schweigen. Es kommt mehr darauf an, möglichst viele Ideen zu sammeln.

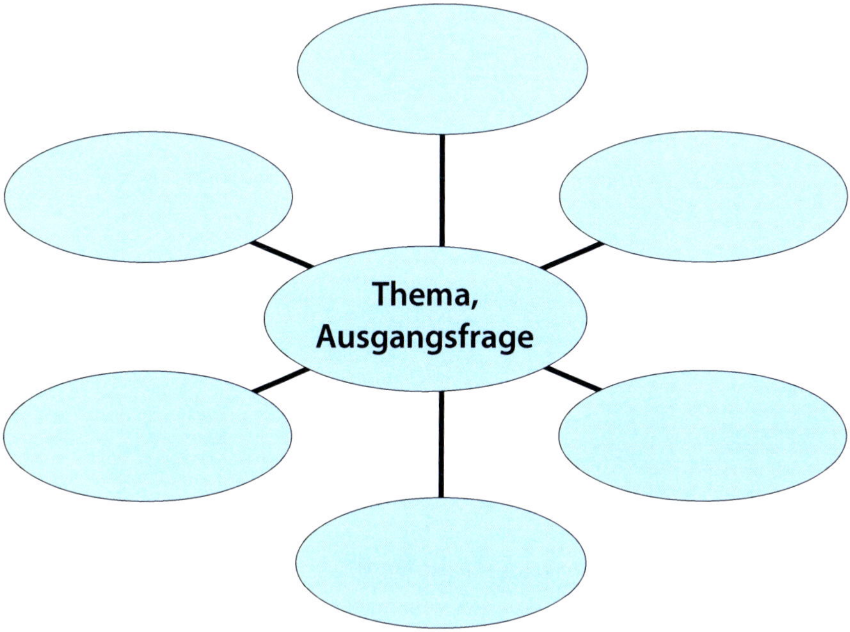

Abbildung 1: Das Möglichkeitenrad

Einige Fragen, die der Gruppe beim Denken und „Spinnen" von Ideen helfen können:

- Was würde einem Kind dazu einfallen?
- Was würde einer Mutter/einem Vater dazu einfallen?
- Was wäre eine Lösung, wenn jede denkbare Ressource vorhanden wäre?
- Was wäre die einfachste Lösung?
- Was wäre eine verrückte Lösung?
- Was würde einem Mann/einer Frau einfallen?

Wenn keine Ideen mehr gefunden werden, ist der Supervisand wieder an der Reihe. Er kann z. B. bei den ihm vielversprechend erscheinenden Vorschlägen Punkte vergeben. Die Felder mit den meisten Punkten werden weiter besprochen und wenn nötig genauer ausgeführt. Dazu kann man rund um das Feld konkretere Handlungen ergänzen. Das Möglichkeitenrad darf sich der Fallgeber mitnehmen, oder er erhält es später als Fotodatei per E-Mail.

5.2.3.4 Rollenspiele

Scheinbar gehen viele Menschen, insbesondere Lehrkräfte und Schulleiter, bei Rollenspielen in eine Abwehrhaltung und wollen lieber „einfach nur darüber reden" oder die Situation intellektuell von verschiedenen Seiten betrachten. Es hat sich bewährt, Rollenspiele nicht lange anzukündigen, sondern einfach anzubieten, z. B. das bevorstehende Gespräch mit dem Kollegen auszuprobieren. Bei besonders schwierigen oder angstbesetzten Gesprächssituationen mit der Gefahr eines Gefühls der Bloßstellung hat es sich bewährt, wenn ein Unbeteiligter oder noch besser der Supervisor selbst die Rolle des Supervisanden übernimmt. So kann der Supervisand den „schwierigen" Gesprächspartner spielen, und der Supervisor bietet ein Modell und eine Gesprächsgrundlage. In der anschließenden Besprechung kann der Supervisand die Wirkung des Gesprächsverhaltens seines Gegenübers beschreiben und so Erkenntnisse und Ideen für eigenes Handeln erlangen.

Beispiel: Eine Grundschullehrerin wurde von einer Schülermutter heftig angegriffen wegen einer als ungerecht empfundenen Note und hatte daraufhin einige fast schlaflose Nächte. Hier wollte sie für ein nächstes Gespräch oder ähnliche Situationen besser gewappnet sein. Sie selber war gerne bereit, die Rolle der aggressiven Mutter zu spielen. Die Rolle der Lehrerin übernahm ich als Supervisor, auch weil wegen der Gefahr eines Scheiterns oder Bloßstellung niemand bereit gewesen wäre, diese Rolle zu übernehmen. Anschließend wollten sich die Supervisandin und andere Teilnehmer einige Schlüsselsätze wortwörtlich notieren und entwickelten zusätzlich eigene Ideen.

Dieses Vorgehen hat sich schon mehrfach bewährt, insbesondere wenn es um verbale Angriffe ging. Als wichtigster Punkt bei derartigen Gesprächen erweist sich immer wieder die enorme Bedeutung der Fähigkeit zum Zuhören, eine einfache entspannende Reaktionsmöglichkeit als Alternative zur sehr verbreiteten Rechtfertigung. Nachdem sich die „Angreiferin" verstanden fühlt (verstehen heißt dabei nicht zustimmen), kann die Lehrerin zu ihren Beobachtungen kommen und die Suche nach einer Lösung für dieses Anliegen einleiten.

An dieser Stelle verweise ich auf die Konflikt-Kiste von Ingrid Holler, aus der ich schon mehrfach Anregungen zu konkreten Übungen innerhalb einer Lehrersupervision oder für Lehrerfortbildungen zum Thema Gesprächsführung entnommen habe.

Eine spezielle Form des Rollenspiels für supervisionserfahrene Teilnehmer ist das sogenannte Doppeln aus dem Psychodrama. Hier stellt sich der Supervisand oder der Supervisor als „doppeltes Ich" des Rollenspielers hinter ihn, legt ihm die Hände auf die Schulter und nennt in der Ich-Form Namen, Haltungen, Einstellungen der Person, die der Rollenspieler darstellt. Der Rollenspieler denkt sich hinein und agiert dementsprechend.

Haben sich Teilnehmer einmal auf Rollenspiele eingelassen, spüren sie am eigenen Leib die nachhaltige Wirkung, die weit über „intellektuelles Verbalisieren" hinausgeht.

5.2.3.5 Geschichten, Metaphern und Sprüche

> „Geschichten können wunderbare Träger von anderen Sichtweisen, Lösungsansätzen, positivem Stimmungswandel, Suchprozessen und oft erstaunlich wirksamen indirekten Suggestionen sein." (Watzke, 2008, S. 128)

Verpackt in Geschichten werden Angebote zur Veränderung, Aufforderungen zu einer anderen Sichtweise vom Zuhörer eher akzeptiert als bei einer direkten Aufforderung. In der Geschichte geht es ja um jemand anderes, es bleibt dem Zuhörer also frei, sich angesprochen zu fühlen oder auch nicht, und diese Freiheit muss der Erzähler dem Zuhörer auch lassen. Mit Geschichten gewinnt man Aufmerksamkeit, das Zuhören ermöglicht ein kurzes Heraustreten aus dem aktuellen Konflikt und regt neue Denkprozesse an.

Hier sind zwei beispielhafte Geschichten, die ich schon in verschiedensten Supervisionssitzungen und Mediationen eingesetzt habe:

Die Geschichte mit dem Hammer

Ein Mann will ein Bild aufhängen. Den Nagel hat er, nicht aber den Hammer. Der Nachbar hat einen. Also beschließt unser Mann, hinüberzugehen und ihn auszuborgen. Doch da kommt ihm ein Zweifel: „Was, wenn der Nachbar mir den Hammer nicht leihen will? Gestern schon grüßte er mich nur so flüchtig. Vielleicht war er in Eile. Aber vielleicht war die Eile nur vorgeschützt, und er hat etwas gegen mich. Und was? Ich habe ihm nichts angetan; der bildet sich da etwas ein. Wenn jemand von mir ein Werkzeug borgen wollte, ich gäbe es ihm sofort. Und warum er nicht? Wie kann man einem Mitmenschen einen so einfachen Gefallen abschlagen? Leute wie dieser Kerl vergiften einem das Leben. Und dann bildet er sich noch ein, ich sei auf ihn angewiesen. Bloß, weil er einen Hammer hat. Jetzt reicht's mir wirklich."

Und so stürmt er hinüber, läutet, der Nachbar öffnet, doch bevor er „Guten Tag" sagen kann, schreit ihn unser Mann an: „Behalten Sie Ihren Hammer, Sie Rüpel!"

Paul Watzlawick: Anleitung zum Unglücklichsein

Eine weitere vielfach geeignete Geschichte für Kinder und Erwachsene ist die Geschichte von den zwei Wölfen, die in vielen Versionen bei verschiedenen Autoren und im Internet zu finden ist:

Die Geschichte von den zwei Wölfen

Ein Jüngling kommt zu einem weisen, alten Schamanen und fragt diesen: „Sag mal, kannst du mir sagen, was in uns Menschen, in unserem Inneren, in unserer Seele vor sich geht?"

„Mein Sohn, das ist so. Jeder Mensch trägt zwei Wölfe in sich; einer verkörpert das Gute, die Liebe, die Freude, die Güte, das Mitgefühl, die Hilfsbereitschaft, das Verzeihen etc. Der andere verkörpert alles Schlechte und Üble in uns, den Neid, den Hass, die Gier, den Zorn, die Rücksichtslosigkeit. Diese beiden Wölfe in uns bekämpfen einander fortwährend."

Darauf der Jüngling: „Schön und gut, aber wer gewinnt denn nun von beiden?"

Die Antwort des Weisen lautet: „Es gewinnt der Wolf, den du fütterst!"

Anschließendes Besprechen, Analysieren oder Übertragen auf die eigene Situation halte ich nicht für zielführend, vielmehr sollte vor allem der Zeitpunkt des Einsatzes gut gewählt werden.

In manchen Situationen kommen auch witzige Sprüche gut an, können nachdenkliches oder schallendes Gelächter bewirken. Eine schöne Sammlung ist in „Das Aha!-Handbuch der Aphorismen und Sprüche für Therapie, Beratung und Hängematte" von Bernhard Trenkle (2004) zu finden.

5.3 Literatur

Andersen, T. (1990). *Das reflektierende Team. Dialoge und Dialoge über Dialoge.* Dortmund: Verlag Modernes Lernen.

Asgodom, S. (2012). *So coache ich.* München: Kösel.

Buer, F. (2009). Imaginatives Rolleninterview durch einen Vertrauten. In H. Neumann-Wirsig (Hrsg.), *Supervisionstools. Die Methodenvielfalt der Supervision in 55 Beiträgen renommierter Supervisorinnen und Supervisoren* (S. 188-192). Bonn: managerSeminare.

Ehinger, W. & Hennig, C. (2011). *Methodenkoffer für Supervision und Coaching.* Tübingen: CreaSys.

Migge, B. (2005). *Handbuch Coaching und Beratung.* Weinheim, Basel: Beltz.

Neumann-Wirsig, H. (Hrsg.) (2009). *Supervisionstools. Die Methodenvielfalt der Supervision in 55 Beiträgen renommierter Supervisorinnen und Supervisoren.* Bonn: managerSeminare.

Schlippe, A. v. & Schweitzer, J. (2003). *Lehrbuch der systemischen Therapie und Beratung.* Göttingen: Vandenhoeck & Ruprecht.

Schreyögg, A. (2010). *Supervision. Ein integratives Modell.* Wiesbaden: VS Verlag.

Trenkle, B. (2004). *Das Aha!-Handbuch der Aphorismen und Sprüche für Therapie, Beratung und Hängematte.* Heidelberg: Carl-Auer-Systeme.

Watzlawick, P. (1983). *Anleitung zum Unglücklichsein.* München: Piper.

Kontakt

Max Bruckmoser
E-Mail: bruckmoser@schulpsychologie-dingolfing-landau.de

6 Der Einsatz kreativer Methoden in der Supervisionsarbeit mit Realschullehrkräften

Ulrike Becker, Anne Vogelpohl

> ***„Wo ist die Weisheit, die wir im Wissen verloren haben, wo ist das Wissen, das uns in der bloßen Information abhandenkam?“***
>
> (T. S. Eliot)

Supervision als berufsbezogene Beratungsform findet mehr und mehr Interesse bei Lehrkräften. Hohe Belastungen infolge diverser struktureller Besonderheiten der Organisation Schule wie auch veränderte Herausforderungen im Bereich Erziehung auf Seiten des Lehrpersonals sind dafür wohl als Ursache zu nennen. Das bayerische Kultusministerium reagiert darauf mit der Ausbildung und Bereitstellung von ausgebildeten Schulpsychologen, die einerseits als Lehrkräfte tätig sind, andererseits supervisorischer Arbeit nachgehen. Durch die dadurch bestehende Feldkompetenz erhofft man sich mehr Verständnis für die auftretenden Probleme und wünscht sich gleichzeitig einen Beitrag zur Stabilisierung des Systems.

Obwohl eine supervisorisch geleitete Wahrnehmungserweiterung für Lehrkräfte oft sinnvoll wäre, bleibt doch die Gefahr, dass Gleichgesinnte über ihren Berufsalltag gemeinsam lamentieren. Gerade Lehrkräfte sind sprachlich versiert und meist eloquent. Darüber hinaus gehören kognitive Auseinandersetzungen zu den vertrauten Strategien ihres Berufsalltags. Einen veränderten Blick auf die Wirklichkeit im verbalen Diskurs anzuregen, wird dadurch teilweise erschwert.

Die ausgeführten Zusammenhänge ließen uns mehr und mehr auf kreative Medien im Supervisionsprozess zurückgreifen, da diese einmal „aus funktionaler Perspektive nicht-rationale Phänomene des Senders enthalten und zum Ausgangspunkt für gemeinsame Auseinandersetzungen [...]" werden (Schreyögg, Lehrbriefe) und zum anderen die Codierung emotionaler Prozesse deutlicher machen. Nicht zuletzt unterstützt der Selbstausdruck in der konkret sinnlichen Umgestaltung der Welt das Selbstvertrauen und damit die Zuversicht, als Handelnder die Gegenwart zu gestalten und zu verändern (Petzold, 1990, S. 75 f.). Auch Prozesse innerhalb der Organisation Schule allgemein und in der spezifischen Entwicklungssituation der konkreten Schule, aus derem Wirkungsfeld unsere Lehrergruppe kommt, werden so auf einer neuen Ebene fassbar. Die Entwicklung der Teilnehmerinnen während des gesamten Gruppenprozesses spiegelt einerseits deren Reaktion auf die Organisationsentwicklung des Betriebs Schule wider und bildet andererseits einen eigenständigen Entwicklungsprozess ab, der dem Gesetz klassischer Gruppenphasen folgt (vgl. Stahl, 2002, S. 49 ff.).

Im Folgenden soll dieser doppelte Entwicklungsprozess einbezogen und auf der Folie gestalterisch-kreativer Methoden diskutiert werden.

Unter kreativen Methoden verstehen wir neben dem Supervisor als Person vor allem Sach- und Handlungsmedien. Hier einige Beispiele:

Tabelle 1: Beispiele für Sach- und Handlungsmedien

Sachmedien	Handlungsmedien
Papier, Farben, Stifte	Aufstellung
Puppen	Life-Line
Bauklötze	Skulptur
Ton	Rollenspiel
Familienbrett	Rollentausch
Emotioncards	Doppeln
Tonband	Briefe schreiben
Videoaufnahmen	Innerer Monolog
Musikinstrumente	
Gegenstände jeglicher Art	

Auch die Bereiche Metaphernarbeit, Imaginationsübungen und Arbeit mit Archetypen wurden in unsere Überlegungen eingeschlossen.

Je nach Art der eingesetzten Medien (handlungsorientierter wie auch Sachmedien) wurde die Auswahl an die betreute Personengruppe angepasst, an das eingebrachte Thema und den entsprechenden Rahmen innerhalb der Gruppe. Bei der Besprechung wurde strikt auf die Einbeziehung der Supervisanden geachtet und jede eindimensionale Deutung von Seiten der Supervisoren vermieden. Um stark regressiven Entwicklungen einen freiwilligen Rahmen zu geben, boten wir stets eine Auswahl an Materialien an. Bei der Verwendung von Puppen stand beispielweise ein Pool unterschiedlich geladener Figuren zur Verfügung. Die Begegnung mit Personen, die nicht real sind, schuf auf diese Weise ein intermediäres Stadium, in dem mit einem Übergangsobjekt die wahre Situation zuerst einmal simuliert werden konnte (Petzold & Orth, 1990, S. 449). Bei der Verbildlichung von Themen bestanden ebenfalls diverse Wahlmöglichkeiten hinsichtlich der angebotenen Stifte und Farben sowie der Papiergröße.

Mit dem Ziel, die innere Welt in ein äußeres Abbild zu transferieren, um so mit Abstand aus einem andersartigen Blickwinkel darüber zu sprechen, ergaben sich immer wieder spannende und oft auch überraschende Entwicklungsprozesse, die im Folgenden aufgezeigt werden sollen.

6.1 Charakterisierung der Schule und der Teilnehmer an der Supervision

6.1.1 Die Schule

Alle Teilnehmerinnen der von uns betreuten Supervisionsgruppe unterrichteten an der gleichen innerstädtischen Realschule, die vor etwa zehn Jahren neu gegründet wurde. Die Schulleiterin, die den Aufbau maßgeblich gestaltet hatte, sollte zum Ende des Schuljahrs in Ruhestand gehen, sodass mit tief greifenden Veränderung zu rechnen war. Bisher wurde die Schule vorwiegend autoritativ und improvisierend, aber mit viel Herz geführt. Organisationspsychologisch kann vom Ende der Pionierphase gesprochen werden, in der „die Beziehungen im Mitarbeitersystem und die zu den […] Schülern […] in der Regel direkt und familiär" sind (Schreyögg, 2010, S. 136).

Etwa 500 Schülerinnen und Schüler aus einer Vielzahl von Nationen und mit sehr unterschiedlichem kulturellen Hintergrund wurden im beschriebenen Zeitraum in 19 Klassen unterrichtet, wobei die Schule ihre kulturelle Vielfalt als positives Potenzial sieht und dies auch durch die Teilnahme an einem Comenius-Projekt mit fünf weiteren europäischen Schulen verdeutlicht. Auch die Integration geistig behinderter Kinder im Projekt „Außenklasse" zeugt vom sozialen und gesellschaftlichen Engagement der Schule.

6.1.2 Die Supervisionsgruppe

Insgesamt 14 Lehrerinnen hatten sich ursprünglich auf das Angebot der Personalratsvorsitzenden, die selbst an der Supervisionsgruppe teilnahm, gemeldet. Das entspricht etwa einem Drittel des Lehrerkollegiums. In der Regel kamen zwischen zehn und zwölf Klientinnen zu den einzelnen Terminen in die Räume der Staatlichen Schulberatungsstelle in München. Da eine größere Gruppe des Kollegiums an der Supervision teilnahm, stand immer wieder die Frage nach der Beziehung zum bzw. der Wirkung auf das gesamte Kollegium im Raum. Auch die Information und Einbindung der Schulleitung bzw. des Schulleitungsteams wurde immer wieder diskutiert. Wir fragten uns, inwieweit eine Supervision im klassischen Sinne praktiziert werden könne und inwieweit sich die Arbeit in Richtung Schulentwicklung erweitern oder verändern würde. Während unserer Arbeit behielten wir diesen Aspekt im Auge, ohne uns einschränken zu lassen, denn auch unter Experten wird die Frage der Abgrenzung kontrovers diskutiert (Neumann-Wirsig, 2009, S. 67 ff.)

Die Gruppe war in sich eher heterogen. Die Supervisandinnen unterrichteten unterschiedliche Fächer, von Chemie bis Sport und von Deutsch bis Mathematik. Sie waren teilweise schon seit Gründung an der Schule, teilweise aber auch erst seit ein oder zwei Jahren. Hinsichtlich ihrer Erfahrung zeigten sich deutliche Unterschiede. Während einige Lehrerinnen schon 20 Berufsjahre aufwiesen und auch schon an anderen Schulen unterrichtet hatten, war für andere diese Schule der erste feste Arbeitsplatz nach dem Referendariat.

Verbunden waren die Lehrerinnen in dem Wunsch, durch Reflexion ihrer eigenen Berufstätigkeit, die sie als belastend erlebten, den Berufsalltag besser bewältigen zu können. Für alle war die soziale und emotionale Komponente in ihrem Beruf von großer Bedeutung. Das Engagement für die Schüler und die Schulgemeinschaft war allen wichtig.

Sie erlebten sich als Kolleginnen mit identischen Problemen, weniger als einzelne individuelle Lehrerpersönlichkeiten. Wechselseitige kollegiale Solidarität war für sie eine wesentliche Basis für eine erfüllte Arbeit in der Schule. Keine der Lehrerinnen hatte konkrete Erfahrung mit Supervision, jede verband damit aber ihre eigenen Vorstellungen.

Betrachtet man die Situation des Kollegiums – unsere Gruppe bildet in gewisser Weise einen Ausschnitt daraus – aus organisationspsychologischer Sicht, dann wird deutlich, dass sich für das Ende der Pionierphase typische Krisenerscheinungen zeigen, die aus dem Größenwachstum und der verbreiterten Angebotspalette resultieren. Die Kolleginnen erleben dies auf individueller Ebene als eine nicht zu bewältigende Komplexität (vgl. Schreyögg, 2010, S. 136). Der Wunsch nach Unterstützung ist gut nachvollziehbar.

6.2 Kreative Methoden in der konkreten supervisorischen Arbeit

6.2.1 Anfangsrituale zur Einstimmung in den Supervisionsprozess

6.2.1.1 Arbeit mit Skalen

Zu Beginn der Supervision baten wir die Teilnehmerinnen, sich nach verschiedenen Kriterien auf einer Linie zu positionieren. Wir begannen mit der Zahl der Berufsjahre, den Jahren an der jetzigen Schule und beendeten diese Übung mit der Frage nach dem Wissen über bzw. ihrer Erfahrung mit dem

Format „Supervision". Die Aufmerksamkeit der Teilnehmerinnen richtete sich zunehmend mehr auf die Übung und die gestellte Aufgabe. Es trat insgesamt eine Verlangsamung ein und eine genauere Wahrnehmung der eigenen Person im Verhältnis zu den anderen.

Wir als Supervisorinnen sammelten wichtige Informationen über die Zusammensetzung der Gruppe und ermöglichten andererseits den Teilnehmerinnen, die sich als Kolleginnen ja fast jeden Tag begegneten, einen neuen Blick aufeinander. Das „vertiefte themenbezogene Kennenlernen" (Neumann-Wirsig, 2009, S. 47) konnten wir dadurch unterstützen, wie auch einen klaren Anfangspunkt setzen, der den Gesprächsfluss der Teilnehmerinnen sinnvoll unterbrach. Die Methode blieb – jedenfalls bei der von uns getroffenen Auswahl an Kriterien – eher auf der Sachebene, was den Supervisandinnen einen sanften Einstieg in die neue Situation erleichterte.

Es ist zu berücksichtigen, dass die Supervisandinnen Teil einer neuen Gruppe waren und die erste Phase des Gruppenprozesses nach Tuckman (1965), die Formierungsphase, durchliefen. Stahl (2002, S. 51) charakterisiert diese Phase wie folgt: „Sie zeichnet sich zunächst vor allem durch Unsicherheit und konventionellen Umgang miteinander aus. [...] Die geltenden Regeln stehen im Dienste der Vorsicht und sind im Sinne eines kleinsten gemeinsamen Nenners vor allem von vermeintlichen ‚Benimm-Regeln' geprägt."

Für unsere Gruppe war eine wichtige Gruppenregel: „Wir haben alle die gleichen Probleme, Unterschiede darf es nicht geben!" Ein sanftes, niederschwelliges Angebot, sich der Unterschiedlichkeit bewusst zu werden, boten wir mit unseren Bildkarten und später mit einer Gedankenreise an.

6.2.1.2 Arbeit mit Bildkarten

In der folgenden Sitzung setzten wir eine Auswahl an „Saga-Karten" (von Ely Raman, OH-Verlag) ein. Wir achteten darauf, dass wir etwa dreimal so viele anboten, wie Teilnehmerinnen anwesend waren. Jede Supervisandin erhielt den Auftrag, sich die Karten ruhig und mit Muße zu betrachten. Die Karten sollten ihre Wirkung entfalten. Nach dieser Phase der Kontemplation sollte sich jede Teilnehmerin die Karte aussuchen, die mit ihrer augenblicklichen

Stimmung oder Verfassung am besten korrespondierte. Nachdem alle sich eine Karte genommen hatten, forderten wir jede Teilnehmerin auf, die gewählte Karte zu beschreiben und zu erklären, weshalb die Karte die Teilnehmerin ansprach. Wir betonten, dass jeder für sich selbst entscheidet, was und wie viel er dazu sagt.

Wir setzten diese schön gestalteten, aber tiefere Gefühlsebenen ansprechenden Karten ein, um die Teilnehmerinnen näher an ihre Emotionen, Haltungen und Einstellungen heranzuführen. Allerdings hatten wir im Vorfeld die besonders düsteren und mit negativen Symbolen besetzten Karten aussortiert, um die emotionale Involviertheit etwas zu steuern. Mit den Bildkarten sollte den Teilnehmerinnen ein Angebot gemacht werden, sich mit ihren persönlichen Verstrickungen bei beruflichen Themen eingehender auseinanderzusetzen. Die Lehrkräfte tendierten zu diesem Zeitpunkt dazu, von vermeintlich objektiv verallgemeinerbaren Situationen zu sprechen. Welche Bedeutung ihre emotionale Beteiligung hatte, blieb dabei gerne ausgeblendet. Mit dieser Form des Beginns wiesen wir die Supervisandinnen auf diesen zu wenig berücksichtigten Aspekt hin, was in der Folge zu differenzierteren und genaueren Äußerungen über das persönliche Erleben führte.

6.2.1.3 Gedankenreise

Die Teilnehmerinnen kamen zu einem Termin direkt aus einer anstrengenden Lehrerratssitzung. Sie waren zuerst nicht fähig, die dort behandelten Themen abzuschließen, obwohl sie dies wollten. Das Angebot, diesen Umstand supervisorisch zu betrachten, lehnten sie aber ebenfalls ab. Mit einer Gedankenreise, die den Anschluss an die letzte Einheit herstellen konnte, führten wir die Supervisandinnen zum Thema „Team", das sie weiter bearbeiten wollten, zurück. Es wurde von Bildern unseres Raumes ausgegangen, um Schritt für Schritt die Eindrücke der letzten Sitzung vor das innere Auge zu rufen. Die Phasen der letzten Sitzung wurden assoziativ ebenso angesprochen, wie für den jeweils Einzelnen Bemerkenswertes oder Wichtiges (vgl. Vopel, 1995).

Durch diese Gedankenreise erreichten wir, dass die Teilnehmerinnen Abstand von der Situation gewannen, aus der sie gerade kamen. Sie schalteten um auf ihr inneres Erleben und aktivierten ihre Erinnerung. Da wir inzwischen eine vertrauensvolle Beziehung aufgebaut hatten, konnten sich die Teilnehmerinnen einerseits fallen lassen und sich andererseits wieder dem Thema annähern, an dem sie weiterarbeiten wollten. Es ergaben sich sehr unterschiedliche Aspekte, deren gemeinsamer Fokus der Schulalltag war, ohne dass dies jedoch von den Supervisandinnen gesehen werden konnte.

6.2.2 Klärung der organisatorischen Strukturen

6.2.2.1 Skulpturenarbeit

Von Anfang an war ein zentrales Thema der Supervisionssitzungen der Wunsch, die Mitarbeiter und Kollegen in der Schule zu verändern, da es immer wieder Schwierigkeiten im Umgang untereinander und Missverständnisse bei Absprachen gebe. Man wolle eine große Gemeinschaft sein, in der alle möglichst gleich behandelt würden und befreundet wären. Alle 14 Teilnehmerinnen hatten eine konkrete Vorstellung, wie das auszusehen habe, und gingen davon aus, dass diese bei allen gleich sei. Aus diesem Grunde bot es sich in einer sehr frühen Sitzung an, ihr inneres Bild der Gruppe und der Organisation ihrer Schule nach außen sichtbar zu machen, um das, was mit Worten so selbstverständlich gleich klang, einer Realitätsprüfung zu unterziehen. Wir wählten dafür die Methode der Skulpturgestaltung aus. Unsere Bedingung war, dass eine Person stellvertretend für die anderen diese Aufgabe übernehmen solle. Wir schlugen vor, die wichtigsten Personen des Schulbetriebs als Skulpturen im Raum zu positionieren.

Als erste Aufgabe wurde Frau B. aufgefordert zu überlegen, welche Hauptakteure eine Rolle spielen sollten. Des Weiteren sollte sie überlegen, welche der Anwesenden sie als Stellvertreter wählen wollte.

Skulpturen, eine Methode aus der Gestalttherapie, zeigen die aktuelle und persönliche Sicht der Dinge. Körperausdruck und Haltung der geformten Gestalten sind dafür sehr bedeutsam. Anschließend werden die Besucher gefragt, welche Bedeutung sie dem geben, was aufgestellt wurde. Auch die Protagonisten werden über ihre Gedanken und Gefühle befragt, sodass sich ein Gesamteindruck sinnlicher Sicht- und Deutungsweisen ergibt, der möglicherweise Lösungsrichtungen anbietet. Ebenso ist ein Rollentausch zwischen dem Akteur und den Protagonisten möglich. Ein Wechsel zwischen Außen- und Innensicht kann auf diese Weise gut hergestellt werden. Schlussendlich ist es auch möglich, ein Wunschziel zu formen (Reichel & Rabenstein, 2001, S. 186 f.).

Im unserem konkreten Fall ergab sich eine Skulptur, die der Sekretärin der Schule eine zentrale Position verlieh, auch im Hinblick auf Entscheidungsprozesse. Schulleiterin und Konrektor wurden in abgewandter Stellung positioniert, die Sekretärin stand eindeutig dazwischen und war einziger Ansprechpartner für die Kollegen. Die Schulleiterin zeigte sich ausschließlich den Schülern zugewandt. Interessanterweise fehlte der Blickrichtung des Konrektors eine Perspektive. Dies wurde später angesprochen, und es kamen Begriffe aus der Schulaufsicht ins Spiel, wie etwa „Ministerialbeauftragter" und „Kultusministerium". An der Haltung der Darsteller fiel auf, dass die Schulleiterin, mit hängenden Armen dargestellt, eher hilflos wirkte, der Konrektor in strammer Haltung seine Position verteidigte sowie die Sekretärin selbstbewusst und mit erhobenem Kopf auf die Lehrer blickte. Letztere zeigten sich auf die Sekretärin fixiert. Die Schüler schauten in verschiedene Richtungen, keineswegs aber auf die Schulleitung. Erstaunlich blieb, dass sich die 14 Teilnehmerinnen einig darüber waren, dass es genauso sei.

Das Bild stellte sich in etwa so dar:

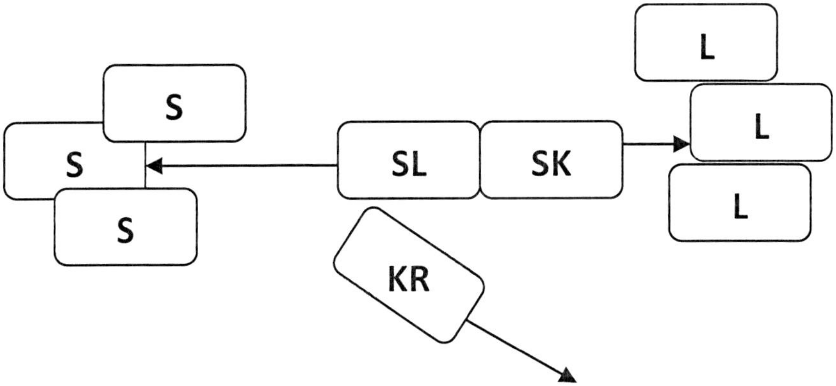

Im Rollentausch ergaben sich verschiedene Bemerkungen:

- Ich habe einen bequemen und mächtigen Platz. (SK)
- Die Schulleiterin stärkt mir den Rücken. (SK)
- Ich muss mich um die Verwaltung kümmern. (KR)
- Wir machen, was wir wollen. (S)
- Die Schulleiterin ist nur auf die Schüler fixiert. (L)
- Die Schulleiterin interessiert sich nicht für uns. (L)

Der Veränderungswunsch der Fallgeberin bestand schließlich darin, die Schulleiterin um 180 Grad zu drehen und neben den Konrektor zu stellen, dahinter die Sekretärin. So bildete der transaktionale Prozess eine Konstellation ab, die stark an eine regressive Vater-Mutter-Kind-Fantasie erinnerte. Erst in einer späteren Stunde sollte dies noch einmal Thema werden.

Aus der Perspektive der Gruppenentwicklung zeichnete sich bei dieser Übung bereits deutliches Konkurrenzverhalten ab. Besonders eine Teilnehmerin verhielt sich ausgesprochen dominant, versuchte, die Fallgeberin zu beeinflussen, und warb vehement um Koalitionspartner. Eine weitere Teilnehmerin brach die Teilnahme an den Sitzungen für den weiteren Verlauf ab. Entsprechend der Phase des „Storming“ nach Tuckman (1965) entstand eine Art Spaltung der Gruppe, obwohl die Mehrheit der Teilnehmerinnen weiterhin vehement am Ziel „Harmonie“ festhielt und diesen Konflikt verdrängte.

Im Übertragungsprozess zeichnete sich hier spiegelbildlich das Problem der Herkunftsschule ab, die in der Kollektivitätsphase stecken geblieben war. Die Rektorin versuchte bis zu diesem Zeitpunkt, die Schulfamilie mit Enthusiasmus anzufeuern, obwohl dies nach rund sechs Jahren völlig unpassend war. Unter der bestehenden Leitung waren bislang keine formalen Regeln eingeführt worden. Auch bestand das Problem eines absoluten Führungsvakuums. Konflikte wurden primär unter den Teppich gekehrt oder an andere delegiert, wodurch die Position der Sekretärin deutlich gestärkt wurde. Systemisch war diese die Stellvertreterin der negativen Aspekte, die von der „guten“ Schulleiterin abgespalten wurden. Symbolisch wurden beide bei der Aufstellung Rücken an Rücken gestellt. Diese Organisation hatte bisher den Schritt in die Formalisierungsphase nicht vollzogen.

6.2.2.2 Bildgestaltung

Nach einer Unterbrechung, die durch die Behandlung konkreter Einzelfälle gefüllt war, tauchte das ursprüngliche Thema der Gruppe zwei Sitzungen später abermals auf. Die Teilnehmerinnen äußerten ihre Vorstellungen so, dass sie als Schule gern ein Team wären, und knüpften dabei inhaltlich an die Skulpturenarbeit an. Alle zeigten sich geneigt, in heftige Diskussionen und kognitive Begründungen abzuschweifen, um sich gegenseitig zu überzeugen. Nach einem kurzen Rückzug, um uns zu beraten, schlugen wir eine Einzelarbeit mit Wachskreiden vor, um die Visionen sichtbar und in ihrer Unterschiedlichkeit vergleichbar zu machen. Der Auftrag lautete: „Jeder nimmt ein DIN-A4-Blatt und Farbkreiden seiner Wahl. Dargestellt werden soll das Wunschbild eines solchen „Schulteams“. Die Darstellungsform besteht aus Kreisen unterschiedlicher Größe und Farbe sowie der entsprechenden Anordnung zueinander.“ Dazu gaben wir 20 Minuten Zeit. Jeder arbeitete für sich.

Die vorgegebene künstlerische Aufgabe war in diesem Fall die Konstruktion des Soll-Zustandes auf dem Papier. Künstlerische Selbsterfahrung sollte noch einmal die Problematik der Wunschvision verdeutlichen (Brater et al., 1989, S. 18 f.). Da Mal- und Zeichentechniken an sich bei vielen Menschen seit Schulzeiten angstbesetzt sind, sollte darauf geachtet werden, dass der Widerstand niedrig gehalten wird. Dies geschah durch die Vorgabe eines kleinen Formats (es musste also kein großes Blatt gefüllt werden) sowie durch das Angebot von Wachskreiden, mit denen sowohl flächig wie auch linear, kräftig und auch zart gearbeitet werden kann. Der Kreis als geometrische Form ist von jedermann leicht umsetzbar.

Während dieser Supervisionssitzung erfolgten nach der Durchführung Gespräche in Dreierteams, die bereits unterschiedliche Sichtweisen deutlich machten. Wir beschlossen den Nachmittag mit einer Vernissage und baten die Teilnehmerinnen, mittels je sieben grüner Punkte, die sie auf die Bilder verteilen sollten, das „Siegerbild“ zu bestimmen, damit wir eine Vorlage hätten, mit der wir weiterarbeiten könnten. Die Idee war abermals, die Sensibilität für die ja doch sehr unterschiedlichen Vorstellungen zu wecken.

Bei der Beobachtung der Gruppe während der Punktevergabe präsentierte sich uns ein „kindlicher Haufen“, der miteinander raufte und zankte. Die Frauen begannen, zu streiten und sich gegenseitig zu überzeugen, allerdings immer freundlich und wohlwollend. Die Auswahl präsentierte sich wieder in großer Übereinstimmung in etwa wie unten. Die Kreise waren unterschiedlich gefärbt, um die Individualität zu unterstreichen. Die Sekretärin war verschwunden, und auch Schüler tauchten nicht auf.

Das „Sieger“-Bild zeigte in etwa die folgende Darstellung:

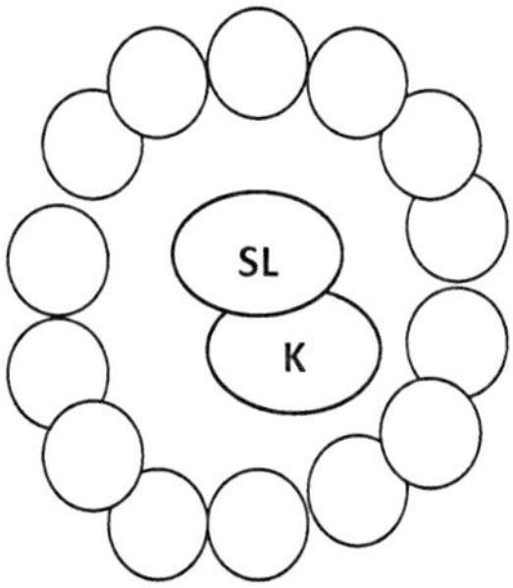

Erst bei einem späteren Treffen kam das Problem ihrer „Wunschfantasie“ an die Oberfläche. Wir ließen das gewählte Bild aufstellen und fragten nach den Gefühlen, die dabei aufkamen. Sie spürten die Enge und konnten sich in die Situation der „gefangenen“ Schulleitung hineinversetzen (Pühl, 2010, S. 122 f.). Einzelne gaben zu, dass sie ein ganz anderes Bild gewählt hätten und überhaupt nicht einverstanden seien. Bei späteren Sitzungen ging es um das Thema „Führung“.

Aus der Metaebene betrachtet hatte die „Storming-Phase“ der Gruppe mit dieser Arbeit ihren Höhepunkt gefunden. Die Unterschiedlichkeit der Ansichten trat deutlich zutage und ebnete den Weg für den nächsten Entwicklungsschritt. Anders als die Schulleitung, an die die Teilnehmerinnen gewohnt waren, hatten wir uns als Supervisoren für eine sehr klar strukturierte und detaillierte Vorgehensweise entschieden. Als Leitungsteam hatten wir unsererseits eine Art Formalisierungsphase eingeleitet (vgl. Schreyögg, 2010, S. 136 f.).

6.2.3 Umgang mit Konflikten

6.2.3.1 Life-Line

Massive Probleme bei Gesprächen mit der Schulleiterin waren ein Thema, das nun im Rahmen der immer wieder anklingenden Führungsschwäche zur Sprache kam. Eine Teilnehmerin schilderte ein grob übergriffiges Gespräch, bei dem ihr gesagt worden war, sie sei zu unzuverlässig für die Stundenverteilung im Fach Sport, da sie in ihrem jugendlichen Alter mit Sicherheit noch daran denke, schwanger zu werden. Bei der anschließenden Frage der Schulleiterin, ob das in Kürze geplant sei, habe es ihr die Sprache verschlagen. Eine besondere Situation an der hier beschriebenen Schule war zudem, dass die ganze Kollegenschaft einschließlich Schulleitung per Du miteinander verkehrte. Das erschwerte der Lehrerin Frau S. eine angemessene Reaktion erheblich. Sie gab an, überhaupt nicht mehr zu wissen, was sie in der geschilderten Situation machen könne, und sich hilflos zu fühlen. Ihre Arbeitsfähigkeit sei seither gestört.

Um die eigenen Ressourcen der Klientin zu identifizieren, boten wir ihr die Arbeit mit einer Life-Line an, in die sie einwilligte. Dabei sollten auf einer Schnur als Lebensweg drei markante Situationen erinnert werden, die in der Vergangenheit zu Konflikten mit Führungskräften geführt hatten. Dazu wurde je ein Stichwort auf ein Kärtchen geschrieben, und diese Kärtchen wurden entlang der Linie in entsprechendem Zeitabstand verteilt. Die Supervisandin sollte sich so vor die drei Ereignisse stellen, dass sie zurückblicken konnte. Sie erzählte der Gruppe alle drei Begebenheiten und berichtete, was ihr damals geholfen habe. Eine weitere Karte mit dem Stichwort zur vorher geschilderten, aktuellen Situation mit der Schulleiterin legte sie hinter sich an das Ende der Schnur.

Frau S. wurde nun gebeten, eine Handbewegung zu machen, die zusammenfassen könnte, was ihr helfe. Sehr spontan erhob sie beide Hände in der Abwehrhaltung eines Stoppsignals. Mit der Bitte, sich nun umzudrehen und dies gegenüber der aktuellen Situation zu wiederholen, versuchten wir, Frau S. ihre eigene Stärke bewusst zu machen und ihr Selbstbewusstsein aufzubauen. Dankbar lächelnd und erleichtert versicherte sie, dass der ursprüngliche

„Knoten im Kopf" gelöst sei. Im weiteren Verlauf wurde die praktische Umsetzung eines Konfliktgesprächs im Rollenspiel eingeübt.

Die von uns gewählte Vorgehensweise gehört zur lösungsorientierten Beratung, die auf dem humanistischen Menschenbild basiert. Die Überzeugung ist, dass jeder Mensch aktiver Gestalter seiner Existenz ist und potenziell die auftretenden Probleme lösen kann. Er verfügt über ein umfassendes Kompetenzbewusstsein und vermag daher in großer Eigenwirksamkeit zu handeln (Bamberger, 1999, S. 35 f.). Körperorientiertes Vorgehen ermöglicht ein ganzheitliches Erfassen im Fühlen und Erleben, was auch bedeutet, dass es in der Regel sehr tief in die Persönlichkeit eingreift, weshalb große Vertrautheit für die Übung notwendig ist.

Da mittlerweile der Reifungsprozess der Teilnehmerinnen weit fortgeschritten war, konnten wir die tief gehende Form eines körperbetonten Fantasiespiels als Medium einsetzen. Bei individueller Themenbearbeitung bestand in der Gruppe inzwischen eine konstruktive Arbeitshaltung und Einigkeit in der gegenseitigen Akzeptanz. Dies ist vergleichbar mit der klassischen Normierungsphase nach Tuckman.

6.2.3.2 Fingerpuppen

Ein Konfliktfall mit einem schwierigen Schüler ihrer Klasse wurde von Frau Z. als einschneidend belastendes Erlebnis ihres Schulalltags geschildert. Er sei in einer als extrem schwierig bekannten Klasse komplett „ausgerastet", weil er die allgemeine Unruhe nicht mehr ertragen und einen Tisch umgeworfen habe. Hintergrund sei gewesen, dass seine Versetzung gefährdet gewesen sei und dass er häufig zu impulsiven Ausbrüchen neige. Frau Z. begann nun, ausführlich über die Zustände an der Schule und in dieser Klasse im Besonderen zu klagen. Wir unterbrachen ihren Redefluss und baten sie, für die Klasse Stellvertreter aus einem großen Sortiment an Fingerpuppen auszuwählen.

Schon bald lag ein buntes Bild unterschiedlicher Schülerfiguren vor uns. Stellvertretend für die Mädchen ihrer Klasse präsentierte Frau Z. eine pinkfarbene, zierliche Prinzessin und ein brav aussehendes Mädchen mit blonden Zöpfen. Die Schüler traten als Wolf, als Löwe, als rosa Panther sowie als

Clown auf. Mäuschen, Schmetterling oder Schnecke wurden für die Darstellung ignoriert. Für sich selbst wählte die Lehrerin den Polizisten, da es ihre Aufgabe sei, den „Haufen" ständig zu bändigen, zu bestrafen und an die Regeln zu erinnern. Im Rollenspiel mit dem Fingerpüppchen fielen Sätze, die mit „Ihr sollt …" oder „Ihr müsst …" begannen. Frau Z. wirkte bereits bei diesem Spiel regelrecht erschöpft.

Ausgehend vom Gedanken, zu irritieren und nicht am Vergangenen zu kleben, fragten wir in der Gruppe nach, wer denn gern Schüler in Frau Z.s Klasse wäre (Hargens, 2007, S. 19). Fast alle zeigten sich begeistert und begannen, um die präsentierten Rollen zu streiten. Man glaubte, es könne Spaß machen, den Polizisten zu foppen. Angesichts dieser Entwicklung stellten wir die zielorientierte Frage, von welcher Rolle sich die Klientin mehr Erfolg verspreche. In einem zweiten Versuch wurde die Krankenschwester als Stellvertreterin für die Lehrkraft ausgewählt. Der Gedanke dabei war, dass sie der Klasse unbedingt helfen wolle. Nach einem längeren Monolog begleitender Gedanken dazu verwarf sie auch diese Vorstellung und entschied sich für das Rotkäppchen. Im Selbstgespräch mit dem Schüler als Wolf an der einen Hand und sich selbst als Rotkäppchen an der anderen entstand eine erheiternd absurde Situation, die schlussendlich alle zum Lachen brachte.

„Ich möchte anerkannt sein und mich durchsetzen können aufgrund meiner Autorität." Damit hatte Frau Z. ihr Ziel gefunden. Und welche Puppe passte dazu? Eine Königin!

Die Verwendung von Fingerpuppen ist eine Arbeit mit stark geladenen Figuren, die an tiefe Schichten alter Eigenanteile heranführt. Gerade Märchenfiguren berühren archetypische Bilder. Die Gruppe war zu diesem Zeitpunkt etwa eineinhalb Jahre zusammen und sehr aufgeschlossen gegenüber kreativen Vorgehensweisen. Der Auftrag für die kommenden Schulwochen lautete: „Schreiten Sie durch die Gänge wie eine Königin!" Auch gegenüber der Schulleiterin könnte sich dies als nützlich erweisen.

Die Teilnehmerin hatte für die anderen Supervisandinnen exemplarisch an einem Thema gearbeitet, das auch im Prozess der anstehenden organisatorischen Neuordnung von Bedeutung war, nämlich der selbstbewussten Darstellung der eigenen Rolle als Lehrkraft in der Organisation Schule.

6.2.4 Individuelle Rollenklärung

6.2.4.1 Gestaltung von Masken

Für eine Sitzung eher gegen Ende des Schuljahres hatten einige Teilnehmerinnen wegen anderer schulischer Aufgaben absagen müssen. Auch die anwesenden fünf Supervisandinnen betonten, wie stark sie unter der Arbeitsbelastung litten. Sie brachten Themen in die Anfangsrunde ein, die um ihr individuelles Rollenverständnis kreisten und um das Gefühl: „Die Aufgaben überrollen mich." Eine intensivere Auseinandersetzung mit dem eigenen Rollenverständnis lag aus der Sicht der Supervisorinnen nahe, weshalb wir der Gruppe eine kreative Arbeit zum Thema „Meine Maske im Beruf" vorschlugen. Um den Teilnehmerinnen einige Assoziationen zu geben, machten wir in wenigen Sätzen deutlich, wo Masken verwandt werden, ließen aber weitere Überlegungen zur Funktion von Masken offen. Insgesamt war die Aufgabe bewusst weit gefasst. Es wurde betont, dass jede Einzelne ihre individuelle und für sich gültige Form finden würde. Als Materialien stellten wir eine Sammlung von Illustrierten und Zeitschriften, die zerschnitten werden konnten, Ton-, Krepp- und Transparentpapier, Bänder und Malstifte sowie Schere und Kleber zur Verfügung. Die Teilnehmerinnen hatten die Möglichkeit, aus einer großen Fülle auszuwählen. Wir gaben den Zeitrahmen von 30 Minuten vor. In einer längeren Phase des Sichtens setzten sich die Supervisandinnen mit ihren individuellen Impulsen auseinander, wobei sie erkennbar immer tiefer in ihre eigene Erlebniswelt abtauchten und sich an ihrem selbst gewählten Platz, abgewandt von den anderen, mit ihrer persönlichen Arbeit in großer Ernsthaftigkeit beschäftigten. Alle schöpften die Zeit vollständig aus. Frau K. betonte sogar, dass ihre Maske noch nicht vollendet sei.

In der anschließenden Runde wurden die Teilnehmerinnen gebeten, soweit sie wollten, ihre individuelle Gestaltung der Maske zu erläutern, was hier in Auszügen vorgestellt werden soll.

Frau M. ging in ihrer Gestaltung vor allem der Frage nach: Was kann ich zeigen, was will bzw. muss ich verstecken? Daraus ergab sich eine Zweiteilung in eine dunkle, melancholische bis verzweifelte Seite, die verborgen bleiben soll, und eine lebensbejahende, an den Freuden des Lebens orientierte Seite, die sie zeigen möchte. Denn sie erlebe ihre Schüler als erschöpft und pessimistisch, woraus sie ihre Aufgabe ableite, den positiven Weg ins Leben in ihrer Person darzustellen und die Schüler so anzuleiten. Als Lehrerin sehe sie sich ganz stark als Vorbild. Deshalb wolle sie ihre dunklere, nachdenklichere Seite hinter der Maske verbergen. Sie zu zeigen, sei gefährlich für die Schüler. Andere Teilnehmerinnen gaben zu bedenken, dass es für die Schüler vielleicht auch erhellend sein könnte, bei der Lehrerin auch pessimistische Haltungen zu sehen, auch unter dem Aspekt, dass nicht immer das Perfekte zur Schau gestellt werden müsste.

Eine zweite Überlegung bezog sich auf ihr Erleben, Teil eines Spiels zu sein, in dem es immer wieder auf die richtigen Schachzüge ankomme. Sie gehöre in diesen Prozess und könne ihn nicht immer steuern, weil die Spielzüge der anderen Prozessbeteiligten nur in Ansätzen vorhersehbar seien.

Frau U. verhüllte ihre in Grün und Gelb gehaltene Arbeit mit einem „Vorhang“ aus Transparentpapier. Sie erläuterte dazu, dass sie entscheide, was und wie viel sie in der Schule von sich, ihrem Denken und Fühlen zeige. Was sie als Lehrerin ausmache, sei ihre Eloquenz, dargestellt durch einen vollen roten Mund, und ihre Begeisterung für ihr Fach. Ein wesentliches Element ihrer Maske war eine in den Mund integrierte Uhr, womit sie zeigte, wie sehr sie selbst unter dem Zeitdiktat leidet, das sie aber andererseits auch gegenüber den Schülern vertreten muss.

Frau K. gestaltete eine in den Grundfarben sehr klare Maske in Grün und Rot, in die sie zwei Aspekte integrierte, nämlich die in Schwarz-Weiß gehaltene Sorge um die Schüler, an deren schwierigen Lebenssituationen sie großen Anteil nahm, und die Freude an ihren Fächern, die ihr Kraft gab und durch die sie an die Natur zurückgebunden war. In ihren Erläuterungen wurde deutlich, dass ein wesentliches Motiv für ihre Tätigkeit als Lehrerin der Wunsch nach Gerechtigkeit und Chancengleichheit ist. Da sie in dieser Hinsicht große Zweifel plagten, überwogen im Moment die schwarz-weiße Seite und das Gefühl der Last.

Nachdem alle Teilnehmerinnen Gelegenheit gehabt hatten, ihre jeweilige Gestaltung zu erläutern und, wenn gewünscht, ein Feedback der anderen

Supervisandinnen zu hören, baten wir alle, sich nochmals an die Themen des Anfangs zurückzuerinnern, verbunden mit der Frage, ob und, wenn ja, welche anderen Perspektiven sich jeweils eröffnet hätten. Da die Zeit schon sehr fortgeschritten war, konnten diese Überlegungen, z. B. zur Frage, inwieweit Lehrkräfte sich für den Ausgleich von Ungerechtigkeiten zuständig fühlen können, oder zu weiteren „Spielzügen" nur angerissen werden.

Wir regten abschließend an, die Masken in einem zeitlichen Abstand nochmals auf sich wirken zu lassen.

Die sehr intensive und in unserem Fall stark in die Persönlichkeit eingreifende Arbeit führte – das zeigte sich an der Art des Herangehens wie auch an der begleitenden Mimik und Haltung – bei den Teilnehmerinnen zu einer sehr kritischen Auseinandersetzung mit ihrer Lehrerrolle. Ganz im Sinne von Weiß (1996) erlebten die Teilnehmerinnen Masken „als Gegenstand, der schützt und trennt, ebenso wie er Grenzen aufhebt, Verborgenes zum Vorschein treten lässt, verwandelt und befreit" (Weiß, 1996, S. 61). Es war eine Erschütterung spürbar, über die die Supervisandinnen nur zum Teil sprechen konnten bzw. wollten. Die Methode eröffnete dabei ein ganz individuelles Vorgehen und half den Teilnehmerinnen, zu ihren eigenen inneren Wahrnehmungen und Positionen zu stehen. Sie unterstützten sich dabei wechselseitig, indem sie jeweils sehr respektvoll mit den Erläuterungen umgingen und ihre Beobachtungen sehr einfühlsam zur Verfügung stellten. In der vertrauensvollen Atmosphäre konnte mit der Gestaltung von Masken und ihrer Interpretation viel zur Klärung der jeweiligen Rolle als Lehrerin beigetragen werden.

In der Supervisionsgruppe hatte sich zu diesem Zeitpunkt ein sehr belastbares und vertrauensvolles Arbeitsbündnis aufgebaut. Die Gruppe hatte die kostruktive Arbeitsphase erreicht (vgl. Stahl, 2002, S. 153 ff.).

6.2.4.2 Wegbeschreibung

Die letzte Sitzung des Schuljahres wollten wir nach zweijähriger Zusammenarbeit zu einem Rückblick nutzen. Wir stellten den Supervisandinnen die Aufgabe, in Einzelarbeit den Weg grafisch darzustellen und die maximal drei wesentlichen Momente symbolisch hervorzuheben. Jede einzelne Teilnehmerin setzte ihre Schwerpunkte anders, und auch die Gestaltung fiel sehr individuell aus, z. B. linear in Form eines Strahls mit Unterbrechungen durch Symbole oder in Form einer Spirale mit angedeuteten Zeichnungen. Bedeutsam für die Teilnehmerinnen waren Phasen, in denen sie selbst ein Thema eingebracht und bearbeitet hatten, sowie die Supervisionsrunden, in denen wir an der Klärung der impliziten organisatorischen Struktur gearbeitet hatten. Nachdem die Teilnehmerinnen anhand der Grafik ihre Erinnerungen dargelegt hatten, leiteten wir zur Frage nach der weiteren Entwicklung im nächsten Schuljahr über. Es zeigte sich, dass die Teilnehmerinnen sehr individuelle Vorstellungen entwickelt hatten, die von der Fortsetzung der bisherigen Fallsupervision bis zur Initiierung eines Schulentwicklungsprojektes reichten. Auch die Frage, wie die Schulleitung mit einbezogen werden könnte, wurde diskutiert.

Mit der zeichnerischen Methode der Wegbeschreibung gelang es uns, die Teilnehmerinnen mit ihren individuellen Erinnerungen in Kontakt zu bringen. Sie konnten sehen, dass sie sich weiterentwickelt und für sich Positives erreicht hatten. Gleichzeitig gelang es, das, was noch fehlte, genauer zu benennen. Der Zuwachs an Reflexionsfähigkeit war deutlich erkennbar. Die Lehrkräfte entwickelten durch die Arbeit in der Supervision eine angemessenere professionelle Distanz zu den Forderungen der Schulleitung wie auch gegenüber dem Verhalten der Schüler. Die Aufgabe, bei der Arbeit in der Klasse immer wieder leiten und Struktur geben zu müssen, wurde nun stärker akzeptiert. Diese Facette neben der freundlichen, zugewandten und entgegenkommenden Lehrerin wurde als stärker notwendig wahrgenommen.

Die Metapher des Weges bei der letzten Sitzung im Schuljahr half den Teilnehmerinnen das Noch-Nicht eines optimalen Wunschzustands zu akzeptieren und Vorstellungen für die Zukunft zu entwickeln.

Vergleichen lässt sich diese abschließende Arbeit mit der sogenannten Reifephase eines Gruppenprozesses. Die Interaktion hatte eine gewisse Routine erreicht, die Teilnehmerinnen gingen mit großer Achtsamkeit und Wertschätzung miteinander um. Uns als Leitungsteam kostete dies wenig Anstrengung verglichen mit früheren Sitzungen. Umgangsregeln hatten sich inzwischen eingespielt, die Beziehungen untereinander waren geklärt, was aus der Perspektive der Organisationsentwicklung mit der Integrationsphase zu beschreiben wäre.

6.3 Resümee

In unserer Arbeit mit einer in der Supervision unerfahrenen Gruppe konnten wir kreative Medien sinnvoll einsetzen,

- um die Teilnehmerinnen aus ihrer Beschränkung im Kognitiven herauszuführen. Es erschlossen sich ihnen aus einer exzentrischen Position neue, vielfältigere Perspektiven auf ihre Praxis (vgl. Schreyögg, 2010, S. 280).
- um die Individualität der Teilnehmerinnen, ihre unterschiedliche Haltung und Einstellung erlebbar zu machen. Während zu Beginn Unterschiedlichkeit in der Gruppe der Lehrerinnen eher verneint und negativ gesehen wurde, konnten durch das kreative Arbeiten nützliche Differenzierungen hervortreten und von den Teilnehmerinnen gewürdigt werden.
- um die komplexen, oft informellen Prozesse in der Organisation ihrer Schule plastisch herauszuarbeiten. In der Auseinandersetzung mit den eigenen Wünschen und Vorstellungen konnten die Teilnehmerinnen sich von überzogenen Erwartungen verabschieden und realistischere Handlungsstrategien entwickeln. Das Bewusstsein, dass eine neue Phase in der Entwicklung ihrer Schule bevorsteht und dass sie als selbstbewusste Lehrkräfte darauf Einfluss nehmen können, konnte gestärkt werden.

Eine Gefahr ist möglicherweise, dass sich die angewandten kreativen Methoden allzu spielerisch verselbstständigen und der „rote Faden" hinsichtlich einer zielorientierten Lösungssuche verloren geht. Auch unsere zensierende Vorauswahl, was zum Beispiel die Bildkarten betraf, kann das Ansprechen düsterer Themen eingeschränkt haben. Möglicherweise haben wir dadurch den Rahmen der Unterstützung, den wir den Supervisandinnen hätten anbieten können, noch nicht ausgeschöpft. Schließlich besteht durch die Konzentration auf Sach- und Handlungsmedien die Gefahr, dass die Interaktion in der Gruppe etwas aus dem Blick gerät. Durch gründliche Gespräche bei der Nachbereitung der Stunden sowie durch die Begleitung in unserer eigenen Lehrsupervision haben wir versucht, dem vorzubeugen.

Insgesamt gesehen stellen für uns kreative Methoden eine Bereicherung des Handlungsspektrums bei Supervisionssitzungen gerade mit Lehrkräften dar, da diese wie eingangs dargestellt oft stark auf die kognitive Ebene fixiert sind.

6.4 Literatur

Bamberger, G. (1999). *Lösungsorientierte Beratung –Praxishandbuch.* Weinheim: Beltz.

Bauer, A. & Schmidbauer, W. (2005). *Im Bauch des Wals. Über das Innenleben von Organisationen.* Berlin: Leutner.

Brater, M., Büchele, U., Fucke, E. & Herz, G. (1989). *Künstlerisch handeln – Die Förderung beruflicher Handlungsfähigkeit durch künstlerische Prozesse.* Stuttgart: Verlag Freies Geistesleben.

Hargens, J. (2007). *Werkstattbuch Systemisches Coachen – Aus der Praxis für die Praxis.* Basel: Borgmann Media.

Neumann-Wirsig, H. (2009). *Supervisions-Tools* (2. Aufl.). Bonn: manager-Seminare.

Petzold, H. & Orth, I. (1990). *Die neuen Kreativitätstheorien, Bd. 1 u. 2.* Paderborn: Junfermann.

Pühl, H. (2010). *Konfliktklärung in Teams und Organisationen.* Berlin: Leutner.

Reichel, R. & Rabenstein, R. (2001). *Kreativ beraten – Methoden, Modelle, Strategien für Beratung, Coaching und Supervision.* Münster: Ökotopia.

Schreyögg, A. Lehrbriefe – *Arbeit mit kreativen Medien in der Supervision.*

Schreyögg, A. (2010). *Supervision* (5. erw. Aufl.). Wiesbaden: VS Verlag für Sozialwissenschaften.

Stahl, E. (2002). *Dynamik in Gruppen.* Weinheim: Beltz.

Tuckman, B.W. (1965). Developmental sequences in small groups. *Psychological Bulletin, 63,* 348-399.

Vopel, K. (1995). *Anfangsphase 2* (2. Aufl.). Salzhausen: iskopress.
Weiß, B. (1996). Masken im Beruf-Maskenspiel in der Supervision. *Organisationsberatung –Supervision – Clinical Management, 1,* S. 59-76.

Kontakt

Ulrike Becker
E-Mail: beckerulrike@gmx.net

Anne Vogelpohl
E-Mail: anne.vogelpohl@gmx.de

7 Die Collage „Mein Bild von mir als Lehrkraft" in der Arbeit mit Referendaren

Ursula Pangratz

Es liegt nahe, in die supervisorische Arbeit mit Referendaren, die sich am Beginn ihrer praktischen Ausbildung befinden, mit einem Thema einzusteigen, das sich mit dem Selbstbild der angehenden Lehrkräfte befasst. Dies zeigt ein Blick auf die Situation der Berufsanfänger zu Beginn ihres ersten Jahres an der Schule.

7.1 Die Situation der Berufsanfänger an der Seminarschule

Die angehenden Lehrkräfte kommen nach dem ersten Staatsexamen mit einem breiten theoretischen Hintergrundwissen an die Schule. Hier müssen sie sich zunächst der ganz unmittelbaren Begegnung mit den Schülern stellen. Trotz der absolvierten Praktika ist dies für die Referendare eine große Herausforderung. Sie erleben nun zum ersten Mal, dass sie fortlaufend mit Schülern arbeiten und nicht etwa wie im Praktikum nach wenigen Stunden die Schule verlassen. Jetzt müssen sich die Berufsanfänger so präsentieren, wie sie als Lehrkräfte auftreten wollen. Alles, was gut gelingt, hilft ihnen für ihre weitere Arbeit mit der Klasse. Was ihnen nicht gelingt, müssen sie selber ausbügeln. Die Arbeit an der Frage: „Wie will ich als Lehrkraft auftreten?" – oder anders formuliert: „Was habe ich für ein Bild von mir als Lehrkraft?" –, ist deshalb für die meisten Referendare in dieser Phase eine absolute Notwendigkeit, sozusagen eine Entwicklungsaufgabe. Die erfolgreiche Bearbeitung dieser Aufgabe ist gleichzeitig von großer Bedeutung für ihre Arbeit mit den Schülern und ein wichtiger Faktor im Hinblick auf ihre eigene Berufszufriedenheit.

Ganz anders als die Referendare erleben die Schüler die Situation. Viele von ihnen haben schon reichlich Erfahrung im Umgang mit neuen, unsicheren, oft sehr jungen Lehrkräften. An eine Schule, die Seminarschule ist, kommen schließlich Jahr für Jahr zu Beginn des Schuljahres Referendare, meist in einer Gruppe von etwa 20 Personen, die jeweils in zwei Fächern eingesetzt werden. Ein Schüler der achten oder neunten Klasse hat deshalb oft schon zwischen zehn und zwanzig junge Lehrkräfte bei ihren ersten Unterrichtsversuchen erlebt und kennt den Ablauf der Ausbildung ziemlich gut. In den ersten beiden Wochen sind die Referendare oft noch wie Gäste an der Schule. Diese Zeit vergeht meist mit dem Kennenlernen der Räumlichkeiten und den Abläufen in der Schule. Im Lauf der dritten oder vierten Schulwoche beginnen die ersten Unterrichtsversuche, zunächst noch unter der Aufsicht der zuständigen Fach-Seminarlehrkraft. Das Verhalten der Jugendlichen ist in dieser Situation durch die Anwesenheit der Seminarlehrkraft geprägt, es gelten die Regeln, die im Unterricht der Seminarlehrkraft eingeführt sind.

So steht für die angehenden Lehrkräfte hier noch der Umgang mit dem Lehrstoff im Vordergrund. In der ersten Stunde, die ohne die Begleitung einer Seminarlehrkraft stattfindet, ist das Thema jedoch ein ganz anderes: Wie tritt die junge Lehrperson gegenüber den Schülern auf? Wie setzt sie die Schwerpunkte zwischen der Behandlung des Lehrstoffs und der Klärung des Umgangs mit den Jugendlichen auf der Beziehungsebene, die im Unterricht immer eine Rolle spielt? Es geht dann schnell um sehr konkrete Fragestellungen, anhand deren die Schüler sich ein Bild von dem jeweiligen Referendar machen. Nicht selten haben junge Kollegen Monate zu tun, um für Klarheit bezüglich ebendieses Umgangs zu sorgen. „Ich muss mal aufs Klo!" Mit dieser Mitteilung, einfach mitten ins Unterrichtsgeschehen geworfen, beginnt oft der „Test". Wer klare Vorstellungen davon hat, wie er seine Rolle als Lehrkraft ausfüllen möchte, ist hier merklich im Vorteil.

Es soll hier nicht verschwiegen werden, dass es – wie alle, die mit Schule zu tun haben, wissen – auch fertig ausgebildete Kollegen gibt, die in dieser Frage auch nach mehreren Berufsjahren nicht ausreichend Klarheit für sich gewonnen haben und ständig darunter leiden, z. B. wenn es nicht gelingt, für ausreichend Ruhe und Disziplin im Unterricht zu sorgen. Wie neuere Untersuchungen zur Qualität von Unterricht belegen, ist genau dieser Punkt ein wesentlicher Einflussfaktor auf den Lernerfolg von Schülern (Mägdefrau, 2007). Danach korreliert der Lernerfolg mit einem Koeffizienten von 0,86 mit dem Kriterium „Verringerung von störendem Verhalten im Klassenzimmer". Die in diesem Aufsatz vorgestellte Methode ist also nicht nur für Berufsanfänger, sondern für alle Kollegen im Rahmen der supervisorischen Arbeit gewinnbringend einsetzbar, wenn sie über ihr eigenes Rollenverständnis nachdenken und ihr Auftreten im Klassenzimmer verändern möchten.

7.2 Die Vorbereitungen: Erfahrungen bezüglich des bereitzustellenden Materials und der Rahmenbedingungen

Die benötigten Materialien sind große Plakate, mindestens im DIN-A3-Format, am besten aus farbigem Tonpapier, in genügend großer Anzahl. Man benötigt mindestens pro Teilnehmer der Gruppe ein Plakat sowie einige zusätzliche Blätter, falls ein Versuch noch einmal begonnen werden soll. Ersatzweise können auch Blätter von einem Flipchartblock verwendet werden. Weiter benötigt man genügend Zeitschriften, Zeitungen, Kataloge, Broschüren u. Ä. Besonders gut geeignet sind hier Schriften, die mit großen Schlagzeilen und plakativen Bildern arbeiten. Auch Druckwerke mit Karikaturen sind sehr ergiebig. Es müssen durchaus nicht Zeitschriften sein, die sich speziell mit dem Themenbereich Schule und Bildung befassen. Auch Themen aus Politik, Wirtschaft, Kultur, Sport oder Reisen und Urlaub eignen sich erstaunlich gut. Für jede teilnehmende Person sollten Schere und Kleber bereitliegen. Gerne angenommen werden auch andere Materialien, die sich kreativ einsetzen lassen, wie Wollfäden, Aufkleber, Schnüre, Perlen, Moderationspapiere, die beschriftet werden können u. Ä.

Die Rahmenbedingungen sind so zu gestalten, dass jeder einzelne Teilnehmer in Ruhe arbeiten kann. Dazu müssen nicht nur die Materialien in ausreichender Anzahl vorhanden sein. Man braucht auch für jeden einen Arbeitsplatz. Einzeltische, die im Raum verteilt werden können, sind ideal. Wie bei jeder Supervisionssitzung ist es wichtig, Störungen von außen zu vermeiden. Ein einfaches Schild außen an der Tür genügt und tut gute Dienste.

Der Zeitrahmen, der für die gestalterische Phase verwendet werden soll, muss klar angegeben werden. Er sollte mindestens 20 bis 30 Minuten betragen. Diese Zeitspanne hat sich in der Praxis sehr bewährt. Wenn jemand sehr viel eher fertig ist, kann man eventuell nachfragen und einen oder zwei Gedanken als weitere Anregung anbieten. Klienten, die nach 30 Minuten bei Weitem noch nicht fertig sind, kann man ermutigen, indem man darauf hinweist, dass die wesentlichen Aspekte erfahrungsgemäß ihren Ausdruck finden, und betont, dass es nicht um eine perfekte künstlerische Darstellung geht.

Sehr gut bewährt hat es sich, im Hintergrund leise Musik abzuspielen. Es entsteht dadurch eine sehr ruhige und konzentrierte Arbeitsatmosphäre, und die Neigung, sich zu unterhalten, vielleicht um den etwas schwerfallenden Anfang hinauszuzögern, wird verringert. Die Musik hilft, zur Ruhe zu kommen und sich in die Arbeit zu vertiefen. In der Regel sind schon nach wenigen Minuten alle intensiv an der Arbeit und mit ihren eigenen Gedanken und ihrem Werk beschäftigt. Ein kreativer Reflexionsprozess hat eingesetzt, der so wenig wie möglich gestört werden sollte. Erst wenn die vereinbarte Arbeitszeit beendet ist und die Werke abgeschlossen sind, ist eine Pause mit Lüften des Raumes sinnvoll, bevor mit der Auswertung begonnen wird.

7.3 Kritische Punkte bei der Durchführung

Es sind einige Punkte zu beachten, deren Klärung notwendig ist, damit alle mit gutem Gefühl an die Arbeit gehen können und der kreative Prozess gut und flüssig ablaufen kann.

7.3.1 Klarheit schaffen

Bevor mit der praktischen Arbeit begonnen werden kann, ist zu klären, was mit den einzelnen Arbeiten geschehen soll. Dienen sie hauptsächlich dem persönlichen, sozusagen inneren Klärungsprozess des jeweiligen Referendars, oder sollen die Arbeitsergebnisse auch vorgezeigt und besprochen werden? Je nach Zusammensetzung der Gruppe schlägt hier unter Umständen eine heftige Protestwelle an. Mehr oder weniger deutlich wird nachgefragt, ob es wirklich sinnvoll sei, alle Werke zu zeigen. In dieser Situation sind oft regressive Anteile enthalten, man möchte in seinem sicheren Versteck bleiben, die Tarnung nicht vorschnell aufgeben. Immerhin spielt sich das Ganze ja sehr nah am Beginn des Schuljahres ab. Wie oben erläutert hat diese Arbeit gerade in den allerersten Wochen des Schuljahres, insbesondere bevor die Referendare ihre erste Stunde allein vor der Klasse halten, den größten Nutzen. Der Nachteil dieses Termins liegt auf der Hand. Die Gruppe hat sich nur ganz wenige Male gesehen und hatte noch kaum Gelegenheit, Vertrauen aufzubauen. Deshalb ist die Scheu, sein Werk zu zeigen, sehr gut verständlich, ja geradezu zu erwarten. Die Ursache dieser Widerstände liegt oft in sozialen Ängsten. Die Analyse und der Umgang mit diesem Phänomen werden später ausführlich behandelt.

7.3.2 Aller Anfang ist …

… verlockend: Es hat sich gezeigt, dass es den Referendaren umso leichter fällt, ins Thema einzusteigen, je verlockender die bereitgestellten Materialien durch Farb- und Schriftgestaltung sind. Eine Zeitschrift mit möglichst witzigen Schlagzeilen, die auf verschiedene Themen bezogen werden können, gibt erste Impulse und hilft somit, den Anfang zu finden. Man kann einige solcher Schlagzeilen vorlesen und durch ein paar Kommentare aufzeigen, dass ein ursprünglich aus der politischen Berichterstattung stammender Text durchaus auf die Schule bezogen werden kann. Auch Bilder, die zum Thema passen könnten, sind hilfreich und erleichtern den Anfang. Es ist jedoch gut, darauf zu achten, dass die angebotenen Texte und Bilder inhaltlich ausgewogen sind, um die Referendare nicht in eine bestimmte Richtung zu drängen. Aus diesem Grund ist auch das Vorzeigen von fertigen Beispielen nicht anzuraten. Die Fantasie der Teilnehmer soll frei und ohne Vorgaben ihren Weg finden. Aus den einleitenden Worten der Gruppenleitung soll vielmehr deutlich werden, dass viele Ansätze und Positionen denkbar sind und es eine Vielfalt an Möglichkeiten gibt, sich im Umgang mit den Schülern gut zu positionieren und den Unterricht erfolgreich zu gestalten. Ermutigung steht also im Vordergrund.

Dies ist umso bedeutsamer, als die Berufsanfänger im Gegensatz dazu oft in den ersten Wochen der praktischen Ausbildung die Erfahrung machen, dass sie mit den subjektiven Theorien ihrer Ausbilder konfrontiert werden und nicht selten von ihnen erwartet wird, dass sie die Meinung der Seminarlehrkräfte einfach übernehmen (nach Mägdefrau, 2008). Dass dieser Anspruch auf dem Weg, eine eigenständige Lehrperson zu werden und ein individuelles Profil zu entwickeln, oft nicht hilfreich ist, liegt auf der Hand. Deshalb ist es auf jeden Fall zu vermeiden, auch nur einen Anschein von festgelegten Lösungswegen zu erwecken. Es muss ganz eindeutig spürbar werden, dass es in der Supervision darum geht, die Berufsanfänger dabei zu unterstützen, ihren eigenen Weg als Lehrkraft zu entwickeln.

7.4 Beobachtungen bei der praktischen Umsetzung

Sobald das einführende Gespräch abgeschlossen ist, Fragen und Widerstände geklärt sind und der Zeitrahmen abgesprochen ist, wird das Zeichen zum Beginn der Arbeitsphase gegeben. Erfahrungsgemäß suchen sich nun alle eifrig ihr Material, blättern hier und da in den bereitgelegten Zeitschriften, sammeln Blätter, Kleber, Stifte, Papiere und richten sich an ihrem Arbeitsplatz ein. Es geht noch mancher Blick in Richtung der Kollegen. Wenn man die Teilnehmer weiterhin bei der Arbeit beobachtet, kann man feststellen, dass viele sehr bald ganz und gar in die Arbeit vertieft sind und offensichtlich ihre Umgebung kaum mehr wahrnehmen. Dies gilt besonders, wenn man sich für leise, entspannende Hintergrundmusik entschieden hat.

Große Resonanz finden häufig ungewöhnliche Materialien. So hat z. B. in einer Sitzung ein Referendar mit einem nur beiläufig angebotenen Wollknäuel hingebungsvoll auf seinem Plakat ein völlig unentwirrbares Labyrinth aufgeklebt und später erklärt, so in etwa sei seine Vorstellung von den vor ihm liegenden beiden Ausbildungsjahren. Eine andere Teilnehmerin suchte sich nur ganz wenige, kleine Kreise aus dem Moderationsmaterial aus, die sie äußerst sparsam beschriftete, sodass ihr Blatt am Ende der Arbeit noch fast unberührt wirkte. Sie erklärte dazu, dass ihr während der Arbeit bewusst geworden sei, dass sie nur sehr wenige konkrete Vorstellungen von ihrer zukünftigen Arbeit als Lehrerin habe. Sie sei sehr erstaunt, was den anderen alles eingefallen sei, und merke nun, dass sie wohl einigen Nachholbedarf habe.

Diese Phase, in der wie oben beschrieben ganz in sich gekehrt und konzentriert gearbeitet wird, ist ungemein wertvoll und kostbar. Gibt es doch im schulischen Alltag sonst kaum einmal eine ruhige Minute – von Zeit, über die eigene Position nachzudenken, gar nicht zu reden. Von der ersten Minute an, in der das Schulgebäude betreten wird, sind die Referendare ununterbrochen am vor- oder nachbesprechen ihrer Stunden, entweder mit ihren Kollegen oder mit den Seminarlehrkräften. Dann sind die Termine für die Fachsitzungen, die Hospitationen bei den Unterrichtsversuchen der anderen Referendare, Kopierarbeiten und die Suche nach geeignetem Unterrichtsmaterial zu bewältigen, sodass nach übereinstimmender Aussage der Referendare zur Reflexion so gut wie keine Zeit bleibt. Wenn also Reflexion überhaupt stattfindet, dann in eher ungünstigen Situationen, wie z. B. wenn man nachts wegen des enormen Drucks nicht gut schlafen kann. Dass im Rahmen der Supervision nun in aller Ruhe die eigene Position überdacht werden kann, wird als interessant, notwendig, sinnvoll und ergiebig erlebt. Die Referendare machen – oft nach langer Zeit, in einzelnen Fällen sogar zum allerersten Mal – die Erfahrung, dass sie fähig sind, kreativ zu arbeiten und ihre Gedanken in ein eigenes Werk umzusetzen.

Manche legen nach einiger Zeit, wenn die ersten Ideen umgesetzt sind, eine Pause ein, orientieren sich wieder im Raum und unterziehen ihr Werk einer ersten kritischen Prüfung. Oft folgt dann eine zweite Runde, in der noch einmal intensiv gearbeitet wird. Viele arbeiten auch in einem Zug durch und blicken erst wieder auf, wenn die Collage fast oder ganz fertig ist.

Es ist empfehlenswert, gegen Ende der vorher festgelegten Zeit einen Hinweis zu geben, damit die Arbeiten einmal kurz überprüft und fehlende Details eventuell noch ergänzt werden können. Notfalls kann ein Teil der nachfolgenden Pause zur Fertigstellung der Arbeiten verwendet werden.

7.5 Analyse von auftretenden Widerständen

Der Begriff „Widerstand“ im Zusammenhang mit Supervision ist von verschiedenen Autoren immer wieder neu und anders definiert worden. Hier sollen nur die wichtigsten Versionen kurz zusammengestellt werden (nach Schreyögg, Lehrbriefe, 2013, S. 1 ff.).

Der Begriff taucht erstmalig bei Freud im Rahmen seiner Arbeit mit sogenannten hysterischen Patientinnen auf und diente ihm „zur Charakterisierung von widerstrebenden Handlungsmustern, die sich auf dem Hintergrund frühkindlicher, traumatischer Kindheitserfahrungen in einer neuen Situation wiederbelebten und wie ehedem zu innerer Spannung und Vermeidung der Situation führten“ (Schreyögg, 2013, S. 1). Im Rahmen eines integrativen Supervisionsmodells erweist sich diese eng umgrenzte und stark auf frühkindliche Erfahrungen und Prägungen eingeschränkte Sicht als wenig hilfreich. Wie Schreyögg weiter ausführt, lässt dieses frühe Verständnis von Widerstand mehrere Aspekte völlig außer Acht, die aber für eine hilfreiche, die Weiterentwicklung des Supervisanden fördernde Supervisionsarbeit unverzichtbar sind. Insbesondere müssen, wie bei späteren Autoren dann auch geschehen, die folgenden Erkenntnisse einbezogen werden (nach Schreyögg, 2013, S. 1 ff.).

7.5.1 Widerstand als Schutzmechanismus

Es ist nicht angemessen, Widerstand in jedem Fall als pathogenes, ausschließlich auf (krankhafte oder unreife) innerpsychische Dynamiken des Klienten zurückzuführendes Phänomen zu begreifen. Vielmehr muss anerkannt werden, dass ein Sich-Sperren gegen bestimmte Anforderungen auch als ein Schutzmechanismus der Person verstanden werden kann, der objektiv und/ oder subjektiv durchaus berechtigt und sinnvoll sein kann.

7.5.2 Widerstand als Reaktion auf die Gruppenleitung

Widerstand muss nicht immer in der Person des Klienten begründet sein, sondern kann sehr wohl auch durch den Interaktionspartner, also die beratende Person, ausgelöst werden, z. B. wenn diese Person in einer unangemessenen Weise zu verstehen gibt, wie überlegen sie dem Klienten ist. In diesem Zusammenhang kommt dem Konzept eines akzeptierenden, wertschätzenden Umgangs zwischen Klient und Berater eine wichtige Rolle zu. Gemäß dem integrativen Verständnis von Supervision ist stets zu beachten, dass, wie z. B. von Rogers beschrieben, die Situation in der Supervision stets eine Subjekt-Subjekt-Beziehung darstellt und damit dem Einfluss von beiden beteiligten Seiten unterliegt.

7.5.3 Widerstand als Reaktion auf den situativen Rahmen

Weiterhin spielt auch der gegebene situative Rahmen eine große Rolle. Unter bestimmten Bedingungen liegt es auf der Hand, dass Supervisanden geradezu unklug und ihren eigenen Interessen zuwiderhandeln würden, wenn sie alle Fakten, Gedanken und Gefühle, die in einer Situation auftreten, offen zeigen oder benennen würden. Dies ist insbesondere im schulischen Setting immer dann der Fall, wenn für die Supervisanden nicht klar ist, in welcher Verbindung der Supervisor zu dienstvorgesetzten Stellen, z. B. der Schulleitung, steht. Es ist wichtig, in diesem Punkt für Klarheit zu sorgen. Kommt der Supervisor von außerhalb des Schulsystems, so ist hier leichter Vertrauen herzustellen als bei einer Gruppenleitung, die selber Teil des schulischen Systems und damit auch der schulinternen Hierarchie ist. Es muss in jedem Fall gewährleistet sein, dass bezüglich der Inhalte der Supervisionssitzung die Schweigepflicht auch gegenüber vorgesetzten Stellen gilt. Es ist Aufgabe der

Gruppenleitung, diesen Punkt vor Beginn der Supervision mit der Schulleitung genau abzuklären und dies der Gruppe auch mitzuteilen. Nur so kann für die Teilnehmer ein geschützter Raum entstehen, in dem sie sich so weit öffnen können, dass die supervisorische Arbeit überhaupt sinnvoll und gewinnbringend sein kann.

In diesem Zusammenhang ist auch der z. B. in der themenzentrierten Interaktion verwendete Begriff der „selektiven Authentizität" („was ich sage, ist wahr, aber ich sage nicht alles, was wahr ist") bedeutsam. Es ist durchaus sehr lohnend, diesen Aspekt im Rahmen der Supervision mit den Referendaren anzusprechen und zu diskutieren. Schließlich müssen sie lernen, sich im Schulalltag von den Schülern klar abzugrenzen, indem sie z. B. unangemessene Fragen seitens der Schüler (z. B. „Wie alt waren Sie, als Sie Ihre erste Freundin/Ihren ersten Freund hatten?") klar als solche erkennen und dies gegenüber den Jugendlichen wertschätzend, aber eindeutig zum Ausdruck bringen. Dies fügt sich sehr gut in den Widerstandsbegriff von Viktor Frankl ein, der im nächsten Abschnitt behandelt wird.

7.5.4 Widerstand als besonderes Potenzial des Menschen

Aus der Sicht von Viktor Frankl ist die Fähigkeit, „Widerstand leisten zu können, ein besonderes Potenzial des Menschen im Hinblick auf seine existentielle Sicherung" (Schreyögg, 2013, S. 4). Viktor Frankls Sicht entwickelte sich aufgrund seiner lebensbedrohlichen Erfahrungen im Konzentrationslager. Zum Glück sind die meisten Referendare solchen Bedingungen nicht ausgesetzt. Es ist deswegen darauf zu achten, dass der Wert von Widerstand nicht unangemessen überhöht wird. Auch wenn es im Rahmen der Ausbildung an der Seminarschule unbestritten Situationen gibt, in denen es angemessen und wichtig ist, Widerstand zu leisten, so muss doch genauso gesehen werden, dass ein unkritisches Antrainieren von Widerstandsstrategien als Selbstzweck genauso unsinnig ist wie die völlige Aufgabe oder Unfähigkeit zum Widerstand. Vielmehr muss es in der Supervision darum gehen, Menschen in „situativ- und kontextbezogener Weise in ihrer Widerstandsfähigkeit zu fördern" (Schreyögg, 2013, S. 4).

7.6 Umgang mit Widerständen

Der Vorschlag, eine Collage zum Thema „Mein Bild von mir als Lehrkraft" anzufertigen, stößt in der Gruppe nicht selten auf ein geteiltes Echo. Während ein Teil der Teilnehmer, häufig mehrheitlich Frauen, sich gut vorstellen kann, sich kreativ zu betätigen, und am liebsten sofort beginnen möchte, äußern andere Teilnehmer mehr oder weniger deutlich ihr Unbehagen. Es tauchen alte Erfahrungen auf. So wird geäußert, dass man nicht malen oder basteln könne oder dass man so etwas nicht gern mache. Dann kommen durchaus substanzielle Bedenken, indem der Sinn solchen Tuns mehr oder weniger offen in Frage gestellt wird. Bittet die Gruppenleitung um genauere Erläuterung der Bedenken, wird meistens schnell klar, dass es um eine allgemeine Unlust geht, sich der Aufgabe zu nähern. Diese wird an verschiedenen Details festgemacht. Damit treten vorhandene Widerstände deutlich zutage und stellen die Gruppenleitung vor die Aufgabe, angemessen zu reagieren.

Für die Leitung der Gruppe ist es aus verschiedenen Gründen von großer Bedeutung, sich konstruktiv mit diesen Widerständen auseinanderzusetzen. Erstens ist es in jeder Gruppe wichtig, auf Widerstände passend zu reagieren, damit die weitere Arbeit nicht blockiert wird. Außerdem sollen die Teilnehmer erleben, dass es möglich ist, diffuse ungute Gefühle – denn als solche spüren viele Supervisanden ihre eigenen Widerstände zunächst – zu äußern. Es muss nicht nur klar werden, dass die Gruppenleitung in solchen Situationen den Überblick bewahrt, sondern vielmehr, dass gerade die Äußerung dieser zunächst als eher negativ wahrgenommenen Gefühle die Arbeit in der Gruppe ungemein bereichert. Als echtes, ureigenes Erleben dürfen die Bedenken der Teilnehmer auf keinen Fall übergangen werden, sind sie doch ein sicheres Zeichen, dass die Betroffenen aufmerksam ihren eigenen inneren Prozessen gegenüber sind und dass sie darüber hinaus mutig genug sind, diese Selbstwahrnehmungen auch dann zu äußern, wenn sie Gefahr laufen, dadurch den vermeintlich erwünschten, glatten und störungsfreien Ablauf der Sitzung zu gefährden.

Es wird unmittelbar klar, dass die erste Reaktion der Gruppenleitung immer eine positive Würdigung genau dieser beiden Punkte sein muss: Die

Gruppenleitung benennt den sensiblen Umgang mit sich selber, die Achtsamkeit für das eigene Erleben und das Ernstnehmen der eigenen Empfindungen und betont, dass Empathie und Wertschätzung für sich selber wichtige Voraussetzungen dafür sind, dass man lernt, sich auch in andere, z. B. in Schüler, einzufühlen und auch deren Gefühle ernst zu nehmen. Damit sind gleichzeitig mehrere wichtige Aussagen gemacht.

Erstens wird ein Lob für die ehrlichen „Widerständler" ausgesprochen. Zweitens wird die Notwendigkeit betont, gut auf sich selbst zu achten, und zwar bezüglich sowohl der eigenen emotionalen als auch der physischen Reaktionen. Das ist für Lehrkräfte eher ungewohnt. Insbesondere die Referendare werden nicht selten dazu angehalten, eigene Wahrnehmungen hintanzustellen und sich gemäß den Vorschlägen der Seminarlehrkräfte zu verhalten. Drittens wird klar ausgedrückt, dass die Gruppenleitung Empathie und Wertschätzung als wichtige Grundhaltungen im Umgang mit anderen Menschen betrachtet, die im Lehrberuf ganz besonders wichtig sind. Dabei bekommt man diese Fähigkeiten nicht in die Wiege gelegt, sondern es wird aufgezeigt, dass man sich diese Haltungen erarbeiten kann und als Lehrperson eben auch muss. Viele Referendare erleben in der Supervisionsgruppe zum ersten Mal, dass zunächst unangenehm erscheinende Gefühle nicht nur von den Betroffenen geäußert, sondern sogar von der Leitung und ggf. anderen Teilnehmern wertgeschätzt werden. Es zeigt sich darüber hinaus, dass das Ansprechen solcher Gefühle und Wahrnehmungen für die weitere Arbeit der Gruppe unverzichtbar ist.

Zeitigen die ersten kritischen Beiträge solch positive Wirkungen, fühlen sich nach und nach auch eher schüchterne oder sehr angepasste Teilnehmer ermutigt, sich zu öffnen und so ganz neue eigene Erfahrungen zu machen.

Anmerkung zum wertschätzenden und einfühlenden Umgang mit Schülern: Ein erfahrener, mittlerweile bereits pensionierter Schulleiter hat mir gegenüber einmal geäußert, dass es kein Wunder sei, dass die Beziehungen zwischen Lehrkräften und Schülerschaft oft so schwierig seien. Er sagte: „Die (Real-)Schüler sind oft aus schwierigen sozialen Milieus. Der typische Realschüler ist männlich, sprachlich sehr wenig geübt, misst der Schule nur eine untergeordnete Bedeutung für das echte Leben bei und passt sich nur wenig an das an, was von ihm in der Schule erwartet wird. Die typische Lehrkraft ist aus ‚gutem Hause', weiblich, verfügt über einen gepflegten Wortschatz respektive Ausdrucksweise, hat der Schule schon immer große Bedeutung beigemessen und ist perfekt an die Erwartungen der Schule angepasst." Macht man sich die so formulierten Diskrepanzen in Wahrnehmung und Einschätzung von Schule aus der Sicht von Schülern und Lehrkräften bewusst, so fällt es im Allgemeinen schon viel leichter, mit den vielen Reibungen und Ärgernissen im Schulalltag konstruktiv umzugehen, indem man mit den betroffenen Schülern die schulischen Notwendigkeiten in einer wertschätzenden und akzeptierenden Grundhaltung anspricht und ihnen klarmacht, dass man als Lehrperson angemessene Umgangsformen einfordern wird.

Die bisher beschriebenen Wirkungen eines empathischen und wertschätzenden Umgangs mit Widerständen in der Supervisionsgruppe werden allesamt unmittelbar wirksam, sozusagen im Hier und Jetzt der Supervisionssitzung. Darüber hinaus stellt die Gruppenleitung für die angehenden Lehrkräfte jedoch auch ein Modell dar, wie sie auch ohne übertriebene Maßregelungen auf Einwände und Proteste ihrer Schüler reagieren können und damit ohne viel Aufwand ein gutes Unterrichtsklima schaffen können.

Zurück zur Situation in der Supervisionsgruppe: Oft genügt bereits die ehrliche, positive Würdigung der geäußerten Widerstände, und die Teilnehmer äußern spontan, dass sie nun doch gerne ausprobieren möchten, welche Erfahrungen sie mit der vorgeschlagenen Collage machen werden. Es kann aber auch sein, dass der Sinn der anstehenden Arbeit weiter in Frage gestellt wird. In dieser Situation ist es angemessen, genauer zu erkunden, worin die Betroffenen die Probleme im Einzelnen sehen bzw. was sie daran hindert, sich auf den Vorschlag einzulassen. Man kann zunächst noch einmal betonen, dass niemand zu etwas gezwungen wird, was er nicht will. Vorsorglich ist deshalb auf jeden Fall dafür Sorge zu tragen, dass alternativ auch ein anderer Auftrag, z. B. die Bearbeitung eines Textes, der zum Thema passt, ausgeführt werden kann. Entsprechendes Material ist bereitzuhalten. Unter diesen Vorkehrungen und mit dem Einverständnis der Betroffenen ist es möglich, ein paar Zusammenhänge aufzuzeigen, die den aufgetauchten Widerständen zugrunde liegen können, und um kritische Reflexion bzw. Introspektion zu bitten. Diese Thematik kann auch in einer der nächsten Sitzungen aufgegriffen werden. Das Einverständnis der Betroffenen sollte auch in diesem Fall eingeholt werden.

Referendare, die bei der Vorstellung des Themas und dem Vorschlag, dieses mittels einer Collage zu bearbeiten, starke Widerstände zeigen, fallen nicht selten in die Rolle von Schülern zurück. Es liegt dann ein regressives Verhalten vor. Man hat keine Lust, etwas zu machen, was die Leitung der Gruppe, auf die in diesem Fall mehr oder weniger deutlich die Rolle der Lehrkraft projiziert wird, vorschlägt. Auf diese Weise werden nicht selten die gerade selbst gemachten Erfahrungen als Berufsanfänger im Umgang mit Schülern aktualisiert und „verarbeitet". Die Methode der Wahl ist an dieser Stelle die Metakommunikation. Man kann sehr gut herausarbeiten, dass die augenblickliche Situation in der Gruppe deutliche Gemeinsamkeiten mit der alltäglichen Unterrichtssituation hat. Diese Erkenntnis bietet vielfältige Anknüpfungspunkte zur weiteren Arbeit.

7.7 Anknüpfungspunkte zur weiteren Arbeit

7.7.1 Sich in die Situation der Schüler einfühlen

Oft ist Lehrkräften gar nicht bewusst, wie häufig sich Schüler in der Situation befinden, dass sie Dinge tun müssen, die sie vielleicht oder sogar sicher nicht können, bei denen also die Gefahr besteht, dass sie sich vor den anderen blamieren. Oft müssen sie Arbeitsaufträge erfüllen, deren Sinn für sie überhaupt nicht erkennbar ist oder die ihnen zumindest gerade keinen Spaß machen. Die aktuelle Situation in der Supervisionsgruppe ist also eine gute Gelegenheit, sich in das Erleben der Schüler einzufühlen. Wie geht es einem, wenn man ziemlich unerwartet einen Arbeitsauftrag bekommt, der Erinnerungen an frühere Misserfolge weckt? Wie kann es gelingen, nicht schon wieder eine Blamage hinnehmen zu müssen, weil man die geforderte Aufgabe nicht erfüllen kann und schon genau weiß, dass dies für alle sichtbar werden wird? Nimmt man sich in der Gruppe etwas Zeit, diesen Aspekt zu beleuchten, entsteht oft eine weitgehende Akzeptanz.

7.7.2 Eigene Widerstände bewusst wahrnehmen

Insbesondere wenn eine größere Zahl von Teilnehmern der Supervisionsgruppe mit Widerständen reagiert, ist es sehr sinnvoll, dies nicht nur mit einem mehr oder weniger ausführlichen Hinweis auf Analogien zum Erleben der Schüler zu behandeln. Vielmehr sollte dann der Widerstand selber explizit zum Thema gemacht werden. Dies geschieht sinnvollerweise nicht im Plenum, sondern zunächst in Kleingruppen, deren Ergebnisse anschließend im Plenum verglichen und ausgewertet werden.

Nachdem die Sitzungsleitung den Widerstand in wertschätzender Weise benannt hat, kann sie z. B. den Auftrag erteilen, sich in Zweiergruppen über das momentane Befinden auszutauschen und zu erkunden, welche Erwartungen und Befürchtungen bei den Einzelnen vorhanden sind. Auf diese Weise werden die Teilnehmer darin bestärkt, ihre Selbstwahrnehmung zu schärfen. Auch können sie erkennen, wie intensiv frühere Kränkungen immer noch wirksam sind, wenn sie nicht aufgearbeitet werden. In diesem Fall bleibt die negative Erwartung unverändert bestehen und verhindert neue, vielleicht deutlich positivere Erfahrungen. Solche Vermeidungstendenzen sind oft hartnäckig überdauernd. Eine einzige abwertende Bemerkung über die eigenen Fähigkeiten, oft von einer Lehrkraft oder einem Elternteil achtlos hingeworfen, hindert Menschen nicht selten für lange Jahre oder gar ein Leben lang daran, sich auf dem betroffenen Gebiet zu betätigen. Gerade wenn die Kränkung sich auf die eigene Kreativität, etwa bezüglich des Singens oder künstlerischen Gestaltens bezog, beraubt man sich durch das Verharren in der gekränkten Haltung einer bereichernden und schönen Ausdrucksform. Wenn es Referendaren gelingt, durch die rationale Erkenntnis und die Wahrnehmung der Intensität der eigenen Abwehrhaltung die weit reichenden Folgen solcher früheren Kränkungen zu erfassen, werden sie im Umgang mit den eigenen Schülern viel vorsichtiger mit herabsetzenden Äußerungen sein. Schon allein dies ist, abgesehen von der Erweiterung des eigenen Handlungsspielraums, ein großer Gewinn für die Teilnehmer der Supervisionsgruppe und lohnt die Beschäftigung mit den aufgetretenen Widerständen allemal. Die kreative Arbeit mit dem ursprünglichen Thema kann im Anschluss daran oder auch in der nächsten Sitzung ohne Weiteres, oft sogar mit großer Freude angegangen werden.

7.7.3 Eigenes Verhalten kritisch reflektieren

Dass ein Rückzug, indem man sich einfach weigert, an einer vorgeschlagenen Aktivität teilzunehmen, auch eine Form von aggressivem Verhalten sein kann, ist vielen jungen Lehrkräften nicht bekannt. Man kann dies anhand der aktuellen Situation in der Gruppe ansprechen und verdeutlichen, dass durch den Rückzug bzw. die Verweigerung der Mitarbeit die weitere Arbeit in der Gruppe deutlich eingeschränkt, wenn nicht gar verhindert wird. Dieser Aspekt sollte jedoch erst dann benannt werden, wenn die Vertrauensbasis zwischen Supervisor und der Gruppe gefestigt ist. Ansonsten läuft man als Supervisor Gefahr, dass die Teilnehmer die Benennung der aggressiven Anteile als Schuldzuweisung interpretieren und sich einer weiteren Zusammenarbeit verschließen.

7.7.4 Praktische und reflektierte Erfahrung mit dem Begriff „Projektion"

Dieser Ansatz ist, ähnlich wie der vorangegangene Aspekt, eher im Rückblick zu behandeln, da er ebenfalls die Gefahr birgt, als Schuldzuweisung missverstanden zu werden. Es ist jedoch unzweifelhaft so, dass die aktuelle Gruppensituation Anklänge an die Unterrichtssituation beinhaltet. Während die Referendare in die Rolle der Schüler zurückfallen, wird die Gruppenleitung in der Rolle der Lehrkraft erlebt. Diese Projektion kann gut aufgegriffen werden, um den Begriff selber, aber auch seine Bedeutung für die aktuelle Situation beispielhaft zu diskutieren.

7.8 Möglichkeiten der Auswertung

Meist ist bei allen Teilnehmern ein großes Interesse festzustellen, sowohl die eigene Arbeit zu präsentieren als auch die Arbeiten der anderen zu sehen. Deshalb ist es günstig, alle Arbeiten zunächst von allen betrachten zu lassen. Dazu werden die Blätter am besten an den Wänden aufgehängt oder in einem Kreis auf den Boden gelegt, und alle gehen langsam drum herum. Es ist sinnvoll, während dieser Runde noch nicht ins Gespräch zu gehen. Es soll zuerst einmal jedes Werk für sich wirken. Außerdem geht es darum, sicherzustellen, dass jedes Bild von jedem Teilnehmer gesehen werden kann und so bereits eine erste Würdigung erfährt.

Die meist verwendete Methode der Auswertung der einzelnen Werke ist die Besprechung einer oder mehrerer Arbeiten vor bzw. mit der gesamten Gruppe. Im Allgemeinen finden sich mehrere Teilnehmer, die bereit sind, ihre Arbeit vor der Gruppe zu besprechen. In diesem Fall bittet der Gruppenleiter zunächst um eine kurze Reflexion der Arbeit. Ist der Einstieg leichtgefallen, gab es Momente des Zögerns, hat die Arbeit Spaß gemacht? Anschließend wird der Referendar das eigene Werk erläutern und die Bedeutung der einzelnen Elemente darstellen. Die Arbeit mit der Collage geht auf diese Weise über in ein Gespräch zum Thema „Mein Bild von mir als Lehrkraft“. Die Collage dient in dieser Phase als sichtbare und jederzeit aufgreifbare Gedächtnisstütze. Der Gruppenleiter spricht auffällige Stellen an, fragt nach, lässt sich die verschiedenen Wichtigkeiten erklären, gibt Unterstützung bei der Klärung von Ambivalenzen, genau wie in jeder „normalen“ Supervisionssitzung. Man kann ohne Weiteres nun noch ein oder zwei weitere Arbeiten gemeinsam betrachten und die relevanten Punkte wie beschrieben herausarbeiten. Zum Ende der Arbeit kann man die Gruppe einbeziehen, indem diese sowohl eigene Beobachtungen bezüglich der Collage als auch zum Vorgehen bei der Auswertung einbringen kann.

Dieses Verfahren hat den Vorteil, dass alle Gruppenteilnehmer die Auswertungsphase gemeinsam erleben. Jeder kann wahrnehmen, auf welche Details die Gruppenleitung in welcher Weise eingeht. Dies ermöglicht den übrigen Teilnehmern einen Vergleich mit der eigenen Arbeit. Was trifft für mich genauso zu? Wo nehme ich eine andere Position ein? Und wie habe ich diese in meiner Collage zum Ausdruck gebracht? So kann jeder die für ihn bedeutsamen Aspekte auf die eigene Situation übertragen. Da die Situation der Teilnehmer oft recht ähnlich ist, muss die Gruppenleitung gut darauf achten, dass sich die Themen nicht mehrfach wiederholen und das Interesse erlahmt. Falls man dies bemerkt, ist es günstig, die Auswertung zu variieren und die Teilnehmer dazu zu ermuntern, sich selber aktiv einzubringen. Es gibt mehrere Methoden, die sich dazu gut eignen.

Hat man vor dem Plenum mindestens eine Arbeit ausführlich besprochen, besteht eine leicht durchzuführende Variante der Auswertung darin, dass die Teilnehmer in Gruppen zu zwei oder drei Personen mit ihren Collagen weiterarbeiten. Dies ist nicht nur eine Abwechslung, die frischen Schwung in die Gruppe bringt, sondern es liegt auch ein Ausdruck der Wertschätzung für die Teilnehmer darin, dass die Gruppenleitung sie für kompetent genug hält, die Arbeiten eigenständig in Kleingruppen zu besprechen. Selbstverständlich kündigt die Leitung gleichzeitig an, dass im Anschluss an die Gruppenphase Gelegenheit bestehen wird, offene Fragen zu stellen und die Erfahrungen in den Kleingruppen gemeinsam zu reflektieren. Fast immer kommen die Teilnehmer aus den Kleingruppen sehr zufrieden und energiegeladen zurück. Die anschließende Diskussion im Plenum verläuft meist sehr lebendig und fruchtbar.

Eine Variante, die sich in der Praxis ebenfalls gut bewährt hat, ist die sogenannte Vernissage-Methode. Hierbei tritt jeder der Teilnehmer einmal in seiner Rolle als Künstler auf, der einem interessierten Publikum sein Werk präsentiert und sich für die Eindrücke, Anmerkungen, Fragen des Publikums interessiert. Da die Methode in mehreren Runden abläuft, hat jeder Teilnehmer auch die Möglichkeit, als Zuschauer, interessierter Betrachter, kritischer Kollege u. Ä. aufzutreten. Man braucht mindestens zwei Runden, in der Praxis haben sich drei oder vier Runden gut bewährt. Es kann dann jeder einmal als Künstler und mehrere Male als Teil des Publikums agieren.

Man teilt die Gesamtgruppe dazu entweder mittels Zahlen oder Symbolen in so viele Gruppen ein, wie man Besprechungsrunden vorgesehen hat. Die Plakate sind im Raum verteilt, und man bittet zunächst eine Gruppe, z. B.

alle mit der Nummer eins, sich zu ihrer Collage zu begeben. Diese sind nun die Künstler. Wenn sich alle Künstler platziert haben, dürfen sich die übrigen Teilnehmer frei für einen der Künstler bzw. eines der nun „besetzten" Bilder entscheiden. Wenn sich das Publikum vollständig zugeordnet hat, beginnen die jeweiligen Künstler, ihre Arbeit zu erläutern. Die anderen hören zunächst zu, können dann auch Fragen stellen oder eigene Eindrücke zum vorliegenden Werk äußern. Bei dieser Methode hat der Künstler das letzte Wort. Er darf sagen, wie es ihm mit der Präsentation ergangen ist, was ihn besonders beeindruckt hat, woran er als Nächstes weiterarbeiten möchte. Mit einem Dank an alle Teilnehmer, sowohl an diejenigen, die ihre Arbeit vorgestellt haben, als auch an diejenigen, die zugehört und sich mit der Arbeit beschäftigt haben, schließt die Gruppenleitung die Runde ab. Es wird die nächste Gruppe, z. B. alle mit der Nummer zwei, gebeten, sich zu ihrer Arbeit zu begeben und damit die Rolle der Künstler einzunehmen, während die übrigen Teilnehmer sich als Publikum erneut auf die Collagen verteilen, die nun an der Reihe sind.

Bei dieser Methode bleiben alle im Raum, sodass keine Zeit mit Einpacken der Collagen, Aufsuchen von anderen Räumen, erneutem Platzieren der Collagen usw. vergeht. Weil alle in einem Raum bleiben, geht es meistens recht lebhaft zu. Gerade dadurch entsteht eine sehr offene Atmosphäre, und es entwickeln sich meist sehr gute Gespräche. Es ist eine gute Sitte, dass der Künstler zum Schluss der Runde das für ihn Wesentliche zusammenfasst und auch eine Rückmeldung an die Gruppe geben darf. Damit wird unter den Teilnehmern ein offener, reflektierender Umgang praktiziert und eingeübt. Die jungen Lehrkräfte lernen, dass es sehr gewinnbringend ist, sich mit Kollegen über ihre professionellen Positionen, Ansichten, Vermutungen und Fragen auszutauschen.

Über die Supervision hinaus machen die Referendare auf diese Art eine Erfahrung mit einer meist noch nicht bekannten Art der Auswertung von Arbeitsergebnissen aus Gruppen- oder Einzelarbeiten. In der Unterrichtspraxis werden Phasen der Einzel- oder Kleingruppenarbeit oft weitergeführt, indem jede einzelne Arbeit vor der Klasse präsentiert wird. Dies ist oft nicht nur zeitintensiv, sondern auch langatmig. Gerade die Gruppen, die erst als dritte, vierte oder noch später ihre Ergebnisse präsentieren, finden oft nur noch wenig Gehör bzw. können kaum mehr Neues bieten. Dies wird mit der Methode der Vernissage vermieden. Trotzdem wird jede einzelne Arbeit gewürdigt, und jeder bekommt eine Rückmeldung zu seinem Ergebnis. Auf diese Möglichkeit des Transfers der Erfahrung aus der Supervision auf den eigenen Unterricht sollte man die Teilnehmer unbedingt aufmerksam machen. Sie haben so einen doppelten Gewinn aus ihrer Teilnahme.

Wenn alle ihre Arbeit vorgestellt haben, werden im anschließenden Plenum die verbleibenden Fragen geklärt, und die Arbeit wird insgesamt reflektiert. Es kann sich eine kurze Runde anschließen, in der jeder äußern kann, was er aus dieser Sitzung mitnimmt bzw. an welchem konkreten Punkt er als Nächstes arbeiten möchte. Damit kann man die Sitzung sehr schön abrunden.

7.9 Rückblick am Ende der Ausbildung

Viele der Sitzungen, die ich auf die beschriebene Art gehalten habe, fanden einen schönen Abschluss, wenn die Gruppe am Ende ihrer Ausbildungszeit die fast zwei Jahre zuvor gestalteten Collagen noch einmal zur Hand nahm. Ich bewahrte dazu die Blätter für die Supervisanden auf und gab sie ihnen in einer der abschließenden Sitzungen zurück. Die nun fast fertig ausgebildeten Referendare konnten sich anhand ihrer Werke sehr gut an die Situation zu Beginn der Seminarzeit erinnern und vergleichen, wie sich ihr Selbstbild mittlerweile entwickelt hat. Sehr häufig ergaben sich so noch einmal lebendige Diskussionen. Der Wert der supervisorischen Arbeit wurde so auch im Nachhinein noch einmal sichtbar, und der Einsatz kreativer Methoden stieß auch im Rückblick meistens auf große Bestätigung.

7.10 Literatur

Mägdefrau, J. (2007). Ergebnisse der Unterrichtsforschung. Vortrag an der Akademie für Lehrerfortbildung und Personalentwicklung, Dillingen, 08.11.2007.

Mägdefrau, J. (2008). Guter Unterricht – Konsequenzen aus Ergebnissen der Unterrichtsforschung für Seminarlehrkräfte an Realschulen. Vortrag an der Akademie für Lehrerfortbildung und Personalentwicklung, Dillingen, 26.03.2008.

Schreyögg, A. (2013). Lehrbriefe. Widerstandskonzepte in der Supervision. URL: www.schreyoegg.de [Zugriff am 30.12.2013].

Kontakt

Ursula Pangratz
E-Mail: schulleitung@srs-simbach.de

8 Veränderungen der Rolle im Lehrerberuf als Collagen in Gruppensupervisionen

Susanne Heim, Katrin Wulff

8.1 Begriffsklärung

8.1.1 Integrative Supervision

Der Mensch ist ein individuelles, aber auch soziales Wesen, das lebenslang den Spagat zwischen individueller Entfaltung und sozialer Eingebundenheit meistern muss. Dabei gehen die Autorinnen davon aus, dass der Mensch einerseits bezüglich seiner Anlagen, seiner Fähigkeiten, seiner Möglichkeiten determiniert ist, andererseits lebenslang die „Aktualisierung des Selbst anstrebt" (nach Carl Rogers) und zum Teil auch verwirklicht.

Das Format der Supervision kann Menschen bei diesen Bestrebungen wirkungsvoll unterstützen, indem berufsbezogene Reflexionen ermöglicht und neue Perspektiven sichtbar werden. Supervisorische Arbeit bedeutet vor allem die Rekonstruktion gelebter Praxis und die Kreation neuer Praxis auf dem Hintergrund der individuellen Wissensstruktur. Der Supervisor begleitet und unterstützt als professioneller Dialogpartner den Supervisanden in seinem kreativen Veränderungsprozess.

Das vorliegende Kapitel orientiert sich am Modell der integrativen Supervision. Dieses beruht auf dem Handlungsmodell der integrativen Theorie, deren schulenübergreifendes Konzept wissenschaftlich begründet ist (Schreyögg, 2010).

8.1.2 Kreative Medien

Der Begriff „kreative Medien“ ist schwer zu definieren. Meist handelt es sich um Materialien oder Tätigkeiten, die einen hohen Aufforderungscharakter haben und zu kreativen Handlungen einladen. Sie ermöglichen es Menschen über ihre sachliche Informationsfunktion hinaus, bisher unbekannte Wahrnehmungs-, Denk- und Handlungsbereiche zu erschließen. Damit können prärationale innere Muster in eine andere Art des Selbstausdrucks umgesetzt werden.

Kreative Medien können dabei supervisorisch sowohl in der Diagnostik als auch in der Intervention neue Erkenntnisse bringen. Sie bieten auch sprachlich gehemmten Menschen die Chance, innere Prozesse zu strukturieren und zu präzisieren. Der Supervisor erhält dann die Möglichkeit, diese Erkenntnisse durch gezielte Versprachlichungen zu spiegeln bzw. zu Reflexionen anzuregen.

Das gemeinsame Merkmal aller Medien ist, dass ihre augenscheinliche Bedeutung hinter den Botschaften und Inhalten zurücktritt, die der Gestalter damit bewusst oder unbewusst ausdrückt.

Zusammenfassend formuliert Schreyögg: „So lassen sich Medien in zweifacher Weise definieren: als Träger rationaler wie nicht-rationaler Informationen auf der einen Seite und als Mittel, durch die Menschen ihrem eigenen Dasein Ausdruck verleihen auf der anderen“ (Schreyögg, Lehrbrief).

Für die praktische supervisorische Arbeit erscheint die Klassifikation von Petzold (1977) in personale Medien, Handlungs- und Sachmedien sinnvoll.

Der Supervisor sollte sich stets bewusst sein, dass er durch sein Auftreten, seine innere Haltung sowie seinen Interaktionsstil selbst zum kreativen Medium wird und so den Prozess beeinflusst. Grundsätzlich arbeitet die integrative Supervision aus einer offenen, phänomenologischen Grundhaltung heraus und mit einem möglichst variablen Interaktionsstil. In manchen Phasen des supervisorischen Prozesses ist es ratsam, den Einfluss des Supervisors zu minimieren. Durch den gezielten Einsatz eines möglichst gering geladenen Sachmediums kann die initiale Rekonstruktion eines Themas gefördert werden. Gerade bei der Auseinandersetzung mit eigenen inneren Bildern und Vorstellungen aus Vergangenheit, Gegenwart und Zukunft können so ungewollte manipulative Einflüsse minimiert werden.

> „Eine grundsätzliche Voraussetzung für die Förderung expressiver Möglichkeiten der Supervisanden liegt allerdings dennoch in der Persönlichkeit des Supervisors. Nur wenn er selbst Vergnügen an der Expression mit Hilfe solcher Medien hat, kann er die Supervisanden für die Verwendung solcher Medien entsprechend ‚anwärmen' bzw. gewinnen." (Schreyögg, Lehrbrief)

8.1.3 Das Sachmedium Collage als kreatives Medium in der Supervision

Eine Collage verbindet Wort und Bild und schafft somit einen fließenden Übergang vom begrifflichen zum Bilderdenken. Ihr Vorteil liegt darin, dass sie die Hemmschwelle herunterschraubt, die ungeübte Gestalter sowohl an der Verwendung von Stift und Farbe als auch am künstlerischen Ausdruck im Allgemeinen hindert. Die „sukzessive Gewöhnung" an dieses Medium ist aus dem genannten Grund gering.

Folgende Funktionen haben die Autorinnen bei der vorliegenden supervisorischen Arbeit mit dem Medium der Collage besonders im Blick: Die Collage bietet neben der Rekonstruktion alter Erinnerungen ein Experimentierfeld für neue Erfahrungen, Gefühle und Erkenntnisse. Dabei hat der Supervisand die Möglichkeit, mit sich selbst in den Dialog zu treten und die Aufmerksamkeit intensiv auf einzelne Problemstellungen zu fokussieren. Nach Petzold (1977; zit. nach Schuhmann, 2011) wird hier eine „Brücke zwischen Unbewusstem und dem wachen Bewusstsein" geschlagen, und es kommt zur „projektiven Produktion". Dadurch wird die Selbstwahrnehmung vertieft und dazu angeregt, von außen auf sich zu blicken. In der so entstandenen „engagierten Distanz" ist eine „Beobachtung zweiter Ordnung" möglich (Petzold, 2007; zit. nach Schuhmann, 2011). Dadurch wird eine Erweiterung und Veränderung von Deutungs- und Handlungsmustern ermöglicht (Schreyögg, Lehrbrief).

Im Gruppensetting besteht des Weiteren die Möglichkeit, ein vielfältiges Feedback über Metaphern und Bilder, Beobachtungen sowie subjektive Eindrücke zu ermöglichen, ohne gleich eine Bewertung folgen zu lassen!

Untersuchungen belegen zudem den Transfer von kreativen Leistungen und Erkenntnissen von einem Gebiet in das andere (Mehlhorn, 2008).

Diese Ingangsetzung von übertragbaren und generalisierten Lernprozessen und die Betrachtung eigener Prozesse aus einer weniger verstrickten Entfernung ist aus Sicht der Autorinnen die zentrale Aufgabe von Supervision.

Zeitschriften sind jedoch Medien mit einer „hohen eigenen Ladung". Bekannte, eventuell gruppenspezifische kollektive Typisierungen sollten daher bei der Auswahl der verwendeten Zeitschriften ebenso beachtet werden wie die nicht kalkulierbaren individuellen Typisierungen einzelner Teilnehmer. Eine möglichst große Auswahl unterschiedlichster Zeitschriften erscheint den Autorinnen daher bei der Durchführung einer Supervision mit dem Medium Collage wichtig und notwendig.

8.1.4 Kreativität und Spontaneität im Zusammenhang mit Collagen

Für Moreno bedeutet Spontaneität bzw. Kreativität, auf alte Situationen neu und auf neue Situationen adäquat zu reagieren (Moreno, 1959). Dabei ist zu beachten, dass sich Kreativität nur in einem fehlerfreundlichen Freiraum der Selbsterfahrung entfalten kann. Unkonventionelle und unausgegorene Ideen sollten mit Interesse und Toleranz aufgenommen und nicht gleich bewertet werden (Schuhmann, 2011).

Bei der Erstellung einer Collage werden Kreativität und Spontaneität gefordert und gefördert. Durch die Neugestaltung mit Hilfe von Schere und Papier können bisher unverbundene Elemente anders kombiniert werden und Erkenntnis- oder sogar Lernprozesse in Gang gesetzt werden.

8.1.5 Berufliche Rolle und subjektive Überzeugungen

Im supervisorischen Kontext werden häufig die Klarheit über die eigene Rolle bzw. die über den Arbeitszusammenhang gegebenen Rollenerwartungen thematisiert. Die Klärung expliziter und impliziter Rollenerwartungen kann auf die Person selbst bezogen sein, aber auch auf die ausgesprochenen oder unausgesprochenen Ansprüche des Arbeitsumfeldes. Erschwerend kommt noch hinzu, dass Erwartungen nur indirekt vermittelt bzw. oft kulturell weitergegeben werden und deshalb nur unzureichend hinterfragt werden.

> „Wie eine berufliche Rolle ausgestaltet wird, hängt nicht nur von den Erwartungen, Aufgaben und Mitarbeitern in der jeweiligen beruflichen Situation und Organisation ab, sondern eben auch davon, wie jemand die Rolle mit eigenen Vorstellungen, mit Erfahrung und Kompetenz, mit leiblicher Präsenz und nicht zuletzt mit Sinn erfüllt.“ (Weiß, 1996)

In diesem Zusammenhang sind Sozialisation, Herkunft, Alter bzw. gelebte Erfahrungen sowie kulturelle Eingebundenheit tragend. Schon im Rahmen der Sozialisation werden Personen mit Werten und Normen ihres umgebenen Sozialsystems konfrontiert, und es findet eine Internalisierung dieser statt. Durch Kommunikationsprozesse und Erfahrungen werden Muster von Erwartungen übernommen. Als soziales Wesen wird der Mensch beeinflusst, Rollen zu verkörpern, die ihm von der Umwelt abverlangt werden oder die als soziale Stereotypen der Person zugeschrieben werden. Da die Gefahr besteht, sich vollständig und unreflektiert mit der Rolle zu identifizieren, ist es notwendig, die Fähigkeit zu erlangen, eine Distanz zur Rolle (Exzentrizität) und zur eigenen Person herstellen zu können. Die supervisorische Aufgabe kann darin bestehen, personale und organisatorische Ressourcen und Hemmnisse zu identifizieren, um daran Veränderungsoptionen bzw. -schritte ableiten zu können.

8.2 Collage der eigenen Lehrerrolle

Der Einfluss der Medien fordert Bewusstheit bei der Auswahl des kreativen Mediums, da über diese Auswahl der Prozess entscheidend mitbestimmt wird. Dieser Einfluss kann sogar stärker wirken als die Inhalte, für die das Medium eine Brücke sein sollte. Außerdem ist der Einsatz kreativer Medien immer auf die theoretische Rückbindung an das zugrunde liegende Handlungsmodell angewiesen.

Ziel war es, Lehrern in unterschiedlichen Schularten und Funktionen einen supervisorischen Blick auf die eigene Lehrerrolle zu ermöglichen (s. Kapitel 8.1.4). Die Autorinnen wählten dazu das Medium der Collage. Da sich das innere und äußere Bild der Lehrerrolle mit der Übernahme neuer Aufgaben und Funktionen zum Teil sehr stark verändert, wurde mit Lehramtsanwärtern bzw. Studienreferendaren ebenso gearbeitet wie mit erfahrenen Lehrkräften, Seminarlehrern und Schulleitern. Im vorliegenden Kapitel wird vor allem untersucht, inwieweit durch die Arbeit mit dem Medium Collage die Reflexion der eigenen Rolle angeregt werden kann und eventuell sinnvolle Veränderungen angestoßen werden können. Durch die genaue Analyse der Mikropolitik einer Schule und die Reflexion von Interessendivergenzen zwischen Gruppen bzw. einzelnen Personen im Rahmen von Supervision können im besten Fall innovative Kräfte aktiviert werden. Die Führungskraft soll ein vertieftes Verständnis ihrer Position erwerben. Dabei sollte sie ihre Machtpotenziale erkennen und die Erwartungen analysieren, die komplementäre Rollenpartner innerhalb der Schule, aber auch organisationsexterne Personen an sie stellen.

Personen, die gerade einen Rollenwechsel erleben, entwickeln oft Bedürfnisse, ihre Position differenzierter zu analysieren und umfassender zu gestalten. Bei diesem Prozess können kreative Medien bzw. die Erarbeitung einer Collage zum Thema: „Meine Rolle als …" eine unterstützende Wirkung haben.

Gerade bei der Übernahme neuer Rollen sind auch persönliche Bedürfnisse, kulturelle Hintergründe, eigene Erfahrungen, das individuelle Menschenbild und vieles mehr von tragender Bedeutung und müssen bei jeder Rollenberatung berücksichtigt werden. Diese persönliche Einschätzung kann durch die Arbeit mit der Collage sehr deutlich in den Blickpunkt des Betrachters gerückt werden. Der Supervisor kann animieren, mit Handlungsmustern zu experimentieren, die durch die inneren Bilder zum Ausdruck gebracht wurden, um Ideen für neu auszuschöpfende Handlungspotenziale zu gewinnen (Schreyögg, 2004). Der Einsatz dieser Methode hat zusätzlich den Vorteil, dass ein deutliches Gegengewicht zur massiven Versprachlichung im schulischen Bereich gesetzt werden kann.

Durch die Gestaltung der Collage werden zahlreiche gegensätzliche Erfahrungsräume angeboten. Durch den persönlichen Ausdruck, der durch den Umgang mit dem Material gegeben wird, können Eindrücke und Bilder spontan, ungehemmt und ungezwungen zur Gestaltung gebracht werden. Der Supervisand stellt eine Verbindung von Rationalität und Emotionalität her, denn die „Kreativität ist genau von der schöpferischen Synthese zwischen Vernunft und Gefühl gekennzeichnet“ (Petzold & Orth,1996; zit nach Schuhmann, 2011). Im Verlauf der Tätigkeit wird einerseits die Person aktiviert, andererseits findet auch durch den Prozess des sich Einlassens bzw. des Geschehenlassens eine Lösung statt.

8.2.1 Kontext Schule

Das Thema „Schule“ bzw. „Schulentwicklung“ wird in zahlreichen Ländern umfassend diskutiert. Jeder Erwachsene wird im Laufe seines Lebens mit der Institution Schule konfrontiert und sammelt persönliche Erfahrungen. Auf der Basis dieser subjektiven Erlebnisse wird die Institution Schule im Alltag analysiert und beurteilt.

Schule als ein Ort stetiger Veränderung steht aber auch politisch und gesellschaftlich immer wieder im Fokus der Betrachtung. Das Thema „Bildung“ ist für die Entwicklung eines Landes von grundlegender Bedeutung. Der Wettbewerb um die besten Zukunftschancen der Schüler, aber auch des eigenen Landes ist zum internationalen Wettbewerb avanciert. Die Schule als Institution wird daher immer wieder Anpassungsprozessen und neuen Reformen unterworfen. Die Veränderungen und die sich daraus ergebenden Forderungen und Erwartungen müssen Lehrkräfte, Schulleiter und das innerschulische Personal angemessen umsetzen und meistern.

Zu diesen gesellschaftlichen Veränderungen kommen zusätzlich noch erschwerend Rollenwechsel innerhalb des Systems dazu. Beim Lehramtsanwärter findet ein Rollenwechsel vom Student zum Lehrer statt. In diesem Zusammenhang muss sich auch die persönliche Haltung Schülern gegenüber vom Freund oder Bekannten zur Autorität entwickeln. Für viele junge Lehrkräfte, die täglich mehrere Stunden Unterricht halten müssen, sind die ersten Wochen ein „Praxisschock“. Der Lernende soll in wenigen Wochen zum Lehrer heranreifen und von Anfang an seine Aufgaben bestmöglich erfüllen. Dabei wird er sowohl von schulischen als auch von außerschulischen Personen beobachtet, beurteilt und kritisch hinterfragt. Die Rollenvielfalt, die der Beruf des Lehrers mit sich bringt, wird selten vor Antritt des Berufs thematisiert bzw. für jeden Einzelnen individuell hinterfragt. Diese umfassenden persönlichen Veränderungen, die ein Rollenwechsel mit sich bringt, müssen über einen langen Zeitraum erfolgen, werden aber innerhalb weniger Tage vom System und der Gesellschaft erwartet und eingefordert.

Der Rollenwechsel von neu ernannten Schulleitern oder auch von Seminarlehrern und damit der Wechsel der Tätigkeit vom Lehrer zur Leitungsfigur bzw. Managementfigur wird oft nur marginal thematisiert. Das System, wonach die Befähigung zur Bewerbung auf eine Leitungsfunktion (Schulleiter oder Seminarleiter) über die ausgezeichnete Qualifikation in der Ausübung der Rolle als Lehrkraft erfolgt, kann von außen betrachtet nur als Grundlage, jedoch nicht als umfassende Qualifikation für eine Leitungsposition gesehen werden. Hohe Selbstansprüche, die neuen Aufgaben im Zusammenhang mit veränderten hierarchischen Strukturen, die Erwartungen der Kollegen, der Eltern und der Schüler selbst können zusätzlich diesen Wechsel erschweren und zu einer Überlastung führen. Zudem können einige Rollen für den Positionsinhaber persönlich als schwierig erlebt werden, die erst im Laufe der Tätigkeit als Herausforderung erkannt werden.

Supervisionen für spezielle Gruppen (Supervision für Lehramtsanwärter/Studienreferendare, Supervision für Schulleiter bzw. Supervision für Seminarlehrer und -leiter) können helfen, die eigene Rolle genauer zu präzisieren und zu sichern, denn Supervision als „Personenentwicklung“ soll dem Klienten helfen, einen menschlichen Wachstumsprozess zu durchlaufen und mögliche Defizite auszugleichen (Schreyögg, Aufsatz). Durch diese Entwicklungsförderung einzelner Individuen wird eine kritische Reflexion über bisherige Verhaltensmuster geweckt und individuelle Veränderungsbereitschaft angestrebt.

Gerade Supervisionsgruppen mit Personen, die ähnliche Leitungsaufgaben zu bewältigen haben, sind für die Gruppenteilnehmer häufig sehr stützend, da Probleme und Krisen „geteilt" werden können und eine psychische Entlastung durch Solidarität entstehen kann. Die Öffnung nach außen und demzufolge die Überwindung der Einsamkeit durch die Übernahme der neuen, hierarchisch stärker eingebundenen Rolle ist in diesen Gruppen leichter möglich.

Neu ernannten Seminarlehrern soll der Wechsel vom stark lenkenden Pädagogen im Klassenzimmer zum prozessbegleitenden Coach junger Erwachsener erleichtert werden, die Schulleiter sollen unterstützt werden, die Übernahme von Managementfunktionen und -rollen zu reflektieren. Gerade beim Wechsel von der Lehrerrolle zum Schulleiter bzw. zum neu ernannten Seminarleiter müssen viele Aufgaben und Rollen in das Handlungsrepertoire integriert werden, um Krisen und Konflikte besser bewältigen zu können. Viele Personen verharren aber nach einem Wechsel der Rolle im Leitungsverständnis als Lehrkraft oder Klassenlehrer. Eine angemessene Selbstdefinition als Schulmanager muss jedoch langfristig angebahnt werden (Schreyögg, Aufsatz).

Sowohl die Rolle als Schulleiter als auch die als Seminarleiter sind prinzipiell „Sandwich-Positionen", da innerhalb eines hierarchischen Systems eine Vielzahl unterschiedlichster Führungsaufgaben erledigt werden muss. Der Positionswechsel vom Lehrer zum Seminarlehrer oder Schulleiter kann als Wechsel vom Pädagogen zum „Beurteiler" bzw. „Schulmanager" (Storath, 1995) verstanden werden. Zudem findet die Kommunikation durch den Wechsel nicht mehr auf gleicher Ebene, sondern asymmetrisch statt. Dies führt bei vielen Kollegen zu einer positionsbedingten Einsamkeit, die im Setting Supervision thematisiert werden kann. Somit kann es Aufgabe von Supervision sein, Beziehungsentwicklungen genau zu analysieren und Interaktionen zu verbessern.

8.2.2 Haltung und Ziel

Als Supervisorinnen war es den Autorinnen wichtig, den persönlichen Veränderungsprozessen im kreativen Tun freien Lauf zu lassen und in einer offenen, phänomenologischen Haltung nur die Verantwortung für den Prozess der Veranstaltung zu haben. Die Sitzung wurde zeitlich klar begrenzt und der kreative Aspekt in den Mittelpunkt gerückt.

Beim Umgang mit den Materialien fand kein Austausch zwischen den Teilnehmern statt. Grundlegend wurde thematisiert, dass die Collage keine Rückmeldung zum schulischen bzw. bewertenden hierarchischen System, aber auch keine anderweitige Bewertung nach sich ziehen würde. Die Verschwiegenheit, die eine tragende Säule in den supervisorischen Sitzungen darstellt, wurde auch an dieser Stelle noch einmal unterstrichen.

Es wurde versichert, dass die gestalteten Werke und das Arbeitsblatt Eigentum der Supervisanden seien und die Erkenntnisse in der vorliegenden Arbeit nur anonym veröffentlicht würden. Die Collagen könnten im Alltag als Anker genutzt werden, um in Alltagssituationen der Thematik „Meine Rolle als …" Raum geben zu können bzw. um Situationen präventiv oder in der Rückschau zu reflektieren.

Ziel der Gestaltung einer Collage mit dem Thema „Meine Rolle als …" war die Anregung persönlicher Veränderungsprozesse und die aktive, intensive Beschäftigung mit einem Inhalt, der im schulischen Alltag auf unterschiedlichen Ebenen deutliche Auswirkungen zeigt, jedoch in der Regel nicht umfassend thematisiert wird. In den Gruppen wurde erwähnt, dass auch die Autorinnen als Supervisorinnen die Aufgabe eines Rollenwechsels meistern müssten und sie selbst die Gestaltung einer Collage als sehr erkenntnisreich erlebt hätten. Die Notwendigkeit der Beschäftigung mit dieser Thematik sollte anhand dieser Methode von Seiten der Supervisoren deutlich unterstrichen werden.

Durch die homogenen Gruppen (jeweils Schulleiter, Seminarlehrer und Referendare unter sich) konnte ein ähnliches Anforderungsprofil und ein Wir-Gefühl bereits zu Beginn der Sitzung erreicht werden.

Die Auseinandersetzung mit der Aufgabe erfolgte in klar definierten Stufen. Mit Hilfe der Einstimmung und der anschließenden langen Gestaltungsphase sollte Zeit gegeben werden, um sich selbst und seine Rolle im System in Ruhe analysieren zu können. Gleichzeitig wurde die Freiwilligkeit des Einlassens auf kreativer Ebene besprochen: Jeder Teilnehmer sei für sich und seine Visualisierung nach außen verantwortlich und könne den Grad der Offenheit selbst bestimmen. Auch der hohe Nutzen des gemeinschaftlichen

Erlebnisses bei einer Fragestellung, die zwar jeden persönlich betreffe, aber von jedem im System durchlaufen werde, wurde zu Beginn thematisiert.

Auch bei dem abschließenden Feedback durch die Teilnehmer wurde Wert darauf gelegt, dass die Rückmeldungen von Wertschätzung bzw. Wertfreiheit getragen waren und mögliche Beobachtungen, Anregungen und Ideen der Teilnehmer als „Ich-Botschaften" formuliert wurden. Die Statements sollten als gefühlshafte Assoziationen erfolgen, jedoch nicht als Deutungen. Es wurde besprochen, dass jedes Erkennen ein subjektiver Vorgang ist. Daher haben die Supervisoren die Aufgabe, die Supervisanden bei den eigenen Ausdeutungen zu unterstützen und zu strukturieren. Auf diese Weise kann der Supervisor im Idealfall zum kreativen „Personalmedium" werden.

Um die Rollenveränderung umfassend thematisieren zu können, sollte vor die Versprachlichung und die anschließende verbale Auseinandersetzung ein kreatives Medium an den Anfang der Reflexion gesetzt werden. Unbewusstes sollte Raum erhalten, Selbstreflexion, Selbstkommunikation und der Blick von außen sollten die Veränderungsprozesse anregen.

Als langfristiges Ziel wird eine aktive Auseinandersetzung mit den eigenen Rollen und deren aktiver Gestaltung im System angestrebt. Diese Form der Selbstregulation kann dann durch eine Veränderung der eigenen Haltung im schulischen Kontext zur Erhöhung der professionellen Kompetenz der schulischen Mitarbeiter führen. In komplexen bzw. schwierigen Alltagssituationen könnten die Teilnehmer im Rahmen einer Selbstreflexion überprüfen, ob ihre Haltung bzw. die Ausgestaltung ihrer Rolle als Lehrkraft, als Seminarleiter oder als Schulleiter auf die aktuelle Problematik Einfluss haben könnte. Mit Hilfe dieser Selbstreflexion könnten sich positive Veränderungen im Umgang mit Schwierigkeiten und alltäglichen Problemen ergeben.

Ein weiterer positiver Effekt der Collage könnte eine Reflexion über die massive Präsenz der Beurteilungskultur und der Bewertung aller Beteiligten im Kontext Schule nach sich ziehen. Die aktive Reflexion darüber und die individuelle Gestaltung der Beurteilungskultur innerhalb der vorgegebenen Möglichkeiten eines Schulleiters bzw. eines Seminarleiters könnte für die einzelne Lehrkraft oder den einzelnen Lehramtsanwärter eine tragende Rolle spielen.

In diesem Zusammenhang könnten die kreative Darstellung der eigenen Individualität und die bewusste Ausformung der Rolle als Schulleitung/Seminarleitung zur Persönlichkeit erste Schritte zu einer Neuorientierung sein.

8.2.3 Struktur und Vorgehensweise

8.2.3.1 Einstimmung

Das Erstellen einer Collage zum Thema „Meine Rolle als .../Meine Lehrerrolle ...“ erfordert, wie bereits eingehend erörtert, Kreativität sowie das Aktivieren von bewussten und vorbewussten Erinnerungen zur eigenen beruflichen Biografie mit möglichst allen Sinnen. Um dies zu ermöglichen, wurde die Einheit mit einer kurzen Imaginationsübung eingeleitet. Imagination wird in diesem Zusammenhang folgendermaßen definiert: Ein psychischer Vorgang, der nicht nur visuelle, symbolhafte Bilder mittels der Vorstellungskraft erzeugt oder erinnert, sondern zugleich das gesamte Sinnensystem erfasst, also auch Gehör-, Geruchs-, Geschmacks-, Bewegungs-, Tast- und Orientierungssinn (Achternberg, 1990; zit. nach Richter, 2010). Imagination übernimmt so im Sinne einer szenischen Rekonstruktion eine Vermittlerfunktion, da neben den kognitiven, bewussten Wahrnehmungen vergessene oder verdrängte Prozesse und Emotionen dem Bewusstsein zugänglich gemacht werden und dann zum Beispiel in einer Collage ausgedrückt werden können.

Die Teilnehmer wurden eingeladen, sich möglichst bequem hinzusetzen und entweder die Augen zu schließen oder entspannt auf einen Punkt vor sich am Boden oder an der Wand zu blicken. Nach einer kurzen Körperentspannung wurden sie aufgefordert, sich vorzustellen, sich selbst in ihrem Berufsleben auf einer Kinoleinwand wahrzunehmen (mit allen Sinnen sowie der Möglichkeit, den Film vor- und zurückzuspulen oder anzuhalten). Sie bekamen dann genügend Zeit die einzelnen Phasen der eigenen Berufstätigkeit genauer zu betrachten. Alle sollten zunächst den Film zurückspulen und mit dem Beginn der Lehrertätigkeit während der Ausbildung beginnen. In der nächsten Phase hatten sie die Möglichkeit, ihn im eigenen Tempo langsam nach vorne laufen zu lassen, ihn anzuhalten, zurückzuspulen – ganz nach den eigenen Bedürfnissen. Als entspannte „Kinobeobachter“ sollten sie die einzelnen Szenen stets unter folgenden Leitgedanken bzw. -fragen betrachten: „Was erfahre ich hier über meine Lehrerrolle? Was ist hier typisch für mich in meiner Lehrerrolle? Inwiefern hat sich meine Lehrerrolle hier verändert?“ Diese Leitfragen wurden mit deutlichen Pausen immer wieder wiederholt. Am Ende wurden die Teilnehmer aufgefordert, alle wichtigen Erinnerungen gut zu speichern und den Kinosaal wieder zu verlassen. Über die erneute bewusste Körperwahrnehmung wurde die Übung beendet. Die Teilnehmerinnen erhielten anschließend noch den Auftrag, sich mit Materialien zu versorgen und die Collage anzufertigen – ohne Kommunikation mit den anderen Teilnehmern. Die Imaginationsübung dauerte mit Entspannung und Rückführung etwa 15 Minuten.

8.2.3.2 Erstellung der Collage

Für die Erstellung der Collagen standen den Teilnehmern folgende Materialien zur Verfügung: Papier (weiß und farbig), unterschiedlichste Zeitschriften, Stifte, Scheren und Klebestifte. Die Teilnehmer wurden, nachdem sich alle mit dem nötigen Material versorgt hatten, nochmals eingeladen, sich ganz auf ihre eigene Arbeit einzulassen und die Kommunikation über die eigenen Erfahrungen zunächst zurückzustellen. Nicht mehr benötigte Materialien wurden an einen zentralen Platz im Raum zurückgelegt, sodass alle Teilnehmer genügend Auswahlmöglichkeiten hatten. In einigen Gruppen wurde das Schweigen durch leise Hintergrundmusik erleichtert. Bereits nach kurzer Zeit stellte sich in allen Gruppen eine intensive und gleichzeitig entspannte Arbeitsatmosphäre ein. Viele Teilnehmer waren völlig versunken in ihrer Arbeit, sodass die Vorgabe von einer halben Stunde zur Erstellung der Collage in allen Gruppen um etwa 15 Minuten verlängert wurde.

8.2.3.3 Arbeitsblatt

Nach Beendigung der Collage wurden die Teilnehmer aufgefordert, ein Arbeitsblatt (s. Abbildung 1) mit Fragen zur eigenen Arbeit auszufüllen. Hierdurch sollte die zunächst mehr unbewusst gestaltete Collage im Prozess der Selbstreflexion verbalisiert und dadurch dem Bewusstsein zugänglich gemacht werden. Gleichzeitig wurde so der Versuch unternommen, den kreativen, unbewussten und assoziativen Gestaltungsprozess von der bewussten, rationalen Reflexion klar zu trennen. Zunächst wurden nur die ersten beiden Fragen beantwortet. Die Fragen 3 und 4 blieben zunächst unbeantwortet.

Arbeitsblatt

Meine Lehrerrolle

1. Wo ist das Zentrum der Darstellung?
2. Welche drei wichtigen Werte stecken dahinter?
3. Welche zusätzlichen Erkenntnisse kommen durch den Blick von außen dazu?
4. An welchem Punkt möchten Sie etwas verändern – was ist der nächste Schritt?

Abbildung 1: Arbeitsblatt

8.2.3.4 Feedback in der Kleingruppe

Im nächsten Schritt bildeten die Teilnehmer selbst gewählte Kleingruppen mit drei bis vier Personen. Die freie Gruppenwahl verfolgte zwei Absichten: Erstens sollten die Teilnehmer die Möglichkeit haben, die Gesprächspartner für diesen sehr persönlichen Austausch selbst zu wählen, zweitens konnte so dem unterschiedlichen Tempo einzelner Gruppenmitglieder Rechnung getragen werden. Die Collagen wurden der Reihe nach besprochen: Nach einer Phase der stillen Betrachtung hatten die anderen Gruppenmitglieder die Möglichkeit zur freien Assoziation eigener Beobachtungen, Einfälle oder Fragen. Die Supervisorinnen legten dabei großen Wert darauf, dass dies in einer bewertungsfreien, spielerischen Art und Weise erfolgte (z. B. mit den Worten: „Ich habe die Idee …“, „Mir fällt auf …“, „Ich sehe …“, „Ich habe die Assoziation …“ etc.). Der Künstler der Collage wurde aufgefordert, sich diese Assoziationen zunächst offen, interessiert und ohne Kommentar anzuhören. Anschließend hatte er die Möglichkeit, die Collage aus seiner Sicht zu erklären und Fragen zu den Beobachtungen der anderen Teilnehmer zu stellen – ohne sich zu rechtfertigen! In allen Gruppen entstanden intensive und angeregte Gespräche – für viele Teilnehmer war diese Phase nach eigener Aussage besonders erhellend und gewinnbringend. Nachdem alle Collagen in der Kleingruppe besprochen waren, hatte jeder Teilnehmer die Möglichkeit, wichtige neue Erkenntnisse und einen nächsten Schritt auf dem Arbeitsblatt (Fragen 3 und 4) festzuhalten. Für die Besprechung einer Collage wurden etwa zehn bis 15 Minuten veranschlagt.

8.2.3.5 Austausch im Plenum

Am Ende der Sitzung fand in allen Gruppen ein Austausch im Plenum statt. Die Supervisionsgruppe kann so wichtige, allgemeingültige Erfahrungen austauschen und das Gefühl der Zusammengehörigkeit erfahren. Manche Erkenntnisse können vertieft, andere auch erst angeregt werden. Je nach Gruppengröße und verfügbarer Zeit wurde entweder ein offenes Gruppengespräch oder die Präsentation und Betrachtung aller Collagen im sogenannten „Gallery Walk“ durchgeführt. Alle Gruppen betonten den persönlichen Gewinn durch die Arbeit mit der Collage (s. Kapitel 8.2.4).

8.2.4 Arbeit in den Gruppen

Die Methode wurde in unterschiedlichen Gruppen und Settings durchgeführt. Für eine bessere Übersichtlichkeit werden nach der Erklärung des zeitlichen Einsatzes des kreativen Mediums die speziellen Ziele und Problemstellungen der jeweiligen Gruppe erläutert. Den Abschluss bilden die

Beobachtungen der Supervisorinnen bezüglich des Prozesses und der Ergebnisse der Arbeit mit den Collagen.

8.2.4.1 Lehramtsanwärter/Referendare

Setting

Die Arbeit mit Collagen wurde in je einer Gruppe von Lehramtsanwärtern an Grundschulen sowie von Studienreferendaren am Gymnasium durchgeführt. In beiden Fällen war die Veranstaltung offiziell in die Ausbildung integriert, beurteilende Seminarleiter oder Fachseminarlehrer waren nicht anwesend. Mit den Lehramtsanwärtern wurden die Collagen im Rahmen eines eintägigen Seminartages durchgeführt, mit den Studienreferendaren während der dreitägigen pädagogisch-psychologischen Tage, einer Sonderveranstaltung im Gesamtrahmen der Seminartage.

Die jungen Lehrkräfte in der praktischen Ausbildung werden in den einzelnen Schultypen unterschiedlich bezeichnet. Im Sinne einer besseren Lesbarkeit sprechen wir im Folgenden immer von Referendaren.

Ziele, Problemstellungen

Das übergreifende Ziel beider Veranstaltungen war eine Professionalisierung der eigenen Arbeit unter besonderer Berücksichtigung der Reflexion des Ausbildungsstands und des Umgangs mit Stress. Die Arbeit mit dem Medium Collage wurde nach einer Einheit zum Ankommen, Kennenlernen und Abklären der Bedürfnisse bewusst an den Beginn der inhaltlichen Arbeit gesetzt. Wie bereits in Kapitel 8.2.2 ausgeführt wurde, verfolgen die Autorinnen durch den Einsatz der Collage vielfältige Ziele: Vergessene oder verdrängte Aspekte der beruflichen Arbeit werden durch die kreative Arbeit bewusst und kommen durch das Material verfremdet zum Ausdruck. Der anschließende Blick von außen auf das eigene Werk schafft die nötige Distanz und erleichtert so die Beschäftigung mit Problemen der eigenen Lehrerrolle. Damit wurde eine gute und vertrauensvolle Basis für die im Seminar später folgende Fallarbeit geschaffen. Außerdem erleben sich die Berufsanfänger im kreativen Tun als autonome und erfolgreich selbstwirksam handelnde Personen. Dies ist in diesem Stadium besonders wichtig, sind sie doch in ihrer Ausbildung ständig kritischem Feedback ausgesetzt. Es liegt in der Natur der Lehrerausbildung, dass Defizite in der Unterrichtsgestaltung und -führung benannt werden müssen. Da diese aber häufig eng mit Persönlichkeitseigenschaften zusammenhängen, erleben die jungen Lehrkräfte häufig selbstwertundienliche Zweifel an ihren Fähigkeiten. In vielen Untersuchungen wurde nachgewiesen, dass diese frühen Frustrationen nicht selten später zum verstärkten Auftreten von psychischen und psychosomatischen Beeinträchtigungen und Beschwerden und so zur verfrühten Berufsunfähigkeit führen. Es scheint sich oft schon in den ersten Berufsjahren eine deutliche innerpsychische Veränderung einzustellen, die dann zu relativ konstanten, durch höhere Risikoanteile gekennzeichneten Mustern führt. Daher ist es äußerst wichtig, so früh wie möglich gegenzusteuern (Schaarschmidt & Fischer, 1998).

Darüber hinaus vollziehen die jungen Lehrer gerade den Wechsel von Lernenden zu Lehrenden, d. h., sie befinden sich ständig in einer Doppelrolle. Immer wieder erwähnen Studienreferendare in Einzelgesprächen, dass sie sich bei einer Unterrichtsbeobachtung viel wohler fühlen als in der Rolle der Autoritätsperson vor den Schülern. Das Thema „Lehrerrolle" erachten die Autorinnen bei der Arbeit mit den Auszubildenden aus diesen Gründen als besonders wichtig. Das Medium der Collage bietet den Lehramtsanwärtern die Möglichkeit, sich mit ihren Rollenkonfusionen, Idealen, den Rollenbildern der eigenen Lehrer oder der Gesellschaft auseinanderzusetzen und eventuell bewusste Entscheidungen zu treffen.

Beobachtungen

Bei der Erarbeitung der Collagen entstand in kürzester Zeit eine intensive und gleichzeitig entspannte Arbeitsatmosphäre. Alle Teilnehmer beschäftigten sich konzentriert mit ihrer eigenen Collage, viele waren so im Tun versunken, dass sie Raum und Zeit vergaßen. Der erwünschte Übergang vom unbewussten Gestalten zum rationalen Erfassen und Interpretieren der eigenen Collage mit dem Arbeitsblatt kostete einige Teilnehmer zunächst Überwindung, wurde dann aber positiv aufgenommen und oft direkt ausgedrückt: „Ist das gut, sich einmal Gedanken über die eigenen Werte im Beruf zu machen!"

Der Austausch zwischen den Teilnehmern, in den Kleingruppen und später beim „Gallery Walk" war von außen betrachtet lebhaft und intensiv. Viele Kleingruppen hätten sich gerne noch über den vorgegebenen Zeitrahmen hinaus über ihre persönlichen Grundwerte und beruflichen Ideale ausgetauscht. Auf einstimmigen Wunsch wurden die Collagen für den Rest der Veranstaltung offen zugänglich aufgehängt. Immer wieder betrachteten einzelne Teilnehmer oder kleine Gruppen die Collagen.

Im abschließenden Plenum wurden vor allem zwei Dinge betont: Zum einen erwähnten viele Referendare, wie interessant und hilfreich es für sie war, ihre Lehrerrolle einmal in Ruhe zu reflektieren. Die Collage wurde häufig als persönlicher Anker und als handlungsleitender Wegweiser bezeichnet. Zum anderen wurde betont, wie wertvoll das Feedback der anderen Gruppenteilnehmer war, dass dadurch neue Aspekte bewusst wurden und so das entlastende Gefühl entstand, im Rahmen dieser beruflichen Gruppe verstanden zu werden. Offen wurde die Problematik der Vereinbarkeit von Beruf und privatem Leben thematisiert und in den Fokus zukünftiger Veränderungen gerückt.

Inhaltlich lassen sich bei aller Vorsicht folgende beobachtbare Tendenzen erkennen:

Im Zentrum der Collage steht meistens die innere Zerrissenheit zwischen eigenem Anspruch und dem Anspruch von außen durch Seminarlehrer, Schulleiter, Eltern und Schüler, zwischen den Anforderungen im Beruf und dem Wunsch nach Freizeit und Erholung, zwischen der Rolle als Lernende und Lehrende. Oft ist in den Bildern die Angst erkennbar, den eigenen Werten untreu zu werden und die eigene Identität aufs Spiel zu setzen. Viele drücken aus, dass die Schule im Moment alle Lebensbereiche durchdringt und so das „Thema Nummer eins" im Leben geworden ist. Die eher assoziativ geprägte äußere Struktur ist durch viele dynamische Bilder aus der Welt des Extremsports gekennzeichnet – interessanterweise findet man kaum Kinder auf den Collagen. Der Fokus der Collagen liegt bei den Lehramtsanwärtern deutlich auf der Beschäftigung mit sich selbst und der neu zu gestaltenden Rolle. Zur gelingenden und identitätswahrenden Bearbeitung dieses sensiblen Übergangs vom Studenten zum Pädagogen kann das kreative Medium Collage aus Sicht der Autorinnen einen wichtigen Beitrag leisten.

Abbildung 2: Beispielcollagen der Referendare

8.2.4.2 Seminarlehrer

Setting

Als zweite Zielgruppe wurden neu ernannte Seminarlehrer der gymnasialen Lehrerausbildung ausgewählt. Die Arbeit mit den Collagen wurde im Rahmen der ersten Woche eines 14-tägigen Weiterbildungslehrgangs durchgeführt. In der Weiterbildung stehen neben inhaltlichen Themen die Reflexion sowie die Veränderung der eigenen Rolle in der Tätigkeit eines Seminarlehrers auf der Agenda. Der gesamte Lehrgang dient der Qualifizierung von Führungskräften und verknüpft daher Elemente der fachlichen Weiterbildung und der Persönlichkeitsentwicklung durch Supervision. Auch hier wurde die Arbeit mit dem Medium Collage nach einer ersten Einheit zum Ankommen, gegenseitigem Kennenlernen, Abklären der Bedürfnisse sowie der Vorstellung wichtiger Inhalte bewusst an den Beginn der Weiterbildungswoche gesetzt.

Ziele, Problemstellungen

Auch in diesem Setting war der Einsatz zielgerichtet. Viele Ziele sind deckungsgleich mit den im Kapitel 8.2.4.1 genannten, z. B. die Intention eines spielerischen Zugangs, der Bewusstwerdung unbewusster Anteile oder die Schaffung einer angemessenen Distanz durch den verfremdeten Ausdruck in der Collage. Noch stärker als bei den Studienreferendaren war es wichtig, eine vertrauensvolle Atmosphäre zu schaffen, in der die häufig notwendige „professionelle Maske" fallen darf und persönliche Probleme oder Schwächen benannt werden dürfen. Seminarlehrer haben oft die Vorstellung bzw. den „offiziellen Auftrag", den Referendaren alles perfekt und fehlerfrei beizubringen und vorzuleben – also „der Meister des guten Lehrers" zu sein. Aufgrund der Verfremdung durch die Materialien und die bewusst indizierte Regression werden die Betrachtung dieser Phänomene sowie die vorsichtige Korrektur der eigenen Lehrerpersönlichkeit begünstigt. Die Erinnerung an die eigenen Anfänge und Entwicklung der Lehrerbiografie erleichtert außerdem das empathische Verstehen der Probleme der Auszubildenden. Diese intensive Art der Auseinandersetzung mit Rollenveränderungen im Laufe eines Berufslebens, mit Rollenkonfusionen durch verschiedene Tätigkeiten sowie mit den Problemen bei Rollenüberschneidungen könnte zukunftsweisend für Fachsitzungen in der Erwachsenenpädagogik gesehen werden.

Beobachtungen

Auch die Seminarlehrergruppe begann zügig und intensiv mit der Erstellung der Collagen. Die Arbeitsatmosphäre wurde schnell ungezwungen, Teilnehmer setzten sich auf den Boden und breiteten ihr Material um sich aus – wie im „ernsten Spiel versunkene Kinder". Etliche kosteten die Zeit ganz mit der kreativen Erstellung der Collage aus und bearbeiteten das Arbeitsblatt sehr zügig. Das sonst so stark bei Lehrern entwickelte und geförderte Bedürfnis, alles rational und analytisch zu verbalisieren, rückte deutlich in den Hintergrund.

Der Austausch in den Kleingruppen war nach Aussage der Teilnehmer sehr intensiv, persönlich und gewinnbringend. „Ich habe schon lange nicht mehr Menschen so intensiv in so kurzer Zeit kennengelernt und so wertvolle Anregungen bekommen." – Mit dieser exemplarischen Aussage eines Teilnehmers ist die Stimmung in der Gruppe gut eingefangen. Auch im anschließenden „Gallery Walk" fanden intensive Gespräche statt. Die Gruppe wünschte sich ausdrücklich, die Collagen an einer Wand im Gruppenraum aufzuhängen, um die Möglichkeit zu haben, im Verlauf der weiteren Woche nochmals emotional und inhaltlich anschließen zu können.

Inhaltlich lassen sich in dieser Gruppe folgende beobachtbare Tendenzen erkennen:
Oft steht eine Person im Zentrum des Bildes, die bemüht ist, den Überblick zu behalten. Wissensvermittlung, Freude am Lernen, Entfaltung von Persönlichkeiten sowie Hoffnung und Kampf werden als tragende Werte genannt. Die Collagen sind in der Regel deutlich stärker strukturiert als die der Referendare und benutzen häufig Symbole für Wachsen und Gedeihen aus dem Pflanzenreich. Der Fokus liegt hier deutlich auf den eigenen, extrem hohen Erwartungen an sich selbst – der Seminarlehrer erscheint als „Superman" bzw. als Heilsbringer.

Diese Selbstüberforderung bzw. die unreflektierte Übernahme überhöhter Ansprüche der Umwelt wurde für die gesamte Gruppe existenziell spürbar und damit zur Basis tief greifender und sehr persönlicher Diskussionen innerhalb dieser speziellen Gruppenkonstellation. Der Transfer auf die oft ebenfalls unerreichbaren Ansprüche der bzw. an die Referendare ergab sich dann wie von selbst.

Die Woche erreichte durch die Arbeit mit den Collagen schnell einen erstaunlichen, vertrauensvollen Tiefgang. Die Notwendigkeit, den reflektierenden Blick auf die innere Haltung eines Seminarlehrers zu formen, wurde im Laufe des Lehrgangs zur selbstverständlichen inneren Haltung der Teilnehmer.

Insgesamt wurden durch den Einsatz der Collage zum Thema „Lehrerrolle" in diesem Setting vor allem zwei Reflexionstendenzen angeregt. Einerseits war eine verstärkte Empathie für die Situation anderer – hier im Besonderen der Referendare – spürbar. Andererseits wurde die Erkenntnis einer möglichen Überforderung aufgrund hoher Ansprüche des eigenen Selbst und der Umwelt durch die Reflexion der eigenen Lehrerrolle deutlich. Die intensive zeitliche Beschäftigung mit biografischen Eckpfeilern der beruflichen Sozialisation führte aus der Sicht der Autoren zu weit reichenden persönlichen Erkenntnissen.

Abbildung 3: Beispielcollagen der Seminarlehrer

Diese Einschätzung wurde in der zweiten Woche bestätigt. Viele Teilnehmer berichteten von deutlichen Veränderungen ihres Interaktionsstils sowie ihrer inneren Haltung:

- „Ich habe mich in den letzten 20 Jahren nicht so positiv persönlich weiterentwickelt wie im letzten halben Jahr."
- „Meine innere Haltung zu den Referendaren hat sich deutlich verändert."
- „Ich betrachte mich heute mehr als Prozessbegleiterin meiner Referendare."
- „Ich frage mich fast täglich, welche Rolle ich eigentlich als Lehrerin habe."

Diese exemplarischen Aussagen einiger Teilnehmer sprechen für sich.

8.2.4.3 Schulleiter

Setting

Die Gruppe der Schulleiter trifft sich in nahezu identischer Zusammensetzung seit vier Jahren. In der Gruppe sind Schulleiter aus kleinen Grundschulen vertreten, aber auch Schulleiter aus großen Grund- und Mittelschulen, die von einer Schulleiterin geleitet werden. Der Austausch innerhalb der Gemeinschaft ist sehr intensiv, und es herrscht eine hohe Bereitschaft, Schwierigkeiten im schulischen oder privaten Alltag mit Hilfe unterschiedlicher Methoden und Medien zu analysieren, zu reflektieren und zu thematisieren.

Die Gestaltung der Collage bei der Supervisionsgruppe der Schulleiter fand ein paar Tage nach der offiziellen Vergabe der Zwischenzeugnisse statt.

Ziele, Problemstellungen

In der Anfangsrunde wurde von mehreren Kollegen thematisiert, dass sie als Schulleiter die zum Teil sehr vielfältigen Anforderungen, Erwartungen und Aufgaben auf unterschiedlichen Ebenen (Eltern, Kollegen, Schulamt etc.) als belastend erleben würden. Zudem wurde geäußert, dass vor allem bei den Schulleitern eine zeitliche Zäsur innerhalb des Schuljahres kaum mehr erlebt werde und sich diese Problematik auf die persönlich notwendige Regeneration im Verlauf eines Schuljahres negativ auswirke.

Auch in diesem Setting lag die Intention darin, sich seiner eigenen Ansprüche einerseits als Lehrkraft, andererseits als Führungsperson bewusst zu werden und durch die gewonnene Betrachtungsdistanz den Spagat im Alltag zu visualisieren. Da im Bereich der Grundschulen zahlreiche Schulleiter nur wenig Anrechnungsstunden für ihre Tätigkeit als Schulleiter erhalten, sind diese meist mit einem hohen Stundenkontingent als Klassenlehrkraft für das Weiterkommen der Schüler ihrer eigenen Klasse verantwortlich. Durch die Übernahme der weiteren Tätigkeit und der damit verbundenen umfassenden Verantwortung für die gesamte Schule stehen oftmals der Anspruch an die eigene Unterrichtsqualität und der tatsächlich leistbare alltägliche Unterrichtsablauf im Widerspruch. Eine Reflexion über eine mögliche Adaptation des Anspruchs an die eigene Unterrichtsgestaltung aufgrund der Rahmenbedingungen sollte mit dieser Methode angeregt werden.

Bei den Schulleitern der kombinierten Grundschulen und Mittelschulen sollte durch die Collage die hohe organisatorische Forderung an die Schulleitung durch die Vernetzung der Projekte und Schwerpunkte beider Schultypen angesprochen werden. Die zeitlich unterschiedliche Terminplanung beider Schultypen führt bei einer gemeinsamen Schulleitung zu Rollenkonfusion und Rollenkonflikten. Außerdem bedarf es einer hohen Strukturierung und Planung des Schuljahres und eines bewussten Umgangs mit arbeitsintensiven Wochen, in denen in beiden Schultypen der umfassende Einsatz der Schulleitung gefordert ist. Die grundlegende Auseinandersetzung mit der eigenen Rolle und die anschließende Reflexion über eine mögliche Delegation von Verantwortung an andere Kollegen der Schule sollte mit Hilfe der Collage angeregt werden.

Aufgrund dieser Rahmenbedingungen wurde in der Gruppe der Schulleiter der Auftrag erteilt, eine Collage mit dem Thema „Meine Rolle als Schulleiter“ zu erstellen.

Beobachtungen

Aus der Beobachterrolle heraus entstand der Eindruck, dass sich die Teilnehmer der Supervisionsgruppe nach einer kurzen Überwindung umfassend auf die kreative, regressionsorientierte Aufgabe einlassen konnten und sehr intensiv arbeiteten.

Die Besprechung der Collagen fand im Plenum statt. Sehr interessiert hörten die Supervisanden den Assoziationen der anderen Teilnehmer zu.

In der Nachbesprechung wurde deutlich, dass es mehreren Kollegen anfänglich schwerfiel, kreativ tätig zu werden und sich auf dieses Experiment einzulassen. In diesem Zusammenhang wurden auch die Themen Leistung, Vergleichbarkeit und Konkurrenz im gestalterischen Tun genannt. Nach dem ersten „Einlassen" und im Verlauf der Tätigkeit entwickelte sich ein „Flow", der zu interessanten persönlichen Erkenntnissen führte. Hilfreich schien im Zusammenhang mit dem kreativen Agieren für einige Teilnehmer vor allem die hohe Vertrautheit in der Gruppe zu sein. Die Gestaltung der Collage und die intensive Nacharbeit schienen das bereits entstandene Wir-Gefühl und die solidarische Haltung deutlich zu verstärken.

Sehr unterschiedlich wurde die Suche nach den passenden Bildern für die Collage geschildert. Eine Teilnehmerin hatte innere Bilder bereits vor Augen und suchte dann gezielt im vorgegebenen Material. Eine andere Supervisandin entwickelte beim Suchen bewusste Reflexionen über ihre Tätigkeit und fand zunehmend Spaß an der kreativen Aufgabe. Im gestalterischen Prozess rückte der eigene Anspruch an die „Kreativitätsleistung" immer mehr in den Hintergrund, und die Beschäftigung mit der Thematik „auf anderer Ebene" wurde immer präsenter. Diesen Veränderungsprozess konnten mehrere Teilnehmer bei der anschließenden Besprechung bestätigen. Trotz anfänglicher Skepsis äußerten alle Gruppenmitglieder großes Interesse an weiteren gestalterischen supervisorischen Elementen.

Eine Supervisandin sah den persönlichen Erkenntnisgewinn durch die kreative Gestaltung bzw. die Rückmeldungen der anderen Teilnehmer, die zum Nachdenken anregten, als besonders gewinnbringend an. Der Blick über die Alltagsprobleme hinaus auf die zugrunde liegende Haltung als Schulleitung schien für viele den Blick auf das Wesentliche zu ermöglichen.

Inhaltlich lassen sich in dieser Gruppe folgende beobachtbare Tendenzen erkennen:

Die Schulleiter haben immer die gesamte Schule im Blick, oft wird hierfür eine Metapher verwendet, z. B. Schule als Boot. Dahinter verbirgt sich der Kerngedanke, „als Schulleiter alles im Blick haben zu müssen". Die Schule wird als eine Einheit gesehen, in der „alle in einem Boot sitzen", welches massiven externen und internen Beeinflussungen ausgesetzt ist. Schulleiter betonen ihre Verantwortung für das Wohlbefinden aller Mitglieder der Schulfamilie sowie den Wunsch, „die Entwicklung der vorhandenen Schätze zu ermöglichen und Veränderungen zu gestalten". Auf allen Collagen erscheint der Schulleiter deutlich erkennbar als führende, kraftvolle Person, welche zentral in der Collage steht und „die Richtung vorgibt". Kinder und Lehrkräfte sind mit deutlichem Bezug dazu angeordnet, die Mimik aller Personen ist stets freundlich und zugewandt. Neben der Metapher des Bootes für eine Schule finden sich zum Teil Tiere oder Pflanzen, zum Beispiel ein Schmetterling für die „Metamorphose" von Schülern oder eine Palme für „Leichtigkeit und Freude am Lernen" oder „Erholungspausen".

Insgesamt steht die Reflexion der Leitungsfunktion klar im Vordergrund. Schulleiter haben stets das gesamte Schulsystem im Blick. Sie setzen sich sichtbar sowohl mit ihren eigenen Rollenvorstellungen als auch mit den Erwartungen der unterschiedlichen Systemmitglieder auseinander.

Abbildung 4: Beispielcollagen der Schulleiter

8.3 Grenzen, Gefahren und Chancen

Der Einsatz kreativer Medien birgt großes Potenzial, aber auch einige Gefahren.

8.3.1 Grenzen und Gefahren

Für die Supervisoren:
Supervision findet im schulischen Kontext meist durch weitergebildete Schulpsychologen statt. Da diese Personen Mitglieder des Systems sind, ergeben sich daraus einige Gefahren. Die sprichwörtliche „Betriebsblindheit" kann das Erkennen wichtiger Problemfelder erschweren oder sogar verhindern, und die persönliche Einbettung in das System blockiert evenuell notwendige Veränderungen, wenn diese die eigene Position betreffen. Schulpsychologen verstricken sich außerdem als Supervisoren häufig in Rollenkonfusionen, da sie in der Schule gleichzeitig Lehrer, Schulpsychologe und Supervisor sind und oft Personen als Ausbilder (Lehrer), Kollege, Berater und/oder Supervisor betreuen.

Der Material- und Zeitbedarf für den Einsatz kreativer Medien ist hoch, Letzterer ist außerdem schwer kalkulierbar. Wenn die Einheit zeitlich knapp bemessen ist und kein Zeitpuffer zur Verfügung steht, sollte vom Einsatz kreativer Medien Abstand genommen werden. Der Einsatz muss somit sehr gut geplant werden. Auf der anderen Seite entsteht dadurch die Gefahr, zu sehr am eigenen Konzept zu kleben und dabei die notwendige Flexibilität für die Supervisanden zu verlieren. Kreative Medien sollten nie aus reinem Aktionismus und ohne sinnvolle Einbettung in das vorliegende Setting durchgeführt werden. Bei der Auswertung der Ergebnisse ist es für den Supervisor hilfreich, am „roten Faden" zu bleiben. Nicht alle aufkommenden Themen und Gefühle der Supervisanden können und sollten aufgegriffen werden. Die Visualisierung und deren erkennende Versprachlichung durch die Teilnehmer dürfen nicht überinterpretiert werden.

> „Es verbietet sich von selbst, dass ein kreativer Prozess oder ein Ergebnis kritizistisch analysiert oder kritizistisch gedeutet wird. Alle Deutungen werden immer zusammen mit den Supervisanden erkundet." (Schreyögg, Lehrbrief)

Supervision ist in erster Linie Aufklärung und nicht Lösung vorhandener Probleme.

Für die Supervisanden:
Die Arbeit mit kreativen Medien eröffnet den Supervisanden den Freiraum, eigenen Ideen, Assoziationen und Neigungen nachzugehen. Dabei verlieren sich manche Teilnehmer in kreativen Assoziationsketten und schweifen vom Thema ab. Andere tauchen sehr tief in ihre innerpsychische Welt ein, eröffnen einen sehr persönlichen psychischen Prozess und sind dann unzufrieden, wenn im Rahmen des Gruppenprozesses die Bearbeitung nach der vereinbarten Zeit beendet wird. Durch die Aktivierung unbewusster Anteile und die anschließende Visualisierung werden Probleme zum Teil ungewohnt deutlich sichtbar. Dies kann große Betroffenheit, ja sogar Handlungsunfähigkeit erzeugen. Einzelne Teilnehmer wünschen sich nach der Arbeit mit der Collage ein intensiveres individuelles Eingehen des Supervisors auf ihren Prozess oder versuchen sogar unbewusst, das Setting zur Thematisierung eines therapeutischen Problems zu nutzen. Auch das Feedback anderer Teilnehmer birgt Gefahrenpotenzial. Pointiertes, zutreffendes Feedback kann das Gegenüber unerwartet treffen und massive Prozesse auslösen. Die Supervisoren sollten sich dieser Problematik bewusst sein, um im gegebenen Fall steuernd eingreifen zu können. Die Arbeit mit der Collage sollte daher nur von Supervisoren durchgeführt werden, die im Umgang mit intensiven innerpsychischen Prozessen Erfahrung haben.

8.3.2 Chancen

Einzelne Aspekte des Potenzials, das die Arbeit mit kreativen Medien birgt, wurden bereits bei den Beobachtungen der einzelnen Gruppen genannt. Sie sollen hier noch einmal zusammengefasst dargestellt und ergänzt werden. Da die positiven Aspekte sich für die Supervisoren und die Supervisanden permanent gegenseitig bedingen und verstärken, werden diese hier gemeinsam dargestellt.

Für den Supervisor stellen kreative Medien zunächst ein stark aktivierendes Element dar, das selbst von rational orientierten Menschen gerne angenommen wird. In keiner der beschriebenen Gruppen hat eine Person auch nur ansatzweise die Anfertigung einer Collage verweigert. Durch den hohen Aufforderungscharakter der Materialien und die schnell einsetzende „positive

Regression“ entsteht eine unverkrampfte Atmosphäre, in der wie im Kinderspiel Themen inszeniert werden. Unbewusste, zum Teil verdrängte Anteile können so wahrgenommen und dann zum Ausdruck gebracht werden. Im gemeinsamen Tun sowie später beim Präsentieren der Ergebnisse entsteht automatisch ein Gemeinschaftsgefühl, welches durch die Erkenntnis, dass alle im gleichen Boot mit ähnlichen Problemen sitzen, noch verstärkt wird. Die Teilnehmer erleben sich sozial eingebunden. Der Blick auf das eigene Werk erfüllt Menschen mit Stolz, gibt ihnen das Gefühl von Kompetenz und Autonomie und aktiviert damit die Eigeninitiative. Nach der Selbstbestimmungstheorie von Deci und Ryan (1993) müssen für das Zustandekommen stabiler Motivation die grundlegenden Bedürfnisse nach Erleben von Kompetenz, Autonomie und sozialer Einbindung befriedigt sein. Durch den Perspektivenwechsel und die damit verbundene Distanz zum eigenen Prozess fällt es leichter, Probleme klar zu analysieren und das Veränderungspotenzial auszuloten. Das Medium ist stark ressourcenorientiert und aktiviert alle Gruppenteilnehmer gleichzeitig und trotzdem jeden Einzelnen sehr individuell. Es enthält für den aufmerksamen Supervisor wertvolle diagnostische Ansätze für die weitere supervisorische Arbeit. Nicht zuletzt führt es bei den Supervisanden durch die intensive Selbstreflexion zu einer verstärkten Empathiefähigkeit für sich selbst und für andere und trägt somit zur Professionalisierung bei. Bei richtigem Umgang mit kreativen Medien ist zudem immer klar, dass die Visualisierung nur einen Punkt in einem sich ständig verändernden Prozess darstellt.

8.4 Ausblick

Nachdem das Medium der Collage in mehreren Settings angewandt und reflektiert wurde, erscheint den Autorinnen Folgendes zielführend: Die Arbeit mit kreativen Medien allgemein sowie mit der Collage im Speziellen sollte stets sinnvoll in einen größeren Gesamtzusammenhang eingebettet werden. Für die Durchführung empfiehlt es sich, genügend Zeit einzuplanen. Die Integration in das Programm mehrtägiger Veranstaltungen erwies sich als besonders fruchtbar. Eine Wiederholung der Methode zu einem späteren Zeitpunkt zur Verdeutlichung des eigenen Entwicklungsprozesses könnte zusätzlich gewinnbringend sein. Die Supervisoren sollten als Prozessbegleiter unbedingt eingreifen, wenn Prozesse zu intensiv oder zu therapeutisch werden, und den Teilnehmern dann Möglichkeiten zur weiterführenden Bearbeitung außerhalb des vorliegenden Settings aufzeigen. Für die Arbeit mit dem kreativen Medium Collage erscheint es den Autorinnen sehr empfehlenswert, im Team zu arbeiten. Supervisoren, die diese Instrumente benutzen, sollten intensive persönliche Prozesse ihrer Supervisanden steuern und auffangen können und dann an die zuständigen Fachkräfte weitervermitteln.

Die Intention, Lehrer mit unterschiedlichster Berufspraxis und Funktion bei der „Entwicklungsaufgabe des Rollenwechsels" zu unterstützen, erscheint nach der Zusammenschau und Reflexion dieses Kapitels ein wertvoller Beitrag supervisorischer Arbeit. Die Lehrer erhalten durch die exzentrische Position und das kreative Medium die Möglichkeit, eigene und fremde Erwartungen an die Rolle zu überprüfen, neue Handlungsmuster zu erproben und so die neue Rolle aktiv und individuell sowie prozessorientiert zu hinterfragen und zu gestalten.

8.5 Literatur

Bachmann, T. (2007). Rollenkompass. In C. Rauen (Hrsg.), *Coaching-Tools II. Erfolgreiche Coaches präsentieren Interventionstechniken aus ihrer Coaching-Praxis.* Bonn: managerSeminare.

Deci, E. & Ryan, R. (1993). Die Selbstbestimmungstheorie der Motivation und ihre Bedeutung für die Pädagogik. *Zeitschrift für Pädagogik, 39,* Weinheim: Beltz.

Mehlhorn, H.-G.(2008). Pädagogik der Kreativität – Kreativitätspädagogik. In T. Baudson und M. Dresler (Hrsg.), *Kreativität. Beiträge aus den Geisteswissenschaften.* Stuttgart: Hirzel.

Moreno, J. L. (1959). *Gruppenpsychotherapie und Psychodrama.* Stuttgart: Thieme.

Rappe-Giesecke, K. (2009). *Supervision für Gruppen und Teams* (4. Aufl.). Heidelberg: Springer.

Richter, K. F. (2010). *Coaching als kreativer Prozess. Werkbuch für Coaching und Supervision mit Gestalt und System* (2. Aufl.). Göttingen: Vandenhoeck & Ruprecht.

Schaarschmidt, U. & Fischer, A. W. (1998). Diagnostik interindividueller Unterschiede in der psychischen Gesundheit von Lehrerinnen und Lehrern zum Zwecke einer differentiellen Gesundheitsförderung. In E. Bamberg, A. Ducki & A.-M. Metz (Hrsg.), *Handbuch Betriebliche Gesundheitsförderung.* Göttingen: Verlag für Angewandte Psychologie.

Schreyögg, A. (2004). *Supervision. Ein integratives Modell. Lehrbuch zu Theorie und Praxis* (4. Aufl.). Wiesbaden: VS Verlag für Sozialwissenschaften.

Schreyögg, A. (2010). *Supervision. Ein integratives Modell. Lehrbuch zu Theorie und Praxis* (5. Aufl.). Wiesbaden: VS Verlag für Sozialwissenschaften.

Schuhmann. S. (2011). *Der erweiterte Blick: Kreative Medien in der Integrativen Supervision.* Saarbrücken: VDM Verlag Dr. Müller.

Storath, R. (1995). *Praxisschock bei Schulleitern? Zur Rollenfindung neuernannter Schulleiter.* Neuwied: Luchterhand.

Weiß, B. (1996). Masken im Beruf – Maskenspiel in der Supervision. *Organisationsberatung – Supervision – Clinical Management, 1.* Opladen: Leske & Budrich Verlag.

Lehrbriefe: Schreyögg, A. *Arbeit mit kreativen Medien in der Supervision.*

Aufsätze: Schreyögg, A. *Coaching für die Schulentwicklung.*

Kontakt

Susanne Heim
E-Mail: susanne.heim@stadt.bamberg.de

Katrin Wulff
E-Mail: wulff.schulamt@landkreis-neumarkt.de

9 Variation kreativer Methoden während eines Supervisionstages für Beratungslehrkräfte

André Steidle

9.1 Entstehung und Struktur des Supervisionstages

Teilnehmerkreis des Supervisionstages war eine Gruppe von neun Beratungslehrkräften, die ein Jahr zuvor ihre Weiterbildung zur Beratungslehrerin bzw. zum Beratungslehrer abgeschlossen hatten und sich aus der Ausbildungsgruppe gut kannten. Sie hatten den Wunsch, ihre Rolle und spezielle Fragestellungen im neuen Berufsfeld gemeinsam supervisorisch zu reflektieren. Es handelte sich um Kolleginnen unterschiedlicher Schularten: Grundschule, Realschule, Gymnasium und berufliche Schulen.

Angesichts der räumlichen Verteilung der Teilnehmerinnen im Bezirk Unterfranken erschien das übliche Angebot mehrerer zwei- bis dreistündiger Supervisionssitzungen während des Schuljahres durch die weite Anreise als sehr zeitaufwendig. Eine Alternative stellte ein Supervisionstag dar.

Von neun bis 16 Uhr, unterbrochen von einer Stunde Mittagspause, fand dieser Tag im Frühjahr statt, ein weiterer ist für das nächste Schuljahr geplant. Zusammen mit einer Kollegin bildete ich ein Leitungstandem.

Wir strukturierten den Tag folgendermaßen: In der Anfangsrunde mit persönlicher Vorstellung äußerten die Teilnehmer Anliegen für die Supervision, die auf Karten an der Stellwand festgehalten wurden. Nach den Kriterien „Dringlichkeit für den Fallgeber" und „Bedeutsamkeit für die Gruppe" wurden gemeinsam mit den Teilnehmern die Fälle für den Tag priorisiert. Wir Supervisoren entschieden untereinander, wer welche Anliegen mit einer Halbgruppe bearbeitete. Hier konnten sich die restlichen Teilnehmer nach Interesse den Fallgebern jeweils neu zuordnen. Die Supervisionssitzungen umfassten vor und nach der Mittagspause jeweils 90 Minuten, nach einer nachmittäglichen Kaffeepause noch einmal etwa 45 Minuten. Somit konnten an diesem Tag sechs Anliegen bearbeitet werden, was den Bedürfnissen des Teilnehmerkreises entsprach. Die Abschlussrunde mit Feedback fand wieder mit der ganzen Gruppe und beiden Supervisoren statt.

9.2 Praxisbericht über die Methodenvariation während dreier Supervisionssitzungen

Im Folgenden dokumentiere ich akzentuiert den Methodeneinsatz der drei Sitzungen, die ich als Supervisor leitete.

Schreyögg (2010) differenziert die Methodik auf der praxeologischen Ebene des integrativen Supervisionsansatzes folgendermaßen:

a) sachorientierter, rationaler Dialog für planmäßige Deutungsmuster,
b) psychotherapieorientierte Methodik für nicht planmäßige Deutungsmuster.

Psychotherapieorientierte Methoden, die im Fokus dieser Arbeit stehen, sollten nach Schreyögg erlebniszentriert sein und eine multiparadigmatische Sicht des Menschen enthalten, also eine individuelle, interaktionale und systemische Perspektive auf menschliches Leben ermöglichen.

Kreative Medien fördern den Einsatz erlebniszentrierter Methoden. Schreyögg (2010) unterscheidet personale Medien (evtl. die Person des Supervisors) von Handlungsmedien (wie Sprache, Gestik, Mimik, Imaginationsverfahren und Rollenspiele) und Sachmedien (wie Stifte, Bausteine, Spielfiguren und Puppen). Letztere interessieren hier als nicht technische, kreative Materialmedien.

Diagnostisch dienen kreative Medien als Informationsträger zur Rekonstruktion komplexer Sachverhalte, die sich sprachlich nur unzureichend erschließen würden, und helfen, auch Prärationales zum Ausdruck zu bringen. Zudem unterstützen sie die Veränderung von Deutungs- und Handlungsmustern und den Selbstausdruck des Menschen.

Während des hier dokumentierten Supervisionstages wählte ich als methodische Schwerpunkte verschiedene Formen von Aufstellungen: in der ersten Sitzung eine Aufstellung von Playmobilfiguren (kreatives Materialmedium), in der zweiten Sitzung die psychodramatische Aufstellung (kreatives Handlungsmedium) und in der letzten Sitzung ein Tetralemmaexperiment mit Bewegung (kreatives Handlungsmedium).

9.2.1 Aufstellung mit Playmobilfiguren

Thema der Fallgeberin war die Vergabe der Fachschaftsleitung für Englisch an einem Gymnasium im folgenden Schuljahr. Der Schulleiter war seit Beginn des Schuljahres neu an der Schule und wollte die Stelle ohne schulinterne Ausschreibung an einen Interessenten vergeben. Diese Praxis hatte der pensionierte Vorgänger genauso gehandhabt. Allerdings regte sich nun im Kollegium unter anderem bei weiteren Interessenten Widerstand, den auch die Fallgeberin verspürte. Ihre Frage für die Supervision war zunächst, ob und wie sie sich gegenüber dem Schulleiter bezüglich dieser Vergabepraxis positionieren sollte.

Kreative Materialmedien eignen sich gut zur Rekonstruktion komplexer Sachverhalte und ermöglichen, auch Unbewusstes erlebbar zu machen. Beide Funktionen erfüllte in dieser Sitzung die Aufstellung mit Playmobilfiguren. Als Medium mit natürlicher Ladung (Träger von Informationen) erleichtern diese Figuren eine spielerische Auseinandersetzung mit den Rollen im Rahmen der Vergabe der Fachschaftsleitung. Dies war auch bei der Fallgeberin spürbar, die sichtlich lustvoll aus der Kiste mit etwa hundert Playmobilfiguren die wesentlichen Protagonisten aufstellte. Das gestellte Bild ermöglicht eine übersichtliche Auseinandersetzung mit dem komplexen Beziehungsgeflecht innerhalb des Kollegiums.

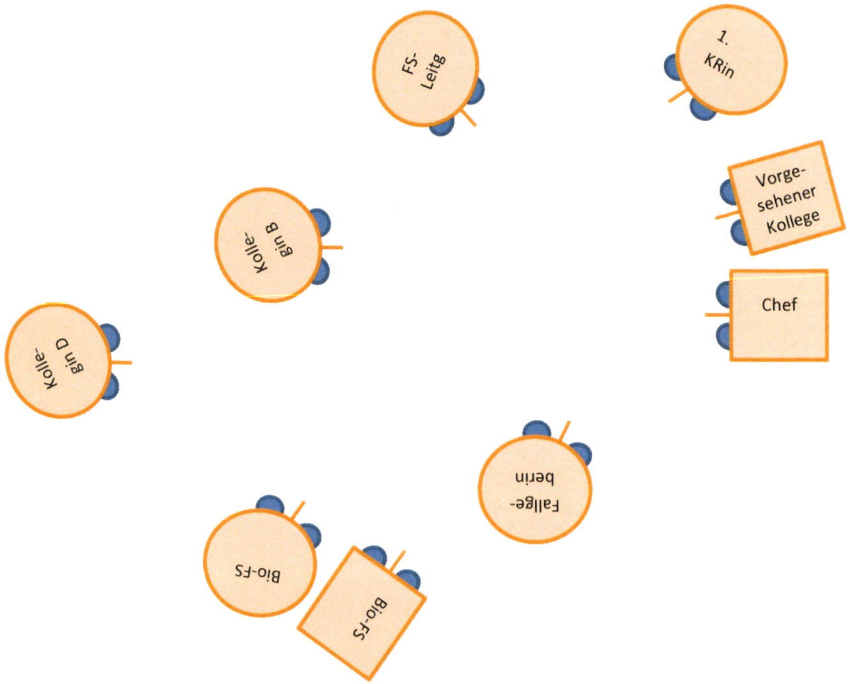

Abbildung 1: Aufstellung mit Playmobilfiguren

Die Fallgeberin stellte in folgender Reihenfolge (vgl. Abbildung 1) und ließ die gestellten Figuren jeweils Sätze sprechen:

a) Den Chef als Indianerhäuptling: „Ich möchte eine gedeihliche Vergabe."
b) Eine Kollegin aus der Fachschaft als neutrale Frauenfigur: „Ich hätte Interesse, aber Angst, in Konkurrenz zu treten."
c) Den Kollegen, der für die Stelle vorgesehen war, als futuristischen Ritter: „Ich bin der Beste."
d) Eine weitere Kollegin aus der Fachschaft als mädchenhafte Figur: „Ich hätte Interesse, aber keine Chance."
e) Sich selbst als weiblichen Robin Hood: „Ich möchte nicht, dass der Posten nur für die Karriere vergeben wird, sondern die Leitung sollte hinter der Fachschaft stehen."

f) Zwei Kollegen aus der Biologie-Fachschaft als Jäger bzw. Anglerin: „Wir wollen, dass diesmal der Posten transparent vergeben wird."
g) Die erste Konrektorin als ältere Dame (Figur, die als einzige sitzt und schweigt).
h) Die bisherige Fachschaftsleitung als alte Zaubererin: „Mir ist egal, wer das nach mir macht."

Aus dem mit den Playmobilfiguren gestellten Bild erschloss sich schnell für alle an der Supervision Beteiligten das Anliegen der Fallgeberin in prägnanter Weise. Assoziativ könnte die Szene pointiert mit „Robina Hood – die Rächerin der Übergangenen" überschrieben werden.

Die zu Beginn der Sitzung genannte Fragestellung der Fallgeberin wurde auf Basis der gestellten Szene präzisiert:

- In welcher Rolle möchte ich den Schulleiter hinsichtlich der Vergabe der Stelle kontaktieren?
- Welchen Auftrag habe ich in dieser Rolle?

Die Fallgeberin war in unterschiedlichen Rollen im Kollegium präsent, die für ihr Anliegen relevant erschienen: als Fachschaftsmitglied, als Personalrätin, als Beratungslehrerin und schließlich als Kollegin an der Schule. Sie begab sich nacheinander kurz in diese Rollen hinein und spürte nach, in welcher Rolle sie am deutlichsten einen Auftrag hörte. Dies war eindeutig die Rolle der Personalrätin. Die Gruppe bestätigte sie darin, zumal in anderen Schularten bei einer derartigen Entscheidung ohnehin der Personalrat beteiligt werden muss.

Im nächsten Schritt wurde der Auftrag als Personalrätin für das Gespräch mit dem Schulleiter konkretisiert. Als Legitimation für ihr Vorgehen wollte sich die Fallgeberin die Unterstützung der Personalräte und der Mehrheit der Fachschaft holen. Inhaltliche Ziele für das Gespräch mit dem Schulleiter waren, dass die Ausschreibung in Zukunft am Schwarzen Brett hängen sollte und Gelegenheit für eine Diskussion innerhalb der Fachschaft bestehen sollte.

Nach dieser Klärung des Auftrags fühlte sich die Fallgeberin gut gerüstet für ihre „Mission". Im Feedback am Ende der Supervision äußerte sie, dass ihr durch die Supervision klarer geworden sei, durch wen sie einen Auftrag für ein solches Gespräch bekommen kann und durch wen nicht. Zudem konnte sie jetzt auch ein Eigeninteresse erkennen bei ihrem Vorhaben der „Führung von unten". Als Sprecherin des Personalrats bekommt sie die Möglichkeit, ihren Chef zu beeinflussen (Macht), und für ihren Einsatz die Anerkennung der Kollegen (Belohnung).

9.2.2 Psychodramatische Aufstellung

Für den integrativen Supervisionsansatz eignet sich als Methode das Psychodrama, da es in seinen szenischen Rekonstruktionsformen individuelle, interaktionale und auch systemische Phänomene erlebnishaft zugänglich machen kann (Schreyögg, 2010).

Die psychodramatische Aufstellungsarbeit nach Moreno untersucht die informellen Beziehungen einer Organisation und ihre Wirkung auf die Arbeitskultur (Buer, 2005). Im Gegensatz zur Skulpturarbeit benötigen die gestellten Personen bei der Aufstellungsarbeit keine Rollenanwärmung, da sie lediglich bestimmte Positionen besetzen. Aus dem Erspüren der unterschwelligen sozioemotionalen Strebungen erfolgt der Erkenntnisgewinn.

In der zweiten Sitzung an diesem Beratungstag war die Fallgeberin eine Beratungslehrerin aus einer Realschule. Ihr Anliegen war es, die Beziehungen zu ihrem Schulleiter und den Kollegen näher zu betrachten. Somit erschien die psychodramatische Aufstellungsarbeit als „heiße Soziometrie" (Buer, 2005) methodisch gut geeignet. Mit fünf Teilnehmern an der Supervisionssitzung standen ausreichend Personen als Stellvertreter für die Aufstellung zur Verfügung.

Die Fallgeberin schilderte ihren Schulleiter als eine Person, deren Interesse weniger den Menschen an der Schule, sondern vor allem seiner eigenen Selbstdarstellung und der Außenwahrnehmung der Schule gilt. Anlass für eine neuerliche Irritation der Fallgeberin war eine kontroverse Diskussion in der Lehrerkonferenz. Hier übte der Schulleiter Druck auf die skeptischen Kollegen aus, mit denen auch die Fallgeberin sympathisierte. Zudem irritierte sie die devote Unterstützung des Chefs durch zwei Kollegen, die sie als seine „Jünger“ bezeichnete.

Dem Vorschlag des Supervisors, sich auf die Beziehungen innerhalb der Schule mit Hilfe der Aufstellungsarbeit einzulassen, folgten die Fallgeberin und die Gruppenmitglieder gerne.

Als Frage für die Aufstellung des Ausgangsbildes formulierte die Fallgeberin (nach der psychodramatischen Terminologie „Protagonistin“): „Wie gehe ich mit den ‚Jüngern‘ um?“

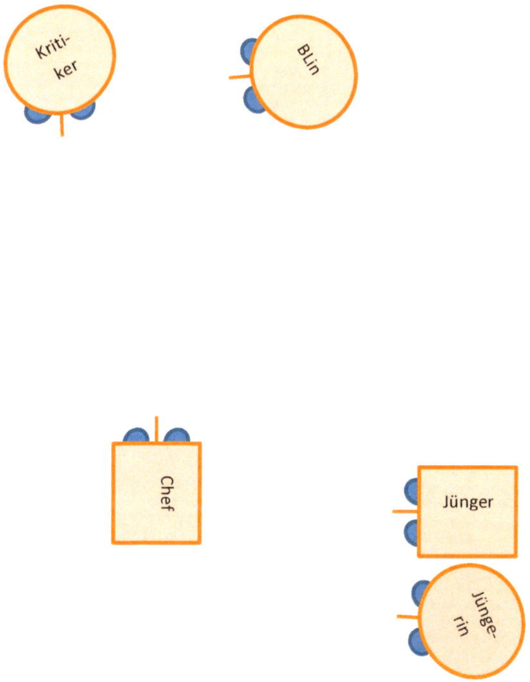

Abbildung 2: Aufstellung erste Szene

Zunächst wählte sie einen Stellvertreter (psychodramatischer Begriff für den jeweiligen Positionsinhaber während der Aufstellung) für sich selbst, dann für den Chef, die Jünger und die Kritiker (vgl. Abbildung 2). Ergänzend legte die Protagonistin dem Positionsinhaber des Chefs folgenden Satz in den Mund: „Das werden Sie noch bereuen!“ Nach dem Erspüren der aufgestellten

Konstellation und Verbalisieren der Eindrücke durch die Protagonistin und die Stellvertreter ergab sich der Veränderungswunsch der Fallgeberin, sich in der Szene vom Chef abzuwenden. In Folge der geänderten Perspektive wurden die „Jünger" für sie irrelevant. Umso mehr wurde der Fallgeberin bewusst, dass sie ihren Chef im Alltag als widersprüchlich erlebte, was sie wiederum verunsicherte.

Somit änderte sich ihre Frage für eine zweite Aufstellung: „Wie gehe ich mit meinem Chef um?"

Abbildung 3: Aufstellung zweite Szene, Ausgangsbild

Jetzt stellte die Fallgeberin einen Stellvertreter für eine neue Gruppe der kompetenten und ehrgeizigen Kollegen, die sich vom Schulleiter für ihre Karriere Unterstützung erhofften („Kompetente", vgl. Abbildung 3). Der Positionsinhaber für den Chef sollte dieses Aufstellungsbild mit dem Satz unterlegen: „Ich merke mir das, wenn Sie mich nicht unterstützen!"

Aufgrund der Ausgangskonstellation verspürte die Protagonistin den Impuls, sich den Kritikern sowohl von der Nähe als auch von der Blickrichtung zuzuwenden (Lösungsbild, vgl. Abbildung 4). Diese Änderung der Konstellation brachte für die Fallgeberin das Ergebnis, dass der Zusammenschluss mit den Kritikern ihren Einfluss stärkte („Ich fühle mich mächtiger") und die Drohung des Chefs ins Leere ging. In der Position des Schulleiters wurde die Ohnmacht deutlich, mit dem Impuls, sich den Kompetenten zuzuwenden.

Abbildung 4: Aufstellung zweite Szene, Lösungsbild

Im Feedback sah die Fallgeberin die Allianz mit den Kritikern als realistische Option an. In der Praxis könnte sich der Zusammenschluss durch eine gemeinsame inhaltliche Vorbereitung strittiger Themen, die zur Beschlussfassung anstehen, zeigen.

9.2.3 Tetralemmaexperiment mit Bewegung

Bei der letzten Sitzung brachte die Fallgeberin als Anliegen ihre Unsicherheit ein, wie sie im kommenden Schuljahr an ihrer Schule arbeiten sollte. Es gab zwei Möglichkeiten, zwischen denen sie unentschieden war. Entweder könnte sie als Grundschullehrerin einer zweiten Klasse wieder im Zyklus eine erste Klasse bekommen und ihre Anrechnung von vier Stunden als Beratungslehrerin beibehalten, oder sie könnte die neue erste Ganztagsklasse übernehmen und müsste dann wegen des Nachmittagsunterrichts die Beratung kürzen.

Von beiden Alternativen war die Fallgeberin wenig überzeugt. Die bisherige Gewohnheit überzeugte sie nicht mehr, weil die Schulleiterin sie gebeten hatte, die neue Ganztagsklasse zu übernehmen, und ihre Kollegin diese Klasse nicht nehmen wollte. Bei der anderen Alternative befürchtete sie allerdings, die Beratung einschränken zu müssen, was sie bedauerte.

Auf den Vorschlag, dieses Dilemma mittels der Methode des Tetralemmaexperiments zu bearbeiten, konnte sich die Fallgeberin gut einlassen.

Die Tetralemmaaufstellung bezeichnen ihre Autoren als Mittel zur Klärung von Konfliktsituationen (Sparrer & Varga von Kibéd, 2011), in unserer Supervisionssitzung also zur Klärung eines Entscheidungskonflikts. Es ist eine Form der systemischen Strukturaufstellung, allerdings im Falle des Tetralemmaexperiments mit Bewegung ohne fremde Personen als Repräsentanten.

Das Tetralemma als Problemlöseszenario versucht, ein Dilemma (genauer: den Suchraum) zu erweitern, indem es neben die beiden Alternativen „das eine" und „das andere" die Positionen „beides" und „keines von beiden" stellt. Die fünfte Position „all dies nicht – und selbst das nicht" meint, dass die vier anderen Positionen das Ganze einer möglichen lebendigen Erfahrung noch nicht erfassen (Sparrer & Varga von Kibéd, 2011) und eine tiefere Form der Musterunterbrechung (wie Humor oder ein Perspektivenwechsel) die Erfahrungsmöglichkeiten erweitern kann.

Beim Tetralemmaexperiment mit Bewegung begibt sich die Supervisandin auf die fünf Positionen, die im Raum auf dem Fußboden markiert sind. An jeder Stelle charakterisiert sie mit geschlossenen Augen die Position und äußert ihre Empfindungen (hier drückte die Fallgeberin vor allem Farbempfindungen aus).

Entsprechend begab sich die Beratungslehrerin auf die einzelnen Positionen:

a) Das eine: weiter wie bisher (Unterricht vormittags, Beratung am Nachmittag), Farbempfindung rötlich.
b) Das andere: Ganztagsklasse neu übernehmen (Unterricht vor- und nachmittags, Beratung kürzen), Farbempfindung grün.

c) Beides: Ganztagsklasse und Beratung (Unterricht vor- und nachmittags, Beratung eingeschoben), Farbempfindung grün.
d) Keines von beiden: Nach vielen Jahren wieder Wechsel in dritte/vierte Klasse oder ein Jahr mobile Reserve, Farbempfindung gelb/grün.
e) All dies nicht – und selbst das nicht: Sabbatjahr, Farbempfindung orange.

Nach der abschließenden Aufforderung, sich jetzt auf die Position zu begeben, auf der sie die meiste positive Energie gespürt hatte, nahm die Fallgeberin die Position „beides" ein.

Im Feedback nach Beendigung des Tetralemmaexperiments äußerte sie mit Bezug zu ihrer ursprünglichen Fragestellung, dass sie ihre aktuelle Tendenz als spannende Entwicklung beurteilte: die Möglichkeit, Neues mit Altem zu verbinden, und sich ihre bewährte Tagesstruktur dennoch weitgehend zu erhalten.

Eine methodische Alternative zur Entscheidungsfindung ist die aus der Gestalttherapie stammende Methode „Imaginativer Rollentausch" (Schreyögg, 2011). Hier wechselt die Supervisandin jeweils den Stuhl und spricht aus den zur Entscheidung stehenden Rollen. Somit erlebt sie ihre eigenen Deutungsmuster hinsichtlich dieser Alternativen. Weitere Möglichkeiten zur Entscheidungsfindung sind die psychodramatische Aufstellung von Dilemmata (Buer, 2005) oder die Aufstellung des inneren Teams (Schulz von Thun, 1998).

9.3 Reflexion des Methodeneinsatzes während des Supervisionstages

Nach der Rückmeldung der Teilnehmer und meiner eigenen Beobachtung wurden die angewandten kreativen Methoden im Laufe des Supervisionstages gut aufgenommen und als gewinnbringend erlebt. Dennoch möchte ich einige Bedingungen erwähnen, die für einen hilfreichen Einsatz kreativer Medien von Bedeutung sind.

Schreyögg (o. J.) nennt unter anderem die Abhängigkeit vom Thema und von der supervisorischen Situation. Die Auswahl der Methoden mit Bezug zum jeweiligen Thema habe ich oben bereits begründet. Obwohl meine Kollegin und ich nicht alle Teilnehmer kannten, entwickelte sich nach der Anfangsrunde mit persönlicher Vorstellung und Auswahl der Themen schnell eine Offenheit, die ich während der üblichen zweistündigen Gruppensupervision über das Schuljahr verteilt in den ersten Sitzungen so noch nicht erlebt hatte. Neben der Vertrautheit innerhalb der Gruppe trug wohl auch die Ausbildung der Teilnehmer als Beratungslehrkräfte zu einer besonderen Aufgeschlossenheit für erlebniszentrierte Methoden bei. Zudem regt vermutlich eine Mischung von Frauen und Männern und verschiedenen Schularten innerhalb der Gruppe die Bereitschaft der Supervisanden zur kreativen Auseinandersetzung mit Fragestellungen an.

Darüber hinaus erscheint mir für den Erfolg des Methodeneinsatzes die Beziehung zwischen Supervisor und Supervisanden von Bedeutung. Ein möglichst symmetrischer Interaktionsstil versteht die erlebnisaktivierenden Methoden hinsichtlich der Ziele als transparentes Angebot des Supervisors, das auch vom Supervisanden abgelehnt werden kann. Meine eigene Erfahrung als Supervisor und meine Freude am Anwenden bestimmter Methoden sind weitere Voraussetzungen, welche die Teilnehmer zum Ausprobieren animieren können.

Schließlich ist der Interaktionsstil des Supervisors bei der Deutung kreativer Prozesse oder Ergebnisse entscheidend (Schreyögg, 2010). Eine Fremddeutung durch den Supervisor oder Mitsupervisanden ist nicht akzeptabel. Vielmehr sollte der Supervisor im Dialog die eigene Deutung des Supervisanden strukturieren helfen.

9.4 Literatur

Barz-Meißner, P. (2003). Ein Ausbildungskurs für Studienreferendare: Identität und Rolle als Lehrer. In A. Schreyögg und H. Lehmeier (Hrsg.), *Personalentwicklung in der Schule* (S. 51-65). Bonn: Deutscher Psychologen Verlag.

Buer, F. (2005). Aufstellungsarbeit nach Moreno in Formaten der Personalarbeit in Organisationen. Beispiel: Aufstellen von Führungsdilemmata. *Zeitschrift für Psychodrama und Soziometrie, 2,* 285-310.

Schreyögg, A. (2010). *Supervision: Ein integratives Modell* (5. Aufl.). Wiesbaden: Verlag für Sozialwissenschaften.

Schreyögg, A. (2011). Imaginativer Rollentausch. In C. Rauen (Hrsg.), *Coaching-Tools* (7. Aufl., S. 205-207). Bonn: managerSeminare.

Schreyögg, A. (o. J.). *Arbeit mit kreativen Medien in der Supervision.* Lehrbrief.

Schulz von Thun, F. (1998). *Miteinander reden 3. Das „Innere Team" und situationsgerechte Kommunikation.* Hamburg: Rowohlt.

Sparrer, I. & Varga von Kibéd, M. (2011). *Ganz im Gegenteil. Tetralemmaarbeit und andere Grundformen Systemischer Strukturaufstellungen – für Querdenker und solche, die es werden wollen* (7. Aufl.). Heidelberg: Carl-Auer.

Kontakt

André Steidle
E-Mail: andre.steidle@schulberatung-unterfranken.de

10 Supervision bei neu ernannten Führungskräften an Grundschulen – Unterstützende und präventive Ansätze

Michaela Semerad-Kronthaler

Das Aufgabenfeld von Schulleitungen an Grundschulen erfährt in unserer Gesellschaft eine kontinuierliche Differenzierung und Ausweitung. An den Leiter einer Schule werden heute hohe Anforderungen herangetragen, sowohl von Kollegen als auch von Eltern, der Schulaufsicht und nicht zuletzt den Schülern selbst.

Diese Anforderungen erwachsen aus einem sich immer komplexer gestaltenden Schulalltag: Neben dem nahezu „regulären Unterrichtskontingent", meist noch mit Klassenführung, muss die Schulleitung an einer Grundschule vielfältigste Aufgabenbereiche bewältigen, z. B. Fragen zur Schulentwicklung und zum Schulprofil, Fragen zur Personalbesetzung, zur Stundenzuteilung, zum Umgang mit knappen finanziellen Mitteln, zum Konfliktmanagement im Kollegium oder auch mit „schwierigen" Eltern und Schülern. Es ist der Schulleiter, der seiner Schule ein Profil gibt und dieses öffentlich vertritt. Denn Schule ist eine öffentliche Institution, und so kommt zu allen innerschulischen Aufgaben auch noch die Herausforderung der Zusammenarbeit mit außerschulischen Partnern wie Jugendamt, Kindergärten, Turnvereinen, Polizei etc.

Alle diese Aufgabenbereiche zu gestalten, erfordert ein hohes Maß an Managementfähigkeit im schulischen Kontext: Managementfähigkeit im Sinne von Methodenkompetenz, von Fachkompetenz, aber vor allem steht die Sozialkompetenz als die Kernressource der Persönlichkeit im Brennpunkt. Für dieses Trommelfeuer an Herausforderungen sind Schulleiter durch ihre Ausbildung wenig qualifiziert. Die ausgeschriebene Stelle erhält man vor allem durch die gute Beurteilung des Unterrichts in der eigenen Klasse sowie durch das schulische Engagement, das sich in Projekttagen und ähnlichen pädagogischen Aktivitäten zeigt. Das staatliche Schulamt führt den neu ernannten Kollegen in der Schulleiterkonferenz und bei den Kollegen an der Schule ein und überlässt die dergestalt Beförderten dann mehr oder weniger ihrem Schicksal. Von den drei geplanten Lehrgängen für Schulleitungen an der Akademie in Dillingen ist bei Amtsantritt meist nur einer besucht worden.

Dergestalt wenig ausreichend geschult, müssen Schulleiter ihre ersten Monate im neuen Amt überstehen, welche aber oft ausschlaggebend für die Qualität ihrer Arbeit in den folgenden Jahren sind. In der Beratung von Führungskräften, sei es durch Einzelcoaching oder in Gruppensupervision, bietet sich dem Schulpsychologen ein wichtiges Betätigungsfeld. Im Folgenden möchte ich in meinen Ausführungen beschreiben, wie ich zwei neu ernannte Schulleiter das erste Schuljahr hindurch durch Supervision begleiten durfte und welche Beratungssituationen sich in diesem Prozess ergeben haben. Es fanden sowohl Einzelsitzungen als auch Gruppensupervisionen in regelmäßigen Abständen statt. Dokumentiert werden im Folgenden nur einige Gruppensitzungen.

10.1 Unterschiede und Gemeinsamkeiten zwischen Supervision und Coaching

„Bei Supervision und Coaching handelt es sich um berufsbezogene Beratungsformen. Neben dieser Gemeinsamkeit weisen sie einige wesentliche Unterschiede auf. Diese zentrieren sich auf drei Punkte:

- Coaching richtet sich an die Zielgruppe der Führungskräfte, Supervision an die der Geführten.
- Coaching ist primär Personalentwicklung, während Supervision vielfach in ‚Personenentwicklung‘ besteht.

- Coaching strebt Veränderung von oben an, während Supervision Veränderung von unten intendiert."

(Schreyögg, 2012, Lehrbrief, S. 1)

In den letzten Jahren mehren sich jedoch Meinungen, dass ein guter Coach über breite psychodiagnostische, also über psychotherapeutische Qualifikationen verfügen sollte. So geht es bei Durchsetzungsproblemen von Führungskräften selten nur darum, ihr Verhalten im Sinne von strikteren Forderungen gegenüber Mitarbeitern zu modifizieren. Vielmehr mangelt es an Sensibilität für soziale Konstellationen, an Mut, sich als Leitung zu definieren, oder an anderen relevanten Potenzialen. Solche Mängel sind oft in der Biografie des Einzelnen verankert und lassen sich vielfach nur dann beheben, wenn im Coaching auch Biografisches rekonstruiert und zur aktuellen Lebenssituation in Beziehung gesetzt wird (Schreyögg, 2012; Berglas, 2003).

Coaching weist hier eine große konzeptionelle Nähe zu Supervision auf. Coach und Supervisor sollten im Idealfall über nuanciert unterschiedliche Wissensbestände verfügen.

Dementsprechend müssen Coaches und Supervisoren in der Lage sein, neben den jeweiligen Personen auch die Organisation, in der die Menschen tätig sind, möglichst facettenreich in den Blick zu nehmen.

Supervision, verstanden als „integrative Supervision" (Schreyögg, 2004), erhebt den Anspruch, kein wahllos kombiniertes Verfahren zu sein, sondern versucht, seine Methodenpluralität in der Supervision stringent theoretisch herzuleiten und zu konzeptualisieren. Supervision wird in diesem Sinne als ein praxisgerichtetes Reflexions- und Handlungsmodell betrachtet, um die komplexe Wirklichkeit mehrperspektivisch zu beobachten, multisensorisch zu integrieren und methodenplural beeinflussen zu können (Petzold, 1998).

Rein funktionale Beratung reicht deshalb jedoch nicht aus, um Führungskräfte in ihrer Persönlichkeit ganzheitlich zu fördern. Daher müssen auch Elemente von „Personenentwicklung" (Neuberger, 1994), die über eine Art „Dialogform von Freud und Leid im Beruf" (Schreyögg, 2003) hinausgehen und die auch psychotherapeutische Elemente, wie sie für die meisten Supervisionsansätze typisch sind, integriert werden. Die Persönlichkeitsentwicklung von Führungskräften steht damit im Vordergrund.

Da in meiner Arbeit der Fokus nicht allein auf beruflichen Fragestellungen (administrative und organisatorische Führungsqualitäten) liegt, ich auch biografische Exkurse einsetze und Phänomene wie die Aufdeckung von Beziehungserfahrungen und Übertragungsphänomene eine Rolle spielen, entscheide ich mich im Folgenden für den Begriff der Supervision.

10.2 Supervisorische Arbeit zum Thema „Rollenklärung"

Tritt ein Schulleiter sein neues Amt an, dann wechselt er nicht nur seine berufliche Aufgabe, sondern als Führungskraft wird ein völlig neues Rollenverständnis von ihm gefordert. Eine Person, die gerade noch als Lehrer eingebettet in einem kollegialen Rahmen handelte, soll nun einige Tage später die Rolle der Schulleitung verkörpern. Dies verdeutlicht einen tief greifenden Rollenwechsel, der, wie Storath (1995) meint, eine „Erhöhung" über das Kollegium und damit fast automatisch Gefühle von Einsamkeit erzeugen wird. Außerdem erleben Schulleiter nach ihrer „Inthronisierung" in der Regel auch eine für sie meistens schmerzliche Distanz gegenüber den Schülern. Auch diese Seite der Position muss psychisch bewältigt und angemessen gehandhabt werden (Schreyögg, 2000). Viele Konflikte und Stresssymptome in der Anfangsphase sind dem Umstand geschuldet, dass die neuen Führungskräfte unzureichend auf diesen Rollenwechsel vorbereitet werden. Waren sie bisher eingebettet in den Kollegenkreis und konnten sich mit Problemen an die nächsthöhere Stelle im Schulsystem wenden, so müssen sie nun befähigt werden, eine Fülle von Entscheidungen in zumeist unbekannten Berufsbereichen selbstständig zu treffen und den Kontakt zum Kollegium anders als bisher zu gestalten. Möchte man neu ernannte Führungskräfte durch Supervision darin unterstützen, ihre Führungsaufgaben in einer Schule wahrzunehmen, so muss also zunächst geklärt und personenbezogen erarbeitet werden, welches

Rollenverständnis bei den Teilnehmern in dieser Anfangsphase ihrer neuen Aufgabe vorhanden ist.

10.2.1 Rechtlicher Aufgabenbereich der Schulleitung

Rechtlich sind die Aufgaben der Schulleitung im Art. 57 und Art. 14 des Bayrischen Gesetzes über das Erziehungs- und Unterrichtswesen (BayEuG) dargestellt und verankert. Darin heißt es unter anderem:

- „[...] der Schulleiter ist für den geordneten Schulbetrieb sowie gemeinsam mit den Lehrern für die Bildung und Erziehung der Schüler verantwortlich, er hat sich über das Unterrichtsgeschehen zu informieren“,
- „[...] er ist weisungsberechtigt“,
- „[...] er verwaltet die Schulanlage, ist verantwortlich für die zur Verfügung stehenden finanziellen Mittel [...]“.

Aus der Gesetzeslage erwachsen eine Reihe konkreter organisatorischer, administrativer und pädagogischer Aufgaben:

- Maßnahmen zur Schulentwicklung
- Zeugniserstellung und -beurteilung
- Leitung von Lehrerkonferenzen
- Mitarbeitergespräche und die Erstellung dienstlicher Beurteilungen
- Konflikte rechtzeitig erkennen und lösen
- Erkennung von sogenanntem „Perspektivpersonal“
- „gefährdete“ Kollegen stützen u. v. m.

Dennoch darf der Schulleiter den Kontakt zur Basisarbeit nicht verlieren und ist deshalb außer mit Unterricht nicht selten auch noch mit Klassenführung betraut, also mit den „ganz normalen Aufgaben“ eines Lehrers. Daraus ergibt sich die Anforderung, sein Rollenverständnis mehrmals täglich bewusst zu wechseln. Die Bewältigung einer solchen Rollenvielfalt und die geforderte Flexibilität der Rolle gelingen nur, wenn die neu ernannten Führungskräfte diese in ihrer Tragweite erkennen und gründlich reflektieren.

10.2.2 Setting und Teilnehmer

Mein Supervisionsangebot wurde in diesem Landkreis durch das staatliche Schulamt veröffentlicht, und es meldeten sich für die Schulleitersupervision drei Teilnehmer. Zur ersten Sitzung, die Ende September stattfand, kamen nur zwei der angemeldeten Schulleitungen, die dritte war nach wenigen Wochen im neuen Amt ernstlich mit der Diagnose „Burnout" erkrankt. Mit dieser Schulleiterin fanden Einzelberatungssitzungen zur Klärung ihrer persönlichen Lebenssituation statt, die hier nicht dokumentiert werden. Mit den beiden anderen Schulleitern fanden regelmäßige Sitzungen im Abstand von sechs bis sieben Wochen statt. Wir arbeiteten jeweils drei Zeitstunden mit einer längeren Pause. Was die Aufgabensituation betrifft, so erhofften sich die beiden neu ernannten Führungskräfte an Grundschulen eine Begleitung für auftauchende Probleme und mögliche Krisen ihres neuen Tätigkeitsfeldes. Die Ausgangsposition beider Schulleiter unterschied sich deutlich.

Eine Schulleiterin (42 J.) war bislang Lehrkraft an der Schule gewesen und wurde von der Schulaufsicht mit der Rolle der Konrektorin mit kommissarischer Leitung dieser Grundschule betraut. Die alte Schulleiterin war zu diesem Zeitpunkt bereits seit Längerem erkrankt, und es war völlig offen, ob sie überhaupt noch einmal in den Dienst zurückkehren würde. Diese neu ernannte Führungskraft verfügte also über eine gewisse „emotionale Hausmacht" an ihrer Schule. Sie kannte das Kollegium und die Verstrickungen innerhalb der Kollegengruppe. Allerdings war sie bislang „nur" Kollegin gewesen und fand sich nun in der Rolle der Schulleiterin wieder.

Der andere Schulleiter (50 J.) kam aus einem fremden Landkreis und wurde aufgrund seiner Bewerbung zur neuen Schulleitung einer großen Grundschule ernannt. Seine Vorgängerin war altersbedingt in den Ruhestand gegangen, hatte die letzten Jahre allerdings wenige Neuerungen eingeführt und war sehr beliebt bei Kollegen und Eltern gewesen. Nach Aussage des neuen Schulleiters war er vorher als Konrektor an einer Grundschule eingesetzt und daher mit dem neuen Aufgabenbereich schon in Berührung gekommen. Allerdings erwähnte er auch, dass die Schulleiterin seiner alten Schule, der er als Konrektor zur Seite gestellt war, als eine Art „Alleinherrscherin" fungierte. Er hatte also wenig Gelegenheit, sich in den eigentlichen Aufgaben einer Führungskraft zu erproben.

10.3 Erwartung der Teilnehmer und Aufbau von Sicherheit und Beziehung

Erste Gruppensitzungen sind zumeist geprägt von Unsicherheit und Beziehungsaufbau, sodass im Vordergrund stehen muss, Ängste zu mildern und Sicherheit zu vermitteln, damit eine stabile Arbeitsbeziehung gewährleistet ist.

Aus den genannten Gründen stellte ich mich zunächst als Person vor, erläuterte meinen beruflichen Werdegang und drückte meine Wertschätzung für das Engagement der Teilnehmer aus, indem ich erläuterte, dass es von Professionalität und einem hohem Maß an Selbstreflexion zeugt, dass sie sich zur Teilnahme an der Supervision entschlossen haben. Danach gaben die Supervisanden einen kurzen Abriss ihres beruflichen Werdeganges und eine Beschreibung ihres momentanen Einsatzortes. In einem zweiten Schritt bat ich darum, persönliche Vorstellungen zum Thema „Was erwarte ich von Supervision?" zu schildern.

An dieser Stelle ist es wichtig, sich die Einflüsse der Sozialisationsgeschichte von Lehrern zu vergegenwärtigen. Lehrer sind darauf programmiert, Fehler zu suchen. Sie laufen sozusagen immer mit der Fehlerbrille auf der Nase herum. Gleichzeitig haben sie in Studium und Praxis ebenso wie in ihren Beurteilungen gelernt, dass es einen richtigen Weg zum Ziel gibt. Gehen sie in eine Supervisionsgruppe, dann haben sie nicht nur Angst, selbst Fehler zu machen, sondern sie suchen nach einem allgemeingültigen Handlungsschema für vorgestellte Probleme. Es ist also aller Erfahrung nach wichtig, ihnen zu verdeutlichen, dass es hier nicht um die Superlösung für alle geht, sondern dass individuell nach Lösungen gesucht werden muss, die auf die Person des Einzelnen zugeschnitten sind. Die Regie führt nicht nur der Supervisor, sondern der Experte für sich ist der Supervisand selbst.

Diesen Reflexionen habe ich versucht, Rechnung zu tragen, indem ich mein Verständnis von supervisorischer Arbeit im Sinne von systematischer Reflexion des „eigenen" beruflichen Handelns im gemeinsamen Austausch zwischen Supervisanden und Supervisor vorstellte. Um Sicherheit zu vermitteln, schilderte ich ein mögliches Ablaufschema bei der Bearbeitung von Beratungsanlässen. Außerdem bekräftigte ich, dass Supervision keine Psychotherapie sein kann, obwohl zur Lösungsfindung immer eigene Werte, Einstellungen und Überzeugungen von großem Belang sind. Wie bei Lernprozessen ist auch hier Verhaltensänderung nur dann möglich, wenn gleichzeitig zur kognitiven Durchdringung des Problems die eigene Emotion einfließen darf. Zum Schluss betonte ich die Wichtigkeit eines vertrauensvollen Umgangs miteinander sowie die Verschwiegenheit, zumindest was die Namensnennung betrifft.

Im Prozess der Supervisionsangebote muss darauf geachtet werden, dass zunächst klar strukturierte, sachbezogene Themen im Vordergrund stehen, bei denen sich der einzelne Teilnehmer in seiner Angstabwehr immer wieder auf die Sachebene zurückziehen kann. Erst im Laufe weiterer Sitzungen, auf der Basis von gewonnener Sicherheit und Vertrauen, können dann Themen mit emotionaler Betroffenheit ebenso wie emotionsaktivierende Methoden eingesetzt werden.

10.4 Supervisionsprozess

10.4.1 Klimakonferenz – Analyse des Schulklimas

Die Methode der Klimakonferenz stammt aus dem Bereich der Schulentwicklung und wird dort gewinnbringend eingesetzt. Ursprünglich entspringt sie dem Projekt „Anschub.de – gemeinsam für die gute gesunde Schule" und wurde von der Bertelsmann Stiftung entwickelt.

Darin werden verschiedene Ansätze, zahlreiche Materialien und Praxisbeispiele vorgestellt, die die Kooperation zwischen Elternhaus und Schule unterstützen können. Die Prinzipien von gegenseitiger Wertschätzung,

Transparenz, Offenheit und Vertrauen bilden die Grundlage hierfür. Die Publikation „Prima Klima. Miteinander die gute, gesunde Schule gestalten" richtet sich an Eltern, Lehrkräfte und Schulleiter, die Schulentwicklung als gemeinsamen partnerschaftlichen Prozess gestalten wollen.

Mit dem Modul „Klimakonferenz" werden sowohl positive Organisations- und Beziehungsstrukturen innerhalb der gesamten Schulfamilie als auch Problemfelder und Konfliktbereiche beleuchtet. Ich habe mich entschieden, dieses Instrument bei einer ersten Analyse des Schulklimas heranzuziehen, weil diese Methode eine hilfreiche Struktur für die Reflexion des Systems Schule bietet und gleichzeitig die emotionalen Einflüsse noch nicht in den Mittelpunkt rückt.

Bei der supervisorischen Arbeit während dieser Sitzung konnten die Führungskräfte anhand einer fragengeleiteten Analyse für ihre jeweilige Schule eine subjektive Bestandsaufnahme von „sonnigen bis hin zu wolkigen Aspekten" vornehmen. In einem weiteren Schritt kann dann – vor Ort – dieses Analyseinstrument sinnvollerweise auf alle Mitglieder der Schulfamilie (Schulleitung, Lehrer und Elternbeirat, Sekretärin, Hausmeister, Reinigungskräfte) ausgeweitet werden. Ziel war es, eine Art „Großwetterlage" der Schulgemeinschaft zu entwickeln, die dann Grundlage für weitere Entwicklungs- und Veränderungsprozesse sein kann.

Überlegungen zum Schulklima sind gerade für neu ernannte Führungskräfte an einer Schule eine hilfreiche Methode, zu reflektieren und zu erkennen, welche Aspekte im Moment an der eigenen Schule gewinnbringend und stützend für alle Beteiligten verlaufen und welche Sachverhalte im Argen liegen.

10.4.1.1 Methode – Präsentation – Material

Nach der theoretischen Einführung dieser Analysemethode bearbeiteten die Führungskräfte in Einzelarbeit Bildsymbole und Fragen. Antworten wurden auf farbigen Wortkarten fixiert und an einer Pinnwand übersichtlich dargestellt.

Folgende Aspekte wurden betrachtet (s. auch Anhang 1):

Gelbe Zettel: Wo liegen die sonnigen Aspekte zwischen Schulleitung, Lehrern, Eltern und Schülern? Was läuft gut an meiner Schule?

Rote Zettel: Welche Wolken verdunkeln derzeit unser Schulklima? Was läuft nicht so gut? Wo sehen Sie Blitze am Schulhimmel?

Grüne Zettel: Was bringt unserer Schule frischen Wind? Welche Veränderungen würden Sie sich wünschen?

10.4.1.2 Selbstreflektorische Auswertung

Im gemeinsamen Gespräch über die einzelnen Aspekte ergaben sich erfreuliche Synergieeffekte. Zunächst „vergessene Teilaspekte" wurden erkannt und ergänzt. Es wurde deutlich, welche Themen im Bereich der Schulentwicklung anstehen, welche Aspekte organisatorische Veränderungen notwendig machen und an welchen Stellen dringend Handlungsbedarf besteht. So wurde zum Beispiel bei den „wolkigen" Aspekten „das Gefühl der mangelnden Akzeptanz als Schulleiterin" deutlich. So konnten mögliche Interventionen gemeinsam besprochen werden.

Zusammengefasst ließen sich nach dieser Sitzung schwerpunktmäßig drei Bereiche erkennen, in denen sich die neu ernannten Führungskräfte Unterstützung wünschten:

- mögliche Maßnahmen im Bereich der Schulentwicklung (Logo, Schulregeln, Pausenversorgung etc.)
- die Notwendigkeit der Rollenklärung
- Fragen zur Konfliktbegleitung bei schwierigen Gesprächen

Einige dieser Bereiche werden im Verlauf dieser Arbeit noch beschrieben, andere nicht weiter verfolgt. Denn im Bereich der Schulentwicklung können erst dann Projekte in Angriff genommen werden, wenn die Schulleitung ihren eigenen Führungsstil gefunden hat.

10.4.2 Reflexion der Rolle „Neue Schulleitung"

Möchte man neu ernannte Führungskräfte darin unterstützen, ihre Rolle an der Schule vollständig zu erfassen, so muss geklärt und anschaulich gestaltet werden, welches Rollenverständnis der neue Schulleiter mitbringt. Im Hintergrund stehen dabei

- Erwartungen, die von außen, von Vorgesetzten, Eltern und außerschulischen Instanzen an die Schulleitung herangetragen werden,
- Erwartungen, die bei der Kollegenschaft und bei den Schülern bestehen, und schließlich die
- eigenen Erwartungen, die der Inhaber dieser Rolle an sich selbst stellt.

Vorgesetzte erwarten vielleicht eine Verbesserung der alten, eingefahrenen Strukturen des Vorgängers, erhoffen sich eine neue innovative Kraft, eine Art „Heilsbringer", der endlich Führung und Struktur aufbaut. Die Kollegenschaft hingegen könnte sich eine Beständigkeit im bislang bewährten Tun erhoffen, wenig Innovationen und keine neuen „stressige Projekte und Vorhaben". Schließlich sind da noch die eigenen Ansprüche, die der Einzelne mit seiner neuen Rolle verknüpft. Die alte Rolle, als herausragender Didaktiker und Pädagoge ist nur mehr ein Teilaspekt der neuen Führungsebene. Auf die Führungsebene gehoben, muss er unter anderem Vorgesetzter, Konfliktregler, Beurteiler, Manager und Repräsentant der Schule nach innen und nach außen sein.

10.4.2.1 Methode – Präsentation – Material

Will man diese Aspekte reflektieren, so ergeben sich zwei Themenbereiche, die vom Allgemeinen zum Individuellen führen. Im ersten Schritt geht es zunächst um die Erkenntnis der Rollenkomplexität und der Aufgabenvielfalt. Da zu vermuten ist, dass die Aufgabenfülle die Teilnehmer ängstigt, wird eine Entlastung dahin gehend erreicht, dass auch die Möglichkeit der Delegation einzelner Aufgaben in Erwägung gezogen wird (Kennzeichnung durch grüne Punkte).

- „Welche Rollen habe ich an meiner Schule als Schulleiter?"
- „Welche Aufgaben sind mit dieser Rolle verbunden?"
- „Welche Aufgaben kann ich delegieren?"

In einem zweiten Schritt schließt sich die Reflexion des eigenen Stärke-Schwächen-Profils in Form einer Einzelübung an (Flipchart):

- „Was stärkt mich in meiner Rolle als Schulleiter?"
- „Was schwächt mich in meiner Rolle als Schulleiter?"

10.4.2.2 Selbstreflektorische Auswertung

Von besonderer Bedeutung sind die Erkenntnis der Rollenkomplexität und die im Grunde vorprogrammierte Rollenverstrickung:

- „Wie kann ich Beurteiler und dann gleichzeitig Tröster sein?"
- „Kann ich überhaupt Kollege und Schulleitung in einer Person sein?"

Die kommissarische Leiterin erkannte bei sich in besonderem Maße ihren Zwiespalt zwischen „Schulleitung und Kollegin sein": „Eigentlich bin ich keine richtige Kollegin mehr, ich muss doch Schulleitung sein."

Ihr wird schmerzlich bewusst, dass damit auch das von ihr sehr geschätzte Vertrauensverhältnis zu manchen ihr näherstehenden Kolleginnen nicht mehr in der alten Form stattfinden darf, sich eine Art „Vereinsamung", die mit Führung verbunden ist, eingestellt hat.

Die Übung des Stärken-Schwächen-Profils verdeutlicht die Situation jedes Supervisanden in ganz persönlicher Weise. Beide wiesen in ihren Ausführungen deutlich auf ihren Wunsch nach einem „Idealbild" von Schulleitung hin. Hohe Leistungsansprüche an die eigene Person sind deutlich sowie die Sorge darüber, dies nicht zu schaffen. Es stellt sich aber auch eine Art „Realbild" von leistbarer Schulleiterarbeit ein, was sehr entlastend wirkt (s. Anhang 2).

10.4.3 Rollendiskrepanz zwischen Ideal- und Realbild von gelingender Schulleitung

Der nächste Schritt ist für mich nun, den Schulleitungen die Möglichkeit zu geben, diesen vermeintlichen eigenen Schwächen – eben nicht alles ideal leisten zu können – genauer nachzuspüren, diese noch stärker in den Fokus zu rücken und ihnen damit die Möglichkeit zu eröffnen, in Kontakt mit ihren eigenen inneren Antriebskräften zu kommen. Dabei sollte der oftmals sehr hohe Leistungsgedanke, den ich als „inneren Antreiber" beschreibe, metaphorisch in den Vordergrund gerückt werden. Für diese Arbeit bietet sich der Einsatz kreativer Materialmedien an.

Der Einsatz kreativer Medien in der Gestalttherapie

Die Gestalttherapie, vorrangig durch Friedrich S. Perls, seine Frau Lore und Paul Goodman entwickelt, ist ein tiefenpsychologisch orientiertes Verfahren, in das erkenntnistheoretische Positionen der Gestaltherapie, der Phänomenologie sowie existenzialphilosophisches Gedankengut und fernöstliche Meditationsformen integriert wurden. Der Mensch als ein Leib-Seele-Geist-Subjekt soll dabei in seiner gefühlshaften, intellektuellen und leiblichen Dimension erfasst werden. Ziel ist es, bestehende Blockaden im Erleben, Wahrnehmen und Handeln aufzulösen und ungenutzte Potenziale freizusetzen, damit der integrative Prozess der Erfahrung wieder in Gang gesetzt wird (Schreyögg, 2010).

Durch den Einsatz kreativer Medien gelingt es in der Supervisonsarbeit, emotionale Zustände sichtbar zu machen, gleichsam zu externalisieren. Diese können dann in einem ersten Schritt auf der Symbolebene bearbeitet werden, wobei zuweilen durch ungewöhnliche und witzige Einfälle eine Distanzierung von Leid und Belastung erfolgt. Erst in einem zweiten Schritt beginnt dann die Lösungssuche in der Realität.

Da diese Medien dazu dienen, prärationale Phänomene, innere Muster und Beweggründe zu beleuchten, ermöglichen sie es über eine Art „Befreiung von Emotionen" (Joas, 1980), neue Handlungs- und Deutungsmuster zu entwickeln. Bisher unbewusste komplexe innere Muster werden zum Ausdruck gebracht und symbolisch bearbeitet. Sie ermöglichen es dem jeweiligen Menschen, seine zugrunde liegenden Emotionen in einer neuartigen Form des Selbstausdrucks (Petzold, 1977) darzustellen und zu reflektieren.

10.4.3.1 Methode – Präsentation – Material

Bevor die kreativen Medien zum Einsatz kommen, werden die Supervisanden durch eine Imaginationsübung aus der Gestalttherapie in die Thematik eingeführt. Die beiden Schulleiter kennen sich bereits und können sich beide zunehmend auf der Basis eines emotional wärmenden Klimas über eigene Unzulänglichkeiten besprechen, Versagensängste und Befürchtungen aussprechen und noch nicht gelöste Konflikte äußern.

Ziel der Übung soll es sein zu erkennen, wie mächtig derartige innere Handlungsmuster auf jeden von uns im Außen Einfluss nehmen und was der Einzelne tun kann, um diesen „inneren Antreiber“ in die Schranken zu weisen, ihn sozusagen zu „zähmen“. Die eigene Sozialisationsgeschichte, sowohl privat als auch beruflich, begünstigt vor allem bei Lehrern im Referendariat das Thema, etwas leisten zu müssen. Dies fördert häufig die Verinnerlichung eines sehr hohen Leistungsgedankens und hat dann einen mächtigen Einfluss auf den Blick, den wir tagtäglich auf unser eigenes Leistungsvermögen werfen. Ist es ein überaus strenger, fordernder und kritischer Blick, der wenig Fehlverhalten zulassen kann, oder ist es ein gütiger Blick, der Unzulänglichkeiten und Fehler erlaubt?

Die den Blick und das Handeln eingrenzenden Antriebskräfte erfahren in dieser Übung eine Kontrolle, Überforderung lässt nach, und die persönliche Psychohygiene findet Raum.

Die Schulleiter werden mit der im Anhang beschriebenen Imaginationsübung eingestimmt (s. Anhang 3). Beide arbeiten im Anschluss daran mit den dargebotenen kreativen Medien und mit der Zeit, die jede Person für sich in Anspruch nehmen will.

An dieser Stelle möchte ich nun Auszüge aus der Bildbesprechung mit den Schulleitern darstellen.

Der Supervisand beschreibt nach der Produktionsphase und einer anschließenden kurzen Pause – ohne gemeinsamen Austausch über das eben Erlebte – in der Auswertungsphase zunächst sein Bild, seine Eindrücke, Gedanken und Einsichten, die ihm beim Malen gekommen sind, zum Beispiel:

Abbildung 1: Bild des ersten Supervisanden

„Mein innerer Antreiber ist wie ein Vulkan. Er hat große Kraft und Macht in mir und über mich. […] Wenn er ausbricht, dann muss ich gut aufpassen. […] Ich fühle da Stärke, Kraft […], aber irgendwie auch was Gefährliches."

Im Anschluss konnte der andere Supervisand seine Eindrücke äußern:

„Da ist ja viel Power drin […], das ist ja heftig […], aber auch beruhigend. „Die Farben verändern sich, werden irgendwie weniger bedrohlich nach außen […]. Ich denke, die Lava kann nicht endlos so weitersprühen."

In einem dritten Schritt begleitet der Supervisor den Supervisanden. Exemplarische Ausschnitte aus dem Gespräch:

Supervisor (SV): „Ich überlege, was die schwarze Umrandung des Vulkans wohl bedeutet und was sie bewirken könnte?"

Supervisand (SVd): „Ja, die Lava, also die Energie hab ich damit im Griff […], wenn ich aufpasse. Die kann dann nicht ungeordnet ausbrechen."

SV: „Mein Eindruck ist, dass die ausgebrochene Lava irgendwie wieder zurückfließt, dass sie nicht verloren geht."

SVd: „Hmm, nach so einem Ausbruch kann die Energie ja irgendwie mal zu fruchtbarer Erde werden."

SV: „Also kann so ein Ausbruch von Energie zu guten Ergebnissen führen?"

SVd: „Klar, ich denke schon. Aber es darf halt nicht zu viel Energie auf einmal rausschießen, sonst geht alles unter."

SV: „Wenn Sie achtsam sind, dann können Sie diese große Kraft und Energie, die in Ihnen da ist, also irgendwie beherrschen?"

SVd: „Ja, ich glaube schon [...]. Ich kann meine Energie im Zaum halten, irgendwie zähmen [...]. Ich muss nur gut in mich reinspüren."

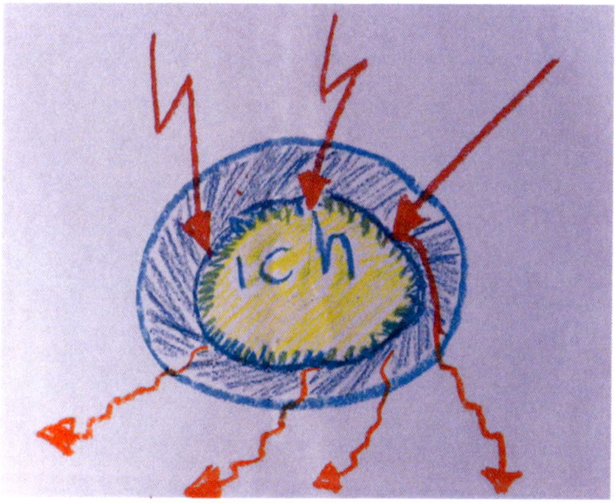

Abbildung 2: Bild des zweiten Supervisanden

Der zweite Supervisand wollte in seinem Bild besonders die Anforderungen, die von außen an das „Ich" herangetragen werden, verdeutlichen. Diese wurden in Form von roten Blitzen und einem roten Pfeil dargestellt (s. Abb. 2). Die Reaktionen des Ichs auf diese Anforderungen drückte der Supervisand ebenfalls durch Pfeile (orange) aus, die aber eine andere Form hatten.

„Die Blitze sind oft heftig [...], halt auch gefährliche Anforderungen [...]. Sie sind auch bedrohlich für mich. [...] Dann schießen da unten die Pfeile aus mir raus, wie beim elektrischen Strom. [...] Da muss ich gut aufpassen, dass das nicht zu oft passiert."

Zähmend wirken hier die wärmende gelbe Farbe, die das „Ich“ behütend einschließt, und die Möglichkeit der deutlichen Abgrenzung des „Ich“ gegenüber Anforderungen (fester Kreis um das Ich mit Zacken als grüner Verstärkung), falls diese zu heftig oder zu bedrohlich werden würden. Allerdings wurde auch herausgearbeitet, dass die roten Spitzen der Blitze an einer Stelle den Kreis durchbrechen.

10.4.3.2 Selbstreflektorische Auswertung

Durch die Darstellung und darauf folgende gemeinsame Interpretation des zum Ausdruck gebrachten bildlichen Materials werden komplexe Sachverhalte, die weit über die sprachlichen Möglichkeiten hinausgehen, mehrperspektivisch betrachtet. Das Phänomen „innerer Antreiber“ wird durch diese Imaginationsübung sensorisch bewusst gemacht und findet anschließend durch den Einsatz von Materialmedien seinen Ausdruck. In einem gemeinsamen Deutungsprozess ermitteln dann Supervisor und Supervisand das Dargestellte. Dabei ist ein variabler Interaktionsstil, der behutsam die Ausführungen des Supervisanden begleitet, sehr wesentlich. Fremddeutungen sind hier nicht zu akzeptieren, jede Deutung muss vom Supervisanden erst einmal selbst erkundet werden. Denn letztendlich kann niemand genau wissen, was der andere beim Malen eines Bildes erlebt oder denkt.

Zusammenfassend möchte ich sagen, dass diese Übung die Teilnehmer selbst in Erstaunen versetzte. Beide Bilder zeugen von großer seelischer Kraft. Gemeinsam arbeiteten wir im behutsamen Dialog heraus, welche Situationen sich anbieten, sich des inneren Antreibers gewahr zu werden und diesen bewusst zu zähmen, um wieder Regie über das eigene Leben zu gewinnen. Gleichzeitig betonten die Teilnehmer, dass es wichtig ist, „gut auf sich zu achten“ und sich nicht „von den Anforderungen beherrschen“ zu lassen. Beruhigend war auch die Einsicht, dass beide Schulleiter über genügend Ressourcen für ihre neue Aufgabe verfügten.

10.4.4 Konfliktmanagement in der Supervision

Im Verlauf einer der nächsten Supervisionssitzungen ergab sich die Notwendigkeit eines Konfliktmanagements bezüglich des Umgangs mit einem äußerst schwierigen Elternvater.

Dies passte sehr gut zu den noch „offenen Themenbereichen“, die aus der Sitzung zur Rollenklärung noch nicht besprochen waren. Nach einem kurzen Abriss des Problems und der bisherigen Maßnahmen durch den Supervisanden erfolgten eine Konfliktanalyse nach Glasl (2011) und die Arbeit mit dem leeren Stuhl, um Emotionen und Motive der einzelnen Konfliktpartner verdeutlichen zu können.

Problemschilderung

Der Stiefvater einer Schülerin, der im Landkreis ein hohes soziales Ansehen genießt, hat sich im Vorfeld schon mehrfach, fast täglich, kurz vor oder nach acht Uhr bei der Klassenleitung und dann auch bei der Schulleitung über die schulischen Methoden im Unterricht und Maßnahmen der Lehrkraft beschwert. Er droht damit, andere Institutionen (Regierung/Presse) einzuschalten. Die Lehrkraft, im Moment noch Lehramtsanwärterin im Prüfungsjahr, unterrichtet seine Stieftochter in einer vierten Klasse. Die junge Lehrkraft sei bereits völlig eingeschüchtert und „nervlich am Ende“, so die Schulleitung. Dieser Vater schreibe ihr fast täglich einen Beschwerdebrief, den er dann selbst meist kurz vor acht Uhr bei ihr vorbeibringe. Bei dieser Gelegenheit versuche er, sie in langatmige Streitgespräche zu verwickeln. Mehrfach sei dieser Vater auch in das Sekretariat der Schule gekommen, habe die Einwände der Sekretärin einfach ignoriert und sei dann unangemeldet ins Rektorat gestürmt, um dort lautstark Anschuldigungen, wüste Beschimpfungen und Drohungen gegenüber der Schule loszulassen.

Bisherige Maßnahmen

Bisher hat die Schulleitung versucht, den Vater durch mehrere Einzelgespräche zu beruhigen. Dieser habe sich aber keinesfalls an höfliche Umgangsformen halten können, er habe lautstark herumgeschrien und sei für keinerlei Vorschläge zur Deeskalation zugänglich gewesen.

„Zum Glück“ und zur eigenen Entlastung hat die Schulleitung durch ein Gespräch mit der abgebenden Schule erfahren, dass dieser Vater an der alten Schule seiner Tochter ebenfalls großen Ärger verursacht hatte. Der Vater habe dort alle Instanzen bis hin zum Schulamt und Rechtsanwalt einbezogen, um den Konflikt für seine Zwecke hilfreich lösen zu können. Der Umzug in einen neuen Landkreis war damals vermutlich die Reaktion des Vaters auf die Zuweisung des Mädchens an eine andere Regelschule.

Die Schulleitung will diesen Konfliktfall gerne in der Supervision behandeln, um weitere Schritte und notwendige Maßnahmen erkennen zu können.

10.4.4.1 Methode – Präsentation – Material

Analyse des Konflikts

Um sinnvolle und mögliche Interventionsmaßnahmen herausarbeiten und eine weitere Eskalation des Konflikts verhindern zu können, erfolgt eine theoretische Analyse dieses Konflikts auf der Grundlage der Eskalationsstufen nach Glasl (1994). Dieses theoretische Modell wurde aus den oben genannten Gründen mit den Schulleitern besprochen.

Äußere Merkmale

Zur Analyse konkreter Konfliktsituationen empfiehlt es sich, zunächst den Ist-Zustand zu erkennen. Äußerlich feststellbare Merkmale sind hier, dass sich zum einen der „mikrosoziale“ Rahmen bereits auf einen „Mesorahmen“ ausgedehnt hat. Es geht nicht mehr nur um Reiberein, sondern vielmehr schon um Positionskämpfe, der Vater will hier mehr Mitspracherecht in eindeutig schulischen Belangen. Er droht mit der Einschaltung weiterer Instanzen, wie Regierung, Schulamt und Presse. Die Art und Weise dieses Konflikts ist bereits „formlos“ und „heiß“, es werden unübliche, massive Vorwürfe mit heftigsten Drohungen geäußert.

Inhaltliche Merkmale

Inhaltlich geht es bei dieser Konfliktsituation darum, dass der Vater Unterrichtsmethoden und das Benotungssystem sowie schulische Ordnungsmaßnahmen deutlich in Frage stellt. Er äußert Unzufriedenheit mit den Unterrichtsmethoden und den Umgangsformen der Lehrkraft und der Schulleitung. Die Beziehung des Vaters gegenüber der Institution Schule ist äußerst negativ und hat das alleinige Ziel, Schuldzuweisungen zu machen. Er zeigt wenig bis keinerlei Einsicht, er überschreitet Grenzen und denunziert Lehrkraft und Schulleitung.

Ermittlung der Eskalationsstufe

Nach Glasl (2011) können bei einem Konflikt neun verschiedene Eskalationsstufen durchlaufen werden, deren Abfolge jeweils durch „Wendepunkte“ („points of no return“) gekennzeichnet ist. Werden diese überschritten, wird eine Beilegung des Konflikts unwahrscheinlicher, als vor dem Wendepunkt antizipiert werden konnte. Außerdem empfiehlt Glasl auch klare Maßnahmen zum Konfliktmanagement, je nach erreichter Stufe.

- Dieser Konflikt hat die Hauptphase 1 (harmlose Reibereien, Meinungsverschiedenheiten, Polarisierung) bereits durchschritten. Es werden schon Personen außerhalb des ursprünglichen Konfliktfeldes mit einbezogen.
- Auch die zweite Hauptphase des Konfliktgeschehens sehen die Schulleiter und ich hier bereits am Endpunkt, da der Vater die Schulleitung und auch die Lehrkraft im Beisein anderer Lehrkräfte und Schüler (auf dem Gang) öffentlich diffamiert hat.

Nach Glasl ist an diesem Eskalationspunkt oft nur noch eine Intervention in Form eines Machteingriffs sinnvoll.

Die täglichen Angriffe zeigen die deutliche Absicht, einen systematischen Gesichtsverlust der Lehrerin und der Schule zu erreichen. Des Weiteren will der Konfliktpartner andere Instanzen einschalten. Die Hemmschwelle des Vaters, das Ansehen der Schule und der Lehrkraft öffentlich zu schädigen, ist offenkundig sehr niedrig.

Die Arbeit mit dem leeren Stuhl

Die Wogen der emotionalen Betroffenheit schwappen durch diesen Konflikt bei der beteiligten Schulleitung hoch, gleichzeitig stellt sich eine Art Verwirrung ein. Denn die Unberechenbarkeit der Attacken des Vaters ängstigen einerseits, wecken aber andererseits auch den Ehrgeiz der Schulleiters, dass es doch möglich sein muss, über „vernünftige Gespräche" die Situation auch ohne Machteingriffe beenden zu können. Klärend ist hier die Arbeit mit dem leeren Stuhl, um die emotionale Befindlichkeit sowohl des Vaters als auch des betroffenen Schulleiters zu erforschen. Im Gegensatz zum Psychodrama verzichtet die klassische Gestalttherapie auf „real anwesende Mitspieler". Der Klient imaginiert seinen Antagonisten auf einem „leeren Stuhl". In einem mehrfachen Rollenwechsel mit diesem tritt er mit seiner eigenen Rolle und der des Antagonisten in einen Dialog ein. Entscheidend ist, dass der Klient sich maximal mit den verschiedenen Positionen identifiziert. Durch Rollenspieldialoge werden nicht nur Umstrukturierungen von Deutungsmustern gefördert, sondern auch neue Handlungsmuster gegenüber Sozialpartnern aktiviert („endlich einmal schimpfen dürfen").

Der Supervisor muss bei dieser Übung eher direktiv vorgehen, Stuhl und Visualisierung in seiner Funktion erklären und den Supervisanden einladen, sich auf „das Spiel" einzulassen (s. Anhang 4).

Selbstreflektorische Auswertung

Der Rollentausch verdeutlicht dem Supervisanden die Getriebenheit des Vaters, die sich vermutlich aus anderen Quellen speist als der schulischen Situation. Dieser Konfliktpartner handelt rigide und wie unter einem Wiederholungszwang. Der intrapsychische Konflikt des Mannes verzerrt seine Wahrnehmung der Wirklichkeit und schließt beratende Interventionen aus. Eine Lösung des Problems kann in so einem Konflikt nicht durch das gemeinsame Finden eines Kompromisses, sondern nur durch eine Veränderung des äußeren Settings erfolgen.

Überlegungen zu notwendigen Maßnahmen

Nachdem die Gefühlswelt des Vaters im Rollenspiel nachempfunden und aufgedeckt und der Konflikt auch theoretisch analysiert war, wurden gemeinsame Vorschläge für weitere notwendige Schritte und Maßnahmen überlegt und aufgeschrieben (Wortkarten). Eine „Moderation“ dieses Konflikgeschehens war bereits gescheitert und wäre jetzt auch wahrscheinlich nicht mehr ausreichend, um den Konflikt lösen zu können.

- Hier sind Machteingriffe vonnöten, daher müssen übergeordnete Instanzen (Schulamt/externer Mediator) eingeschaltet werden, um die Schulleitung und die Lehrkraft zu stützen und zu schützen.
- Machteingriffe können den Konflikt eventuell zwangsweise auf eine Sachebene reduzieren.
- Die Schulleitung kann überlegen, ob sie zum Schutz der Lehrkraft und der Schüler (Fürsorgepflicht) dem Vater ein sofortiges Hausverbot erteilt.
- Weitere Termine dürfen nur noch nach schriftlicher oder telefonischer Absprache stattfinden.
- Gespräche mit dem Vater dürfen nur im Beisein von Zeugen geführt werden.
- Da eine Gefährdung des Schulfriedens und eine erhebliche Störung des Unterrichtsgeschehens durch den Vater vorliegen, muss dieser, wenn er die Diffamierung nicht unterlässt, mit einer Anzeige rechnen.
- Da eine Kindeswohlgefährdung durch diesen cholerischen Vater nicht ausgeschlossen werden kann, muss das Hinzuziehen des Jugendamtes in Erwägung gezogen werden.
- Dem Vater kann als möglicher Ausweg (ohne weiteren Gesichtsverlust) und damit als Entlastung ein freiwilliger Wechsel an eine notenfreie Privatschule empfohlen werden.

In einer der folgenden Sitzungen berichtete der betroffene Schulleiter sehr erleichtert, dass dieser schwierige Vater seine Tochter an einer Privatschule angemeldet habe.

10.5 Prozessanalyse und abschließende Gedanken

Über ein Schuljahr hinweg konnte ich die beiden neuen Schulleiter teilnehmerorientiert, d. h. mit wechselnden Schwerpunkten, die sich aus den Bedürfnissen der Supervisanden und den von mir ausgewählten Methoden ergeben hatten, begleiten. Die zu Beginn aufgezeigte Methode zur Analyse des bei Amtsantritt wahrgenommenen Schulklimas war rückwirkend betrachtet ein gelungener und wichtiger Einstieg. Dieser Anfang erlaubte es den Supervisanden, sich mit genügend Distanz zu persönlichen Problemfeldern zu begegnen und sachliche Themen im Vordergrund zu lassen.

Erst in den folgenden supervisorischen Sitzungen konnte es thematisch um Rollenklärung, Rollenverstrickung und die Fülle der mit dieser Rolle verbundenen Aufgabenfelder gehen. Der bewusste Abschied von der alten Rolle „Lehrer/Konrektor“ wurde kognitiv und emotional wahrgenommen. Dabei auftauchende Gefühle von zunehmender Vereinsamung bekamen den ihnen gebührenden Raum. Die beiden Schulleiter reflektierten dabei in einer selbstkritischen, taktvollen und respektvollen Weise die eigene berufliche Identität. Beide erkannten verinnerlichte Leistungsansprüche an ihre Person in dieser neuen Rolle. Diese wurden als handlungsleitend bei der Bewältigung von gestellten Anforderungen wahrgenommen. Die Erkenntnis schließlich, einerseits genügend Ressourcen zur Bewältigung der neuen Rolle in sich zu erspüren, andererseits die Erfahrung, sich von der Fülle der gleichzeitig zu managenden Aufgaben nicht überrollen zu lassen, gaben Sicherheit und Zuversicht.

Dabei haben die erarbeiteten „inneren Zähmungsmuster“ im schulischen Alltagsgeschäft emotionale und kognitive Erleichterung bewirkt.

Die aufgezeigten Möglichkeiten zur Konfliktanalyse und zur Konfliktbewältigung erwiesen sich im schulischen Kontext als äußerst hilfreich und waren nach Aussage der Schulleitungen sehr wichtig für beide.

Im Verlauf der Sitzungen kamen von den Supervisanden positive Rückmeldungen zu dem Erarbeiteten und gemeinsam Besprochenen. Beide empfanden Supervision als stärkend für berufliche und private Belange und die gelingende und stützende Zusammenarbeit mit anderen Schulleitungen als Bereicherung. Das Erleben von Stärke durch das Wahrnehmen eigener Ressourcen und vermeintlicher Schwächen wurde letztlich als große Erleichterung, „nicht perfekt sein zu müssen", wahrgenommen und verinnerlicht.

Die supervisorische Arbeit mit den beiden neu ernannten Schulleitern hat mir einen reichen Erfahrungsschatz beschert, für mich viel Zeit und Mühe in der Vor- und Nachbereitung bedeutet, mir aber auch sehr viel Freude gemacht. Leider waren es nur zwei Supervisanden, die an diesem Angebot teilgenommen haben. Kurz vor Ende des Schuljahres hat sich eine erfahrene, langjährige Schulleiterin um die Teilnahme bemüht, was von den beiden anderen und von mir befürwortet und als eine positive Bereicherung empfunden wurde. Es zeigte sich dabei verstärkt, dass auch ein Austausch über rechtliche Fragen bei Schulleitungen ein wichtiges Thema ist. Im Hinblick auf eine Weiterführung der Supervision im neuen Schuljahr wurde die Bitte an mich herangetragen, dass doch zu Beginn oder am Ende der Sitzungen auch Zeit und Raum zum Austausch von rechtlichen und organisatorischen Fragen eingerechnet wird. Inwieweit sich dieser Wunsch in Rahmen meiner supervisorischen Arbeit verwirklichen lässt und ob sich dies als sinnvoll erweist, muss für mich als Supervisorin kritisch hinterfragt werden.

10.6 Literatur

Berglas, S. (2001). *Reclaiming the Fire: How Successful People Overcome Burnout.* New York: Random House.

Bertelsmann Stiftung (Hrsg.) (2006). *Prima Klima. Miteinander die gute, gesunde Schule gestalten. Eine Handreichung für Eltern, Lehrkräfte und Schulleiter* (Ordner mit sechs einzelnen Praxismodulen). Gütersloh: Bertelsmann.

Buer, F. & Schmidt-Lellek, C. (2008). *Life-Coaching.* Göttingen: Vandenhoeck & Ruprecht.

Glasl, F. (2004). *Konfliktmanagement: ein Handbuch für Führungskräfte, Beraterinnen und Berater* (8. Aufl.). Bern: Haupt.

Glasl, F. (2011). *Selbsthilfe in Konflikten* (6. Aufl.). Stuttgart: Verlag Freies Geistleben.

Heinl, H., Petzold, H. & Fallenstein, A. (1983). Das Arbeitspanorama. In H. Petzold (Hrsg.), *Psychotherapie und Arbeitswelt.* Paderborn: Junfermann.

Jakob, G. & Arntz, A. (2011). *Schematherapie in der Praxis.* Weinheim: Beltz Verlag.

Joas, H. (1980). *Praktische Intersubjektivität.* Frankfurt/M.: Suhrkamp.

Möller, H. (2003). *Was ist gute Supervision?* (2. Aufl.). Stuttgart: Klett-Cotta.

Neuberger, O. (1994). *Personalentwicklung* (2. Aufl.). Stuttgart: Lucius & Lucius.

Petzold, H. (1977). Die Medien in der Integrativen Pädagogik. In H. Petzold, G. I. Brown (Hrsg.), *Gestaltpädagogik.* München: Pfeiffer.

Pühl, H. (2009). *Handbuch der Supervision 3.* Berlin: Leutner Verlag.

Schreyögg, A. (1998). Coaching. In S. Grubitzsch, K. Weber (Hrsg.), *Psychologische Grundbegriffe. Ein Handbuch.* Reinbek: Rowohlt.

Schreyögg, A. (2000). *Supervision und Coaching für die Schulentwicklung.* Bonn: Deutscher Psychologen Verlag.

Schreyögg, A. (2003). *Personalentwicklung in der Schule.* Bonn: Deutscher Psychologen Verlag.

Schreyögg, A. (2004). *Supervision: Ein integratives Modell. Lehrbuch zur Theorie und Praxis* (4. Aufl.). Wiesbaden: VS Verlag.

Schreyögg, A. (2008). *Konfliktcoaching und Konfliktmangement in Schulen.* Bonn: Deutscher Psychologen Verlag.

Schreyögg, A. (2010). *Die Organisation in Supervision und Coaching.* Wiesbaden: VS Verlag für Sozialwissenschaften.

Schreyögg, A. (2012). *Die Differenzen zwischen Superversion und Coaching.* URL: http://www.schreyoegg.de

Schreyögg, A. (2012). Lehrbriefe. URL: http://www.schreyoegg.de

Storath, R. (1995). *„Praxisschock" bei Schulleitern? Eine Untersuchung zur Rollenfindung neu ernannter Schulleiter.* Neuwied: Luchterhand.

10.7 Anhang

10.7.1 Anhang 1

Analyse des Schulklimas

Wo liegen die sonnigen Aspekte zwischen Schulleitung/Lehrern, Eltern und Schülern?
Was läuft gut an der Schule?
(Gelbe Zettel)

Welche Wolken verdunkeln derzeit unser Schulklima?
Was läuft nicht so gut?
Wo sehen Sie Blitze am Schulhimmel?
(Rote Zettel)

Was bringt unserer Schule frischen Wind?
Welche Veränderungen würden Sie sich wünschen?
(Grüne Zettel)

Folgende Inhalte formuliert die kommissarische Schulleitung:

Sonnige Aspekte:

- Positives Verhältnis unter den Kollegen, z. B. gemeinsame Feiern im Lehrerzimmer.
- Die neue Schulleitung fühlt sich von vielen akzeptiert, aber auch teilweise sehr kritisch beobachtet.
- Elternabende werden in gelungener Zusammenarbeit in den Parallelklassen vorbereitet.

Wolkige Aspekte:

- Deutliche Defizite im Bereich der Schulentwicklung.

- Es fehlen gemeinsame Schulregeln, ein gemeinsames Schulprofil, z. B. Schullogo.
- Unsicherheit im Bereich des Führungsverhaltens gegenüber den kritischen Kolleginnen.
- Sorge bezüglich der Aufgabe von Beurteilung des Unterrichts und des Lehrerverhaltens bei den früheren Kolleginnen.
- Das Verhalten bei vorliegenden Verstößen gegen die morgendliche Aufsichtspflicht.
- Zu wenig Zeit für „meine Klasse".

Frischer Wind/Geplante Vorhaben:
- Neuregelung des Pausenverkaufs auf Wunsch des Elternbeirats.
- Einführung regelmäßiger Kurzkonferenzen zur Absprache wesentlicher organisatorischer Punkte.
- Schullogo und Homepage.

Folgende Inhalte formuliert die andere Schulleitung:

Sonnige Aspekte:
- Harmonie mit der Sekretärin.
- Verständnis mit der Konrektorin möglich.
- Absprache mit der Musikschule läuft.
- Elternzusammenarbeit klappt im Großen und Ganzen.

Wolkige Aspekte:
- Zusammenarbeit mit Kindergarten bei Einschulung.
- Konkurrenz der Schulhäuser, geheime Leiter?
- Soziogramm im Kollegium zeigt Spaltung!
- „Meine Akzeptanz von allen ist für mich noch nicht so gut spürbar."
- Pausenverkauf ist ungut geregelt, zu viele Süßigkeiten.
- Schwieriger Vater/schwierige Eltern.

Frischer Wind/Geplante Vorhaben:

- Homepage.
- Öffentlichkeitsarbeit vertiefen (z. B. Bürgermeister kennenlernen).
- Einschulung neu regeln.
- Regelmäßige klare Absprachezeiten mit allen Lehrern beider Schulhäuser.

10.7.2 Anhang 2

Reflexion der Rolle „Neue Schulleitung“

1. Übungsschritt:

Meine Rolle an der Schule?	▸ **Welche Aufgaben sind mit dieser Rolle verbunden?** ▸ **Was kann ich delegieren? (Grüne Punkte)**
- Schulleiter - Beurteiler - Hausherr - Entscheider - Konfliktlöser - Tröster - Friedensstifter - Lehrer? - Kollege? - …	**Leitung und Führung der Schule nach innen:** - Konferenzen leiten ● (Teilbereiche) - Beurteilung - Personalentscheidung - Hausrecht ausüben - Zeugnisse überprüfen, unterschreiben - EDV, Statistiken ● - Vertretungsplan ● - Schulregeln erarbeiten ● (Teilbereiche) - Schulentwicklung: Pausenverkauf ● **Leitung und Führung der Schule nach außen:** - Zusammenarbeit mit Kindergarten ● - Jugendamt - Polizei - Bürgermeister/Kämmerer - Sportverein ● (zum Teil) - Musikschule ● (zum Teil)

2. Übungsschritt:

Was stärkt mich in meiner Rolle?

- Wenn die Zusammenarbeit mit der Konrektorin gut läuft
- Wenn die Lehrerkonferenz gut gelaufen ist
- Wenn die Kollegen im Lehrerzimmer gut miteinander reden können, zusammenarbeiten und keine Grüppchenbildung stattfindet
- Wenn mir schwierige Gespräche mit Kollegen nach Unterrichtsbesuchen gelingen
- Wenn ich keine rechtlichen Fehler mache
- Wenn ich mit anderen Schulleitungen zusammenarbeiten kann
- Wenn es mir gelingt, Aufgaben zu delegieren
- Wenn ich in der Supervision erlebt habe, dass auch andere Probleme haben

Was schwächt mich in meiner Rolle?

<u>Persönliche Faktoren:</u>

- Die Angst vor meinen eigenen zu hohen Erwartungen, mein „Idealbild“
- Der Druck, meine Arbeit genauso gut weiterzuführen wie früher als Lehrkraft
- Die Sorge, Fehler zu machen
- Meine Erschöpfung ob der Aufgabenfülle

<u>Äußere Faktoren:</u>

- Zu viel Statistik, Kenntnislücken im Bereich EDV
- Nicht genug Zeit für meine Klasse
- Zu wenig Zeit für die notwendigen Gespräche
- Fehlende(r) Konrektor/in
- Schwierige Entscheidungen des alten Schulleiters ausgleichen müssen

10.7.3 Anhang 3

Rollendiskrepanz zwischen Ideal- und Realbild von gelingender Schulleitung, herausgearbeitet durch die Übung „Der innere Antreiber"

(modifiziert und erweitert in Anlehnung an „Das Arbeitspanorama" nach Heinl, Petzold & Fallenstein, 1983, S. 374)

„Jeder sucht sich einen Platz im Raum, an dem er für sich sein kann.

Lege dein Blatt und deine Stifte vor dich hin. Schließe die Augen, und versuche, in Kontakt mit dir selbst zu kommen. Achte auf deinen Atem, wie er kommt und geht.

Schau auf den Weg deiner Arbeit, deines Berufes, den du bis heute gegangen bist. Beginne mit deinem Arbeitsplatz von heute. Stell dir einen Arbeitsalltag vor, vielleicht gestern oder vorgestern oder irgendeinen in der letzten Zeit. Versuche, deine Gefühle zuzulassen, deine Gedanken, Erwartungen, Befürchtungen, wenn du am Morgen aufstehst und an die Arbeit denkst. Du verlässt das Haus, nimmst den Weg zum Arbeitsplatz. Du betrittst das Gebäude, öffnest die Tür zu den Räumen, begegnest den Menschen, mit denen du arbeitest.

Versuche, die Atmosphäre im Raum zu spüren. Es ist Morgen, und der Arbeitstag liegt vor dir, und du willst deine Arbeit gut, richtig und zuverlässig erledigen. Deine Ansprüche sind hoch, denn du bist ja in der Rolle der Schulleitung. Du musst verschiedensten Forderungen gerecht werden: ratlosen Eltern, streitenden, gestressten Kollegen, schwierigen Schülern, dem angekündigten Besuch des Vorgesetzten, der endlich ein neues Schulprofil erwartet.

Dabei tauchen Gedanken, Gefühle, Hoffnungen, Enttäuschungen, Misserfolge und Erfolge wie ein Film auf deinem inneren Bildschirm auf. Du willst allem gerecht werden, alle zufriedenstellen.

Ich weiß nicht, ob es in dir da eine innere Stimme gibt, eine Art Antreiber, die oder der dich weiterpeitscht, dich motiviert und dich nicht zur Ruhe kommen lässt. Der dich oft auch überstrapaziert, der nicht aufhört mit seinen Botschaften, wie „du musst, du sollst, du darfst nicht", und dich manchmal bis in den Schlaf hinein bedrängt.

Schau auf deinen inneren Bildschirm, wie dein Antreiber aussieht: Ist es ein Blitz, ein Teufel oder was auch immer? Nur du kannst wissen, wie dein Antreiber aussieht.

Und wenn du jetzt in Kontakt mit ihm gekommen bist, dann schau ihn freundlich an, denn er ist ein Teil von dir. Sag aber deinem Antreiber auch, dass **DU** die Regisseurin deines beruflichen Lebens bist und nicht er!

Und wenn du deinen Antreiber lange genug wahrgenommen hast und vielleicht auch in einen inneren Dialog mit ihm getreten bist, dann verabschiede dich nun gedanklich von ihm, schalte deinen inneren Fernseher aus, und komm in deinem Tempo wieder hierher zurück in diesen Raum.

Wenn du dort angekommen bist, dann öffne deine Augen, und nimm Farben, die dir gefallen. Male deinen Antreiber, die Kraft, die dich zur Leistung antreibt und dich begleitet, immer dann, wenn du versuchst, Anforderungen gerecht zu werden.

Nimm dir dazu so viel Zeit, wie du brauchst. Wenn du mit deinem Bild fertig bist, lass es auf dich wirken."

10.7.4 Anhang 4

Rollenspiel „Leerer Stuhl"

Regieanweisung zur Arbeit mit dem leeren Stuhl (Ablaufschema):

- Der Konfliktpartner als Gegenüber
- Perspektivenwechsel
- Ein mehrmaliger Rollentausch im Laufe des Spiels kann vom Supervisor angeleitet werden.

Das Spiel und seine Deutung:
Die Schulleitung wird angeleitet, sich diesen schwierigen Vater innerlich vorzustellen und ihn phänotypisch zu beschreiben (Alter, Größe, Haare, Kleidung, besondere Merkmale etc.), ihn dann gedanklich auf einen leeren Stuhl zu setzen und sich an das schwierige Vier-Augen-Gespräch zurückzuerinnern.

Um die Beweggründe des Vaters für sein Handeln besser verstehen zu können, lade ich die Schulleitung ein, für einige Zeit in die Rolle des Vaters „hineinzuschlüpfen", als dieser zu sprechen und zu handeln.

Nachdem sich die Schulleitung auf den leeren Stuhl gesetzt hat und gedanklich in diese Rolle geschlüpft ist, zeigte sie sich in der Übertragungssituation sogleich deutlich körperlich und emotional erregt. Sie gestikulierte heftig mit den Händen, erhob die Stimme und äußerte lautstark Anschuldigungen über diese schlechte Schule und die Unfähigkeit der Lehrerin und auch der Schulleitung.

In die Rolle des Vaters eingetaucht, schilderte die Schulleitung:
„Mein Kind wird an dieser Schule nicht gefördert, ständig ausgegrenzt, schlecht behandelt. Der Unterricht der Lehrerin ist völliger Mist. Die kann ja gar nix. Die Proben sind viel zu schwer und blödsinnig. Sie als Schulleiter machen ja auch nix. Sie sind ja neu hier, hab ich gehört. Sie brauchen mir hier nix mehr erzählen. Gleich nachher geh ich ins Schulamt und erzähle denen mal, wie mies das hier läuft."

Beim Hinausgehen schrie er noch, dass er zur Presse gehen werde. „Das hab ich schon mal getan, da kenne ich mich aus!"

Danach bat ich die Schulleitung, wieder aus der angenommenen Rolle herauszuschlüpfen und auf ihren eigenen Platz und in ihre eigene Rolle als Schulleitung ihrer Schule zurückzukehren.

Behutsam und sehr nah am Beobachteten begleitete ich den Supervisanden, als er über seine spontanen Gefühle und Gedanken über das eben Geschehene sprach.

Gedanken wurden verbalisiert wie: „Der Vater will die ganze Schule und auch mich beim Schulamt schlechtmachen, er greift die Lehrerin an, er lässt gar kein richtiges Gespräch zu. Der will ja gar nicht mit mir reden, der will nur schreien und toben. Der ist irgendwie komisch, nicht greifbar. Da brauch ich Unterstützung, der hört da bestimmt nicht auf."

Kontakt

Michaela Semerad-Kronthaler
E-Mail: m.semerad-kronthaler@lra-mue.de

11 Teamentwicklung an Grundschulen durch Unterstützung kreativer Methoden

Ulrike Fechter, Wolfgang Noller

In den letzten zwei Jahren wurden verschiedene Anfragen von Grundschulen mit der Bitte um Unterstützung an die Autoren herangetragen. Die Fragestellungen, das Vorgehen und der Verlauf der Unterstützung dreier Schulen bzw. Kollegien sollen im Folgenden beschrieben werden.

Die ausgesuchten Schulen werden von jeweils 200 bis 300 Schülern besucht. Sie befinden sich alle in einem städtischen Umfeld, weisen jedoch unterschiedliche Einzugsgebiete auf und verfügen über verschiedenartige örtliche und personelle Rahmenbedingungen.

Eine dieser Schulen befindet sich in einem sozialen Brennpunktgebiet: Dort liegt der Ausländeranteil unter den Schülern bei 80 %, was eine besondere Herausforderung und Belastung für die Lehrkräfte darstellt.

Die zweite Grundschule liegt in einer Kleinstadt, deren soziales Gepräge von drei großen Firmen bestimmt ist. Unter der Schülerschaft gibt es ein starkes soziales Gefälle, die Anforderungen und Erwartungen der Eltern beeinflussen das Schulklima entscheidend. Zudem muss die Schule mit der Nachbarschule und zwei Privatschulen um die Schüler konkurrieren. In dieser Hinsicht wird hier ein besonderes Engagement der Lehrkräfte erwartet.

Die dritte Schule liegt am Rand einer Großstadt und ist in zwei verschiedenen Schulgebäuden untergebracht. Die Schüler kommen in der Mehrzahl aus der Mittelschicht, einer der beiden Schulstandorte liegt allerdings auch im Einzugsgebiet von sozial schwächer gestellten Familien.

Die Anfrage bzw. der Auftrag an die Autoren wurde von der Schulleitung initiiert, wobei die Auftragsklärung in allen Fällen ein erster und wichtiger Schritt als Voraussetzung für die weitere Arbeit war. Was zu Beginn als Konfliktmoderation eingefordert wurde, wandelte sich im Verlauf der weiteren Sitzungen zur Teamsupervision und zum Teil zum Schulleitungscoaching.

Alle Sitzungen wurden im Tandem vorbereitet, durchgeführt und im Anschluss reflektiert, und es wurde das weitere Vorgehen geplant.

In dieser Arbeit soll nach einem kurzen theoretischen Überblick über die verwendeten kreativen Methoden ein Einblick in die konkrete Supervisionsarbeit, d. h. in die Durchführung der Sitzungen, die Auswahl der Methoden, auftretende Probleme und anschließende Reflexionsarbeit, gegeben werden. Daraus sollen Erkenntnisse und Schlussfolgerungen für die weitere supervisorische Arbeit mit Lehrerteams abgeleitet werden.

11.1 Beratungsformate

11.1.1 Supervision

Supervision ist ein besonderes Beratungskonzept, es dient der Verbesserung der Kommunikation am Arbeitsplatz und fördert die Zusammenarbeit und Kollegialität in Teams. Dies geschieht durch die Reflexion von Arbeits- und Organisationsabläufen sowie das Ansprechen und die Aufklärung von möglichen Konflikten.

In der supervisorischen Arbeit werden Fragen, Problemfelder, Konflikte und Fallbeispiele aus dem beruflichen Alltag thematisiert und anhand von verschiedenen Methoden und Techniken aus der Psychologie und der Pädagogik bearbeitet (Westerwelle, 2012).

11.1.2 Teamsupervision

Grundsätzlich kann unter Teamsupervision ein Beratungssetting verstanden werden, in dem eine kooperierende Arbeitsgruppe von einem Supervisor beraten wird. Dabei kann das Setting ganz unterschiedliche Ziele verfolgen und zeitlich unterschiedlich umfangreich sein (Schreyögg, 2010).

Der Begriff „Team“ steht dabei häufig für konventionell strukturierte organisatorische Einheiten geringer Größe (Buchinger, 1996). Einige Autoren verwenden statt „Teamsupervision“ eher den Ausdruck „Supervision in Organisationen“ (Weigand, 1996), da dieser als Oberbegriff für äußerst unterschiedliche Aktivitäten wie Rollen- oder Krisenberatung in Arbeitsgruppen gelten kann (Schreyögg, 2010).

Im Allgemeinen ist das Setting der Teamsupervision eine Dreieckskonstellation, bei der ein Supervisor von Vertretern einer Organisation (z. B. Schulrat, Schulleiter) beauftragt wird, Mitarbeiter für die Aufgabenerfüllung in ihrer Organisation (z. B. Schule) zu „fitten“ (Schreyögg, 2010).

Hierbei handelt es sich dann auch um eine Form der Personalentwicklung, bei der zielgerichtete, betrieblich verwertbare Prozesse angestoßen werden sollen. Supervision spielt auch eine wichtige Rolle, wenn es bei Teams zur Entwicklung von hemmenden Elementen kommt (Ängste, Abwehrformen, Rivalitäten, Machtkämpfe), die durch die Supervisionsarbeit reduziert werden (Belardi, 2009).

Man kann sagen, dass heute zwei Varianten von Teamsupervision praktiziert werden, eine im Sinne von Fallberatung und eine andere, die eher Nähe zur traditionellen Organisationsentwicklung aufweist (Schreyögg, 2010).

11.1.3 Mediation

Bei Mediation handelt es sich um eine Konfliktbewältigungsstrategie, die sich für stärker eskalierte Konflikte eignet. Dabei befasst sich der Berater ähnlich wie ein unparteiischer Schiedsrichter zuerst mit der einen Partei, dann mit der anderen, um sie im weiteren Verlauf des Beratungsprozesses wieder miteinander ins Gespräch zu bringen (Pühl, 2002).

11.1.4 Organisationsberatung

Organisationsberatung ist ein Teil von Organisationsentwicklung. Ziel ist es dabei, einen langfristigen und geplanten organisatorischen Wandel möglichst aller Beteiligten zu erreichen.

Komplexe Organisationen wie Schulen leiden häufig unter dem Dilemma von Expertenorganisationen, d. h., dass dort zwar eine Vielzahl von hoch qualifizierten Experten versammelt sind, diese jedoch aufgrund begrenzter Sichtweisen und einer komplizierten Binnenorganisation nicht in der Lage sind, sich selbst zu steuern (Belardi, 2009).

11.2 Kreative Methoden

Bis in die 1980er Jahre hinein war Supervision methodisch an psychotherapeutischen Ansätzen orientiert, die ausschließlich sprachliche Medien verwendeten. Erst später wurde Supervision durch kreative – auch materialgestützte – Methoden bereichert (nach Schreyögg, 2010).

Kreative Methoden (von „creare": „zeugen", „gebären", „erschaffen" – dynamisches Geschehen) lassen sich in der integrativen Gestaltsupervision besonders gut einsetzen

- bei der Rekonstruktion und Problemformulierung,
- bei der weiterführenden Veränderungsarbeit
- und zur Erweiterung der Deutungs- und Handlungsmuster.

Sie dienen also – wenn man den Sichtweisen der Gestalttherapie und des Psychodramas folgt – außer zur Information vor allem dazu, noch nicht bekannte Erfahrungen zu ermöglichen und neue Wahrnehmungs-, Denk- und Handlungsmöglichkeiten zu entwickeln. Damit ermöglichen sie den Supervisanden neuartige Formen des Selbstausdrucks (Richter & Fallner, 1989).

Materialmedien sind Elemente des Kommunikationsprozesses und werden vom Sender als Träger von Informationen benutzt. Es gehen intendierte und nicht intendierte Informationen in die Kommunikationsprozesse ein. Man spricht dabei von der „Ladung" der Medien, die sich aus vier Faktoren zusammensetzt: aus der beabsichtigten oder nicht beabsichtigten Information, aus der situativen Gegebenheit und aus der „natürlichen Ladung" des Mediums.

Petzold (1977) klassifiziert dabei Medien in Anwendungsmodellen in

1. personale Medien (Berater/Supervisor als wichtigstes Medium),
2. Handlungsmedien (Sprache, Gestik, Mimik, Imaginationsverfahren, Rollenspiele),
3. Sachmedien (Filme, Tonträger, Papier, Farbstifte, Figuren).

Nach Richter und Fallner (1989) können all diese Medien in der beraterischen und supervisorischen Arbeit vor allem zu diagnostischen Zwecken, zu Zwecken der Veränderung und Korrektur und zur Umsetzung des Selbstausdrucks von Menschen eingesetzt werden

In der kreativen Medienarbeit sollen grundsätzlich keine Fremddeutungen erfolgen, weder durch den Supervisor noch durch andere Teilnehmer (die sich natürlich spontan angesprochen fühlen). Jede Deutung muss durch den Supervisanden selbst erkundet werden. Niemand kann genau wissen, was sich ein Mensch z. B. beim Malen eines Bildes gedacht hat oder was er erlebt hat. Die Aufgabe des Supervisors ist es deshalb zu intervenieren, wenn Deutung von außen erfolgt. Vielmehr soll die Deutung der „Produktionen" im Dialog stattfinden. Der Supervisor hat dabei eine strukturierende Funktion. Es ist auch seine Aufgabe, den Supervisanden bei eigenen Deutungen zu unterstützen. Der Dialog zwischen Supervisor und Supervisand dauert so lange, bis der Supervisand „seine" spezifische Botschaft aus einem „Werk" gefunden hat.

Im Verlauf eines Supervisionsprozesses bringt der Supervisor seine Eindrücke ins Gespräch ein, allerdings nicht als distanzierte Deutung, sondern als gefühlte Assoziationen, die primär aus der Identifikation mit dem Supervisanden erfolgen. Auch die Gruppe kann auf diese Weise einbezogen werden, jedoch immer nur in den schon genannten Grenzen. Der Supervisand sollte immer wieder darauf hingewiesen werden, dass er nur das zu akzeptieren habe, wodurch er sich angesprochen und unterstützt fühlt (Franzke, 1977; Richter & Fallner, 1989).

11.2.1 Begrüßungsspiel

Das Begrüßungsspiel ist ein Kennenlern- und Vorstellungsspiel, bei dem jedes Gruppenmitglied mit jedem anderen in Kontakt kommt. Es werden vorbereitete Kärtchen an alle Teilnehmer ausgegeben, auf denen jeweils eine Begrüßungsart aus einem fremden Land beschrieben ist. Nun müssen sich die Gruppenmitglieder auf die von ihnen gezogene Art gegenseitig begrüßen. Da jedes der Begrüßungsrituale doppelt ausgegeben wurde, weshalb je zwei Gruppenmitglieder die gleiche Begrüßungsform haben, besteht eine Zusatzaufgabe darin, „seinen Landsmann" zu finden und im Tandem weiterzugehen.

11.2.2 Krokodilspiel

Das „Krokodilspiel" ist ein Kennenlern- und Vorstellungsspiel und wird im Sitzkreis durchgeführt. Einer der Teilnehmer hat einen beliebigen Gegenstand in der Hand und beginnt das Spiel. Er gibt den Gegenstand mit folgendem Satz an seinen Nachbarn weiter: „Mein Name ist Michael, und ich behaupte, das ist ein Krokodil." Der zweite Teilnehmer nimmt das „Krokodil" und gibt es weiter mit dem Satz: „Ich habe das Krokodil von Michael, mein Name ist Silvia, und das ist ein Krokodil." Der Gegenstand wird jetzt mit diesem Satz immer weitergegeben, und jeder Teilnehmer muss jeweils die Namen aller Personen nennen, die das „Krokodil" vor ihm in der Hand gehabt haben. Als Variante (etwas schwieriger) ist es auch möglich, die Identität des Gegenstandes zu wechseln, also: „Michael behauptet, es sei ein Krokodil, ich jedoch meine, es ist ein Regenschirm." (Jokisch, 1994)

11.2.3 Assoziative Karten

Fantasie und Kreativität sind in jedem Menschen vorhanden. Der Mensch ist grundsätzlich schöpferisch veranlagt. Diese Fähigkeiten sind jedoch unter anderem durch Erziehung oftmals unterdrückt.

Assoziative Bildkarten als vorgeladene Medien sind deshalb eine sinnvolle und effektive Erweiterung des Supervisions- und Coaching-Instrumentariums, um Fantasie und Kreativität wieder zu wecken und zu aktivieren. Durch die Arbeit mit Bildkarten bekommt der Supervisand die Möglichkeit, sich seiner inneren Bilder bewusst zu werden und sie nach außen zu transportieren. „Verstehen und das Sich-selbst-Verstehen“ ist hierbei die Zielvorgabe für den Prozess. Die Arbeit mit Bildern fördert das Verständnis für die eigenen Werte und Glaubenssätze, die im weiteren Supervisionsprozess durch die verschiedensten Interventionen überprüft werden können.

Die Förderung der Selbstaktualisierungstendenz des Klienten, die Verbesserung der Sprachfähigkeit, der verbalen Kreativität und der Reflexionsfähigkeit durch die Arbeit mit den Bildkarten tragen stark zu einer besseren Wahrnehmung der Umwelt und der Selbstwahrnehmung bei.

Grundsätzlich bedarf die Arbeit mit Bildkarten von Seiten des Coachs keiner „Spezialkenntnisse“ wie etwa in Traumdeutung oder Symbolkunde, und sie steht in keinem Widerspruch zu den Werten und Aussagen der „Humanistischen Psychologie“ (Baumeister, 2012).

Das Ziel beim Einsatz von assoziativen Karten in der Teamsupervision kann jedoch einfach auch nur sein, dass die Supervisanden sich öffnen und kommunikationsbereit werden.

Dazu wählt jeder Teilnehmer zu Beginn der Sitzung eine Karte selbst aus und kann den anderen anschließend seine Gedanken bzw. den Hintergrund der Wahl mitteilen. Spezifische Leitfragen sind nicht immer notwendig, auch Deutungen durch andere Teilnehmer oder die Supervisoren sind, wie bereits erwähnt, nicht erlaubt.

11.2.4 Fingerpuppen

In Anlehnung an die psychodramatischen Arbeitsweisen können Rollen mit Puppen besetzt werden. Es gelten die Techniken des Psychodramas wie Rollentausch und -wechsel. Durch die Beschäftigung mit dem Material lässt sich eine Vielzahl von Hinweisen auf die spezifischen kooperativen Muster und Probleme einer sozialen Situation erarbeiten.

Speziell in der Supervisionsarbeit ermöglichen Puppen ganz unterschiedliche „Klärungen“, z. B. eine spielerische Auseinandersetzung und Verfremdung von sozialen Situationen oder (wie in unserer Arbeit in der Schule) die Darstellung der eigenen Person (im Beruf als Lehrkraft) mit Hilfe von Fingerpuppen. Dabei kann sowohl die eigene Persönlichkeit als auch die Rolle im Kollegium beschrieben werden. Auch die Beziehungen zu den verschiedenen Kollegen und der Schulleitung können explizit zur Sprache kommen.

11.2.5 Arbeitspanorama

Das Arbeitspanaroma ist eine diagnostisch-therapeutische Variante der Lebenspanorama-Technik, durch die für den Supervisanden eine Überschau über seine „Geschichte mit Arbeit" möglich werden soll (Petzold, 1975).

Die zeichnerische Darstellung ist ein schöpferischer Akt, in dem Imagination, Spuren konkreter Erfahrungen, unbewusste Impulse und rationale Reflexion zusammenfließen und sich artikulieren in einer Art, die selbst schon eine Aussage zum Thema macht.

In den Teamsupervisionssitzungen werden den Supervisanden mit einigen Sätzen der Sinn, das Ziel und kurz der theoretische Hintergrund der Arbeit mit dem Panorama erläutert, und ihnen wird die Durchführung erklärt.

An Material benötigt jeder Teilnehmer einen großen Bogen Papier (DIN A4 oder A3) und Wachsmalstifte, die ein breites Spektrum von flächigen Schraffuren bis zur Feindarstellung erlauben.

Aufgrund der bisher vorliegenden Erfahrungen erweist sich das Arbeitspanorama auf jeden Fall als eine flexible und vielseitige Interventionstechnik, um Störungen aus der Arbeitswelt erlebnisnah festzustellen und wirkungsvoll supervisorisch anzugehen (Heinl, Petzold & Fallenstein, 1983).

11.2.6 Inszenario-Figuren

Der Einsatz von Figuren eignet sich gut, um den strukturellen Ist-Zustand von Organisationen zu verdeutlichen. Sie sind immer die Medien der Wahl, um schnell eine Übersicht über formale Strukturen zu erlangen. Gerade strukturell nur schwer erfassbare Systeme können mit Figuren als „flexiblen Organigrammen" (Schreyögg, 2010) besonders gut dargestellt werden, denn

Figuren lassen sich während des supervisorischen Dialogs verändern und verschieben.

Die verwendeten Inszenario-Figuren sind aus Holz gefertigt und liegen in drei verschiedenen Größen und zwölf Farben vor. Die Figuren sind deutlich als Mann und Frau oder Junge und Mädchen zu erkennen. Sie sind nicht strukturiert, was Gesicht, Vorder- und Rückseite angeht. Diese freie Struktur der Figuren erlaubt es, die jeweilige Ausgestaltung von den handelnden Supervisanden vornehmen zu lassen.

Die Teilnehmer erhalten so die Möglichkeit, Zusammenhänge zu erkennen und Klarheit zu gewinnen. Sie erschließen damit neue Realitäten und können weitere Handlungsalternativen entdecken.

11.2.7 Wortkarten zur Visualisierung

Um die unterschiedlichen Gedanken und Ideen der Supervisanden aufzunehmen, darzustellen und zu strukturieren, eignen sich Wortkarten, auf denen Stichworte oder knappe Sätze notiert werden. Wortkarten können zum Einstieg in ein Thema ebenso herangezogen werden wie bei der gemeinsamen Sammlung von Lösungsvorschlägen.

Der Vorteil von Wortkarten im Vergleich zum Flipchart besteht unter anderem auch darin, dass es keine Mengenbegrenzung gibt, der Supervisor oder die Supervisanden sie nach Abschluss der Sitzung mitnehmen und aufbewahren und nicht mehr benötigte Karten einfach entfernt werden können. Die Inhalte lassen sich nach unterschiedlichen Schwerpunkten clustern, und die Karten können so Schwerpunkte und Tendenzen der gemeinsamen Arbeit visualisieren und den Supervisionsprozess nachhaltig unterstützen.

Bei der Notation kann/soll sich der Supervisor ganz gezielt bei den Teilnehmern rückversichern, ob die Formulierung den/die Gedanken zutreffend wiedergibt. Das hilft auch dem Supervisanden bei der weiteren Klärung der inneren Prozessarbeit.

11.2.8 Kleingruppenarbeit

Die supervisorische Arbeit erhält eine oftmals sehr anregende und produktive Phase, wenn sich Teilnehmer für eine kurze Zeit in der Kleingruppe austauschen. Wichtig dabei ist ein vorgegebener und für alle verständlicher Arbeitsauftrag, der den Prozess konstruktiv unterstützt. Der Austausch in der Kleingruppe (drei bis vier Personen) erleichtert es vielen Teilnehmern, sich zu Wort zu melden und eigene Meinungen und Anliegen von Beginn an einzubringen.

Ergebnisse dieser Arbeit werden in der Regel in der Gesamtgruppe vorgestellt. Dabei ist festgelegt, dass lediglich Nachfragen zum Verständnis oder Meinungen der übrigen Teilnehmer gestattet sind. Je nach Intention kann der Supervisor durch eine gezielte Steuerung der Gruppenzusammensetzung auch den Prozess der Teambildung unterstützen oder mögliche Konflikte sicht- und bearbeitbar machen.

11.3 Arbeit mit den Teams

Im Folgenden sollen die Begleitung von drei Teams (Lehrerkollegien) in ihrem Entwicklungsprozess und die zur Unterstützung eingesetzten kreativen Methoden beschrieben werden.

11.3.1 Ausgangssituation: Anfragen der Schulen und Klärung des Beratungsauftrages

In allen drei Fällen wandten sich die Schulleitungen an die Autoren. Einheitlich wurde in der ersten Anfrage der Wunsch nach Supervision geäußert.

In der ersten Grundschule (im Folgenden als „Grundschule A“ bezeichnet) wurde von der Schulleitung beschrieben, dass es einen großen Konflikt zwischen einer Kollegin und dem Rest des Kollegiums einschließlich der Schulleitung gebe. Die Kommunikationsfähigkeit im Kollegium solle durch unsere Arbeit verbessert werden. Wie sich herausstellte, veränderte sich dieser

Auftrag im Lauf des Prozesses unter Einsatz verschiedener kreativer Methoden noch entscheidend.

Die zweite Grundschule (Grundschule B) unternahm drei Anläufe, zunächst durch Anfragen aus dem Kollegium, die jedoch alle im Sand verliefen, dann ebenfalls durch das Schulleitungsteam, bis ein erster Termin zustande kam. Auch in diesem Fall wurde von einem Supervisionswunsch (eines Teils) des Kollegiums gesprochen, und es waren deutlich schwere Bedenken auf Seiten der Schulleitung spürbar, dass durch die Supervision ihre Stellung im Kollegium untergraben werden könnte. Die folgenden Treffen wurden ohne Beisein der Schulleitung durchgeführt. Unter Einsatz kreativer Methoden fand eine weitere Auftragsklärung mit dem Kollegium statt.

Die dritte Grundschule (Grundschule C) ist in zwei verschiedenen Häusern untergebracht, die etwa zwei Kilometer voneinander entfernt liegen. Schulleiterin und Stellvertreterin arbeiten verteilt auf die zwei verschiedenen Schulstandorte. Sie traten mit dem Wunsch an uns heran, den Teamentwicklungsprozess so zu unterstützen, dass zum einen die Stimmung unter den Kollegen des einen Hauses verbessert werden sollte und zum anderen die Lehrkräfte beider Häuser sich als ein Kollegium empfinden sollten. Ähnlich wie in Grundschule A wurde von zwei bis drei „schwierigen" Kollegen berichtet, die Ursache des Problems seien. Auch hier entwickelte sich der weitere Prozess in eine ganz andere Richtung.

11.3.2 Methodische Auswahl

11.3.2.1 Beziehungsaufbau in der Gruppe und Maßnahmen zur Vertrauensbildung

Zu Beginn der Arbeit in einem Team geht es in erster Linie darum, mit den Kollegen in Beziehung zu treten, sich kennenzulernen und Vertrauen aufzubauen. Spielerische Elemente können den Prozess positiv beeinflussen. Bei der Auswahl ist es entscheidend, dass der Supervisor sich mit der gewählten Methode identifizieren und sie der Gruppe gut vermitteln kann. Außerdem muss dem Supervisor das berufliche Umfeld gut bekannt sein, d. h., er benötigt ausreichend Feldkompetenz, um einschätzen zu können, ob die gewählte Methode zu dem Team passt. In Grundschule A kam das beschriebene Krokodilspiel zum Einsatz, das Team der Grundschule C startete mit einem Begrüßungsspiel.

Assoziative Karten wurden im Verlauf unserer Beratungsarbeit in allen drei Schulen eingesetzt. Sie erleichtern – zu Beginn einer Teamsitzung eingesetzt – das Ankommen der Teilnehmer in der vom beruflichen Alltag doch sehr unterschiedlichen Situation. Nach einem oft ereignisreichen, arbeitsintensiven Vormittag ermöglichen es assoziative Karten den Supervisanden, zur Ruhe zu kommen und sich mit sich selbst und ihren Gedanken, Werten und Gefühlen auseinanderzusetzen. Gerade die Uneindeutigkeit der Bilder und die beschriebene Deutung bzw. Bedeutung für den einzelnen Teilnehmer machen es auch für die anderen Gruppenmitglieder interessant, sich gegenseitig anteilnehmend zuzuhören. Ein Einsatz der assoziativen Karten am Ende einer Sitzung bzw. eines längeren Prozesses und der Vergleich der zuerst gezogenen Karte mit der zweiten ausgewählten Karte ermöglichen ebenfalls weitere, oft noch einmal tiefere Erkenntnisse.

11.3.2.2 Möglichkeiten zur Selbstreflexion, bezogen auf die berufliche Tätigkeit

Zur weiteren Unterstützung der Auftragsklärung erschien es uns in Grundschule B und Grundschule C notwendig, den Kollegen eine Möglichkeit zur Selbstreflexion ihrer beruflichen Tätigkeit und der Klärung ihrer Anliegen zu bieten.

Wir wählten in Grundschule B die Form des Arbeitspanoramas als kreative Darstellungsmöglichkeit der eigenen beruflichen Situation und des anschließenden Austauschs darüber im Team. Noch einmal sei darauf hingewiesen, dass es Aufgabe des Supervisors ist, darauf zu achten, dass jedes Gruppenmitglied sicher sein kann, dass kein anderer das eigene Bild deuten darf, sondern jeder nur zu seinem eigenen Bild berichtet.

Im Grundschule C kamen die Inszenario-Figuren zum Einsatz. In diesem Lehrerteam war es nicht möglich, im Gespräch einen klaren Auftrag herauszuarbeiten. Indem die aktuelle Situation des Kollegiums und die Stellung der einzelnen Kollegen zueinander und in Beziehung zur Schulleitung figürlich dargestellt wurden, ermöglichte dieses Vorgehen sowohl den Supervisoren als auch den Teammitgliedern einen Perspektivenwechsel, eine Distanzierungsmöglichkeit und einen weiteren Schritt zur Klärung des Anliegens. Hilfreich war dabei die Maßnahme, Schulleitung und Kollegium in zwei getrennten Gruppen arbeiten zu lassen.

11.3.2.3 Unterstützung des Klärungsprozesses

In Grundschule A waren die Ansichten der Kolleginnen zunächst so unterschiedlich und ihre Anliegen so unklar, dass wir zufällige Kleingruppen bildeten und sie ihre Wünsche und Zielvorstellungen formulieren ließen (s. Abb. 1). Diese Methode bot sich auch deshalb an, weil die Stimmung im Kollegium derart verkrampft war, dass der Redeanteil der einzelnen Kolleginnen im Plenum sehr unterschiedlich gewesen wäre und einige sich wohl vollkommen zurückgezogen hätten. Uns war es wichtig, dass alle Lehrkräfte am Klärungsprozess möglichst aktiv beteiligt wurden.

Um den Klärungsprozess zu unterstützen, eignet sich der Einsatz von Fingerpüppchen. Auch hier muss vorab sorgfältig abgeschätzt werden, ob die Methode vom Team angenommen wird. Fingerpüppchen lösen oftmals zunächst große Widerstände aus, die die Supervisanden überwinden müssen, um sich auf die Methode einlassen zu können. Es gibt aber auch Gruppen, die sich spontan auf den Umgang mit diesem Material einlassen und geradezu begeistert damit handeln. Auch hier sind eine gründliche Vorarbeit, Insiderwissen und gutes Einfühlungsvermögen der Supervisoren gefragt. Vor allem müssen sie selbst hinter der Methode stehen. Für Grundschule A sahen wir die Voraussetzungen als gegeben und den Einsatz der Fingerpüppchen zur Bearbeitung des Konflikts als geeignete Methode an.

Eine in Lehrerteams vertraute Methode ist dagegen der Einsatz von Wortkarten. Der Umgang mit dem gesprochenen und geschriebenen Wort, das Sichtbarwerden des Verlaufs einer Sitzung und die Möglichkeit, erarbeitete Inhalte mitnehmen zu können, erzeugen bei den Gruppenmitgliedern ein beruhigendes und Sicherheit gebendes Gefühl. Mit dieser Methode gelingt es leicht, an Inhalten vergangener Sitzungen weiterzuarbeiten bzw. darauf zurückzugreifen. Auch für die Supervisoren sind Wortkarten hilfreiche Gedächtnisstützen. Wortkarten kamen in allen drei Schulen immer wieder zum Einsatz, da sie mit wenig Aufwand und ohne große Erklärungen schnell verfügbar und einsetzbar sind.

Wünsche und Zielvorstellungen des Lehrerkollegiums

Gruppe ______: ____

(Namen)

1. Besprechen Sie in Ihrer Gruppe, ob Sie eines (oder mehrere) der vorgestellten Angebote für sich als hilfreich einschätzen.

   ____

   ____

   ____

   ____

2. Welche(s) Ziel(e) möchten Sie damit für sich und/oder Ihr Kollegium erreichen?

   ____

   ____

   ____

   ____

Abbildung 1: Arbeitsblatt

11.3.3 Einfluss der verschiedenen Methoden auf den Teamentwicklungsprozess

Im folgenden Kapitel sollen unsere praktischen Erfahrungen mit den beschriebenen kreativen Methoden geschildert werden. Je nach Gruppenzusammensetzung und Situation kamen unterschiedliche Methoden zum Einsatz. Bei der Auswahl wurde auch die Schulart (Grundschule) berücksichtigt.

11.3.3.1 Beziehungsaufbau in der Gruppe und Maßnahmen zur Vertrauensbildung

Das in Grundschule A eingesetzte Kennenlernspiel „Krokodil“ löste in der ersten Sitzung zunächst Widerstände bei einigen Gruppenmitgliedern aus. Deutlich war spürbar, dass die Kollegen dachten, dies sei eine „für Psychologen“ typische Vorgehensweise. Zunehmend wurde die Stimmung im Verlauf des Spiels lockerer und heiterer, die Teilnehmer hatten immer mehr Spaß daran, die Deutungen der anderen zu hören und zu erleben, ob alle Namen und Begriffe wiederholt werden können.

Bis zum Ende des gesamten Teamentwicklungsprozesses wurde immer wieder voll Heiterkeit an das Anfangsspiel erinnert. Unserer Meinung nach hat diese Methode sehr schnell dazu geführt, dass zwischen den Gruppenmitgliedern und den Supervisoren ein positiver Kontakt entstand und die Supervisanden immer wieder aus einer angespannten in eine entspanntere Haltung gebracht werden konnten.

Das beschriebene Begrüßungsspiel kam in Grundschule B zum Einsatz. Ähnlich wie beim Krokodilspiel in Grundschule A hatten auch in dieser Gruppe einige Mitglieder Bedenken mitzuspielen. Grundsätzlich hatten wir es den Teilnehmern freigestellt, sich an dem Spiel zu beteiligen. Nach kurzer Zeit waren jedoch alle Supervisanden mit großer Freude dabei. Der Effekt auf den weiteren Verlauf der Sitzung und des Teamentwicklungsprozesses war äußerst positiv, denn die Lehrkräfte erinnerten sich immer wieder gegenseitig mit großem Spaß an verschiedene Begrüßungsformeln zu Beginn der weiteren Sitzungen. Dadurch entstand eine angenehme Stimmung und eine sehr offene Haltung.

Die assoziativen Karten kamen immer wieder zu Beginn von Teamsitzungen zum Einsatz. Diese Methode wurde von nahezu allen Teilnehmern gerne angenommen, größere Widerstände mussten nicht überwunden werden. Wie bereits oben beschrieben wurde, erleichtert dieses Medium den Kollegen das Ankommen in einer dem beruflichen Alltag gänzlich verschiedenen Situation und führt zu einer ersten Auseinandersetzung mit sich selbst. Die Themenfindung für die jeweilige Sitzung wird entscheidend unterstützt.

11.3.3.2 Möglichkeiten zur Selbstreflexion, bezogen auf die berufliche Tätigkeit

In der Grundschule C war der Beratungsauftrag anfangs besonders unklar. Nach einer allgemeinen Vorstellungsrunde setzten wir die Inszenario-Figuren ein. Das Kollegium wurde in zwei Gruppen (Lehrkräfte und Schulleitung) aufgeteilt. Beide Gruppen hatten den Auftrag, ihre momentane Situation mit Hilfe der Figuren darzustellen. Interessant und erhellend war es für die Supervisoren, den Prozess des Stellens der Figuren zu beobachten. Im Anschluss betrachteten beide Gruppen das Ergebnis der jeweils anderen und tauschten ihre Beobachtungen und Gedanken aus. Es wurden Ähnlichkeiten und Unterschiede der gestellten Konstellationen festgestellt und besprochen. Ein für alle Beteiligten stimmiges Ergebnis war, dass beide Gruppen ab diesem Zeitpunkt getrennt weiterarbeiten sollten. Einer der Supervisoren vereinbarte weitere Termine mit der Schulleitung. Diese Arbeit ging in ein Coaching der Schulleitung über. Der andere Supervisor übernahm die Gruppe der Lehrkräfte. Es folgten bisher zwei Sitzungen zur weiteren Auftragsklärung.

Abbildung 2: Aufstellung der Schulleitung

Abbildung 3: Aufstellung der Lehrkräfte

Die Lehrkräfte der Grundschule B boten uns in der ersten Sitzung eine solche Fülle von sehr unterschiedlichen, aber auch eher diffusen gemeinsamen Themen an, dass uns eine weitere Klärung unbedingt notwendig erschien. Diese Klärung sollte zunächst bei jedem einzelnen Gruppenmitglied ansetzen. Mit Hilfe der kreativen Methode „Erstellen eines Arbeitspanoramas“ konzentrierten sich die Teilnehmer zunächst einmal auf ihre eigene Person, ihre momentane berufliche Situation, und die dort auftretenden positiven und negativen Aspekte. Dadurch gelang es, die stark problembehaftete, sehr negative Sichtweise aufzubrechen und die dadurch drohende Handlungsunfähigkeit ob der Schwere der Belastung aufzuheben. Die weiteren Sitzungen verliefen daraufhin konstruktiv, und es war möglich, erste Schritte der Veränderung ins Auge zu fassen sowie Möglichkeiten zu deren Umsetzung zu besprechen.

Abbildung 4: Arbeitspanorama

11.3.3.3 Unterstützung des Klärungsprozesses

Die Kleingruppenarbeit in Grundschule A ermöglichte es, dass alle Kollegen in den Klärungsprozess eingebunden und ihre Ziele und Wünsche von den Supervisoren gewürdigt und aufgenommen wurden. Dies erschien uns deshalb wichtig, weil der Konflikt im Kollegium auf hoher Eskalationsstufe zu sein schien und die streitsüchtige Kollegin R. anwesend war. Zum einen war es nicht unsere Aufgabe als angeforderte Supervisoren, diesen Konflikt mit der ganzen Gruppe im Plenum zu bearbeiten, und zum anderen schien es auch nicht zielführend zu sein.

In den weiteren Sitzungen blieb die Kollegin R. der Supervision fern. Unsere Aufgabe war es nun, mit dem Kollegium weiterzuarbeiten, um Möglichkeiten zu finden, auf einer sachlichen, berufsbezogenen Ebene den Umgang mit der Kollegin R. zu gestalten. Es kristallisierten sich zwei wesentliche Problemfelder heraus: Der große Konflikt mit der Kollegin, der alle anderen zwölf Lehrkräfte handlungsunfähig machte, und die Rolle der Schulleitung in diesem Konflikt. Dieser Konflikt erschien den Supervisanden so angstbesetzt, dass es ihnen zunächst wichtig war, nicht nur passiv auf das Verhalten der Kollegin R. zu reagieren.

Der Einsatz der Fingerpüppchen verschob den Konflikt auf eine ganz andere Ebene. Die Zuordnung der Kollegin R. zu bestimmten Tieren nahm ihr zunächst einmal ihre Macht. Im spielerischen Umgang gelang es den Supervisanden, Handlungsalternativen zu erarbeiten und diese mit Hilfe des Materials auszuprobieren. Die „Starre" war gelöst, und die Übertragung auf reale Situationen fiel nicht mehr schwer. Mit Hilfe der Fingerpüppchen gelang es, festgefahrene Rollen aufzubrechen und erste Schritte der Umsetzung zu erarbeiten.

Nach Ansicht der Autoren eignet sich dieses Material gut für Lehrkräfte von Grundschulen, da sie spielerisches Tun aus ihrem beruflichen Alltag gut kennen und es ihnen in der Regel leichtfällt, sich auf eine solche Methode einzulassen.

In allen drei Gruppen der beschriebenen Schulen wurden immer wieder Wortkarten eingesetzt. Auch Wortkarten sind Lehrkräften vertraut und ermöglichen es gut, den Verlauf einer Sitzung/eines Prozesses zu dokumentieren, Aufmerksamkeit zu fokussieren und Ergebnisse zu festigen. Von den Gruppenmitgliedern wird es als hilfreich empfunden, etwas „Greifbares" vor Augen zu haben.

Je nach Gruppenstärke (in unserem Fall zwischen zehn und zwölf Teilnehmern) können Themen manchmal nicht innerhalb einer Sitzung erschöpfend bearbeitet werden. Deshalb ist es notwendig, an diesen Themen in der/den darauffolgenden Sitzung/en weiterzuarbeiten. Wortkarten haben damit den unschätzbaren Wert, die von den Supervisoren und Teilnehmern geforderte Gedächtnisarbeit zu unterstützen und so eine Fortsetzung des Themas entscheidend zu erleichtern.

11.4 Schlussfolgerungen

Der Einsatz kreativer Methoden in Teamentwicklungsprozessen kann die Beratungsarbeit entscheidend weiterbringen, wenn die Methode im Supervisionsprozess gut platziert und adressatengerecht eingesetzt wird. Dabei darf es nicht darum gehen, den Ablauf für die Supervisanden interessanter zu gestalten. Dies kann zwar ein positiver Nebeneffekt sein, doch sollte die Methode als Hilfsmittel gewählt werden, um ein bestimmtes Ziel zu erreichen. Die Identifikation des Supervisors mit der gewählten Methode ist eine entscheidende Voraussetzung für erfolgreiches Arbeiten mit kreativen Methoden, ebenso wie die bereits beschriebene Einschätzung, ob die Methode der Gruppe zuzumuten ist bzw. nicht auf unüberwindbare Widerstände stößt.

In allen drei Schulen, die durch die Autoren supervisorisch in ihrem Teamentwicklungsprozess und bei ihrer Konfliktbearbeitung unterstützt wurden, wurde offensichtlich ein Prozess in Gang gesetzt, der es für die Lehrkräfte und Schulleitungen ermöglichte, alternative Sichtweisen zu erlangen. In der Folge wurden neue Handlungsmuster für den Umgang miteinander und für die Bearbeitung konfliktreicher Situationen erworben. Diese Prozesse wurden durch den Einsatz verschiedener kreativer Methoden zumindest beschleunigt und zum Teil offensichtlich erst in Gang gebracht.

Für die Autoren hat sich in der praktischen Arbeit ganz deutlich gezeigt, dass Supervision in Schulen eines besonderen Rahmens bedarf und besondere – kreativer – Methoden, wenn sie auf Dauer erfolgreich, d. h. für Lehrkräfte und Schulleiter unterstützend bei der Professionalisierung ihrer Arbeit in der Schule sein soll.

11.5 Literatur

Baumeister, A. M. (2012). Assoziative Bildkarten im Coaching-Prozess. 42. ECA-Newsletter. URL: http://www.european-coaching-association.de

Belardi, N. (2009). *Supervision. Grundlagen, Techniken, Perspektiven.* München: C. H. Beck.

Buchinger, K. (1996). Die Differenzierung des institutionellen Faktors in der Organisationssupervision. *Supervision, 29,* 40-52.

Franzke, E. (1977). D*er Mensch und sein Gestalterleben.* Bern: Huber.

Heinl, H., Petzold, H. & Fallenstein, A. (1983). Das Arbeitspanorama. In H. Petzold, H. Heinl (Hrsg.), *Psychotherapie und Arbeitswelt.* Paderborn: Junfermann.

Jokisch, W. (1994). *Steiner Spielkartei.* Münster: Ökotopia.

Petzold, H. (1975). *Integrative Therapie ist kreative Therapie.* Düsseldorf: Fritz Perls Institut.

Petzold, H. (1977). Die Medien in der Integrativen Pädagogik. In H. Petzold, G. I. Brown (Hrsg.), *Gestaltpädagogik.* München: Pfeiffer.

Pühl, H. (2002). Möglichkeiten institutioneller Konfliktbearbeitung. *Organisationsberatung, Supervision, Coaching, 9*(4).

Richter, K. F. & Fallner, H. (1989). *Kreative Medien in der Supervision.* Hille: Ursel Busch.

Schreyögg, A. (2002). *Konfliktcoaching.* Frankfurt/M.: Campus.

Schreyögg, A. (2010). *Supervision – ein integratives Modell.* Wiesbaden: VS Verlag für Sozialwissenschaften.

Weigand, W. (1996). Teamarbeit und ihre Supervision. *Supervision, 29,* 15-25.

Westerwelle, G. Supervision. URL: www.gwesterwelle.de/leistungen [Zugriff: Juli 2014].

Kontakt

Ulrike Fechter
E-Mail: ulrikefechter@aol.com

Wolfgang Noller
E-Mail: wolfgang-noller@arcor.de

12 Kollegiales Teamcoaching (KTC) mit kreativen Medien für Konrektorinnen und Konrektoren an Förder-, Grund- und Mittelschulen

Leonie Budjarek, Petra Loibl

*„Würdest du mir bitte sagen,
wie ich von hier aus weitergehen soll? –
Das hängt zum großen Teil davon ab,
wohin du möchtest, sagte die Katze."*

(Lewis Carroll, „Alice im Wunderland")

*„Der Dreischritt macht den Erfolg aus: Beginne beim Dialog
mit dir, schreite fort zum Dialog mit deinem Gegenüber,
und münde im Dialog mit dem System als Ganzes."*

(Schley & Schratz, 2007)

Coaching für Schulleitung bzw. Schulleitungsteams ist ein relativ neues Beratungsangebot, das verstärkt nachgefragt wird. Die Rolle und die Funktion der Schulleitungsteams haben sich gewandelt, und zu den bisherigen Aufgabengebieten sind neue hinzugekommen, wie z. B. die Leistungsbeurteilung der Lehrer oder die Umsetzung des Inklusionsauftrags.

Die bestehende Praxis der Rekrutierung von Schulleitungspersonal aus den Reihen der Lehrtätigen, die zwar eine fachliche und pädagogische Grundausbildung erfahren haben, nicht aber im Leiten und Managen von Personal ausgebildet wurden, befördert die Nachfrage nach Unterstützungsmöglichkeiten wie beispielsweise Coaching.

Gruppencoaching bietet zusätzlich einen Ausweg aus Einzelkämpfertum hin zu kollegialem Austausch, gegenseitiger Unterstützung und Wissenstransfer.

Die Herausforderungen, vor allem in den Anfangszeiten der Übernahme einer Führungsfunktion als Rektor oder der Zwischenposition des Konrektors im Schulleitungsteam, sind vielfältig. Beratung und Begleitung sind daher vor allem im Vorfeld und der Anfangszeit in der neuen Rolle besonders angefragt. Zudem ist Coaching sinnvoll in schwierigen Führungssituationen.

12.1 Coaching

Der Begriff „Coach“ bedeutete, ursprünglich aus dem Ungarischen kommend, „Kutsche“. Das vermittelt den Kern des Coachings: Ein „Hilfsmittel zur Beförderung“ auf dem Weg, ein Ziel zu erreichen. Mitte des 19. Jahrhunderts hielt der Begriff Einzug in den Sport, woher die meisten den Begriff Coaching als umfassende psychologische Betreuung von Spitzensportlern kennen, die weit über Training hinausgeht (Fischer-Epe, 2011).

Seit den 1980er Jahren findet der Begriff im deutschsprachigen Raum im Bereich der Arbeits- und Organisationspsychologie Verbreitung. Mittlerweile wird der Begriff „Coaching“ – oft inflationär – in den verschiedensten Zusammenhängen verwendet und für die unterschiedlichsten Anlässe als erfolgversprechend angepriesen und eingesetzt.

Im Folgenden wird von Coaching als einer Beratungsform für Führungskräfte gesprochen, die ihrer Funktion nach eine Maßnahme der Personalentwicklung darstellt und inhaltlich „auf sämtliche Steuerungsfunktionen von Führungskräften, also auf die Planung, das Organisieren, die Gewinnung, die Auswahl des Personals, auf die Führung und selbstverständlich auch auf die Kontrolle“ (Schreyögg, 2000) gerichtet ist. Dabei werden „unterschiedlichste Kompetenzbereiche thematisiert, über die eine Führungskraft verfügen sollte“ (Schreyögg, 2000).

Coaching kann vom Setting her als Einzelcoaching oder in Gruppen stattfinden.

Beim Gruppencoaching finden sich sowohl Personengruppen zusammen, die von Funktion und Hierarchie gleichgestellt sind, als auch heterogene Personenkreise.

Die Themen werden von den Teilnehmern, den Coachees, eingebracht und beziehen sich auf aktuelle Fragestellungen, die den beruflichen Kontext im weitesten Sinn betreffen (Schreyögg, 2012a).

Die Berater, die Coaches, können freiberufliche Berater oder Personen aus dem System sein, die sich auf Coaching spezialisiert haben.

12.2 Kollegiales Teamcoaching (KTC)

12.2.1 Was ist das KTC?

Das Kollegiale Teamcoaching (im Folgenden KTC) ist eine Methode der kollegialen Beratung zur Problemlösung in Gruppen, wobei der persönliche Entwicklungsprozess mit dem Entwicklungsprozess der Rolle im jeweiligen sozialen System verknüpft wird.

> „Das Kreative Teamcoaching wurde vor 20 Jahren von Gerd Rowold als Entwicklungsmodell in Industrie und Wirtschaft eingeführt." (Rowold, 2012)

Vera und Wilfried Schley vom Institut für Organisationsentwicklung und Systemberatung (IOS Hamburg) entwickelten, überarbeiteten und evaluierten das Konzept kontinuierlich (vgl. Schley & Schley, 2010).

Unter der Anleitung einer im KTC geschulten Person geben sich die Mitglieder einer Gruppe wechselseitig Feedback, Anregung und Unterstützung für eine aus dem beruflichen Kontext entstandene Frage. Ziel ist es, Öffnung für neue Sichtweisen zu ermöglichen, Handlungsalternativen aufzuzeigen und Musterwechsel auf den Weg zu bringen.

Wilfried Schley und Michael Schratz sehen im KTC die Chance, in neuen Bahnen zu denken und einen Möglichkeitsraum für Synergien zu schaffen, in dem Neues antizipierend gedacht und in Visionen gefasst werden kann (Schley & Schratz, 2007).

Das KTC ist kein völlig neuer Ansatz. Es integriert verschiedene, bereits fest in Beratung und Supervison verankerte Methoden. Ähnlichkeiten bestehen z. B. zum „Heilsbronner Modell der Kollegialen Beratung“ oder zu „Kollegiale Beratung in der Schule“ von Macha, Lödermann und Bauhofer (2010).

Eine Besonderheit des KTC liegt in der Formulierung eines visionären Leitsatzes – des Schlüsselsatzes –, der für den Fragesteller die Vision einer besseren Zukunft enthält, ihn leitet, ermutigt und energetisiert. Der Schlüsselsatz verdichtet das Thema des Fragestellers und soll zum Einlassen auf Entwicklungsprozesse – im besten Fall zu einem Musterwechsel – ermutigen.

Ein weiteres unterscheidendes Merkmal ist die Abschlussphase des KTCs, die Prozessreflexion. Ein Prozessbeobachter fasst am Ende der Sitzung zusammen, was im Verlauf der Sitzung an Dynamik aufgetreten ist, welche Reaktionen das Thema des Fallgebers in der Gruppe ausgelöst und wie es sich im Prozess gespiegelt hat. Damit wird ein hohes Maß an Transparenz für Kommunikation und Gruppendynamik ermöglicht.

Das KTC bezieht sich vor allem auf zwei Persönlichkeitstheorien, die „ein differenziertes personalisiertes Entwicklungslernen im Blick haben“ (Schley & Schley, 2010, S. 56): Die Theorie der „persönlichen Situation“ im Verständnis der neuen Phänomenologie von Hermann Schmitz und die Typologien der Persönlichkeit als differenzierte Ausprägungen der „Grundformen der Angst“ von Fritz Riemann. Weitere Bezugstheorien werden im Handbuch ausführlich erläutert (Schley & Schley, 2010, S. 54-79).

12.2.2 Rollen im KTC

Im KTC wird der Begriff „Coach“ nicht nur für einen ausgebildeten Coach verwendet, sondern für alle am Beratungsprozess Beteiligten bis auf den Fallgeber, der Akteur heißt.

Beim KTC arbeiten sechs bis acht Teilnehmer in den folgenden zwei Hauptrollen: ein Fallgeber (Akteur), alle anderen Personen sind Berater (Coaches). In der Gruppe der Coaches übernehmen drei Personen je eine weitere Rolle als Moderator, Schreiber und Prozessbeobachter. Die Teilnehmer einigen sich jeweils zu Beginn jeder Sitzung neu über die Rollenbesetzung.

Der Akteur stellt eine ungelöste oder herausfordernde Situation dar, zu der er die Meinungen und die Ideen der Gruppe hören möchte. Der Moderator aktiviert die Gruppe, regt den Dialog an, koordiniert die Abfolge der Schritte, wacht über die Einhaltung der Gesprächsregeln, unterbindet Bewertungen und stellt die Offenheit für alle Beiträge sicher. Der Schreiber dokumentiert die Eindrücke und Ideen der Coachs und verdichtet diese in Stichworten, Zeichnungen oder Mindmaps. Der Prozessbeobachter präsentiert am Ende der Sitzung aus seiner subjektiven Sicht eine Reflexion zum Ablauf und bezieht Beiträge der anderen Coaches ein. Er gibt unter Umständen auch Impulse zur Verbesserung der nächsten Sitzung.

12.2.3 Arbeitsschritte und zeitliche Struktur des KTC

Einführungssitzung

In einer Einführungssitzung werden die Vereinbarungen zur regelmäßigen Teilnahme, zum aktiven Einbringen von Themen und zur Verschwiegenheit über Inhalt und Abläufe nach außen hin erläutert.

Erst nach der ersten KTC-Sitzung verpflichten sich die Teilnehmer verbindlich zur regelmäßigen Teilnahme im Abstand von etwa sechs Wochen und unterzeichnen die Verschwiegenheitsvereinbarungen.

Vorphase

- Bereitstellung der benötigten Materialien
- Vorbereitung des Sitzkreises
- Feedback des letzten Akteurs über die Veränderungen seit der letzten KTC-Sitzung bezüglich der Fragestellung
- Sammlung der anliegenden Themen und Auswahl eines Themas für die Sitzung

Kollegiales Teamcoaching

- 10 Minuten: Akteur schildert sein Anliegen
- 5 Minuten: Coaches stellen systemische Fragen
- 15 Minuten: Konferenz der Coaches – Sammlung von Eindrücken, Gefühlen, Assoziationen, Hypothesen. Der Akteur setzt sich abseits, hört zu und macht sich Notizen. Der Schreiber protokolliert ab diesem Zeitpunkt auf dem Flipchart.
- 5 Minuten: Schlüsselthema: Was ist der Dreh- und Angelpunkt? Erarbeitung eines Schlüsselsatzes.
- 10 Minuten: Lösungsraum/Ideenwerkstatt in Form von Brainstorming: Anstöße, Impulse, Provokationen, konkrete Handlungsschritte, bezogen auf das Schlüsselthema.
- 5 Minuten: Feedback des Akteurs: Rückmeldung zum eigenen Erleben des Prozesses, zum Schlüsselthema, Schlüsselsatz und zu den Lösungsideen.
- 10 Minuten: Prozessreflexion: Feedback zum Ablauf des KTC, zur Spiegelung des Themas im Prozess der Gruppe, zur Einhaltung der Gesprächsregeln, der Ideenvielfalt etc.

Transferphase

- Überreichung der vom Schreiber erstellten Flipchartbögen und der Bilder, des Schlüsselsatzes und der Formulierungsvorschläge zum Schlüsselsatz an den Akteur.
- Lernpartnerschaft zur Unterstützung: Der Akteur spricht einen Teilnehmer aus der Gruppe an, um für den anstehenden Prozess einen Kommunikationspartner zu haben.

12.3 Der Begriff „kreative Medien"

Neben dem bekannten Medium Sprache kommen in Beratungs-, Supervisions- und Coaching-Prozessen weitere Informationsträger, wie kreative Medien, zum Einsatz. Eine umfassende und strukturierte Übersicht bietet der im

Internet zugängliche Lehrbrief von Schreyögg (2012), der die Grundlage der folgenden Ausführungen ist.

12.3.1 Medien in Beratungsprozessen

Medien sind Träger von Information im Dienst der Kommunikation. Dabei werden nicht nur vom Sender beabsichtigte Informationen verschlüsselt und transportiert, vielmehr gehen in den Kommunikationsprozess auch nicht intendierte Informationen des Senders ein und Botschaften, die das Medium in sich trägt. Man spricht hier von der „Ladung" der Medien.

Medien lassen sich somit als Träger rationaler Information definieren und sind zugleich Mittel, „durch die Menschen ihrem eigenen Dasein Ausdruck verleihen" (Schreyögg, 2012b).

In Beratungsprozessen fördern Medien unbewusste Wahrnehmungs-, Denk- und Handlungsbereiche zutage. Sie erschließen innere Muster und ermöglichen neue Formen des Selbstausdrucks.

Petzold und Orth (1990) klassifizieren Medien in

- personale Medien, die den Interaktionsstil (z. B. der Beratungsperson) im Fokus haben und unabdingbar auf alle Prozesse Einfluss nehmen,
- Handlungsmedien (Sprache, Mimik, Gesten, auch Lernspiele und Trainingsmethoden, Rollenspiele),
- Sachmedien als materielle Informationsträger, aufgeteilt in
  a) technische Medien (Audio-, Videoaufnahmen, Filme) sowie
  b) Materialmedien (Schreibmaterialien, Papier, Filzstifte, Wachsmalkreiden, Plättchen, Bausteine, Puppen).

Medien werden als Technik, als Kommunikations- und Ausdrucksmittel zu einem bestimmten Ziel oder Zweck eingesetzt. Materialmedien dienen in Beratungsprozessen oft dazu, komplexen Anliegen Struktur zu geben, d. h., diese zu visualisieren und für den sprachlichen Dialog zu erschließen. Häufig finden Materialmedien Einsatz beim spielerischen Ausprobieren von Umstrukturierungen und Veränderungen im Sinne einer erwünschten Zukunft.

Medien müssen in ihrer je spezifischen „natürlichen" Ladung entsprechend zu bestimmten Themen und situativen Kontexten passen und von den Teilnehmern auch so erlebt werden. Beim Einsatz müssen personenspezifische Bedeutungsgehalte beachtet werden. Knete als kreatives Medium wird eventuell als kindliches Bastelmaterial abgelehnt.

Zudem sprechen unterschiedliche Materialmedien jeweils unterschiedliche sensorische Bereiche an. Optische Medien wie Bausteine werden von den meisten Menschen in der Beratung ohne Irritation angenommen, da der visuelle Sinneskanal bei den meisten Personen dominiert und Visualisierung mit verschiedenen optischen Materialien im Alltag häufig Einsatz findet.

Der jeweiligen Regressionsbereitschaft und -fähigkeit der Teilnehmer innerhalb einer Gruppe muss ebenfalls Rechnung getragen werden. Das kann sich in der anfänglichen oder grundsätzlichen Ablehnung von Medien äußern (z. B. Umgang mit Ton, Einsatz von Kasperlefiguren, Rollenspiele). Die Teilnehmer können sich aber auch mit wachsender Vertrautheit und Übung an bestimmte Medien gewöhnen (z. B. Rollentausch durch den Einsatz des „leeren Stuhls" als Perspektivenerweiterung).

12.3.2 Medien als Ausdrucksträger von Kreativität

Carl Rogers definiert Kreativität folgendermaßen:

> „Es ist das Aufkommen eines neuen, relationalen Produktes aufgrund von Handeln und erwächst einerseits aus der Einzigartigkeit des Individuums und andererseits aus den Materialien, Ereignissen, Menschen und Umständen seines Lebens."

Die Ausdrucksgestaltung mit Medien beinhaltet einerseits den Selbstausdruck einer Person und liefert zugleich ein Bild vom Gestalter.

Die Veräußerlichung schafft eine gewisse Distanz zu den dargestellten Aspekten des Selbst und schafft gleichzeitig Raum für die Betrachter, vieles zu entdecken, was dem Gestalter im direkten Selbstdialog verborgen geblieben wäre.

Da nach der Definition von Petzold und Orth (1990) Medien in Beziehung zur Entfaltung von Kreativität stehen, werden sie als „kreative Medien“ bezeichnet.

12.3.3 Nutzen von Erinnerungen und Vorstellungskraft im kreativen Ausdruck

In Coaching-Sitzungen dienen Medien als Experimentierfeld für neue kreative Erfahrungen, die den intendierten Erlebens-, Lern- bzw. Veränderungsprozess anbahnen. Es lohnt sich, den Weg des Erinnerns kreativ zu nutzen. Die Erinnerung speichert Bilder und Empfindungen, selektiert und erschafft neu. Wir sehen, was wir schon einmal gesehen haben. Dieser Prozess des Erinnerns, des Identifizierens löst dazugehörige Muster aus, die von den einzelnen Menschen unterschiedlich wahrgenommen werden (Schley & Schley, 2010, S. 62).

Die Empfindungen eines Moments oder einer bestimmten Situation rufen manchmal ähnliche Empfindungen aus der Vergangenheit ins Gedächtnis zurück. Vergessene, aus dem Zusammenhang verschwundene Erlebnisse, Stimmungen, Bedürfnisse, Konflikte oder bisher unbeachtet gebliebene Gefühlsbereiche werden wachgerufen, wiederbelebt und in den Zusammenhang der beruflichen Interaktion gestellt. Dieses Phänomen wird in Beratungsprozessen bewusst evoziert und eingesetzt.

12.3.4 Das Materialmedium Zeichnen

Im Folgenden wird auf das kreative Medium „freies Zeichnen“ genauer eingegangen, da es im KTC eingeplant, von uns regelmäßig eingesetzt und von der KTC-Gruppe als hilfreich angenommen wurde.

Die spielerische, kreative Ausdrucksform des Zeichnens dient in verschiedenen Phasen dazu, die Teilnehmer aus der „problembesetzten Last der Wirklichkeit“ herauszuführen. Sie überlassen sich im freien kreativen Ausdruck ohne Zwang zu Form und Farbe einfach dem Unbewussten und dem Zufall. In einer aufnahmebereiten Haltung lassen die Coachees alles vor dem inneren Auge auftauchen, was sich aufdrängt. Der schöpferische, kreative Akt des seelischen Ausdrucks bahnt sich einen Zugang nach außen und fördert die „analytische Schärfe" (Petzold & Orth, 1990, S. 98). Freies Zeichnen bietet die Chance, das bekannte Modell des richtigen verbalen Formulierens zu vermeiden. Gleichzeitig öffnen sich Räume für Lockerheit und Heiterkeit.

Freies Zeichnen wurde im KTC während der Arbeit am Schlüsselthema zur Erarbeitung des Schlüsselsatzes eingesetzt. Die Coaches zeichnen, was ihrer Meinung nach für den Akteur hilfreich sein könnte und was sie diesem zur persönlichen Unterstützung mitgeben möchten. Die wiederum individuelle Betrachtungsweise erlaubt dem Akteur, die zeichnerischen Elemente der Coaches neu zu kombinieren, wieder umzugestalten, festgefahrene Muster zu erweichen, sogar paradoxe, verblüffende Situationen zu erschaffen und daraus Ideen abzuleiten.

Die kreative Vorstellungskraft dient damit der Vision, der Handlung, der Entwicklung und gleichzeitig der Umsetzung in praktische Handlungsoptionen im Hinblick auf das individuell zu erreichende Ziel.

12.3.5 Der Einsatz kreativer Medien im KTC

Um die Akteure und die Coaches zu aktivieren, sie mit ihren inneren Bildern in Verbindung zu bringen und kreative Potenziale für den Prozess verfügbar zu machen, sieht das KTC den Einsatz einiger kreativer Medien vor. Der Einsatz dieser Elemente hängt von der Erfahrung des Moderators, dem Ziel sowie der Zustimmung und Geübtheit der Gruppe ab.

Einige der im Handbuch vorgeschlagenen kreativen Medien können in verschiedenen Phasen eingesetzt werden:

Phase der Präsentation

- Zu Beginn der Sitzung stehen dem Akteur mehrere Möglichkeiten zur Verfügung, um die Gruppe mit dem Anliegen in Kontakt zu bringen und Resonanz zu ermöglichen. Neben der freien Erzählung, also der erlebten Situation in Form einer Erzählung, kann ein Bild mitgebracht oder gemalt werden, das die Situation präsentiert und vom Akteur erläutert wird.

- Zur Darstellung eines konkreten Situationsausschnitts wird die Schaffung einer Skulptur als Möglichkeit vorgeschlagen, wobei die Coachs vom Akteur zur Skulptur gestellt werden.

Hauptphase
- Der Schreiber kann die geäußerten Resonanzen, Kommentare und Ideen der Coachs nicht nur in Form von Stichpunkten notieren, sondern auf dem Flipchart ebenso eine Mindmap erstellen oder Skizzen und Bilder gestalten.
- Zur Vorbereitung und Unterstützung bei der Formulierung des Schlüsselsatzes können Wortkarten verwendet werden. Jeder Coach erhält drei Wortkarten, auf die er jeweils einen Begriff schreibt, der ihm für den Schlüsselsatz wichtig erscheint.

Nachphase
- Hier werden für den Fall, dass der Akteur einzelne Anregungen aus der Ideenwerkstatt noch konkret bearbeiten bzw. bevorstehende Gespräche simulieren möchte, erlebnisaktivierende Methoden vorgeschlagen, wie z. B. Act-Storming, Arbeit mit zwei Stühlen, Zukunftsszenario (Schley & Schley, 2010, S. 56-110 und S. 145-148).

12.4 Projekt „Coaching – ein Instrument zur Professionalisierung von Schulleitungsteams" in Bayern

Im Folgenden soll die Entstehung der KTC-Gruppen für Konrektoren an Förder-, Grund- und Mittelschulen dargestellt werden.

Im Jahr 2006 hat sich das Bayerische Staatsministerium für Unterricht und Kultus entschlossen, für den Bereich der Förderschulen Coaching-Prozesse zu initiieren und in Zusammenarbeit mit dem Staatsinstitut für Schulqualität und Bildungsforschung (ISB) ein Konzept für Coaching von Schulleitungsteams vorzulegen. Zugrunde lag die Überlegung, dass für zeitgemäßes Verständnis von Schulmanagement und Leadership Unterstützungssysteme notwendig sind, um Bewältigung von Führungsaufgaben zu optimieren, strategisches Denken und Handeln verfügbar zu machen und Rollenverständnis zu reflektieren (Ruppert, Uffelmann & Weigl, 2008).

Als Personalentwicklungsmaßnahme sollte Coaching auf die Belange von Schulleitungen zugeschnitten sein und sich nicht verkürzend auf Selbsterkundung oder Theorievermittlung reduzieren.

Im Juli 2007 endete die Erkundungsphase des Projektes „Coaching – ein Instrument zur Professionalisierung von Schulleitungsteams". Die Evaluationsergebnisse von sieben Modellschulen wurden in einem Bericht zum Projekt veröffentlicht (Ruppert, Uffelmann & Weigl, 2008).

12.4.1 Das KTC in Oberbayern – ein flächendeckendes Angebot für Konrektoren an Förderschulen

Seit dem Schuljahr 2009/2010 wird nun als Folgemodell in Oberbayern für alle an Förderschulen arbeitenden Konrektoren das KTC flächendeckend angeboten.

Über die Plattform „Fortbildung in bayerischen Schulen" (FIBS) können sich Konrektoren beim Coach und beim Fortbildungsort ihrer Wahl anmelden. Die Regierung von Oberbayern ermöglicht jedem Teilnehmer für zwei Jahre jeweils sechs Sitzungen pro Schuljahr. Die Kosten für die Coachs werden übernommen. Zudem wird die Teilnahme als Führungsfortbildung im Rahmen des Gesamtkonzepts zur Qualifikation von Führungskräften anerkannt.

Die Coaches haben sich entweder an der Universität Innsbruck zum Coach qualifiziert und wurden im KTC geschult und/oder sind als Schulpsychologen im Schulbereich tätig. Einige der Coaches haben bereits eine Supervisionsausbildung oder – wie in unserem Fall – absolvieren zurzeit die Supervisionsausbildung „Supervision an Schulen" an der Akademie für Lehrerfortbildung und Personalführung in Dillingen.

Seit September 2011 läuft nun die zweite Staffel KTC unter den gleichen Rahmenbedingungen. Zusätzlich wurden die Gruppen für Konrektoren aus Grund- und Mittelschulen geöffnet. Daher gibt es nun zwei KTC-Gruppen mit Teilnehmern aus unterschiedlichen Schularten, wobei die hierarchische Ebene Konrektor verbindlich blieb.

12.4.2 Zusammensetzung der KTC-Gruppen

Die erste KTC-Gruppe (September 2009 bis Juli 2011) setzte sich aus vier Konrektorinnen aus staatlichen Förderschulen unterschiedlicher Förderbereiche und vier Konrektorinnen aus Förderschulen unter freier Trägerschaft (z. B. Lebenshilfe) zusammen. Zwei der Teilnehmerinnen arbeiteten gemeinsam in einem Schulleitungsteam eines großen Förderzentrums. Sieben Teilnehmerinnen waren bereits seit vielen Jahren Konrektorinnen; nur eine Teilnehmerin hatte ihre Stelle neu angetreten.

Die für ein weiteres Jahr bestehende KTC-Gruppe (seit September 2011) wurde für Konrektoren aus anderen Schularten geöffnet. Die Gruppe umfasst sieben Konrektorinnen aus sonderpädagogischen Förderzentren und einen Konrektor aus der Grundschule. Alle Teilnehmer waren 2011 neu im Amt.

12.4.3 Die eingebrachten Themen

Coaching-Bedarf ergab sich zu den folgenden Themen, die in konkreten Zusammenhängen und Fragestellungen in die Sitzungen eingebracht wurden:

- bessere Kommunikation im Schulleitungsteam
- gerechter Aufgabenverteilungsplan
- Rollenerwartung
- Sandwichposition zwischen Kollegium und Rektor
- Zeitmanagement
- Aufgabendelegation
- geringe Wertschätzung der Position
- Umgang mit schwierigen Kollegen
- Mobbing
- eigene Konflikte im Schulleitungsteam, mit dem Kollegium, mit Eltern
- Schlichtung von Konflikten im Kollegium
- Motivation von Kollegen

- Umgang mit Personal (Hausmeister, Sekretärin, Busfahrer etc.)
- Angst und Unsicherheit im Zuge der Inklusion
- Bewältigung der zunehmenden Verwaltungsaufgaben
- knappe Personalressourcen, kranke Lehrkräfte
- Probleme mit freien Schulträgern
- Evaluation der Schule

12.4.4 Eingesetzte kreative Medien in den durchgeführten KTC-Sitzungen

Phase der Präsentation des Anliegens
- Zur Reduzierung von Komplexität bei vielschichtigen Situationen: Visualisierung mit Bauklötzen

Hauptphase: Anbahnung des Schlüsselsatzes in drei Varianten
- Drei Karten: Drei wichtige Begriffe, die auch im Schlüsselsatz vorkommen sollen, werden von den Coaches auf je drei Karten geschrieben.
- Assoziationskette: Ein Coach beginnt mit einem Begriff, der im Schlüsselsatz vorkommen soll. Mit dem nächsten Beitrag wird der Begriff bestätigt, ergänzt, erweitert, oder etwas Neues wird eingebracht.
- Zeichnen auf weißes Papier (DIN A3) mit Buntstiften oder Wachsmalkreiden: In knapper Zeit (ca. fünf Minuten) wird das, was im Schlüsselsatz enthalten sein soll, bildlich dargestellt.

Nachphase
- Die Arbeit mit zwei Stühlen hat sich besonders beim Abwägen des Für und Wider von zwei Lösungswegen sehr bewährt.

12.4.5 Befragung aller Teilnehmer zum Einsatz von kreativen Medien

Auf einem Fragebogen zur Beurteilung der eingesetzten Medien und der persönlichen Präferenz wurden uns folgende Statements rückgemeldet:

Drei Karten

- „Worte legen den Inhalt klar fest."
- „Die Begriffe kann man direkt in den Schlüsselsatz einbauen."
- „Die Karten kann man häufeln, und man sieht so, was von mehreren Personen genannt wurde und was wichtig ist."
- „Das geht schnell, und die Begriffe für den Schlüsselsatz sind dann schon da."

Assoziationskette

- „Man kann anknüpfen und weiterspinnen."
- „Wenn erstmals ein Gedanke geäußert wurde, fällt einem dazu noch mehr ein."
- „Jeder trägt etwas dazu bei, bringt einen zwar eigenen Beitrag, man stellt sich aber aufeinander ein und einigt sich damit."

Zeichnen

- „Zeichnen schließt viele Teilaspekte ein."
- „Dabei bin ich erst mal ganz bei mir, bevor ich mich ‚zeigen' muss."
- „Da kann man auch paradoxe Ideen einbringen."
- „Da schwingt Persönliches mit, was ich sonst mit Worten nicht so sagen würde."
- „Schwer Formulierbares kann ich so ausdrücken."
- „Meine Empfindungen zu dem, was der Akteur erzählt hat und wie er es erzählt hat, kann ich so besser mitteilen."
- „Malen bringt die Inhalte schnell auf den Punkt und fokussiert das Wesentliche."
- „Beim Zeichnen wird die Distanz zum ‚fremden Problem' geringer, was dann bei mir zu mehr Empathie führt."
- „Mir wird dabei meine Sichtweise der Problematik, des Problems deutlicher."
- „Ein Nachteil ist, dass schwer Formulierbares dann doch wieder in Worte übersetzt werden muss."

Die Vorliebe für den Einsatz eines kreativen Mediums wie Zeichnen hängt stark von der Zusammensetzung der Gruppe ab. Die Teilnehmer der ersten

KTC-Gruppe zeichneten nur ungern und bevorzugten andere Medien. In der zweiten Gruppe wurde Zeichnen zur Anbahnung des Schlüsselsatzes favorisiert.

Im weiteren Verlauf der Sitzungen wurde von den Teilnehmer der zweiten KTC-Gruppe der Einsatz kreativer Medien vermehrt gewünscht. Auch der Einsatz von Handlungsmedien fand breite Zustimmung.

12.4.6 Ein Beispiel zur Findung des Schlüsselsatzes mittels Vorbereitung durch freies Zeichnen

Thema des Akteurs war die unklare Delegation von Aufgaben im Schulleitungsteam. Konkret vereinbarte Absprachen wurden im Nachhinein von der Leitung abgestritten. Die Konrektorin fühlte sich inkompetent („egal, was ich mache, es ist ja doch falsch"). Sie äußerte Zweifel an ihren Fähigkeiten und fragte sich, ob sie die richtige Person für diese Aufgabe sei.

Die Bildinhalte waren:
- Ritterfigur in Rüstung
- Baum mit starken Wurzeln
- Viele schmale, verschlungene Pfade führen in einen Hauptweg mit Zielangabe.
- Gelassen schauende Person in einer Schutzhülle hört von allen Seiten Ratschläge in Sprechblasen.
- Vogel, der aus der Luft auf verworrene Landschaft schaut

Die Bildaussagen wurden in diesem Schlüsselsatz versprachlicht: „Ich bin gerüstet und gut verwurzelt, und es gibt meinen Weg zum Ziel, und den gehe ich."

In der nachfolgenden Sitzung berichtete die Akteurin, dass sie den Schlüsselsatz als persönliches Mantra empfand. Sie hatte sich den Schlüsselsatz und die entsprechenden Bilder in ihrem Arbeitszimmer an einer exponierten Stelle aufgehängt. Energie und Stütze bezog sie besonders aus den Worten „gerüstet" und „verwurzelt".

12.5 Reflexion

12.5.1 Rückmeldungen aus den beiden KTC-Gruppen

Zur Methode des KTC:

- Mit seinen Problemen nicht alleine dazustehen, wurde als unterstützend, tröstlich und bereichernd empfunden.
- Ideen, die für einen bestimmten Akteur gesammelt wurden, waren oft für alle Gruppenmitglieder hilfreich.
- Die unterschiedlichen Sichtweisen und Handlungsideen der Teilnehmer haben das Repertoire der Gruppe erweitert und Handlungsräume vergrößert.
- Der Schlüsselsatz ist eine ständige Motivation und stärkt die Selbstwirksamkeit.
- Die vorgegebene Struktur, die enge zeitliche Taktung, die klare Rollenverteilung und der verbindliche Kontrakt kommen den teilnehmenden Personen entgegen. Das KTC wird damit als zeitlich effektiv und ökonomisch empfunden.
- Jeder Teilnehmer arbeitet aktiv in jeder Rolle mit. Das wird als abwechslungsreich und gleichzeitig herausfordernd erlebt.
- Die Rolle des Schreibers wurde in den ersten Sitzungen als sehr exponiert gesehen und vermieden.
- Die Aufgabe des Prozessbeobachters muss gut eingeführt und geübt werden, wird dann aber als für den schulischen Kontext hilfreiche Maßnahme bewertet und teilweise übernommen.
- Die festgelegte Abfolge von Handlungsschritten ist ein klarer Leitfaden, sodass auch ein Gruppenmitglied nach mehreren KTC-Sitzungen die Rolle des Moderators übernehmen kann.
- Gruppenmitglieder stoßen bei der Übernahme der selbstständigen Moderation an Grenzen: Bei Themen und Inhalten, in welchen die Persönlichkeitsmerkmale des Akteurs stark in den Vordergrund treten, fehlt es an professionellem Grundwissen. Das schafft Unsicherheit und führt zu Ausblendungen und Vermeidung.

Zur Beteiligung der Regierung von Oberbayern:

- Die große Einführungsveranstaltung der Regierung von Oberbayern, Sachgebiet 41 für Förderschulen, in der das KTC als Coaching-Maßnahme allen oberbayerischen Schulleitungsteams vorgestellt wurde, hat Interesse geweckt und vorab einen gleichen Informationsstand für alle ermöglicht.
- Der erste abgeschlossene KTC-Durchgang (2009/2010) wurde durch die Regierung von Oberbayern, Sachgebiet 41, evaluiert. Die Teilnehmer erlebten dies als Würdigung und Wertschätzung.

Ideen und Wünsche:

- In einigen KTC-Gruppen änderte sich die hierarchische Konstellation, da Konrektoren Rektorenstellen übernahmen. Es entstand der Gedanke, Konrektoren und Rektoren von vornherein gemeinsam in die KTC-Gruppen aufzunehmen.
- Die KTC-Gruppen bedauerten bei bestimmten Themen, dass Dienstvorgesetzte (z. B. Regierungsreferenten) nicht anwesend waren.
- Zu manchen Themen wünschte die Gruppe einen Informationsinput, da auch das Gesamtwissen der Gruppe als nicht ausreichend erkannt wurde. Zu bestimmten Themen wurden deshalb zusätzlich Workshops organisiert.
- Aus der Arbeit in den Sitzungen erwuchs bisweilen der Wunsch nach zusätzlicher Zeit für den Erfahrungsaustausch unter dem Aspekt: „Wie geht ihr damit an eurer Schule um?"
- Gruppen, die nach den zwei Jahren mit Trainerbegleitung selbstorganisiert KTC-Sitzungen durchführten, wünschten sich weitergehende Unterstützung bei etwa jeder zweiten oder dritten Sitzung.

12.5.2 Gedanken der Coaches zu den durchgeführten KTC-Sitzungen

- Auch beim Einsatz von zweckorientierten und zielführenden Methoden ist die Zeit für die Formulierung des Schlüsselsatzes viel zu knapp angesetzt. Eine realistische Zeitspanne liegt bei mindestens 15 Minuten.

- Bei der Zusammensetzung der Gruppen können sich schwierige Konstellationen ergeben, z. B. Konrektoren aus einer Schule, die in Konkurrenz zueinander stehen. Bei schon im Vorfeld bekannten Schwierigkeiten sollten verschiedene KTC-Gruppen besucht werden.
- KTC-Sitzungen in Eigenregie kamen nur dann fortlaufend zustande, wenn immer dieselbe Person die Organisation übernahm, die Termine koordinierte und sich um Raum und Materialbereitstellung kümmerte. Ansonsten versandete die Maßnahme.
- Zusätzliche Sitzungen zu bestimmten Themen wurden von den Teilnehmern anberaumt und als Themenworkshop gestaltet. Diese möglichen Treffen (ca. drei zusätzliche Termine) sollten bereits von Beginn an eingeplant werden. Spätere Terminvereinbarungen sind nur schwer zu treffen.
- Eine Öffnung der KTC-Gruppen (zumindest für Rektoren) ist vorstellbar und wurde mehrfach gewünscht.
- Das zweimal im Jahr stattfindende Treffen der KTC-Trainer ist eine wichtige Plattform zum Erfahrungsaustausch und zur Intervision.
- Die Coaching-Expertise nach einer Innsbruck-Coaching-Ausbildung wird durch die Dillinger Supervisionsausbildung, vor allem durch die aktiven Übungseinheiten und Lehrsupervisionen, ergänzt.

Die vorliegende Praxisbeschreibung wurde möglich, weil sich die Teilnehmer der KTC-Gruppen dieser Methode und dem Einsatz kreativer Medien geöffnet haben und uns Feedback gaben. Wir danken für die Freigabe der eingebrachten Themenbereiche, der Schlüsselsätze und die Erlaubnis, über die Bildinhalte der freien Zeichnungen zu berichten.

12.6 Literatur

Fischer-Epe, M. (2011). *Coaching. Miteinander Ziele erreichen.* Hamburg: Rowohlt.

Macha, H., Lödermann, A.-M. & Bauhofer, W. (2010). *Kollegiale Beratung in der Schule. Theoretische, empirische und didaktische Impulse für die Lehrerfortbildung.* Weinheim: Beltz.

Petzold, H. & Orth, I. (1990) (Hrsg.). *Die neuen Kreativitätstherapien. Handbuch der Kunsttherapie* (Band I). Paderborn: Junfermann.

Richter, K. & Fallner, H. (1989). *Kreative Medien in der Supervision und Psychosozialen Beratung.* Minden Lübbecke: Ursel Busch Fachverlag.

Rowold, G. *KTC.* URL: http://www.gerd-rowold.de [Zugriff: August 2012].

Ruppert, B., Uffelmann, P. & Weigl, E. (2008). *Bericht zum Projekt: Coaching – ein Instrument zur Professionalisierung von Schulleitungsteams.* URL: http://192.68.214.70/imperia/md/content/pdf/schulen/foederschule/coaching___projektbericht.pdf [Zugriff: August 2012].

Schley, V. & Schley, W. (2010). *Handbuch Kollegiales Teamcoaching. Systemische Beratung in Aktion.* Innsbruck: StudienVerlag.

Schley, W. & Schratz, M. (2007). *Leadership. Kraft zum neuen Denken.* Innsbruck: StudienVerlag.

Schreyögg, A. (2000) (Hrsg.). *Supervision und Coaching für die Schulentwicklung.* Bonn: Deutscher Psychologen Verlag.

Schreyögg, A. (2012a). *Coaching als innovatives Beratungskonzept.* URL: http://www.schreyoegg.de/content/view/24/33/ [Zugriff: August 2012].

Schreyögg, A. (2012b). *Lehrbriefe. Arbeit mit kreativen Medien in der Supervision.* URL: http://www.schreyoegg.de/content/view/19/35/ [Zugriff: August 2012].

Kontakt

Leonie Budjarek
E-Mail: leonie.budjarek@gmx.de

Petra Loibl
E-Mail: schulpsychologie-erdweg@gmail.com

13 Supervision im Rahmen der „Lehrergesundheit“ unter Einbeziehung kreativer Medien

Ingrid Pirgie

Schlagworte wie „innere Kündigung“, „Burnout“, „Stress“ oder „Resignation“ kennzeichnen das Forschungsfeld zum Thema „Lehrergesundheit“.

Der Lehrerberuf ist seit jeher mit großen Belastungen verbunden. Die Statistiken zur Frühpensionierung sowie wissenschaftliche Untersuchungen zu beruflichen Belastungen von Lehrkräften sprechen für sich. Nach Angaben des Statistischen Bundesamtes wurden im Jahr 1999 62 % aller deutschen Lehrer wegen krankheitsbedingter Dienstunfähigkeit frühpensioniert, und nur 7 % arbeiteten bis zur Regelaltersgrenze von 65 Jahren. Weber, Weltle und Lederer untersuchten von 1996 bis 1999 das Ausmaß und die Art von Frühpensionierungen von Lehrkräften. Die Studie erschien in der Zeitschrift „Bayerische Schule“ (2001) unter dem provokanten Titel „Macht Schule krank?“. Ein Ergebnis der Untersuchung zeigte die Dienstunfähigkeitsquoten in den Regierungsbezirken, die zwischen 74 % und 89 % lagen. Für Niederbayern ergab sich ein Wert von 83 % (Anzahl der begutachteten Lehrkräfte in Niederbayern: 732).

In der wahrscheinlich bekanntesten, umfangreichen Studie zur Lehrerbelastung, die der Potsdamer Bildungsforscher Uwe Schaarschmidt über mehrere Jahre durchgeführt hat, sieht er bei etwa 60 % der Lehrer eine Gefährdung, im Beruf krank zu werden. In einem Interview mit der Wochenzeitung „Die Zeit“ betont Schaarschmidt (zitiert nach Spiewak, 2006): „Rund zwei Dritteln der Lehrer mangelt es an Widerstandsressourcen, Ausgeglichenheit und Spaß an der Arbeit.“

Die Stressthematik ist zu einem gesellschaftspolitischen Phänomen geworden und hat über die Print- und Online-Medien Eingang ins öffentliche Alltagsbewusstsein gefunden.

„Belastungsstress – viele Lehrer denken an Frühpensionierung" lautet ein anderer Artikel der „Zeit" vom 4. Oktober 2011. Demnach fühlen sich weniger als die Hälfte der Lehrer in sieben Bundesländern in der Lage, bis zum gesetzlichen Pensionsalter zu arbeiten.

Laut einer von der DAK-Gesundheit (Deutsche Angestellten Krankenkasse) in Auftrag gegebenen und von der Universität Lüneburg durchgeführten Studie leiden viele Lehrer an Schulstress. Vor allem sind es der Zeitdruck und fehlende Erholungspausen, die den Pädagogen zu schaffen machen, und des Weiteren die Tatsache, dass sie nach der Arbeit nicht abschalten können und deshalb gereizt und wie „Nervenbündel" reagieren.

Der vorliegende Beitrag setzt sich mit Supervision als Angebot zur „Lehrergesundheit" auseinander. Nach einem theoretischen Teil über Stress wird ein kurzer Rückblick auf die Entwicklung des Projekts „Lehrergesundheit" in Niederbayern gegeben, an dem ich seit Beginn als Schulpsychologin mitgearbeitet habe. Den Hauptteil beschließen Erfahrungen, die ich in der supervisorischen Arbeit mit kreativen Medien gemacht habe.

13.1 Belastungen und Stress im Lehrerberuf

Stress hat immer mehrere Ursachen. Kretschmann (2012) listet zu Beginn seines Buches „Stressmanagement für Lehrerinnen und Lehrer" die Antworten von Lehrkräften auf die Frage „Was stresst mich?" auf. Fasst man diese Antworten zusammen, ergeben sich folgende Belastungsfaktoren (Kretschmann, 2012, S.10): Zum einen sind es die Rahmenbedingungen in der Schule oder systemimmanente Stressfaktoren wie Lärmpegel, Organisationsabläufe, zu große Klassen oder der Zeitdruck. In den sozialen Bereich fallen mangelnde Teamarbeit, fehlende Anerkennung oder die belastende Arbeitsatmosphäre. Dazu kommen Belastungsfaktoren, die eher dem individuellen Bereich zuzuordnen sind, wie der eigene Perfektionsanspruch, mangelnde Distanzierungsfähigkeit oder fehlende kommunikative Kompetenzen.

Es ist anzumerken, dass mit „Belastungen" nicht eine generelle Unzufriedenheit mit dem Lehrerberuf gemeint ist. Zwei Drittel der Lehrerschaft ist mit ihrem Beruf durchaus zufrieden, wenngleich auch befriedigende Belastungen auf Dauer dem Organismus schaden können (Kretschmann, 2012, S. 19).

13.1.1 Klassische Stresstheorie

In der Medizin bedeutet „Stress" eine körperlich-seelische Anspannung und Belastung, d. h., Stress ist ein charakteristisches Reaktionsmuster des Organismus auf Reizereignisse, die sein Gleichgewicht stören. Diese inneren und äußeren Reizereignisse oder Stressoren erfordern eine adaptive Reaktion bzw. Anpassungsfähigkeit.

Hans Selye (1988) beschreibt Stress als „die Summe aller auf einen Organismus einwirkenden Reize und die Reaktionen".

Neben den körperlichen Reaktionen in Krisensituationen, die seit Urzeiten den Menschen auf Angriff oder Flucht vorbereiten sollen und deshalb überlebensnotwendig sind, treten gleichzeitig geistig-seelische Reaktionen wie Angst, Ärger oder Aggressionen auf. Der Mensch fühlt sich unter Druck gesetzt, belastet, überfordert. Wenn es nicht gelingt, mit dem Stressereignis fertigzuwerden, kann es langfristig zu Erschöpfungszuständen kommen (Henning & Keller, 1998, S. 17).

Stress ist nicht generell schädlich. Selye (1988) unterscheidet zwischen Eustress, dem positiven, aktivierenden Stress, der den Menschen zu Höchstleistungen anspornen kann, und dem Disstress, dem negativen Stress, der eine gesundheitsschädliche Dauerbelastung darstellt und in dessen Folge somatische und psychische Probleme auftreten.

13.1.2 Stressmodell nach Lazarus

Das transaktionale Erklärungsmodell von Lazarus und Launier betrachtet Stresssituationen als komplexe Wechselwirkungsprozesse zwischen den Anforderungen einer Situation und der handelnden Person (Kretschmann, 2012, S. 23). Entscheidend ist die Frage, ob die Person glaubt, die Situation kontrollieren zu können, oder ob die Gefahr größer eingeschätzt wird als die Möglichkeiten der Bewältigung. Das erklärt, warum Menschen auf einen Stressreiz unterschiedlich reagieren. Was für die einen als bedrohlich erlebt wird, betrachtet der andere mit Gelassenheit. Bedeutsam für die Einschätzung der Gefahr ist nicht das Stressereignis selbst, sondern es sind die Gedanken, Empfindungen, Überlegungen der betroffenen Person, die damit einhergehen. Dies hängt von den Erfahrungen der Person bzw. von gelernten Einstellungen, Gewohnheiten und von persönlichkeitsspezifischen Reaktionsmustern ab. Nach Lazarus machen erst die subjektive Wahrnehmung und Bewertung durch das Individuum und die Einschätzung der Bewältigungsstrategien einen Stressreiz aus (Kretschmann, 2012, S. 23).

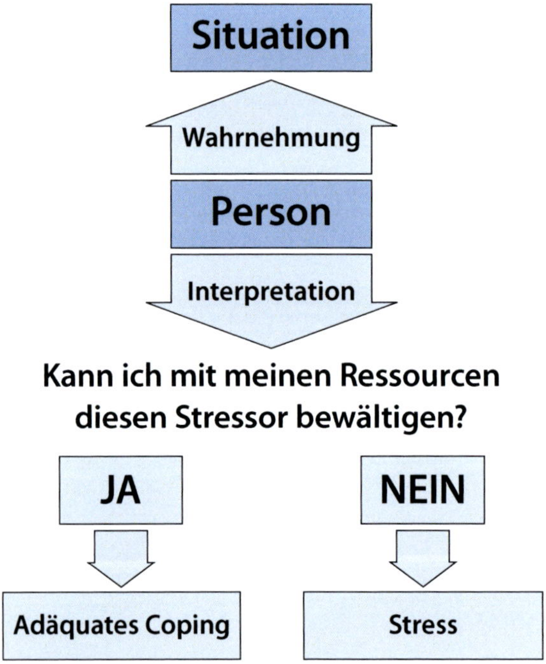

Abbildung 1: Entstehung von Stress oder adäquatem Coping nach Lazarus 1974 (modifiziert nach Aragorn05/wikipedia.org unter CC BY-SA 2.5)

13.1.3 Der salutogenetische Ansatz von Antonovsky

Der Medizinsoziologe Antonovsky hat in der Weiterführung des Stressmodells von Lazarus das Konzept der Salutogenese entwickelt. Wörtlich übersetzt bedeutet der Begriff Salutogenese „Erzeugung von Gesundheit“. Antonovsky fragt nicht mehr danach, was krank macht (pathogenetischer Ansatz), sondern er erforscht, was den Menschen gesund macht und gesund erhält. Wie in der Definition der Weltgesundheitsorganisation (WHO) wird Gesundheit nicht nur als Abwesenheit von Krankheit betrachtet, sondern als eigenständiger Wert gesehen. Antonovsky stellt in seinem Ansatz stabilisierende, gesundheitsförderliche Ressourcen in den Vordergrund. In seinen Forschungen geht er der Fragestellung nach, warum Menschen trotz schwerster traumatischer Belastungen entgegen allen Lehrmeinungen der Medizin gesund bleiben und erstaunliche Widerstandskräfte gegen körperliche Erkrankungen entwickeln. Sein Konzept veranschaulicht er in der sogenannten „Flussmetapher“ (Bengel, Strittmatter, & Willmann, 2001): „Die Menschen schwimmen in einem Fluss voller Gefahren, Strudeln, Biegungen und Stromschnellen. Der Arzt einer pathogenetisch orientierten Medizin versucht den Ertrinkenden aus dem Fluss zu retten. In der Salutogenese geht es darum, den Menschen zu einem guten Schwimmer zu machen.“

Stressoren sind für Antonovsky omnipräsent. Er lehnt den Gegensatz „krank oder gesund“ ab und geht davon aus, dass jeder Mensch zu jedem Zeitpunkt sowohl kranke als auch gesunde Anteile hat. Er spricht von einem Gesundheits-Krankheits-Kontinuum (Antonovsky, 1997, S. 23).

Stressoren sind von innen oder außen kommende Anforderungen an den Organismus, die sein Gleichgewicht (Homöostase) stören und eine energieverbrauchende Handlung erfordern (Antonovsky, 1997, S. 27).

In seinem Konzept geht er von einem Kohärenzgefühl als einer „globalen Orientierung aus, die ausdrückt, in welchem Ausmaß man ein durchdringendes, andauerndes und dennoch dynamisches Gefühl des Vertrauens hat, dass

- die Stimuli, die sich im Verlauf des Lebens aus der inneren und äußeren Umgebung ergeben, strukturiert, vorhersehbar und erklärbar sind,

- einem die Ressourcen zur Verfügung stehen, um den Anforderungen, die diese Stimuli stellen, zu begegnen,
- diese Anforderungen Herausforderungen sind, die Anstrengung und Engagement lohnen" (Antonovsky, 1997, S. 36).

Das Kohärenzgefühl beinhaltet die Komponenten „Verstehbarkeit", „Handhabbarkeit" und „Bedeutsamkeit":

- Verstehbarkeit bezieht sich auf das Ausmaß, in welchem Stimuli als kognitiv sinnhaft wahrgenommen werden und als überschaubar auftreten, oder darauf, dass sie, wenn sie überraschend auftreten, eingeordnet und erklärt werden können.
- Handhabbarkeit oder Bewältigbarkeit erklärt er als das Ausmaß, in dem man wahrnimmt, dass man geeignete Ressourcen zur Verfügung hat, um den Anforderungen zu begegnen, die von den Stimuli, mit denen man konfrontiert wird, ausgehen.
- Bedeutsamkeit oder Sinnhaftigkeit meint das Ausmaß, in dem man das Leben emotional als sinnvoll empfindet und glaubt, dass Probleme und Anforderungen es wert sind, dass man Energie in sie investiert (Antonovsky, 1997, S. 33 ff.).

Er stieß bei seinen Forschungen auf die Studie der Psychologin Suzanne Kobasa aus dem Jahr 1979, die der Frage nachgegangen war, warum manche Personen mit hohen Stresswerten nicht krank werden, ihren Gesundheitsstatus eher aufrechterhalten oder sogar verbessern. Daraus entwickelte sie das Modell der Widerstandsfähigkeit, bestehend aus „Engagement", „Kontrolle" und „Herausforderung":

- Personen mit starkem Engagement tendieren dazu, sich bei all ihrem Tun stark einzubringen, statt die Dinge in einer distanzierten, formalen Art anzugehen.
- Menschen mit einem hohen Ausmaß an Kontrolle glauben und handeln so, als ob sie die Ereignisse beeinflussen können, statt angesichts äußerer Einflüsse machtlos zu sein.
- Personen mit hohem Ausmaß an Herausforderung betrachten Veränderungen im Leben eher als Norm denn als Ausnahme und antizipieren

diese Veränderungen als einen Stimulus für Wachstum und nicht als Sicherheitsgefährdung (Antonovsky, 1997, S. 48 ff.).

Antonovsky sah sich durch dieses und andere ähnliche Modelle in seinen Forschungen bestätigt.

Als Ergebnis des Salutogenese-Konzeptes kann festgestellt werden, dass ein gutes Kohärenzgefühl einen Beitrag zur Stressbewältigung, zur Berufszufriedenheit und zur seelischen Gesundheit leistet. Stressoren werden nicht als unabwendbare Schicksalsschläge angesehen, denen man ausgeliefert ist, sondern als Herausforderungen betrachtet, die es zu bewältigen gilt. Die Erfahrung, unter ungünstigen Bedingungen schwierige Situationen gemeistert zu haben, sorgt für ein Gefühl der Kontrolle über das eigene Leben und für Vertrauen, auch in zukünftigen persönlichen Krisenzeiten Ressourcen mobilisieren zu können. Erfolgreiches Coping wird gleichermaßen generalisiert.

Die Erkenntnisse der Salutogenese zeigen, dass vorbeugende Maßnahmen und frühzeitige Sensibilisierung beim Umgang mit der Stressthematik hilfreich sind.

13.2 „Lehrergesundheit" in Bayern – Vom Modellversuch zum Projekt

13.2.1 Modellversuch „Lehrergesundheit"

Das Bayerische Staatsministerium für Unterricht und Kultus führte im Jahr 2002 die Modellprojekte „Lehrergesundheit" in den drei Regierungsbezirken Niederbayern, Mittelfranken und Oberpfalz ein, um angesichts der steigenden Anforderungen und zunehmenden Belastungen im Lehrerberuf ein Unterstützungssystem anzubieten. Den Kollegen aus allen Schularten sollten hauptsächlich präventive Angebote zur Gesundheitsvorsorge, aber auch kurative Maßnahmen bereitgestellt werden. Ziel war es, den Berufsalltag mit seinen vielfältigen Belastungen optimaler zu bewältigen, die Arbeitszufriedenheit zu erhöhen und eine drohende Berufsunfähigkeit zu verhindern.

In den drei Regierungsbezirken wurde jeweils eine Schulpsychologin oder ein Schulpsychologe mit der Koordination beauftragt. Qualifizierte Schulpsychologen und Lehrkräfte mit Zusatzqualifikationen boten im Rahmen der staatlichen Lehrerfortbildung Veranstaltungen an. Grundlage für das Projekt „Lehrergesundheit" war die KMS Nr. VI/9-S4403-20-6/104 555 vom 8. November 2002.

Die angebotenen Fortbildungen deckten ein breites Spektrum ab:

- Gesprächskreise, kollegiale Fallbesprechung
- Supervision und Coaching
- Umgang mit Konflikten, Mobbing, Krisen
- Stressmanagement
- individuelle Beratung
- Schulentwicklung
- Angebote zur Lehrerausbildung

13.2.2 „Lehrergesundheit" als bayernweites Projekt

Angelegt auf zunächst zwei Jahre, wurde der Versuch danach fortgesetzt und schließlich im Jahr 2007 auf alle Regierungsbezirke in Bayern ausgeweitet. Seit dem Schuljahr 2007/08 richtet das Ministerium landesweit Angebote zur Erhaltung und Förderung der Lehrergesundheit ein, um die Kompetenzen der Lehrkräfte zu erweitern und ihren Umgang mit beruflichen Belastungen zu professionalisieren.

Im „Gesamtkonzept Lehrergesundheit" vom 28. September 2007 (III.6-5 P 4013-6.90 706), gezeichnet von Ministerialdirektor Erhard, heißt es dazu, dass die Angebote zur Lehrergesundheit in allen Phasen der Laufbahn einer Lehrkraft vorgehalten werden.

Explizit genannt werden das Referendariat und die Berufseingangsphase. Die Angebote hierzu sollen ausgebaut werden; auch in der Schulleiterausbildung werden Veranstaltungen zur Lehrergesundheit aufgenommen. Die Lehrerfortbildung hält schulartübergreifende, aber auch schulartspezifische Angebote zur Prävention vor. In der Fortbildungsdatenbank FIBS (http://www.fortbildung.schule.bayern.de) finden sich sämtliche Angebote, auch die Beratungsangebote der Schulberatungsstellen.

Als direkter Ansprechpartner für die Thematik wurde seit 2007 an jeder staatlichen Schulberatungsstelle in Bayern ein Gesundheitsbeauftragter bestellt, der sämtliche Aktivitäten zum Thema „Lehrergesundheit" organisiert und Veranstaltungen koordiniert. Daneben berät er die regionale Lehrerfortbildung in fachlicher Hinsicht.

13.2.3 Fortbildungswünsche teilnehmender Lehrkräfte

Im März 2006 wurden die Teilnehmer von der damaligen Koordinatorin in Niederbayern im Rahmen eines internen Fragebogens zur Rückmeldung über die Veranstaltungen gefragt, welche Veranstaltungen für ihren beruflichen Alltag sinnvoll wären.

Die Auswertung der 171 Fragebögen ergab eine Auflistung von Wünschen, die in freier Nennung angeführt worden waren. Der am häufigsten genannte Fortbildungswunsch beinhaltete die Themen Stressbewältigung, Stressprävention, Entspannung (30 %), an zweiter Stelle wurden Coaching, Supervision, kollegiale Fallbesprechung genannt (8 %).

Schwerpunktmäßig werden Beratungen und Fortbildungen im Rahmen der Lehrergesundheit weiterhin von Schulpsychologen durchgeführt.

13.2.4 Wirksamkeitsstudien zur Supervision im Rahmen der „Lehrergesundheit"

Die Frage, ob Supervision, Coaching oder Fallbesprechung für die Teilnehmer auch den erwünschten Erfolg erzielen, beantworten viele wissenschaftliche Untersuchungen positiv. Die Ergebnisse der Längsschnittstudie von Lisselotte Denner (2000) greife ich exemplarisch heraus. Die schulinterne Gruppenberatung ist ein geeignetes Verfahren, um den individuellen, kollegialen und schulischen Beratungsbedarf zu decken sowie die Professionalisierung der Lehrerarbeit zu fördern. Zusammenfassend wird festgestellt, dass die Zusammenarbeit, die gegenseitige Unterstützung, das gemeinsame

Handeln und die veränderte Sichtweise auf Unterricht und Schule durch die Beratung gefördert werden.

Die Möglichkeit des Reflektierens über Probleme auf verschiedenen Ebenen wird als positiv erlebt. Am wirkungsvollsten sehen Lehrkräfte die Entlastung und die Perspektivenerweiterung an.

> „Ein Beratungserfolg, der so vielschichtig dokumentiert ist, legitimiert das schulische Beratungssetting als geeignete Maßnahme der Lehrer- und Lehrerinnenfortbildung und als Maßnahme, die für die Personal- und Schulentwicklung wichtige Impulse gibt.“ (Denner, 2000, S. 381)

13.3 Der Einsatz kreativer Medien in der Supervision

Zu Beginn des Modellprojekts in Niederbayern habe ich „kollegiale Praxisberatung“ für Realschullehrer angeboten. In den Gruppen wurde immer wieder das Thema „Arbeitsbelastungen im Lehrerberuf“ angesprochen, was mich dazu bewogen hat, mich mit der Stressthematik eingehender auseinanderzusetzen und Fortbildungen zum Thema „Stressbewältigung im Schulalltag“ für Lehrkräfte bzw. Kollegien aller Schularten anzubieten. Dabei setze ich die aktive Auseinandersetzung der Teilnehmer mit den eigenen Belastungen und Gefährdungen voraus. Neben dem theoretischen Überbau stehen die Besinnung auf die individuellen und sozialen Ressourcen, Hilfen und Schutzfaktoren sowie körperliche Übungen und Entspannungsmethoden im Vordergrund, um einer Problemtrance wirksam entgegenzutreten und die Eigenverantwortlichkeit zu fördern.

Nicht selten ergeben sich aus den Fortbildungen Anfragen für Einzelberatungen.

Im Rahmen der Supervisionsausbildung habe ich erlebt, wie gewinnbringend und erhellend die Verwendung kreativer Materialien in der Supervision sein kann. Bestärkt durch diese Erfahrungen, verschwand meine anfängliche Skepsis und wich dem Wunsch, kreative Medien in den eigenen Supervisionsgruppen und in der Einzelsupervision einzusetzen. Exemplarisch berichte ich im Folgenden von einigen Erfahrungen. Wenn dabei nur wesentliche Aspekte angeführt werden, ist dieser Verzicht auf Ausführlichkeit der Wahrung der Anonymität der Teilnehmer geschuldet.

13.3.1 Begriffserklärung „kreative Medien“

Lange Zeit orientierte sich Supervision methodisch an psychotherapeutischen Ansätzen, die sich ausschließlich sprachlicher Mittel bedienten. In den 1980er Jahren tauchte der Begriff „kreative Medien“ in einschlägigen Publikationen zur Supervision auf (Schreyögg, 2010, S. 277).

Zum einen bezeichnet das Wort „Medium“ einen Informationsträger, der Nachrichten oder Botschaften vermittelt. Eine Erweiterung dieses funktionalen Medienbegriffs wird erfahren, wenn seine Verwendung auch dem Selbstausdruck dient. Medien sind also Mittel, die Menschen dabei helfen, ihrem eigenen Dasein Ausdruck zu verleihen.

Der Begriff „kreative Materialmedien“ oder „kreative Medien“ kennzeichnet Medien, die neben ihrer Informationsfunktion dazu dienen können, einem Menschen noch nicht bekannte Erfahrungen zu eröffnen. Im Sinne von Selbstausdruck können sie auch auf eine Erweiterung seiner Deutungs- und Handlungsmuster gerichtet sein (Schreyögg, 2010, S. 279).

Als Beispiele für Materialmedien gelten unter anderem Zeichen- oder Malutensilien, Bausteine, Bildkarten, Ton oder Puppen – der Fantasie sind keine Grenzen gesetzt. Weil Supervision im Allgemeinen nur mit „über etwas sprechen“ assoziiert wird, ist es die Aufgabe des Supervisors, die Supervisanden an die Verwendung kreativer Medien zu gewöhnen und diese behutsam, aber überzeugend einzuführen (Schreyögg, Lehrbrief „Kreative Sachmedien in der Supervision“).

13.3.2 Bedeutung kreativer Medien

In meiner Arbeit mit Gruppen und in der Einzelberatung mit Lehrern habe ich erlebt, dass die Verwendung von kreativem Material eine sinnvolle Bereicherung im Supervisionsprozess darstellt. Dieser Prozess erfasst den ganzen

Menschen in seiner Erlebens- und Gefühlswelt. Zum einen dienen die erlebnisorientierten Materialien dem Selbstausdruck, zum anderen erschließen sie dem Menschen bisher unbekannte Wahrnehmungs-, Denk- und Handlungsbereiche (Schreyögg, 2010, S. 278). Gerade wenn es um das Thema „Stress" geht und scheinbar unlösbare Konflikte oder Probleme den Blick für Lösungswege verstellen, lassen kreative Medien den Klienten neue Erfahrungsmöglichkeiten erleben, die weit über das kognitive Verstehen oder sprachliche Erfassen eines Problems hinausgehen. Die Medien sind kein Selbstzweck, sondern sind zielführend einzusetzen und dienen dazu, einen Reflexionsprozess in Gang zu setzen.

Es ist unabdingbar, dass der Supervisor eigene Erfahrungen gemacht haben muss, um sich ein fundiertes Wissen über die Wirkungsweise des Materials anzueignen. Besitzt er ein breit gefächertes Methodenrepertoire, dann kann er die Medien wohlüberlegt und zum richtigen Zeitpunkt einsetzen.

Nur wenn der Supervisor überzeugt ist von der Wirkung des Materials, kann er möglichen Verunsicherungen oder Widerständen gegen die Medien beim Klienten begegnen, wobei er stets deutlich machen sollte, dass es auf keinen Fall um eine künstlerische oder ästhetische Leistung geht. Wenn er selbst Vergnügen an der Arbeit mit kreativen Medien hat, wird er auch den Supervisanden für diese Arbeitsform begeistern (Schreyögg, 2010, S. 292).

13.3.3 Anwendungsbeispiele

13.3.3.1 Bildkarten

Als gut geeignet zum Einstieg in eine neue Gruppe bieten sich Bildkarten in der Vorstellungsrunde an. Aus einem Angebot von 50 Fotokarten suchen sich die Teilnehmer diejenige Karte aus, die sie spontan anspricht, und beschreiben oder deuten ihre Karte. Es bleibt jedem Teilnehmer selbst überlassen, wie sehr er sich auf die Deutung einlässt bzw. wie viel er in dieser Erklärung von sich preisgibt.

Meine Beobachtung ist, dass diese Methode eine gute Atmosphäre schaffen kann und die Aufforderung, sich in ein Bild zu vertiefen, bereitwillig angenommen wird.

In der Einzelsupervision ist die Verwendung auch in Abschlusssitzungen denkbar oder zur Überprüfung von Teilerfolgen während des Prozesses.

Die Auswahl an geeigneten Impulskarten ist groß, man kann sich auch eigene Sammlungen von Ansichtskarten bzw. Kunstkarten zusammenstellen. Besonders geeignet sind Bilder mit Symbolkraft oder solche, die „Geschichten erzählen“. Wichtig ist, dass die Bilder unterschiedliche Aussagekraft besitzen, d. h. nicht nur helle, fröhliche Bilder vorkommen, sondern auch schwermütige. Es sollte hier auf Vielfalt geachtet werden.

Im Buch „Coaching-Tools“ von Christpoher Rauen (2008) wird diese Methode als „Postkarten-Check“ vorgestellt. Der Autor Eberhard Hauser (in Rauen, 2008) verwendet die Bildkarten, um innere Entwicklungsprozesse zu betrachten und zu würdigen. Die Methode „ist auch bei Klienten gut anwendbar, die nur schwer Zugang zu ihrem emotionalen Innenleben haben oder dies schwer ausdrücken können“ (Rauen, 2008, S. 332).

Eine wichtige Voraussetzung für das Gelingen ist, dass der Supervisor Kenntnisse in der Arbeit mit Symbolen und Bildern bzw. im Umgang mit projektiven Verfahren besitzt.

13.3.3.2 Malen

Gerade wenn es um unbewusstes und emotionales Erleben geht, können kreative Medien helfen, Verborgenes aufzudecken. Sie bieten eine andere Ausdrucksmöglichkeit, als es die Sprache vermag. Für den Klienten ist dies nicht selten mit einem Überraschungseffekt, einem „Aha-Erlebnis“ verbunden.

Beim Malen haben sich Wachsmalstifte mit dicken Minen als ideal erwiesen, da man mit ihnen großflächig arbeiten kann. Auch dicke Buntstifte können verwendet werden.

Beispiel:

In meiner Supervisionsgruppe mit Teilnehmern aus verschiedenen weiterführenden Schulen beklagte sich eine Lehrerin häufig in der Eingangsrunde der Sitzungen, dass sie vom Schulalltag total erschöpft sei. Sie vermied es aber, dies zum Thema zu machen. Sie brachte öfter Fälle ein, in denen es um Konflikte mit Schülern ging, die sie provozierten, oder um Konflikte mit Dienstvorgesetzten. Bei der erfolgreichen Bearbeitung der Fälle fiel mehrmals der Satz, dass sie glaube, diese Konflikte hätten mit ihrer Scheidung zu tun, die sie noch immer beschäftige, obwohl diese bereits mehrere Jahre zurückläge. Sie wollte nicht näher darauf eingehen, was respektiert wurde, um ihre Privatsphäre zu schützen.

In einer der Sitzungen wurde das Thema „Die Rolle des Lehrers/der Lehrerin" aufgegriffen. Ich schlug den Teilnehmern vor, ein Bild zum Thema zu malen, mit dem Hinweis, auch auf die Ressourcen zu schauen. Nach einer Imaginationsübung zur Einstimmung wurde Raum zum Malen gegeben. Weil die Gruppe mit dieser Arbeitsweise bereits vertraut war, wurden wie erwartet keine Widerstände geäußert.

Bei der anschließenden Deutung erkannte die Kollegin, dass sie sich „wie in einer Falle sitzend" gemalt hatte. Ihre Belastungen, die sich sowohl in der Schule als auch im privaten Bereich zeigten, ließen ihr kaum Freiräume. Die Hobbys, aus denen sie früher Kraft geschöpft hatte, waren im Bild sichtbar in den Hintergrund abgedrängt. Sie berichtete, dass ihr schon während des Malens deutlich geworden war, wie sehr sie Hilfe bräuchte. Es fiel ihr „wie Schuppen von den Augen", als sie ihr fertiges Bild betrachtete und den Satz äußerte: „Ich glaube, ich brauche eine Therapie, weil ich mein Privatleben endlich wieder in den Griff bekommen möchte."

13.3.3.3 Arbeitspanorama

> „Die Panoramatechnik wurde von Hilarion Petzold auf der Grundlage verschiedener Anregungen entwickelt." (Petzold & Heinl, 1996, S. 367)

Sie war ursprünglich in der Psychotherapie angesiedelt: Hier ließ man Patienten ihre Lebensgeschichte bildlich darstellen, um ihnen eine Möglichkeit zu geben, ihr Leben zu überschauen.

Das Arbeitspanorama ist eine Variante, die in der Supervision dem Supervisanden eine Zusammenschau über seine Einstellung zur Arbeit bietet, die mit seiner Lebensgeschichte zusammenhängt.

> „In der bildnerischen Darstellung aller wichtigen erinnerbaren Erfahrungen mit Arbeit werden ihm gleichsam in einer ‚Synopse' die Einflüsse seines sozialen Feldes und seine Reaktionen auf diese Einflüsse, die zur Ausbildung bestimmter Haltungen und Einstellungen führten, erkennbar und verstehbar." (Petzold & Heinl, 1996, S. 356)

Das Arbeitspanorama kann in der Einzel- oder in der Gruppensupervision erstellt werden. Nach einer Einstimmungsphase, in der die Instruktion (zu finden bei Petzold & Heinl, 1996, S. 374) gegeben wird, erfolgt das kreative Arbeiten, das Panorama wird gestaltet. Mit der Auswertungs- bzw. Deutungsphase nimmt das Arbeitspanorama in der Gruppe sehr viel Zeit in Anspruch, die man einplanen muss.

Um Erinnerungen an die Vergangenheit zu aktivieren, wird eine angeleitete Imaginationsübung durchgeführt, die den Supervisanden in eine meditative Stimmung versetzen soll, aus der heraus er sein Arbeitspanorama malt.

Beispiel:
Eingesetzt habe ich diese Methode in der Einzelsupervision mit einer Lehrerin einer weiterführenden Schule, die sich coachen ließ, um sich über ihre Karrierepläne klar zu werden.

Es entstand ein Bild, das dominiert war von großen schwarzen Vierecken. Dazwischen tauchten immer wieder blaue Regentropfen auf. In der Deutungsphase erklärte die Kollegin, dass sie in einem strengen, leistungsorientierten Elternhaus groß geworden sei. Die Eltern besaßen einen kleinen mittelständischen Betrieb. Als Einzelkind war sie den ehrgeizigen Plänen ihres Vaters „ausgeliefert". Sie sollte es „einmal zu etwas bringen". Schon im Kindergartenalter musste sie Lesen und Schreiben lernen. Die schwarzen Vierecke versinnbildlichten diese Erfahrungen, die verbunden waren mit vielen Tränen. Die Mutter versuchte stets, ausgleichend einzuwirken, was aber nichts an der Einstellung des Vaters änderte. Stets gehörte sie laut Selbstaussage zu den Klassenbesten, hätte fleißig gearbeitet und sei strebsam gewesen, wäre jedoch in der Schule nicht sehr beliebt gewesen und hätte keine Freundinnen gehabt. Die Tränen durchzogen die gesamte Schulzeit.

Auch an der Universität hätte sie Erfolge gehabt, hier wählte sie eigenständig ihre Lehramtsfächer, und es hätte ihr zunehmend Spaß gemacht, ihren Interessen nachzugehen. Auch von den Eltern hätte sie sich innerlich zu lösen begonnen.

Als Lehrerin sei sie strebsam und engagiert und hätte eine sensible Wahrnehmung für Schüler, die unter Leistungsängsten oder anderen Problemen leiden. Der Blick in die Zukunft war mit einem großen Fragezeichen versehen. In den zukünftigen Sitzungen setzte sie sich intensiv mit der angestrebten neuen Rolle auseinander, wohl wissend, dass die neue Funktion sie in eine höhere Position bringen würde, die sie jedoch auch vom Kollegium, in das sie gut integriert war, in gewisser Weise trennen würde.

13.3.3.4 Collage

Ich spreche aus eigener Erfahrung, wenn ich feststelle, dass nicht wenige Menschen Hemmungen haben, sich kreativ zu betätigen. Malen erinnert vielleicht an die eigene Schulzeit, an das „Malenmüssen" und die eigene Überzeugung, dass man das eben nicht könne. Dagegen ist die Form der Collage sehr gut geeignet, diese Hemmschwelle zu überwinden. Das Material (Illustrierte) besitzt hohen Aufforderungscharakter. Schon beim Durchblättern der Zeitschriften wird die Fantasie angeregt. Eine zunehmende Lust, dieser Fantasie freien Lauf zu lassen und zu gestalten, stellt sich ein. Der Supervisand kann in der Arbeit mit Schere, Klebstoff und Papier seine eigenen Gestaltungsspielräume finden, die Arbeit kann verändert, überklebt oder mit Überschriften versehen werden. Im kreativen Arbeiten schafft er dadurch neue Zugänge zu seinen Wünschen, Fantasien, Konflikten, Vorstellungen, die ihm oft erst im Nachhinein bewusst werden.

> „Ein Vorteil der Collage ist, dass sie Wort und Bild verbindet, und so einen fließenden Übergang vom Begrifflichen zum Bilderdenken schafft." (Schuhmann, 2011, S. 38)

Diese Arbeitsform kam in meiner Supervisionsgruppe zur Anwendung, als es um das Thema „Ich in meiner Organisation“ ging. Es brauchte einen größeren Zeitrahmen und einige Vorbereitung (Illustrierte, Klebstoff, Schere etc.). Die farbigen Bilder aus den Illustrierten regten die Fantasie an und riefen zahlreiche Assoziationen hervor. Widerstände der Teilnehmer, wie sie anfangs gegen das Malen festzustellen waren, wurden nicht beobachtet, sondern eine spielerische Freude beim kreativen Prozess.

Die Arbeit mit Schere und Klebstoff hat einen Bezug zum Trennen und Verbinden. Collagieren zerstört und erschafft, setzt Altes und Gewohntes in neue Zusammenhänge. Ausschneiden trifft eine Auswahl aus dem vielen und erschafft über Reduktion Übersicht und neue Ordnung. Aufkleben wird zu einer Komposition, die durch die Möglichkeit des Überklebens prozesshaft bleibt. Das Erstellen von Collagen wird in der Supervision gut angenommen, auch von Personen mit Gestaltungshemmung (Schuhmann, 2011, S. 38).

13.4.4 Das Medium Sprache

Die Arbeit in der Supervision ist überwiegend verbaler Natur. „Verbal-strategische Interventions- und Reflexionsprozesse werden auch in Zukunft nicht überflüssig oder überfällig sein.“ (Richter & Fallner, 1993, S. 72)

Es gilt für den Supervisor, offen zu sein für die Belange des Supervisanden, dabei stets eine unaufdringliche Neugier zu bewahren und nahe am Klienten und seinem Auftrag zu bleiben. Die Sprache ist dabei das Medium „Nummer eins“, nur im Dialog kann der Supervisionsprozess in Gang kommen, können Probleme, Blockaden thematisiert werden, kann nach Deutungs- und Handlungsmustern gesucht und auch reflektiert werden. Durch die Verwendung der kreativen Medien kann bisher Unausgesprochenes ausgedrückt werden, und „Erlebnisse kommen zur (medialen) Sprache, die der Kopf noch nicht zu denken wagt“ (Richter & Fallner, 1993, S. 101).

Es ist noch wichtig anzumerken, dass Deutungen niemals durch den Supervisor oder den Mitsupervisanden geschehen dürfen. Diese Fremddeutungen sind nicht akzeptabel. Nach Schreyögg muss in der integrativen Supervision jede Deutung durch den Supervisanden selbst erkundet werden, weil nur er weiß, was er beim kreativen Prozess erlebt, gedacht oder gefühlt hat. Die Ausdeutung von Produktionen erfolgt im Dialog, dem Supervisor kommt dabei eine strukturierende, keine deutende Funktion zu. Im Verlauf eines solchen Dialogprozesses kann jedoch auch der Supervisor seine Eindrücke als gefühlshafte Assoziationen ins Gespräch einbringen. Er fungiert hier als „kreatives Personalmedium". Sein Interaktionsstil muss eine flexible Balance zwischen Direktivität/Nondirektivität und Zurückhaltung/Echtheit aufweisen (Schreyögg, 2012).

13.4 Schlussbemerkung und Ausblick

Die positiven Rückmeldungen der Supervisionsteilnehmer zum Ende eines Schuljahres gebe ich an dieser Stelle in zusammengefasster Form wieder:

- Die Teilnehmer lernten, über ihre berufliche Situation zu reflektieren.
- Es wurde als gewinnbringend angesehen, dass man für die Bearbeitung der Fälle genügend Zeit hatte, was bei jedem Teilnehmer zu einer Perspektivenerweiterung führte.
- Die Kommunikationsfähigkeit wurde geschult, was sich im Schulalltag auswirkte, weil einzelne Teilnehmer sich im Kollegium öffneten und mehr austauschten.
- Eine Feedback-Kultur wurde trainiert, die von Wertschätzung geprägt ist.
- Entspannungsübungen dienten der eigenen Psychohygiene und werden von einigen Teilnehmern auch im Unterricht angewendet.
- Die Teilnehmer empfanden es als große Bereicherung, dass ihr pädagogisch-psychologisches Wissen erweitert wurde und die gewonnenen Erkenntnisse ihnen halfen, in schwierigen beruflichen Situationen besser zurechtzukommen.
- Eine optimistische Sichtweise und eine aktive Lebenseinstellung werden gefördert.
- Ein Gefühl der Entlastung und Ausgeglichenheit stellt sich ein.
- Der Einsatz der kreativen Medien wurde als abwechslungsreich und hilfreich angesehen.

Es bleibt zu hoffen, dass Supervision im Schulalltag noch mehr Beachtung findet als bisher. Supervision sollte nicht nur als ein Mittel angesehen werden, um die „Lehrergesundheit" zur erhalten, sondern als Zeichen der Professionalität eines jeden Lehrers gewertet und anerkannt werden. Es wäre wünschenswert, dass die Teilnahme an Supervision als positives Kriterium in die Beurteilungsrichtlinien aufgenommen wird.

Um im Bild zu bleiben: Supervision kann einen wirksamen Beitrag dazu leisten, dass Lehrkräfte in den Strudeln und Stromschnellen des Schulalltags nicht untergehen, sondern dass sie zu guten Schwimmern werden.

13.5 Literatur

Antonovsky, A. (1997). *Salutogenese: Zur Entmystifizierung der Gesundheit.* Tübingen: dgvt-Verlag.

Bengel, J., Strittmatter, R. & Willmann, H. (2001). *Was erhält Menschen gesund? Antonovskys Modell der Salutogenese – Diskussionsstand und Stellenwert.* Köln: Bundeszentrale für gesundheitliche Aufklärung.

Denner, L. (2000). *Gruppenberatung für Lehrer und Lehrerinnen: eine empirische Untersuchung zur Wirkung schulinterner Supervision und Fallbesprechung.* Bad Heilbrunn: Klinkhardt.

Ehinger, W. & Henning, C. (1997). *Praxis der Lehrersupervision: Leitfaden für Lehrergruppen mit und ohne Supervisor.* Weinheim und Basel: Beltz Verlag.

Henning, C. & Keller, G. (1998). *Anti-Stress-Programm für Lehrer. Erscheinungsbild, Ursache, Bewältigung von Berufsstress.* Donauwörth: Auer Verlag.

Kretschmann, R. (Hrsg.) (2012). *Stressmanagement für Lehrerinnen und Lehrer: Ein Trainingsbuch mit Kopiervorlagen.* Weinheim und Basel: Beltz Verlag.

N. N. (2011, 04. Oktober). Belastungsstress – viele Lehrer denken an Frühpensionierung. *Hamburger Abendblatt.* URL: http://www.abendblatt.de/ratgeber/gesundheit/article2048031/Belastungsstress-viele-Lehrer-denken-an-Fruehpensionierung.html

Petzold, H. & Heinl, E. (Hrsg.) (1996). *Psychotherapie und Arbeitswelt.* Paderborn: Junfermann.

Rauen, C. (2008). *Coaching-Tools: Erfolgreiche Coaches präsentieren 60 Interventionstechniken aus ihrer Coaching-Praxis.* Bonn: managerSeminare.

Richter, K. & Fallner, H .(1993). *Kreative Medien in der Supervision und Psychosozialen Beratung.* Hille: Ursel Busch Fachverlag.

Schaarschmidt, U. (2006a). Die Belastungssituation von Lehrerinnen und Lehrern und was dagegen zu tun ist. *Aufbrüche, 13* (2), 38-42.

Schaarschmidt, U. (2006b). AVEM – ein persönlichkeitsdiagnostisches Instrument für die berufsbezogene Rehabilitation. In Arbeitskreis Klinische Psychologie in der Rehabilitation BDP (Hrsg.), *Psychologische Diagnostik – Weichenstellung für den Reha-Verlauf* (S. 59-82). Bonn: Deutscher Psychologen Verlag.

Schreyögg, A. (2010). *Supervision: Ein integratives Modell* (5. erw. Aufl.). Wiesbaden: VS Verlag für Sozialwissenschaften.

Schreyögg, A. (2012). *Lehrbriefe: Arbeit mit kreativen Medien in der Supervision.* URL: http://www.schreyoegg.de/content/view/19/35/

Schumacher, L., Sieland, B., Nieskens, B., Bräuer, H., DAK, BUK, GUVV W-L (Hrsg.) (2006). *Lehrergesundheit – Baustein einer gesunden Schule. Impulse für eine gesundheitsfördernde Organisationsentwicklung.* DAK Schriftenreihe.

Schuhmann, S. (2011). *Der erweiterte Blick. Kreative Medien in der Integrativen Supervision.* Saabrücken: VDM Verlag Dr. Müller.

Selye, H. (1988). *Stress. Bewältigung und Lebensgewinn.* München: Piper Verlag.

Spiewak, M. (2006, 14. Dezember). Die Ausgebrannten [Interview mit Uwe Schaarschmidt]. *Die Zeit, 51.* URL: http://www.zeit.de/2006/51/B-Lehrer

Weber, A., Welte, D. & Lederer, P. (2001). „Macht Schule krank?" Zur Problematik krankheitsbedingter Frühpensionierungen von Lehrkräften. *Bayerische Schule, 54* (6), 214-215.

Kontakt

Ingrid Pirgie
E-Mail: ingridpirgie@t-online.de

14 Supervision und Gesundheitsförderung

Marianne Zobel

Im Rahmen meiner beruflichen Laufbahn lernte ich viele Felder kennen, die ich alle erst einmal gewinnbringend, interessant und auch als Teil des lehrenden Berufes empfand. Eine erste Aufgabe bestand darin, die Rolle der Kunsterzieherin und Klassenleiterin an Hauptschulen mit der Rolle einer Vermittlerin von pädagogischem und didaktisch-methodischem Wissen zu vereinbaren. Weitere Schritte führten mich an die Universität im Rahmen einer Abordnungsstelle mit dem Auftrag, die Möglichkeiten von „Gesundheitsförderung an Schulen" zu untersuchen. Hier war für mich die Frage ausschlaggebend, wo sich meine bisherigen beruflichen Erfahrungen nutzen ließen, um diese Aufgabe auch sinnvoll ausfüllen zu können. Als Schlüsselbegriff für mich erwies sich die Persönlichkeitsförderung von Schülern. Das ist eine Aufgabe von Lehrern und ein Aspekt von Gesundheitsförderung. Während der Arbeit an der Universität Augsburg entstanden Kontakte zu vielen Präventionsanbietern, wie z. B. über die örtlichen Rotarier zur Mentorstiftung und zum Institut für Therapieforschung Kiel (IFT-Nord). Dort nahm ich an der Ausbildung zur Multiplikatorin des Präventionsprogramms „Eigenständig werden" teil. In meiner Abschlussarbeit zu dem Universitätsprojekt beschrieb ich die Grundlagen von Gesundheitsförderung und stellte Handlungsmöglichkeiten vor. Nach dem Studium der Schulpsychologie übernahm ich die Aufgabe einer koordinierenden Beratungsrektorin für einen Schulamtsbezirk mit ca. 14.000 Schülern und 1.400 Lehrern. Seither bin ich hauptsächlich in Beratung und Diagnostik tätig. Immer wieder bot ich auch in diesem Tätigkeitsfeld Fortbildungen an. Für meinen neuen beruflichen Baustein, die Supervision, reflektiere ich meine beruflichen Erfahrungen und beschreibe, auch angeregt durch teilnehmende Kollegen, Bausteine von Gesundheitsförderung bei Kindern und Lehrern aus supervisorischer Sicht.

Die Idee für meinen Beitrag entstand aus der Arbeit mit einer meiner Supervisionsgruppen, die ich nach einer Fortbildung zum Präventionsprogramm „Eigenständig werden“ nach Anfrage der Teilnehmer gegründet hatte. Das Programm „Eigenständig werden“ ist ein Unterrichtsprogramm zur Persönlichkeitsentwicklung und Gesundheitsförderung im Grundschulalter. Das Ziel des Programms ist die Stärkung und Persönlichkeitsentwicklung von Grundschülern und orientiert sich an den Entwicklungsaufgaben, die Schüler der ersten bis vierten Klasse bewältigen müssen. Dabei bekommen Lehrer Methoden und Materialien an die Hand, wie sie dies im Rahmen ihrer unterrichtlichen Tätigkeit den Themen angemessen mit Blick auf die Bedürfnisse und den Entwicklungsstand der Kinder durchführen können.

In der Broschüre zum deutschen Präventionspreis, mit dem das Programm „Eigenständig werden“ 2004 geehrt wurde, formuliert das Institut für Therapieforschung (IFT-Nord), Urheber und Ansprechpartner, die folgenden Ziele: „Die Schüler lernen, den eigenen Körper besser wahrzunehmen, eine positive Einstellung zu sich und ihrem Körper zu entwickeln und selbständig für ihn Verantwortung zu übernehmen; Gefühle bei sich und anderen zu erkennen und adäquat auf sie zu reagieren; Strategien zur Problemlösung und Stressbewältigung anzuwenden und mit negativen Gefühlen umzugehen; Mitmenschen zu respektieren, erfolgreich mit ihnen zu kommunizieren, mit ihnen zu kooperieren und ein tragfähiges soziales Netz aufzubauen; um das Recht wissen und den Mut aufbringen, Gruppendruck zu widerstehen; aktiv die Umwelt zu gestalten und über gesundheitsrelevantes Wissen zu verfügen.“

14.1 Was ist Gesundheit?

Krank sein gilt in unserer Gesellschaft als Belastung und wird versteckt. Wer krank ist, verschwindet aus der Öffentlichkeit, ist nicht mehr funktionsfähig und versucht so schnell wie möglich, wieder in den (gesunden) Alltag zurückzukehren. Man kann nur entweder krank oder gesund sein. Einzelne Krankheiten sind durch charakteristische Symptome, Verläufe und Ätiologien gekennzeichnet und klar voneinander abgrenzbar. Die Behandlung von Krankheit ist Aufgabe des Arztes und lässt sich mit der Reparatur einer defekten Maschine vergleichen.

Diese Betrachtungsweise von Gesundheit und Krankheit überwiegt auch in heutigen Diskussionen noch. Dabei bleiben die psychosozialen Bedingungen der Entstehung von Krankheit unberücksichtigt. Viele psychische und psychosomatische Krankheiten lassen sich nicht erklären. Im Bereich der psychischen Störungen fehlt die Abgrenzung von gesund und krank. Bei vielen Krankheiten versagen die biomedizinischen Behandlungsformen. Trotzdem ist die Medizin für die Behandlung zuständig, die Psyche gehört in Wirklichkeit nicht zum Körper.

Das Individuum „Patient“ hat eine andere Sicht der Gesundheit. Vorrangig für den Patienten sind Fitness und Wohlbefinden, der Herr seiner selbst zu sein und aktiv sein zu können. Die konventionelle Vorstellung von Gesundheit als Abwesenheit von Krankheit trägt im Alltag nicht.

14.2 Salutogenese – eine neue Sicht

Aaron Antonovsky beschäftigte sich als erster Fachmann mit der Frage nach der Entstehung und Förderung von Gesundheit und trug zu einem neuen Verständnis von Gesundheit und Krankheit bei. Durch seine Untersuchungen verschob sich der Blick auf das Phänomen Gesundheit und Krankheit. Seine radikal andere Frage befasst sich mit der Überlegung, „warum Menschen sich auf der positiven Seite des Gesundheits-Krankheits-Kontinuums befinden oder warum sie sich auf den positiven Pol zu bewegen, unabhängig von ihrer aktuellen Position“ (Antonovsky, 1997, S. 15).

Auf dem Weg zu seiner neuen Theorie stellte Antonovsky fest, dass aus der herkömmlichen Sicht von absoluter Gesundheit und absoluter Krankheit nicht die Gesundheit die Norm in der Gesellschaft ist, sondern die Krankheit. Die Mehrheit der Bevölkerung klagt über mindestens eine Beschwerde, ist nach dem klassischen biomedizinischen Modell also gar nicht gesund. Außerdem sind pathogene Belastungsfaktoren in unserer Umgebung so weit verbreitet, dass die eigentliche Frage für ihn lautete, wieso Menschen trotz vielfältiger Stressoren und Krankheitserreger ihre Gesundheit bewahren oder sogar steigern können, anstatt zu erkranken.

Antonovsky sagte selber: „Meine fundamentale philosophische Annahme ist, dass der Fluss der Strom des Lebens ist. Niemand geht sicher am Ufer entlang. Darüber hinaus ist für mich klar, dass ein Großteil des Flusses im wörtlichen als auch übertragenen Sinn verschmutzt ist. Es gibt Gabelungen im Fluss, die zu leichten Strömungen oder in gefährliche Stromschnellen und Strudel führen. Meine Arbeit ist der Auseinandersetzung mit folgender Frage gewidmet: Wie wird man, wo immer man sich in dem Fluss befindet, dessen Natur von historischen, soziokulturellen und physikalischen Umweltbedingungen bestimmt wird, ein guter Schwimmer?“ (Antonovsky, 1997)

Gesundheit ist kein normaler, passiver Gleichgewichtszustand, sondern ein labiles, aktives und sich dynamisch regulierendes Geschehen. Der Kampf in Richtung Gesundheit ist permanent und kann nie vollkommen erfolgreich sein. Wir alle sind sterblich. Ebenso sind wir alle, solange noch ein Hauch Leben in uns ist, in einem gewissen Ausmaß gesund. Unsere Umwelt ist immer belastend für alle Individuen. Ständig müssen Mechanismen zur Anpassung gefunden werden. Man kann Bedrohungen nicht entfliehen, aber Methoden für den erfolgreichen Umgang mit den Belastungen oder Stressoren finden. Man kann die Krankheit nicht zur Gänze beseitigen, aber Methoden zum Schutz sammeln. Den Kranken oder den Gesunden in vollständigem Maß gibt es nicht, es gibt nur Tendenzen in eine bestimmte Richtung im Rahmen dieses Kontinuums und die Fähigkeit des Individuums, dabei die Oberhand zu behalten. Dabei steuert das Individuum die Entwicklung der Gesundheit. Der Patient wird zum Subjekt. Er muss mit seinen Einstellungen und Fähigkeiten ernst genommen werden.

In seinen weiteren Forschungen versuchte Antonovsky, Determinanten der Gesundheit zu finden. Seine wichtigsten Erkenntnisse sammelte er in dem Konzept des Kohärenzgefühls. Das Kohärenzgefühl setzt sich aus den Faktoren „Verstehbarkeit“, „Handhabbarkeit“ und „Bedeutsamkeit“ zusammen.

1. Verstehbarkeit ist eine kognitive Komponente. Die Welt wird sinnhaft, geordnet, konsistent und strukturiert wahrgenommen. Überraschend auftretende Ereignisse werden in bestehende Kontexte eingeordnet und erklärt.

2. Handhabbarkeit kennzeichnet das Ausmaß, in welchem wir glauben, Dinge bewältigen zu können. Dabei spielen die dem Individuum zur Verfügung stehenden Ressourcen eine große Rolle. Damit kann er den Anforderungen begegnen. Probleme können, wenn sie einmal auftreten, bewältigt werden.
3. Bedeutsamkeit ist ein motivationales Element. Bestimmte Lebensbereiche sind für Individuen so wichtig, dass sie emotional in sie investieren und sich engagieren. Ereignisse, die sich in besonders wichtigen Bereichen abspielen, werden als Herausforderung gesehen, emotional zu investieren, und sind nicht einfach eine Belastung.

Zusammenfassend erklärt Antonovsky die Elemente des SOC („sense of coherence") so:

> „Das SOC (Kohärenzgefühl) ist eine globale Orientierung, die ausdrückt, in welchem Ausmaß man ein durchdringendes, andauerndes und dennoch dynamisches Gefühl des Vertrauens hat, dass die Stimuli, die sich im Verlauf des Lebens aus der inneren und äußeren Umgebung ergeben, strukturiert, vorhersehbar und erklärbar sind, einem die Ressourcen zur Verfügung stehen, um Anforderungen, die diese Stimuli stellen, zu begegnen und diese Anforderungen Herausforderungen sind, die Anstrengung und Engagement lohnen." (Antonovsky, 1997, S. 36)

14.3 Prävention und Gesundheitsförderung

Prävention beschreitet je nach dem bestehenden Gesundheitszustand der Zielpopulation unterschiedliche Wege, einen gesundheitlichen Basiszustand zu erreichen. Ziel ist die Abwesenheit einer Krankheit oder das Fehlen weit reichender Krankheitsfolgen. Es gibt drei Stufen der Prävention (nach Caplan, 1964):

- Primärprävention hat das Ziel, die Zahl der Neuerkrankungen zu senken.
- Sekundäre Prävention will den Störungszeitraum verkürzen und den gesunden Zustand erreichen.

- Tertiäre Prävention will mögliche Folgeschäden bereits eingetretener gesundheitlicher Probleme vermeiden oder verringern.

Gesundheitsförderung geht weiter als Prävention. Ziel ist nicht nur die Vermeidung von Störungen. Interessen vertreten, Befähigen und Ermöglichen, Vermitteln und Vernetzen sind Strategien, die von der WHO als vorrangig für Gesundheitsförderung betrachtet werden und sowohl für Regierungen und Verwaltungen gelten als auch für soziale Einrichtungen, z. B. Schulen. Jede Einrichtung setzt diese Strategien innerhalb ihres Systems um und vernetzt sich mit den unmittelbaren Ansprechpartnern. Gesundheit kann nur in der alltäglichen Umgebung des Menschen entstehen. Dort, wo er lebt, spielt und arbeitet, wird Gesundheit geschaffen oder gefährdet, wird Gesundheit zum Thema oder zur Nebensache. Die Gesellschaft muss Bedingungen herstellen, die allen Individuen Gesundheit ermöglicht. Kernelemente sind Ganzheitlichkeit, ökologisches Denken und das Prinzip der Gegenseitigkeit in der Fürsorge für Gesundheit. Frauen und Männer sind in jeder Phase der Planung, Umsetzung und Auswertung von gesundheitlichen Handlungen gleichberechtigte Partner.

14.3.1 Strategien zur Gesundheitsförderung in der Schule

Einige Bereiche der WHO-Charta können in der Schule umgesetzt werden, sei es als Teil der Schulentwicklung, als Aspekte des Schulprofils oder als Projekte und Aktionen für Klassen, Schülergruppen oder einzelne Schüler. Dabei können folgende auf die Schule bezogenen Strategien angewendet werden.

Interessen vertreten

Die persönliche und soziale Entwicklung von Schülern kann als Voraussetzung von Gesundheit und Bestandteil von Lebensqualität betrachtet werden. Gesundheitsförderungsprojekte für Kinder und Jugendliche müssen lebensweltorientiert sein. Schüler lernen in gesundheitsfördernden Projekten, ihre Interessen zu erkennen und nach außen zu vertreten.

Befähigen und Ermöglichen

Voraussetzungen dafür sind eine unterstützende soziale Umwelt, der Zugang zu allen wesentlichen Informationen, die Entfaltung von praktischen Fertigkeiten und die Möglichkeit, Entscheidungen selbst zu treffen. Schüler brauchen Methoden für die Sammlung, Verarbeitung und Darstellung von Informationen, für die Planung, Durchführung und Bewertung von Projekten und unterstützende Persönlichkeitsförderung.

Vermitteln und Vernetzen

Zur Verbesserung der Voraussetzungen und Perspektiven der Gesundheitsförderung müssen sich Schulen mit allen Interessierten und Zuständigen im Gesundheitssektor vernetzen. Dazu gehören Regierungen, die Wirtschafts-, Sozial- und Gesundheitssektoren, Verbände, Initiativen, Institutionen, Industrie, Medien und Menschen aller Lebensbereiche.

14.3.2 Handlungsfelder

Gesundheitsförderliche Lebensweisen schaffen

Schüler und Lehrer leben für einen großen Abschnitt ihrer Lebenszeit in der schulischen Umgebung. Diese Umwelt beeinträchtigt oder fördert das Wohlbefinden jedes Einzelnen. Diese Beziehung ist die Grundlage eines sozialökologischen Weges zur Gesundheit. Die Erhaltung natürlicher Ressourcen ist ein Thema im Rahmen gesundheitsfördernder Projekte und hat ebenso Einfluss auf die Gesundheit von Kindern und Jugendlichen wie die sich verändernden Lebens-, Arbeits- und Freizeitbedingungen. Die Auseinandersetzung mit der schulischen Umwelt und der Umwelt im Nahbereich der Schule kann eine sinnvolle Auseinandersetzung mit ökologischen Themen bieten. Auch die Veränderung der unmittelbaren Arbeits- und Lebenswelt Schule mit ihren Belastungen kann Ziel von Gesundheitsförderung in der Schule sein.

Gesundheitsbezogene Gemeinschaftsaktionen unterstützen

Alle Schüler nehmen teil an wirksamen und konkreten Aktivitäten zur Gesundheitsförderung im Sinne einer vermehrten Selbstbestimmung. Verantwortung für sich selber und das eigene Handeln können Schüler nur übernehmen, wenn Aktionen gemeinsam geplant, durchgeführt und reflektiert oder bewertet werden. Diese Form der Partizipation findet z. B. in einem Unterricht mit offenen Strukturen statt. Der Lehrer übernimmt die Rolle des Moderators, begleitet und erfasst die Bedürfnisse der Schüler und kennt ihre Lebensbedingungen, geht von ihrer Sichtweise aus und macht adäquate Angebote. Für schulische Gesundheitsförderungsprojekte sind ein kontinuierlicher Zugang zu Informationen und die Schaffung von gesundheitsorientierten Lernmöglichkeiten Voraussetzungen.

Persönliche Kompetenzen entwickeln
Gesundheitsförderung beinhaltet die Entwicklung von Persönlichkeit, sozialen Fähigkeiten, gesundheitsbezogene Bildung, die Verbesserung sozialer Kompetenzen und lebenspraktischer Fertigkeiten. Diese Ziele können nicht in wenigen begrenzten Stunden und einem einzigen Fach, wie z. B. Biologie, erreicht werden. Alle genannten Kompetenzen verbessern das soziale Klima in den Klassen auch in anderem Unterricht und stärken die Fähigkeiten der Schüler, zu lernen, zu arbeiten und miteinander angemessen umzugehen.

Die in diesem Handlungsbereich angesiedelten Gesundheitsförderungsprogramme zur Entwicklung von Lebenskompetenzen basieren auf der Annahme, dass sich z. B. Substanzmissbrauch durch den Aufbau von Schutzfaktoren und Schutzfertigkeiten und einer angemessenen Einstellung gegenüber den Substanzen verhindern lässt. Dieser Ansatz der sogenannten Life-Skills-Programme wird in der Ottawa-Charta vorbereitet und gilt als Teil einer globalen Strategie zur Gesundheitsförderung. Diese Fähigkeiten sind bedeutsam für die Stärkung der psychosozialen Kompetenz (WHO, 1994).

14.3.2.1 Schule und Prävention

Seit den 1990er Jahren wird Prävention als Aufgabe des Bildungssystems betrachtet. In Schulen ist die Gesamtpopulation eines Jahrgangs zu erreichen, alle Kinder und Jugendliche werden erfasst und gefördert. Daraus folgend gibt es keine Stigmatisierung wie sonst bei Angeboten für Kinder mit bestimmten Problemen oder aus sozialen Brennpunkten. Vermieden wird durch die Anbindung an das Schulsystem auch die Konkurrenzsituation zwischen Wohlfahrtsverbänden, Krankenkassen und Medien, die – außer vom Präventionsgedanken getragen – auch aus wirtschaftlichen Interessen in den Schulen aktiv werden wollen.

Die Organisationsstruktur der Schule in altersgleiche Gruppen ist hilfreich bei der Durchführung von entwicklungs- und gesundheitsfördernden Präventionsangeboten. Dem Lebensalter entsprechende Entwicklungsaufgaben spielen eine maßgebliche Rolle bei der Planung und Durchführung. Voraussetzungen für das Gelingen von präventiven Programmen sind eine positive Lehrer-Schüler-Beziehung und die Akzeptanz der Arbeit mit Präventionsprogrammen an den Schulen. Durch eine positive Beeinflussung des Selbstwertgefühls und Selbstkonzeptes wird indirekt die Bereitschaft zur Vermeidung gesundheitsgefährdenden Verhaltens gefördert. Doch auch beim Lernen können positive Veränderungen beobachtet werden. Lern- und Bildungserfolge sind wesentlich mitbestimmt von der psychischen Verfassung der Kinder und Jugendlichen. Hier zählen nicht nur die bekannten Faktoren Ernährung und Bewegung, sondern ebenso das soziale Klima in der Klasse, Erfahrungen von Erfolg und Misserfolg, Akzeptanz und Ausgrenzung und die Lehrer-Schüler-Beziehung. Präventionsprogramme wie „Eigenständig werden" erzielen hier eine hohe Wirksamkeit und tragen zur Nachhaltigkeit schulischer Bildungsprozesse bei.

14.3.2.2 Lebenskompetenzen

Die Grundlage von Präventionsprogrammen sind die Lebenskompetenzen. Sie befähigen den Menschen, sich in herausfordernden Situationen angemessen und für die Gesundheit förderlich zu verhalten. Im Folgenden beschreibe ich die einzelnen Fertigkeiten genauer.

1. **Entscheidungen treffen:** Sie sind unausweichlich, müssen aber getroffen werden. Sie können nicht von anderen abgenommen werden, Entscheidungen werden nicht von allen gutgeheißen.

2. **Probleme lösen:** Es ist wichtig, mehrere Ansätze für Entscheidungen zu sammeln und dann erst eine passende Lösungsstrategie auszuwählen, umzusetzen und zu reflektieren.
3. **Kreatives Denken:** Einfälle für Entscheidungen und Problemlösungen erleichtern das Treffen von Entscheidungen und das Problemlösen. Dadurch wird die Auseinandersetzung mit den Anforderungen des Alltags erleichtert.
4. **Kritisches Denken:** Behauptungen von Freunden, der Werbung, den Medien oder anderen Personen sollen hinterfragt und nicht einfach hingenommen werden.
5. **Kommunikationsfertigkeiten:** Sich adäquat verbal und nonverbal ausdrücken zu können, erleichtert Kommunikation. Wichtig ist das Mitteilen von Gefühlen, Bedürfnissen und Meinungen.
6. **Beziehungsgestaltung:** Sie erfordert das Erlernen nicht aggressiver Umgangsformen, die Fähigkeit Komplimente zu machen und entgegenzunehmen.
7. **Selbstbild:** Schüler sollen sich selber gut kennen und schätzen, um ihre Fähigkeiten, Stärken und Schwächen wissen und sie einsetzen.
8. **Einfühlungsvermögen:** Der Umgang mit anderen beinhaltet die Fähigkeit zum Perspektivenwechsel, Toleranz gegenüber anderen und Rücksichtnahme auf Schwächere.
9. **Umgang mit Gefühlen:** Bei sich und anderen Gefühlszustände und deren Einfluss auf das Verhalten erkennen. Dazu gehört z. B. der Umgang mit Angst.
10. **Umgang mit Stress:** Stress gehört zum Alltag. Es hilft jedoch, mit Stress angemessen umzugehen, Stressquellen zu erkennen und den Stress selber zu bewältigen.

14.4 Eigenständig werden – Gesundheitsförderung und Prävention

Das Programm „Eigenständig werden“ bietet allen teilnehmenden Schülern Gelegenheit zur Weiterentwicklung. Die Klasse als Gruppe wird unterstützt bei der Entwicklung eines positiven Miteinanders. Das Programm „Eigenständig werden“ ist nicht auf bestimmte gefährdete Gruppen ausgerichtet, sondern spricht alle Kinder einer bestimmten Entwicklungsstufe in einer bestimmten Lebensphase mit bestimmten Risiken durch optimal angepasste Themen und Bausteine an. Wissenschaftliche Erkenntnisse zeigen, dass süchtiges und anderes problematisches Verhalten bereits im Grundschulalter gelernt wird. Programme zur Prävention sollten deshalb so früh wie möglich ansetzen und über einen möglichst langen Zeitraum durchgeführt werden. „Eigenständig werden“ ist für die Durchführung von der ersten bis zur vierten Klasse konzipiert. Durch diese langfristige Verankerung in der Schule wird eine möglichst nachhaltige Förderung der teilnehmenden Kinder erreicht. In dem Programm erwerben Grundschulkinder Strategien und Kompetenzen für präventives Verhalten. Basis für eine gesunde Entwicklung sind die von der WHO beschriebenen Lebenskompetenzen: Selbstwahrnehmung, Empathie, Kommunikation, Selbstbehauptung, Umgang mit Stress und negativen Emotionen, Problemlösen, kreatives und kritisches Denken. Diese persönlichkeitsfördernden Faktoren sind geeignet, Sucht, Gewalt und Stress zu verhüten. Weitere zentrale Themen von Präventionsprogrammen sind Selbstwertgefühl, Toleranz und Gemeinschaft. Im Alltag sind diese verschiedenen Dimensionen der Gesundheitsförderung nicht voneinander zu trennen, sondern bedingen sich gegenseitig oder ergänzen sich.

14.4.1 Konzeption der Fortbildung

Die Schulung findet an zweieinhalb Tagen statt und umfasst die Themenschwerpunkte Stress und Stressbewältigung, Problemlösen, Kommunikation sowie Selbst- und Fremdwahrnehmung. Jedes Thema wird mit einer Reflexionseinheit eingeführt, Theoriebausteine geben fachliche Orientierung. Lehrer diskutieren eigene Sichtweisen und Erfahrungen, Übungen und Spiele werden ausprobiert, die auch für die Durchführung in der Schulklasse geeignet sind. In Follow-up-Treffen werden praktische Erfahrungen reflektiert.

14.4.2 Lehrer und „Eigenständig werden"

Im Unterschied zum Unterricht treten Lehrer nicht vorrangig als Lehrende oder Wissensvermittler auf, sondern strukturieren und begleiten Gruppenprozesse und regen den Austausch zwischen den Schülern an. Für diese Aufgabe brauchen Lehrer eine intensive Schulung als Voraussetzung für die gelingende Förderung ihrer Schüler. Die Fortbildung beschäftigt sich vorrangig mit Aspekten, die in der Schule üblicherweise nicht im Vordergrund der Arbeit stehen und deshalb wenig Raum in der Lehrerausbildung einnehmen. In der Alltagsarbeit haben festgelegte Handlungsmuster ihren sinnvollen Platz. Vor allem die Lehrerarbeit muss sich den rasch wandelnden Veränderungen im Bildungssystem anpassen. Dabei entstehen Herausforderungen, denen Lehrer sich oft nicht sofort gewachsen fühlen. Neu im Lehrgang erfahrene Sichtweisen und gefundene Zugänge zu eigenen Ressourcen wirken auch für die Herausforderungen im Berufsalltag entlastend. Mit dem Programm „Eigenständig werden" lassen sich die Teilnehmer zudem auf eine neue Sicht der Lehrerarbeit ein. Hier steht die Begleitung der Kinder im Vordergrund. Die Themen des Programms gliedern sich in zwei Kernbereiche: die Selbstkompetenz (z. B. Aufbau einer positiven Einstellung zu sich selbst, das Erlernen angemessenen Rollenverhaltens usw.) und die Sozialkompetenz (z. B. das Erreichen persönlicher Unabhängigkeit, Lernen, mit Altersgenossen zurechtzukommen, sich in eine Gruppe einzufügen usw.).

14.4.3 Aufbau der Schulung

In mehrtägigen Schulungen lernen Lehrer das Programm und seine Grundlagen kennen. Es werden Methoden vermittelt, die über die Wissensvermittlung hinausreichen und die Wirksamkeit erzieherischen Handelns verstärken. Schüler müssen unter Einbezug der Emotionen ihre eigenen Kompetenzen erfahren. Diese Prozesse begleiten die Lehrkräfte, und sie wenden dabei die im Programm eingesetzten Methoden an, z. B. Rollenspiel, Entspannungsverfahren und Selbstinstruktion. Das Programm erhöht die Methodenkompetenz der Lehrer und gibt ihnen gleichzeitig gut aufbereitete Materialien an die Hand.

14.5 Die Fortbildung

Ein großer Teil der Schulung widmet sich den Lehrkräften. In der Vermittlung spielen die Erfahrungen der Lehrkräfte und der eigene Umgang mit Themen wie Stress und Problemen eine große Rolle. Auch der Rollenwechsel vom Wissensvermittler und Beurteiler zum Begleiter und Moderator wird thematisiert und eingeübt. Die teilnehmenden Lehrer erhalten den Raum, die eigene Profession und die eigene Haltung zu reflektieren, sie lernen, Vielfalt wertzuschätzen, vertraute Wahrnehmungsmuster aufzubrechen, Hindernisse zu überwinden und Gelungenes und Schieflagen in ihrem professionellen Alltag zu betrachten. Dabei haben sich Methoden und Materialien in den Schulungen bewährt, die ich in den folgenden Kapiteln vorstellen möchte. Da die Auseinandersetzung der Lehrkräfte mit Ihrem professionellen Selbstverständnis im Rahmen der Vermittlung von „Eigenständig werden“ stattfindet, dient das Gesamtkonzept der Schulung als Gliederung.

14.5.1 Methoden

Der Materialordner des Programms „Eigenständig werden“ bietet im Handbuch für Lehrkräfte eine kurze theoretische Einführung in verschiedene Techniken und Methoden, die für die Durchführung des Programms von Nutzen sind. Dazu gehören Moderationsmethoden, der Umgang mit Gesprächsregeln, die Arbeit in Gesprächskreisen, die Kleingruppenarbeit, Rollenspiele, Puppen- und Theaterspiele und Entspannungsverfahren. Weitere Methoden habe ich aus anderen Arbeitsfeldern mitgebracht und erfolgreich im Rahmen der Fortbildung eingesetzt. Diese und weitere, die mir besonders wichtig sind und die im ganzen Programm eingesetzt werden, beschreibe ich in den folgenden Absätzen.

14.5.1.1 Das Reflexionsheft

Als erster Baustein wird ein Reflexionsheft eingeführt. Während der ganzen Fortbildung werden die Lehrer angeleitet, ihre eigenen Fragen und Ideen in einem eigens hergestellten Heft niederzuschreiben. Das Heft besteht aus ca. vier farbigen DIN-A4-Blättern, die mittig gefaltet und geheftet sind. Das Deckblatt ist mit Datum und Titel der Veranstaltung versehen, der Leerraum kann für die Gestaltung eines individuellen Titelblattes zur Fortbildung genutzt werden. Durch die informelle Form des Hefts ist eine gewisse „Alltagsferne" offensichtlich. Das Heft ist ausschließlich für die Teilnehmer gedacht, es können jedoch Fragen und Ideen öffentlich gemacht werden. Hier wird die Autonomie der Teilnehmer ausdrücklich eingefordert. Ein zentrales Reflexionsthema ist der Wechsel zwischen den verschiedenen Rollen der Teilnehmer: der gegenwärtigen als Lerner und der zukünftigen als Vermittler. Auch der Perspektivenwechsel mit Blick auf die Schüler wird im Rahmen der Fortbildung immer wieder geübt. Es gibt unterschiedliche Aufträge für die Teilnehmer, zum Beispiel:

- Formulieren Sie ihre Erwartungen an die Veranstaltung. Was können Sie tun, damit der Verlauf der Veranstaltung für Sie positiv abläuft?
- Welche Möglichkeiten kennen Sie, um Ihre Schüler bei der Entwicklung eines stabilen positiven Selbstbewusstseins (bei Umgang mit Stress, beim Umgang mit Problemen usw.) zu unterstützen?
- Notieren Sie noch offene Fragen, klären Sie diese in einer Murmelrunde.
- Halten Sie in diesem Heft nach jedem Baustein/jedem Tag ihre wichtigsten Erkenntnisse, Ideen oder Fragen fest.

Als Schulpsychologin habe ich das Reflexionsheft als vielfältig einsetzbares Instrument kennengelernt, das auch von Lehrkräften gern angenommen wird. Ich setze das Reflexionsheft im Lauf des Interaktionsprozesses flexibel ein, beobachte die Teilnehmer, nehme Anregungen auf und gebe Raum zu eigenen Gedankengängen zu den angesprochenen Themen. Dem Ansatz des Präventionsprogramms entsprechend werden keine individuellen Ziele für die teilnehmenden Lehrpersonen festgelegt. Die Fortbildung bietet einen Rahmen, in dem jeder Teilnehmer an eigenen Zielen arbeiten kann. Das wichtigste Instrument dafür ist dieses Heft. Weitere Aufträge lassen sich analog zu bekannten Reflexionsmethoden formulieren. Das individuelle Lernheft bietet den Vorteil, dass jeder Teilnehmer erst einmal seine eigenen Gedankengänge konkretisiert und sortiert, ob und was er öffentlich machen möchte. Das Buch dient zudem als Stichwortheft, als Literaturliste, als Adressbuch, als Protokollheft für Übungen und Aktivitäten im Rahmen der Fortbildung.

14.5.1.2 Übungen und Spiele

Übungen und Spiele dienen der Entspannung, der Herstellung eines offenen Klimas, das gemeinsames Arbeiten möglich macht, und erhöhen die Lernbereitschaft. An Spielen nehmen (fast) alle Menschen gerne teil. Mit Übungen und Spielen erleben die Teilnehmer kleine, sofort einsetzbare Bausteine aktiv und haben gemeinsam Spaß. Beim Einsatz von Übungen und Spielen müssen die Situation in der Gruppe, aber auch die Anforderungen an die Teilnehmer berücksichtigt werden. Spiele und Übungen bieten die Gelegenheit, Erfahrungen aus erster Hand zu sammeln. Sie sind konkretes soziales Lernen und verschränken Inhalte und soziale Prozesse. Voraussetzungen für das Gelingen sind Vertrauen, Nähe und Offenheit, ausreichende Konfliktfähigkeit und eine befriedigende Kommunikation in der Klasse bzw. Gruppe. Weitere bei der Planung zu berücksichtigende Aspekte sind eine gut durchdachte Organisation (Dauer, Material), ein angepasstes Risikolevel der Übungen und eine Kommunikation und Kooperation fördernde Gruppenaufteilung. Spiele und Übungen zu Themen wie Wahrnehmung, Konzentration, Kooperation, Umgang mit Aggressionen, Aufbau von Beziehungen und Selbstwertstärkung verändern den Umgang miteinander in Schulklassen, aber auch zwischen den Teilnehmern in den von mir durchgeführten Fortbildungen.

14.5.1.3 Rollenspiele

Rollenspiele bieten die Möglichkeit, Handlungen auszuprobieren und ihre Wirkung zu erkennen. Eine alltagsnahe Situation wird von zwei oder mehr Personen nachgespielt. Das kann von wenigen Minuten bis zu 20 Minuten dauern. Im Rollenspiel wird Verhalten ausprobiert. Anschließend erfährt der Protagonist, wie seine Rolle auf die Beobachter oder Mitspieler gewirkt hat. Durch die Möglichkeit, neue Versuche zu starten, kann das Handlungsrepertoire weiterentwickelt werden. Dabei ist zu beachten, dass gespielte Situationen schnell Ernstcharakter bekommen. Sie kommen der Realität sehr nah und können betroffen machen. Deshalb erfordert es Mut, eine Rolle zu übernehmen. Es gilt das Prinzip der Freiwilligkeit.

Viele Teilnehmer an Workshops und Kursen scheuen sich, gleich ins Rollenspiel einzusteigen. Übungen zum Einsatz der Stimme (Heulboje, Ja/Nein sagen, die Telefonbuchnummer), der Förderung des mimischen Ausdrucks (Gefühle darstellen, Gesichtsausdruck vormachen und nachmachen), zum Körperausdruck (Befindlichkeiten darstellen: selbstsicher, ratlos, zufrieden, unsicher etc.), Zeichensprache (komm, geh, halt, lass uns telefonieren etc.), „silly walks“ (verrückte Gangarten vor- und nachmachen) auch Charaden und Pantomimen sind Vorübungen für das Rollenspiel. In einem nächsten Schritt werden Sätze und Vignetten als Ausgangspunkt von Darstellungsübungen genommen („Was würdest du sagen, wenn …“; verschiedene Ausreden für zu spät kommen etc.). Eine sehr einfache Kurzversion hat vier Schritte: Ein Problem wird vorgeben, im Plenum werden Lösungsvorschläge gesammelt, ausgewählte Lösungen werden gespielt, Rückmeldungen der Zuschauer ermöglichen einen veränderten neuen Durchgang.

14.5.2 Lebenskompetenzen in der Fortbildung

14.5.2.1 Empathie – Selbst- und Fremdwahrnehmung

Die Arbeit an der Selbstwahrnehmung und dem damit zusammenhängenden Selbstwert ist eine wichtige Grundlage des Programms. Die Selbstwahrnehmung bezieht sich auf das Erkennen der eigenen Person, des eigenen Charakters, von Stärken und Schwächen, Wünschen und Abneigungen. Eine gut ausgebildete Selbstwahrnehmung hilft uns zu erkennen, wann es uns nicht gut geht. Sie ist eine Grundlage für gelingende Kommunikation und gute Beziehungen sowie für die Entwicklung von Empathie. Im Vordergrund einer guten Selbstwahrnehmung steht die ganzheitliche und angemessene Wahrnehmung der eigenen inneren Vorgänge, wie Gedanken und Emotionen. Im Kindesalter ist es eine wichtige Entwicklungsaufgabe, über sich selbst nachdenken zu lernen, sich selbst realistisch betrachten zu können und andere Personen ebenfalls angemessen wahrzunehmen und ihre Wahrnehmung zu akzeptieren. Die Arbeit an der Selbstwahrnehmung wirkt sich auf das Selbstbewusstheit, das Selbstvertrauen und die Selbstbehauptung aus. Dabei können Körper, Gefühle, Sinne, Verstand, Stress, Grenzen, Aggressionen usw. im Mittelpunkt stehen.

Abbildung 1: Optische Täuschung

Wahrnehmung ist nie eindeutig, wie dieses allbekannte Vexierbild (s. Abb. 1) deutlich zeigt. Der Wahrnehmung liegen unsere Vorerfahrungen, unsere familiären Prägungen, unsere Motivation in bestimmten Kontexten usw. zugrunde. Zudem gibt es verschiedene Ebenen des Selbst: unsere realistische Sicht unseres Selbst oder das ideale Bild, wie wir sein möchten. Unser Selbstkonzept hilft uns, Wissensaspekte über uns selbst zu strukturieren, und beeinflusst gleichzeitig die Art und Weise, wie wir Informationen über uns selbst und andere verarbeiten. Handlungen anderer können also nicht objektiv wahrgenommen werden, sondern werden immer auch vom Wissen über uns selber gefärbt und beeinflusst. Wenn ein Kind ein geringes Wissen über sich selbst hat, resultiert daraus ein geringes Selbstwertgefühl. Das wiederum beeinflusst Gedanken, Stimmungen und das Verhalten. Ziel des Programms ist es, die Kinder dabei zu unterstützen, ein differenzierteres Wissen über sich selbst zu erwerben und vor allem in schwierigen Situationen angemessener agieren zu können. Eine Möglichkeit, Kinder bei dieser wichtigen Aufgabe zu unterstützen, ist der Einsatz von stützenden und wertschätzenden

Rückmeldungen. Das Gelungene soll betont und für die positive Weiterentwicklung sollen Alternativvorschläge gemacht werden. Wenig hilfreich für die Entwicklung von positivem Verhalten, von Selbstwahrnehmung und Selbstwert sind negative Kritik und der Blick auf nicht Gelungenes. Diese Aspekte stehen im Schulalltag oft im Vordergrund, da der Lehrer quasi auf die Fehlersuche trainiert ist. Begleitend im Lehrgang wird die Sicht auf das Positive eingeübt, Feedback gegeben und der eigene Umgang mit sich selbst, die eigene Sicht auf sich selbst thematisiert. Die Abbildungen 2 und 3 zeigen Beispiele für die Reflexion von Lehrern. Im Lehrgang selber werden noch den Selbstwert stärkende Geschichten für Kinder vorgestellt, eine Fantasiereise zum Thema, eine Übersicht zur Wirkung von Gefühlen nach Carlo Moiso und George Thompson und Selbstbehauptungsübungen.

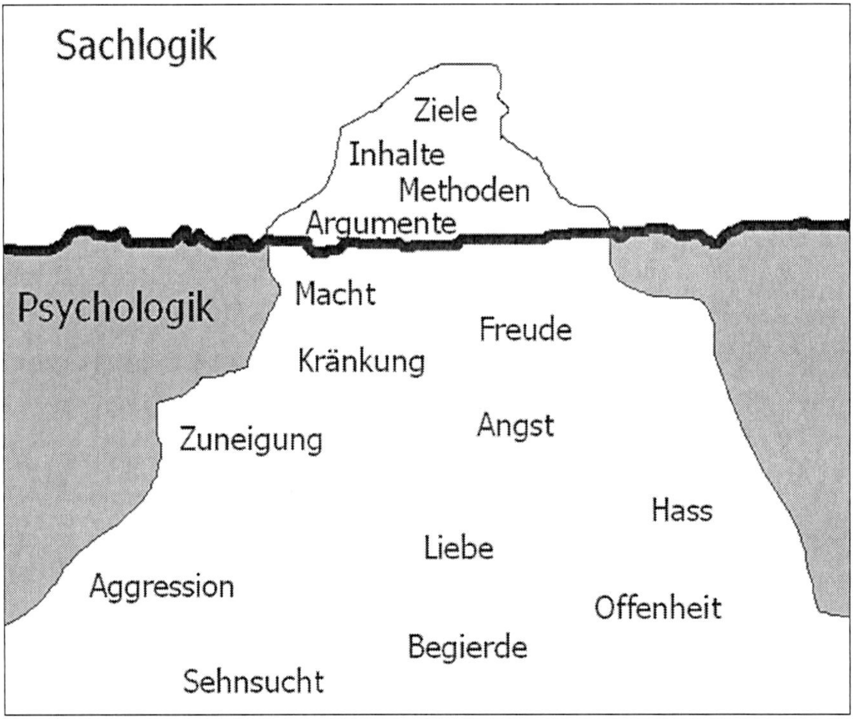

Abbildung 2: Gefühle als Bestandteil unserer Persönlichkeit (in Anlehnung an Miller, 2000)

Selbstwahrnehmung – Selbstreflexion

1. **Verstand oder Gefühl? (Skala zwischen „sehr Verstandesmensch" und „sehr Gefühlsmensch")**
   a. Sind Sie mehr ein Verstandes- oder mehr ein Gefühlsmensch? Oder eine gute „Mischung" aus beidem?
   b. Sind Sie zufrieden mit sich?

2. **Wie werden Sie eingeschätzt?**
   a. Wie werden Sie von anderen (PartnerIn, FreundInnen, KollegInnen, Bekannten) eingeschätzt?
   b. Gibt es unterschiedliche Wahrnehmungen/Einschätzungen?

3. **Ihre Ziele:** Was möchten Sie ändern? Wie wollen Sie das umsetzen?

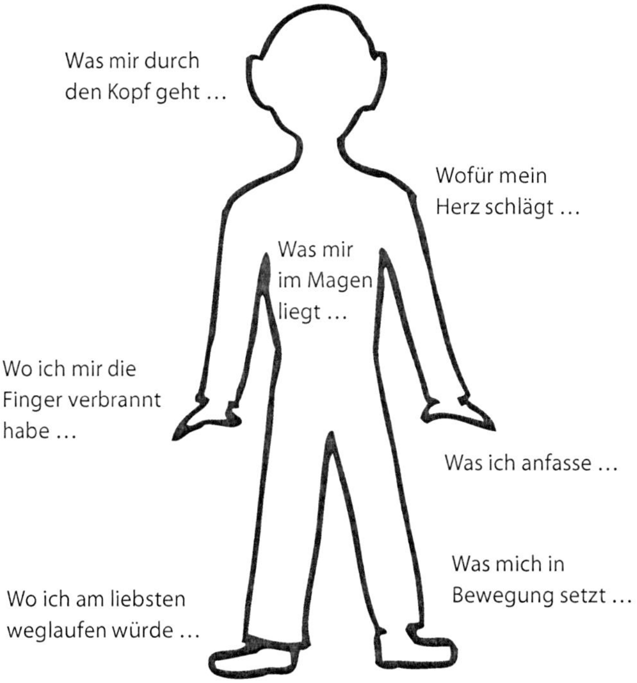

Abbildung 3: Arbeitsblatt „Was mir durch den Kopf geht"

Bei dem Thema „Selbst- und Fremdwahrnehmung“ geht es immer wieder auch um die Reflexion der Lehrerrolle. Die Kollegen bringen Ressourcen mit, die im Alltag oft in den Hintergrund rücken und die sie im Lauf der Fortbildung wiederentdecken. Meine Abschlussübung für den gesamten Lehrgang gestalte ich mit Hilfe eines Holzkästchens, in das ein Spiegel eingeklebt ist. Die Teilnehmer werden gebeten zu formulieren, was für sie einen guten Lehrer ausmacht. Das Kästchen wird dabei im Kreis herumgegeben. Nach dem jeweiligen Satz dürfen sie in das Schatzkästchen schauen. Dort erblicken sie sich selber, sie kennen das Geheimnis des guten Lehrers.

14.5.2.2 Umgang mit Stress

Das Thema „Stress“ findet sich in allen Programmen zur Lehrergesundheit, wird jedoch auch schon im Grundschulbereich als nötig für die Entlastung unserer Grundschüler gesehen. Krankenkassen bieten Stressbewältigungsprogramme an (z. B. „Bleib locker“ der TK). Was in der Schule möglich ist, wird im Lehrgang mit folgenden Bausteinen erprobt.

Als theoretische Basis dient das transaktionale Stressmodell nach Lazarus, welches die Einschätzung der stressbezogenen Situation durch die betroffene Person beschreibt und deutlich macht, dass Stress durch die subjektive Bewertung der stressbezogenen Situation entsteht. Bei der Einschätzung der Situation werden die Bewältigungsmöglichkeiten herangezogen zur Gewichtung der Situation. Im Anschluss werden palliative, also lindernde Möglichkeiten wie Entspannungsverfahren, Gespräche über Belastungen usw. und aktive, problemorientierte Strategien vorgestellt. Im Kurs werden die palliativen Methoden wie Muskelentspannung nach Jacobson, angeleitete Entspannungsübungen (Fantasiereisen, Atementspannung) oder Entspannungsspiele (z. B. Wettermassage) immer wieder ausprobiert.

Die Wahrnehmung von Stress wird mit Hilfe eines Körperumrisses analysiert. Post-it-Zettel markieren die aus dem Stress resultierende Körperreaktion. Die Häufigkeit der Nennungen wie Kopfschmerzen, Verspannungen usw. ermöglicht einen Blick auf die für Lehrer typischen Belastungen. In einer zweiten Aufgabe machen die Lehrer Notizen zu einer persönlichen

Situation, in der sie Stress empfunden haben. Thema sind hier noch einmal die Körperempfindungen in der speziellen Situation, die Auslöser werden bedacht und das jeweilige Verhalten in der Situation. Die Notizen bleiben bei den Teilnehmern im Reflexionsheft, besprochen werden nur Fälle, die an die Gruppe weitergegeben werden. Hier wird Bezug zu einer Bewertungsmöglichkeit hergestellt:

- Ich konnte mir selber helfen.
- Mit Hilfe habe ich die Situation bewältigt.
- Ich kann das stressende Problem nicht ändern, ich muss es akzeptieren.

Reflexionsfragen: Welchem Stress bist du ausgesetzt?
Über welche Bewältigungsstrategien verfügst du?

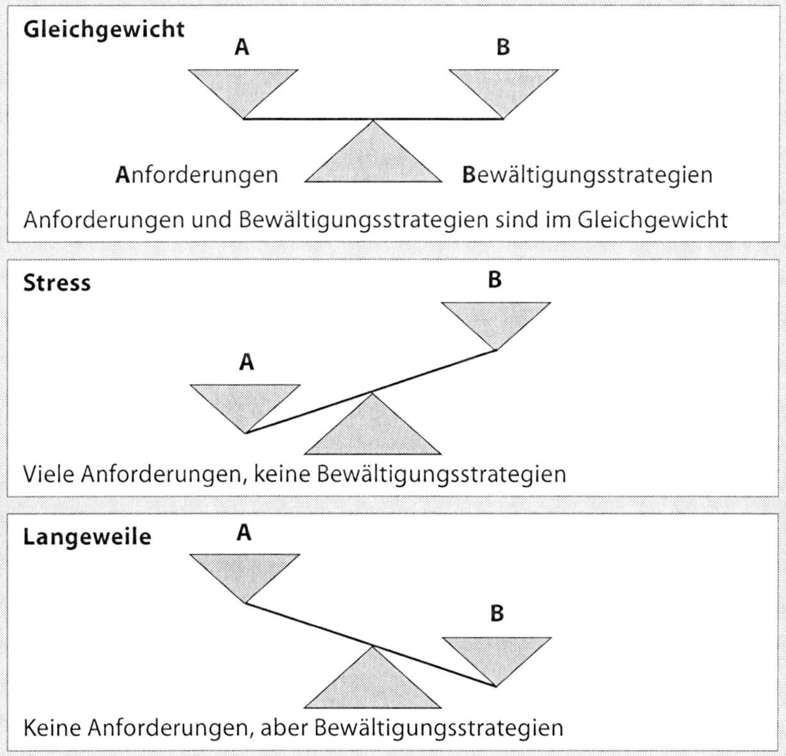

Abbildung 4: Die Stresswaage (Material: Balkenwaage und Steine)

Die Stresswaage (s. Abb. 4) kann ebenfalls als Übung eingesetzt werden und folgendermaßen ablaufen:

1. Schritt: Ich selber demonstriere den Umgang mit der Waage und Kieseln und berichte über persönliche stressbezogene Situationen. Dabei führe ich auch den Begriff „daily hassles“ ein (für Kinder im Programm „Steinchen im Schuh“ genannt). Auf der anderen Waagschale sammle ich meine palliativen und problembezogenen Bewältigungsstrategien.
2. Die Teilnehmer denken über ihre persönlichen stressbezogenen Situationen nach und sammeln sie in ihrem Reflexionsheft.
3. Sie bewerten sie (kleiner Stein, großer Stein), ebenso ihre Bewältigungsstrategien. Zur Visualisierung zeichnen sie eine Waage und Kieselsteine (alternativ eine Tabelle), oder sie stellen ihre Situation in der Gruppe mit Hilfe der Waage und der Steine vor.

14.5.2.3 Problemlösen

Problemlösen bietet die Möglichkeit, aktiv zu werden und nicht nur lindernd mit stressbezogenen Situationen umzugehen. Problemlösen ist eine grundlegende Fähigkeit in einer sich verändernden Welt. Alle Menschen haben Ziele und Träume und sind ständig dabei, die Aufgabe zu lösen, wie sie vom jetzigen zum erwünschten Zustand kommen. Erschwerend kommt hinzu, dass der Ausgangspunkt der gestellten Aufgabe und das angestrebte Ziel nicht immer hinreichend klar definiert sind. Beim Lösen eines Problems suchen wir nach fehlenden Informationen, um den Abstand zwischen dem, was wir wissen, und dem, was wir noch benötigen, zu verringern. Ein Problem definiert sich durch den Anfangszustand A, den Zielzustand B und die Operatoren, die man braucht, um von A nach B zu gelangen.

Assoziationen

Das Ziel dieser thematischen Einheit ist ein konstruktiver und kreativer Umgang mit Problemen. Mit einer assoziativen Übung nähern sich die Teilnehmer individuell dem Thema „Problemlösen“ und verlassen dabei ihre überwiegend kognitiv gesteuerte Denkwelt, in der üblicherweise bei

Auftreten eines Problems sofort mit einem negativen Gefühl der Schritt in die möglichst schnelle Beendigung der Problemsituation gesucht wird. Die Anfangsbuchstaben des Wortes „PROBLEMLOESEN“ werden mit Begriffen ergänzt, die zu dem Thema passen. Dabei wird nicht kommuniziert oder kommentiert, um einen unbeeinträchtigten Gedankenfluss zu ermöglichen. Die Teilnehmer entwickeln in diesem Prozess Ideen („Power“, „offen sein für Neues“ usw.), finden Begriffe (z. B. „Loslassen“, „Beharrlich bleiben“, „Neugier“) und kommen so auch auf unkonventionelle Gedanken. Es geht nicht um die Weitervermittlung der eigenen auf den ersten Blick erfolgreichen Handlungsmuster. Die individuelle Sichtweise von Problemen, individuelle Lösungswege, kreative und konstruktive Wege zur Veränderung sollen zu einer Verbesserung der persönlichen Situation führen. In diesem ersten Schritt lernen die Teilnehmer die unterschiedlichen Sichtweisen der Kollegen kennen und wertschätzen.

Metaphern

„Suchen Sie bitte nach einer Metapher, die am besten ausdrückt, wie sich für Sie ein Problem darstellt.“ Oder: „Suchen Sie bitte nach einem Bild, in dem sich Ihrer Meinung nach am besten ausdrücken lässt, wie sich ein Problem für Sie darstellt.“ Dieser Auftrag regt die Lehrer an, ein konkretes Bild für ihre Vorstellung von einem Problem zu suchen (z. B. Heuhaufen, Labyrinth, Wolke usw.).

Problemlösestrategien wahrnehmen

In Gruppen mit je drei Teilnehmern werden kleine Spiele zur Problemlösung ausprobiert. In der Gruppe gibt es jeweils einen Beobachter, der die verschiedenen Strategien notiert, wie die Aufgaben gelöst werden. Dabei kommen ganz unterschiedliche Aufgaben zur Anwendung: Aufgaben zu Logik, Geschicklichkeit und Geduld, auch zu Handgeschick, ebenso Material mit einem gewissen Aufforderungscharakter, aber einer nicht definierten Problemstellung. Die beobachteten Strategien werden anschließend im Plenum gesammelt.

Probleme systematisch lösen

Ziel bei dieser Vorgehensweise ist die Vermeidung der üblichen Stolperfallen im Problemlöseprozess. Probleme werden dabei nicht reflektiert gelöst, sondern auf dem gewohnten Weg. Kreatives Problemlösen sucht nach vielen möglichen Alternativlösungen und bezieht das kritische Denken ein. Die eigenen, aber auch die Ideen anderer sollen reflektiert im Hinblick auf die kurzfristigen und die langfristigen Konsequenzen angewendet werden. Die Kleingruppen für diese Übung erhalten den Auftrag, ein alltagsbezogenes Problem für die Erprobung dieses Verfahrens zu nutzen. Emotionale Probleme, Verstrickungen auf mehreren Ebenen und z. B. Mobbing lassen sich so nicht bearbeiten. Mit Kindern wird eine besondere, sehr kurze Version eingeübt und im Schulalltag genutzt.

Sechs Schritte des Problemlösens (nach Meichenbaum, 1995):

1. Problemanalyse: Was ist das eigentliche Problem? Was belastet mich? Was will ich?
2. Unterschiedliche Lösungen sammeln: Was kann ich tun? Wie viele Lösungen fallen mir ein?
3. Zusätzlich Informationen besorgen: Was muss ich noch wissen? Wie sind ähnliche Probleme gelöst worden?
4. Vor- und Nachteile jeder Lösung abwägen: Was könnte bei einer Durchführung meiner Lösung passieren?
5. Entscheidung treffen und begründen: Was will ich tun? Warum?
6. Lösung anwenden und bewerten: Habe ich mein Ziel erreicht? Woran hat es gelegen? Gegebenenfalls Entscheidung für eine andere Lösung.

14.5.2.4 Kommunikation

> „Kommunikation bezeichnet den Austausch von Informationen zwischen zwei oder mehreren Personen, wobei die Mitteilung sprachlich (verbal) und/oder nichtsprachlich (nonverbal) erfolgen kann." (Köck & Ott, 1994, S. 213).

„Der Begriff Kommunikation wird in der Soziologie, Sozialpsychologie, Psychologie und Informationstheorie vielfältig benutzt. Drei Bestimmungen sind in der Literatur anzutreffen. In der für den vorliegenden Zusammenhang interessantesten Bestimmung wird unter Kommunikation verstanden: die Fähigkeit des Individuums, seine Gefühle und Ideen einem anderen mitzuteilen, sowie die Fähigkeit von Gruppen, enge und vertrauliche Verbindungen miteinander zu haben." (vgl. Kron, 1993, S. 171)

Wahrnehmung – Kommunikation – Verhalten

Mit einem zweideutigen Bild, das zwei spielende bzw. kämpfende Jungen zeigt, rege ich Kollegen an, über den Zusammenhang zwischen ihrer Wahrnehmung, dem, was in ihnen ausgelöst wird, sozusagen der Kommunikation mit dem Bild, und ihrem Verhalten nachzudenken. Es finden ständige Vermischungen zwischen Sehen, Vermuten und Handeln statt, die aufgrund unklarer Signale entstehen. Wichtig für die gelungene Kommunikation ist die Deutung von Hinweisreizen, die Kenntnis der Wissensbasis zu dem aktuellen Thema, das Herausfiltern von „Störgeräuschen", z. B. eigenen Anteilen. Kommunikation hat die wichtige Aufgabe, eigene Gedanken zu vermitteln und so in einem sozialen Kontext Anbindung zu erfahren. Kleine einführende Übungen wie nonverbale Kommunikation, Ein-Wort-Sätze, Neinsagen, kontrollierter Dialog usw. machen einen behutsamen Einstieg ins Thema möglich.

Vier Ebenen einer Nachricht

Für die praktische Arbeit wird das Kommunikationsmodell von Schulz von Thun (2002) vorgestellt. Ein Standardsatz wird auf das individuelle Verstehen hin analysiert. Auf welchem Ohr höre ich am besten? Welches Ohr wäre hilfreich? In der Übung liegen die bekannten Begriffe (Appellcharakter, Beziehungsebene, Sachgehalt, Selbstoffenbarung) als Wortkarten auf dem Boden, die Teilnehmer hören einen Satz der Kollegen, stellen sich zur passenden Wortkarte und formulieren, was sie gehört haben. Unterschiedliche Sätze aus dem beruflichen Alltag werden untersucht, und sprachliche Reaktionsmuster werden gefunden, eingeübt und bewertet.

14.6 „Eigenständig werden" und Supervision

Rückblickend beurteilen Lehrer die Teilnahme an der Fortbildung als Voraussetzung für den guten Beginn der Supervisionsarbeit. Ohne die Fortbildung wären sie nach eigener Aussage nie in eine Supervisionsgruppe gegangen. Von den Fortbildungstagen kannten sie schon die Offenheit und das positive Klima in der Gruppe. Sie fühlen sich in der Gruppe gut unterstützt und können sich ihre Arbeit ohne Gruppensitzungen nicht mehr vorstellen. Die „Schwingungen" in der Gruppe wurden als bereichernd genannt, ebenso die Möglichkeit, die eigene Arbeit zu reflektieren, die Alternativen der Kollegen zu hören, „über den Tellerrand hinauszuschauen". In der Gruppe waren die Kollegen nicht auf ihre Rolle reduziert, wie sie es in der Schule erleben, und fühlten sich von mir als ehemaliger Lehrerin verstanden. Der Einsatz verschiedener Medien wurde als hilfreich bei Klärungsprozessen oder bei der Bearbeitung von unguten Gefühlen beschrieben. Eine Teilnehmerin beschrieb das Resultat einer solchen Klärung so: „Ich bin nach einer Sitzung mehr ‚bei mir'."

Die Grundschule hat den Auftrag, alle Schüler in ihrer Persönlichkeitsentwicklung zu unterstützen. Die Kinder sollen Selbstwertgefühl und Eigenverantwortung aufbauen und lernen, die eigene Person und die Person des anderen anzunehmen. Sie sollen Einfühlungsvermögen entwickeln. Kinder sollen lernen, sich selbst zu akzeptieren, offen, tolerant und positiv auf andere zuzugehen und wenn nötig Gruppendruck zu widerstehen. Die Arbeit des Lehrers erfordert Engagement für die Schüler, soziale Aufgeschlossenheit und eine unterstützende Grundeinstellung in einem von Geduld und Gelassenheit getragenen Umgang mit den Schülern, mitgetragen von Vorbildwirkung und Führungskompetenz des Lehrers. Diese Themen werden vom Präventionsprogramm „Eigenständig werden" den Anforderungen an sinnvolle und erfolgreiche Prävention entsprechend vermittelt. Die Fortbildung macht Lehrer für die Arbeit mit Kindern fit und unterstützt sie bei der Reflexion des eigenen Umgangs mit den Belastungen des schulischen Alltags.

Die Arbeit von Lehrer mit den vielfältigen Anforderungen steht ständig im Fokus der Öffentlichkeit. Aus eigener Erfahrung kennen alle (ehemaligen)

Schüler gelungene und nicht gelungene Unterrichtsituationen, die Komplexität der Aufgaben ist aus dieser Perspektive jedoch nicht ersichtlich. Das Aufgabenfeld von Lehrern ist weit mehr, als zu unterrichten. Ein erfolgreicher Lehrer verfügt über ausreichendes Wissen und Können, um die Anforderungen des Schulalltags zu erfüllen. Dazu gehören: Lernziele formulieren und begründen, Inhalte sinnvoll strukturieren, verschiedene Lehr- und Lernarrangements realisieren, Schüler beobachten, ihre Ressourcen und Defizite wahrnehmen, Schüler individuell begleiten, Gespräche eröffnen und leiten, Konflikte angehen, Gemeinschaftsbildung fördern, Konflikte mit Eltern bearbeiten, angemessen auf Kritik reagieren. Lehrer brauchen ein umfangreiches Handlungsrepertoire. Im Alltag kann es immer zu unerwarteten Reaktionen kommen, sodass sie fähig und bereit sein müssen, das eigene Handeln zu reflektieren und zu verändern. Dabei unterstützt sowohl das Angebot der Fortbildung als auch die Möglichkeit, regelmäßig an einer Supervisionsgruppe teilzunehmen.

Die Problemkonstellationen der Lehrer in der Fortbildung ähneln sich: Die Teilnehmer wollen ihre Schüler in ihrer positiven Persönlichkeitsentwicklung unterstützen und haben nicht nur die Leistung im Blick. Sie „gönnen" sich sozusagen die „Pause" vom Bewertungsparadigma, schauen auf ihre Schüler als Ganzes und überlegen, was sie für eine gute Weiterentwicklung brauchen. Durch die wertschätzende Begleitung und die Erweiterung von Deutungs- und Handlungsmustern im Rahmen dieser thematischen Arbeit entsteht eine supervisorische Beziehung. Das Kernthema „Kinder fördern" ist nach Analyse der Arbeitsgrundlagen wie Lehrplan und BayEuG eine wichtiger Aspekt der Lehrerarbeit, der jedoch im Zusammenhang mit der Alltagsarbeit und den Veränderungen der Bildungslandschaft immer wieder in den Hintergrund gerät. Die Fortbildung bietet den Raum, in Ruhe Möglichkeiten der professionellen Weiterentwicklung zu nutzen, und dient z. B. nicht der schulpolitischen Analyse. Die in der Fortbildung eingesetzten Theorien dienen der Klärung eigener Kompetenzen und eigener Sichtweisen, beziehen sich auf dieses festgelegte Auftragsfeld „Lehrerfortbildung" bei einem niedrigen Anforderungsgrad der Reflexionsaufgaben und Übungen. Trotzdem ist es mein Ziel, mit der Thematik verbundene

Problemkonstellationen und unterschiedliche Perspektiven des Themenfeldes freizulegen.

Die in der Fortbildung eingesetzten Medien dienen als Informationsträger und als Mittel zum Selbstausdruck und sprechen alle sensorischen Bereiche an. Dabei erschließen sich den Teilnehmern bisher unbekannte Wahrnehmungs-, Denk- und Handlungsbereiche. Die kreativen Medien ermöglichen eine Vermittlung von komplexen Sachverhalten unter Umgehung der rationalen Nivellierung von sprachlich gut geschulten Lehrern. Bildlich festgehaltene oder handelnd erlebte Erkenntnisse prägen sich ein und laden eher zu einem Einstieg in Veränderungsprozesse ein als sprachlich formulierte Vorhaben. Als Moderatorin des Prozesses formuliere ich meine Rolle, wie sie Tom Fiutak vom Conflict and Change Center an der University of Minnesota beschreibt: „Wir sind wie Mitarbeiter eines Reisebüros: wir bestimmen nicht, wo es hingeht, sondern wir helfen den Klienten, ihre speziellen Ziele zu erreichen."

14.7 Literatur

Antonovsky, A. (1997). *Salutogenese. Zur Entmystifizierung der Gesundheit.* Tübingen: DGVT.

Bengel, J., Strittmatter, R. & Willmann, H. (1999). *Was erhält Menschen gesund? – Antonovskys Modell der Salutogenese. Diskussionsstand und Stellenwert.* Köln: BZgA.

Bühler, A. & Heppekausen, K. (2005). *Gesundheitsförderung durch Lebenskompetenzprogramme in Deutschland. Grundlagen und kommentierte Übersicht.* Köln: BZgA.

Caplan, G. (1964). *Principles of preventive psychiatry.* New York: Basic Books.

Faltermaier, T. (1994). *Gesundheitsbewusstsein und Gesundheitshandeln. Über den Umgang mit Gesundheit im Alltag.* Weinheim: Beltz Psychologische Verlags Union.

Fröhlich-Gildhoff, K., Dörner, T. & Rönnau, M. (2007). *Prävention und Resilienzförderung in Kindertageseinrichtungen – PRiK. Trainingsmanual für ErzieherInnen.* München: Reinhardt.

Hurrelmann, K. (1988). *Sozialisation und Gesundheit. Somatische, psychische und soziale Risikofaktoren im Lebenslauf.* Weinheim: Juventa.

Köck, P. & Ott, H. (1994). *Wörterbuch für Erziehung und Unterricht.* Donauwörth: Verlag Ludwig Auer.

Kron, F. (1993). *Grundwissen Didaktik.* München/Basel: Reinhardt.

Kutza, R. (1997). Lebenskompetenzprogramme zur Suchtprävention an Schulen. In H. J. Franz (Hrsg.), *Jugend – Gesundheit – Drogen: Felder für Prävention und Intervention.* Weingarten: Pädagogische Hochschule.

Lohaus, A. (1993). *Gesundheitsförderung im Kindes- und Jugendalter.* Göttingen: Hogrefe.

Meichenbaum, D. W. (1995). *Kognitive Verhaltensmodifikation.* Weinheim: Beltz PsychologieVerlagsUnion.

Miller, R. (2000). *Fit for ... Gesundbleiben in der Schule: Band 2: Für sich selbst sorgen.* Seelze: Friedrich Verlag.

Schulz von Thun, F. (2002). *Miteinander reden. Störungen und Klärungen.* Reinbek: Rowohlt.

Stangl, W. (2013). Kommunikation. Lexikon für Psychologie und Pädagogik. URL: http://lexikon.stangl.eu/535/kommunikation/ [Zugriff: April 2013].

World Health Organization (Hrsg.) (1994). *Life skills education in schools.* Genf: WHO.

Zobel, M. (2005). *Das Meilen Projekt. Gesundheitsförderung in der Schule. Grundlagen – Programme – Praxis.* Band 92 der Augsburger Berichte zur Entwicklungspsychologie und Pädagogischen Psychologie. Herausgeber: Forschungsstelle für Pädagogische Psychologie und Entwicklungspsychologie, Universität Augsburg.

Kontakt

Marianne Zobel
E-Mail: marianne.zobel@augsburg.de